Das römische Germanien aus der Luft

Das

Walter Sölter (Hrsg.

aus

Dietwulf Baatz
Heinz Cüppers
Philipp Filtzinger
Jochen Garbsch
Ursula Heimberg
Hansgerd Hellenkemper
Berndmark Heukemes
Werner Hilgers
Christian Holliger
Ernst Künzl
Dieter Planck
Gundolf Precht
Dirk Soechting
Walter Sölter

Das Römische Reich
um 200 n. Chr.
0
500
1000 km
Leine
Fulda
Werra
Echzell
Roter Main
Main
Libera
Regnitz
Beraun
Mies
Pilsen
Moldau
Angel
Naab
Walldürn
Limes-
türme
Ober
scheidental
Osterburken
Neckarburken
Altmühl
Weißenburg
Theilen-
hofen
Regensburg
Moldau
Weins-
berg
Dalkingen
Buch
Aalen
Munningen
Eining
Pförring
Welz-
heim
Holheim
Rommels-
hausen
Schwäbisch
Gmünd
Stuttgart
Passau
Donau
Raetia
Köngen
Donau
Lech
Neckar
Inn
Unterkirchberg
München
Rosenfeld
Salzburg
Iller
Isar
Epfach
Kempten
Enns
Isny
Auerberg
Schwangau
Füssen
Salzach
Mur
Irgenhausen
Innsbruck
Noricum
Drau

römische
Germanien
der Luft

Gustav Lübbe Verlag

Mit 83 Karten und Plänen von Ulrike Hess

Luftaufnahmen von Walter Sölter

Bergisch Gladbach
Reproduktion: Otterbach Repro GmbH, Krefeld
Satz: Satzstudio Keßler, Köln-Porz
Druck und Einband:
Druckerei Georg Appl, Wemding

Printed in Germany 1981
ISBN 3-7857-0298-1

Inhalt

Die Autoren

Dietwulf Baatz (D. B.)
Direktor des Saalburgmuseums Bad Homburg; Lehrauftrag an der Universität Frankfurt/Main

Heinz Cüppers (H. C.)
Leitender Museumsdirektor des Rheinischen Landesmuseums Trier

Philipp Filtzinger (Ph. F.)
Hauptkonservator, Leiter der Archäologischen Abteilung des Württembergischen Landesmuseums Stuttgart

Jochen Garbsch (J. G.)
Oberkonservator und Leiter der Römischen Abteilung der Prähistorischen Staatssammlung München

Berndmark Heukemes (B. H.)
Leiter der Archäologischen Abteilung des Kurpfälzischen Museums Heidelberg; Leiter des Lobdengau-Museums Ladenburg; Beauftragter für Bodendenkmalpflege im Gebiet von Heidelberg und Ladenburg

Christian Holliger (Ch. H.)
Studium in Basel; seit 1978 am Vindonissa-Museum in Brugg

Hansgerd Hellenkemper (H. H.)
Abteilungsdirektor des Römisch-Germanischen Museums der Stadt Köln

Ursula Heimberg (U. H.)
Wissenschaftliche Referentin für römische Archäologie in der Abteilung Bodendenkmalpflege des Rheinischen Landesmuseums Bonn

Werner Hilgers (W. H.)
Leiter der Abteilung ›Öffentlichkeitsarbeit‹ am Rheinischen Landesmuseum Bonn

Ernst Künzl (E. Kü.)
Direktor für Römische Archäologie am Römisch-Germanischen Zentralmuseum Mainz

Dieter Planck (D. P.)
Hauptkonservator und Leiter der Abteilung Bodendenkmalpflege des Landesdenkmalamtes Baden-Württemberg

Gundolf Precht (G. Pr.)
Landesbaudirektor, Projektleiter ›Archäologischer Park Xanten‹

Dirk Soechting (D. S.)
Direktor Bergisches Museum Schloß Burg an der Wupper in Solingen

Walter Sölter (W. S.)
Direktor des Ruhrlandmuseums Essen, Luftbildarchäologe und Fluglehrer

Hugo Borger (H. B.)
Generaldirektor der Museen der Stadt Köln. Vorsitzender des Verbandes der Landesarchäologen in der Bundesrepublik Deutschland

Ulrike Hess
selbständige Architektin in München. Seit 1971 Mitarbeit an Forschungsaufgaben in Archäologie und Archäometrie

Vorwort

Zum ersten Mal liegt hiermit ein Buch über die römischen Fundstätten Deutschlands im Luftbild vor. Diese Bilder, aufgenommen von Walter Sölter, zeigen eindrucksvoll, in welchem Umfang Teile unseres Landes, die einst zum römischen Weltreich gehört haben, durch römische Landerschließung geprägt worden sind.
Weit mehr als vielleicht allgemein bekannt, kann an den Bildern abgelesen werden, wie bis in unsere Zeit römische Planung und Erfahrung in Stadt- und Landschaftsbild sichtbar geblieben sind. Die Luftbilder bieten gleichfalls, mehr als es jede Aufnahme am Boden kann, einen Einblick in die Zusammenhänge zwischen Objekt und Umgebung.
Wenn sogar Fachleute aus diesem sorgfältig gegliederten Band noch vielfach Anregungen aufnehmen können, so wird erst recht das interessierte Publikum über den Reichtum an Siedlungsbildern erstaunt sein, der mit Hilfe des Luftbildes erschlossen wird. Das mit breiter Sachkunde zusammengestellte und oftmals unter schwierigen Bedingungen entstandene Bildmaterial wird zu einer anregenden Geschichtsquelle.
Die Einführungen zu den einzelnen römischen Provinzen sowie zu den unterschiedlichen Siedlungs- und Arbeitsplätzen haben namhafte Archäologen, Historiker und Bauforscher geschrieben. Alle Beiträge fassen den derzeitigen Forschungsstand zusammen: so sind die Fortschritte, die die Archäologie der römischen Provinzen in den letzten drei Jahrzehnten erreicht hat, in einprägsamer Weise dargestellt. Aus Bildern und Texten ist ein anschaulicher Überblick zu den Grundzügen der Siedlungsgeschichte Deutschlands in römischer Zeit entstanden. Die geographische Ordnung der Beiträge von Süden nach Norden, von der Donau zum Rhein, erlaubt es, diesen wichtigen Band auch als Reisehandbuch zu nutzen. Die Planzeichnungen von Ulrike Hess gründen auf archäologischen Bestandsaufnahmen.
Die Luftbildforschung, seit den zwanziger Jahren schon intensiv in England betrieben, ist nach dem Krieg in Deutschland von Harald von

Petrikovits, dem früheren Direktor des Rheinischen Landesmuseums Bonn, eingeführt worden, da er den besonderen Nutzen naturwissenschaftlich-technischer Methoden für die archäologische Feldforschung frühzeitig erkannte. Ihm werden die wichtigsten Anstöße verdankt. Die Deutsche Forschungsgemeinschaft hat damals die notwendigen Mittel gewährt. Irvin Scollar begann mit der systematischen Erkundung der archäologischen Landschaft und legte den Grundstock für ein Luftbildarchiv. Ihm folgte Walter Sölter, der den archäologischen Flugbereich entscheidend ausweitete. Die archäologische Luftbildforschung wird heute nicht nur im Rheinland und in der Pfalz, sondern auch im Süden und Norden Deutschlands mit beeindruckenden und überraschenden Erfolgen systematisch angewandt und ausgebaut. In zunehmendem Maße zeigt sich hier auch die Bedeutung des Luftbildes für die früh- und hochmittelalterliche Siedlungsforschung.

Dieser Band stellt in ansprechender Weise Beispiele aus dem Siedlungsbild der römischen Provinzen in Deutschland vor. Die römischen Provinzgrenzen sind jedoch nicht identisch mit den Grenzen der Bundesrepublik Deutschland. So sind auch einige Fundstätten aus der Schweiz und aus Luxemburg aufgenommen. Es fehlen aber die Niederlande, Randgebiete Belgiens und Frankreichs, die auch zu den germanischen Provinzen zählen. Freilich, nicht jeder bekannte Fundort ließ sich auch im Bild festhalten, da er nicht mehr als Geländedenkmal erkennbar ist oder die Spuren bis zur Unkenntlichkeit durch neuzeitliche Eingriffe in die Landschaft verwischt worden sind.

Bilder und Texte dieses Bandes lassen erkennen, wie entscheidend und tiefgreifend die von den Römern bewirkte Landerschließung war. Neben den Castra, den Legionsfestungen, waren es vor allem die Städte, die die Römer gründeten und zur Blüte führten. Der militärischen Eroberung folgte die wirtschaftliche Erschließung des Umlandes; erst durch diese Entwicklungsarbeiten wurden Truppenlager und Städte lebensfähig. Voraussetzungen waren aber auch Fernstraßenbau, Verkehrswesen, intensive Agrarproduktion, Rohstoffgewinnung und -verarbeitung (Steinbrüche, Hüttenbetriebe, Holzproduktion u.a. mehr).

Die Provinzen an Rhein und Donau waren Glieder eines Weltreichs der Antike, dessen zivilisatorische Kraft bis heute nachwirkt.

Hugo Borger

Das römische Germanien

Ein Römer, gefragt, wie Germanien zu begrenzen sei, hätte mit der Antwort einige Schwierigkeiten gehabt. Welches Germanien? Das Gebiet der Völkerschaften rechts des Rheins, auf die Caesar den Namen einiger linksrheinischer Stämme Nordostgalliens übertragen hatte? Dieses Germanien wäre etwa durch den Rhein, die Alpen und die Weichsel begrenzt und umfaßte auch Skandinavien. Doch hätte ihn - wie uns im Zusammenhang mit diesem Buch - weniger die *Germania libera* (freies Germanien) interessiert, von der man teilweise recht vage Vorstellungen hatte; hierhin kamen am ehesten Händler, wurden doch in Rom einige Erzeugnisse Germaniens durchaus geschätzt. Germania - das war auch für den Römer der Kaiserzeit zunächst das römische Territorium an Rhein und Donau und in deren Hinterland, organisiert in den Provinzen *Germania inferior*, *Germania superior* und *Raetia* sowie Teilen der *Belgica* und von *Noricum*.

Dieses römische Germanien war nicht nur germanisches Siedlungsgebiet; Germanen siedelten am Niederrhein, geringere Reste swebischer Teilstämme am Oberrhein. Der größere Teil des später römischen Germanien dagegen war keltisches Gebiet; eine genaue Abgrenzung ist noch nicht möglich.

Mit der Eroberung Galliens duch C. Julius Caesar war der Rhein Grenze des Römischen Reiches geworden; in den Jahren 55 und 53 v. Chr. hatte Caesar nördlich von Koblenz den Rhein überquert. Im Süden wurde 15 v. Chr. durch Tiberius und Drusus, die Stiefsöhne des Kaisers Augustus, die Donau erreicht. Die Rhein-Donau-Linie mit dem Keil nichtrömischen Gebietes zwischen Oberrhein und oberer Donau und der dadurch bedingten Länge der zu sichernden Grenze wie der Verkehrswege war strategisch ungünstig. Zwischen 12 v. Chr. und 16 n. Chr. wurden daher im rechtsrheinischen Germanien Kriege geführt, die eine günstigere Grenze schaffen sollten. Tatsächlich erreichte Drusus bereits 9 v. Chr. die Elbe. In den Jahren um Christi Geburt war Germanien zwischen Rhein und Elbe in römischer Hand; die verwaltungsmäßige, wirtschaftliche und zivilisatorische Erschließung des Landes konnte beginnen. Tiberius berief jedoch Ende 16 n. Chr. den Feldherrn Germanicus ab und gab damit die Pläne eines römisch beherrschten Germanien östlich des Rheins auf. Anlaß zum kritischen Überdenken der bisherigen Germanienpolitik war nicht zuletzt auch die Niederlage des Publius Quinctilius Varus im Teutoburger Wald (9 n. Chr.) gewesen, der mit drei Legionen einem Bündnis germanischer Stämme unter dem Cherusker Arminius unterlag. Der Grabstein des wohl in dieser Schlacht gefallenen - *(occidit bello Variano* - er fiel im Varuskrieg) Hauptmanns Marcus Caelius im Rheinischen Landesmuseum Bonn (s. S. 12) ist das einzige archäologische Zeugnis dieses wichtigen Ereignisses der deutschen Frühgeschichte.

Nach der Aufgabe des rechtsrheinischen Germanien blieb der Niederrhein jahrhundertelang Grenze (Niedergermanischer Limes). Weiter südlich begann unter Vespasian (69-79 n. Chr.) die Ausweitung des Brückenkopfes gegenüber von Mainz und die Verkürzung der Grenze an Oberrhein und Donau. Im Lauf des 2. Jahrhunderts wurde nach mehrmaliger Vorverlegung der Befestigungen eine Grenze erreicht und ausgebaut, die als Demarkations- und Überwachungslinie die Provinzen Obergermanien und Raetien schützte (Obergermanisch-raetischer Limes).

Bereits in der zweiten Hälfte des 2. Jahrhunderts n. Chr. hatten die Angriffe der Markomannen der römischen Reichsverteidigung zu schaffen gemacht. Im 3. Jahrhundert treten dann die Völker auf, die das Reich in der Folgezeit immer wieder bedrängen: seit 213 berennen die Alamannen den Limes in Süddeutschland, seit spätestens 257 die Franken den Niederrhein; Bedrohungen sind das Neupersische Reich der Sassaniden im Osten und die Goten an der unteren Donau. Immer wieder muß an mehreren Fronten gleichzeitig gekämpft, müssen Prioritäten in der Verteidigung einer Grenze zu Einbußen anderswo führen. Es zeugt für die soliden Grundlagen des Römischen Reiches, daß es dennoch erst nach mehr als zwei Jahrhunderten zusammenbrach. Zeitlich läßt sich das nur sehr ungenau fixieren; immer wieder wird von Einfällen und von Gegenmaßnahmen berichtet. 260 muß das Limesgebiet endgültig aufgegeben werden. Kurz nach 401 werden wesentliche

Teile der Truppen aus dem Norden abgezogen, um Italien selbst gegen die Westgoten zu schützen. Um 450 sind die rheinischen Römerstädte endgültig in fränkischer Hand. Germanische Reichsbildungen ersetzen das 476 untergegangene Weströmische Reich.

Fast ein halbes Jahrtausend hatten Teile Deutschlands zum Römischen Reich gehört, waren erstmals - wenn auch zunächst mehr passiv - in weltgeschichtliche Zusammenhänge gestellt und haben dann selbst Geschichte mitgestaltet. Im Mittelmeerraum hatte Rom Länder mit teilweise älteren Hochkulturen erobert. Bei den vergleichsweise barbarischen Kelten und Germanen war der Unterschied zwischen Eroberern und Eroberten sehr groß. Um so bedeutsamer war es, daß nun auch hier durch die römische Herrschaft Verwaltung und Rechtspflege, Technik und Wirtschaft, Handel und Verkehr, höhere Zivilisation, geistiges Leben und Kunst eine bisher noch nicht - und für viele Jahrhunderte nach dieser Zeit nicht mehr - gekannte Höhe erreichten. Es ist hier nicht der Ort, dem Weiterleben des römischen Erbes bis in unsere Tage nachzugehen - z. B. in der Sprache, in Städtenamen, lokalen Traditionen, in Zeremoniell und Verwaltung der Kirche, in manchen Bereichen von Handel und Gewerbe. Da die Römer viele Bauten in Stein errichteten, haben sich sichtbar als Ruinen aus ihrer Zeit mehr Reste erhalten als aus den Jahrtausenden vor und den Jahrhunderten nach ihnen.

Weiterführende Literatur:
J.,v. Elbe, *Die Römer in Deutschland - Ausgrabungen, Fundstätten, Museen*, Berlin / Stuttgart 1977

Letzte Gesamtdarstellung des römischen Germanien:
W. Hilgers, *Deutsche Frühzeit - Geschichte des römischen Germanien*, Frankfurt / Berlin / Wien 1976 (mit weiterer Literatur)
Stellvertretend für die Fülle der Sachbücher, die allerdings oft regional begrenzt sind:
R. Pörtner, *Mit dem Fahrstuhl in die Römerzeit*, Düsseldorf 1959 (viele Neuauflagen)
Vgl. auch die Angaben zu den einzelnen Provinzen

↓ Grabstein des Marcus Caelius (Rhein. Landesmuseum Bonn)

Archäologie von oben

›Schaumgeboren‹ war nach antikem Sprachgebrauch nur sie: die aus dem Meer aufgestiegene Göttin der Anmut, Liebe und Schönheit, die bis in die Neuzeit künstlerisch verherrlichte Schönheitskönigin des antiken Götterhimmels: Venus, die früher Aphrodite hieß und von der man jetzt weniger spricht, seit es den ›Playboy‹ und ähnliche Zeitschriften gibt.

Luftgeboren aber waren nach modernem Sprachgebrauch die beiden antiken Flieger Dädalus und Ikarus, als sie zu ihrem gemeinsamen Überlandflug abgehoben hatten.

Luftgeboren werden heute täglich Tausende auf der ganzen Welt, denn *airborne* – eigentlich: luftgetragen und wie fast alles im Luftfahrtenglisch abgekürzt oder umgewandelt meist zu *airborn* – ist der unmittelbare Augenblick nach dem *take off* eines Flugzeuges, den die Franzosen *decollage d'appareil* nennen. Die internationale Sprache der Luftfahrt aber ist Englisch. Die Schaumgeburt ist Mythos; die Luftgeburt aber ist Realität als poetische Umschreibung für den Beginn eines Fluges mit einem Flugzeug, das die Luft trägt. Kein Wunder also, daß sich auch die Physik seit Jahren des Begriffes *airborn* für Messungen und Untersuchungen während des Fluges bedient, weshalb es auch eine luftgeborene Archäologie gibt. Das sind die Aufklärungs- und Suchflüge nach neuen und unbekannten Fundstellen, die unser Geschichtsbild ständig erweitern. Denn seit Jahren werden nicht nur in Deutschland und anderen europäischen Ländern archäologische Stätten aus der Luft entdeckt, von denen die meisten durch unterschiedlichen Bewuchs zu erkennen sind. Über Mauern wachsen Getreide und andere Pflanzen schlechter, über verfüllten Gräben in der Regel besser. Nichts ist so dauerhaft wie ein Loch im Boden. Dort, wo der Boden von Menschen einmal gestört worden ist, bleibt die Spur wie der Fingerabdruck im Krimi zurück. Es ist gleichgültig, ob diese Störung gestern oder vor mehreren Jahrtausenden erfolgt ist.

Nicht jede Epoche aber hinterläßt ihre Spuren für den fliegenden Archäologen mit gleicher Anzahl und Deutlichkeit. Ganz im Gegensatz zum römischen Germanien hat sich das ger-

↓ Wurtensiedlung Feddersen Wierde im Nordsee-Küstengebiet. – Germanische Siedlung mit den Grundrissen dreischiffiger Hallenhäuser

manische Germanien dem Luftbild bislang entzogen und das zur Zeit einzige mögliche Beispiel eines Luftbildes zu Germanien ist die Wurtensiedlung Feddersen Wierde im Nordsee-Küstengebiet, das ›Troja des Nordens‹, das aber weder mit der Antike noch mit Troja etwas gemeinsam hat, sondern eine stattliche Ansiedlung der Germanen mit 40 bis 50 Gehöften aus vier Hauptperioden vom 1. bis 4. Jahrhundert n. Chr. bedeutet (s. S. 13).

Erst das Germanien der späteren Völkerwanderungszeit nach dem Zusammenbruch der römischen Herrschaft am Rhein im 5. Jahrhundert n. Chr. wird aus der Luft sichtbarer. Die Germanen im römischen Germanien sind durch Luftbilder noch nicht darstellbar.

Anders das römische Germanien mit einer Fülle von teils nur zeitweise, teils ständig sichtbaren Denkmalen, den freigelegten und konservierten Grabungsstätten an Ort und Stelle. Nicht an Ort und Stelle sind die römischen Denkmäler gefunden worden, die aus Anlaß der Bundesgartenschau 1979 im Rheinauenpark südlich von Bonn mit 26 Kopien von Inschriften, Grabdenkmälern und Weihealtären des Rheinlandes zu einer ›Römischen Straße‹ gruppiert worden sind, um dort beschriftet und übersetzt auch für die Spaziergänger der Zukunft zu verbleiben. Fast alle Denkmäler dieser ›Römischen Straße‹ sind bei archäologischen Ausgrabungen gefunden worden.

Noch nicht ausgegraben ist die wahrscheinlich eisenzeitliche Grabenumwehrung mit Turm, die deutlich macht, daß sich die vorgeschichtlichen Grundrisse mindestens ebenso deutlich abzeichnen wie die neuzeitlichen Drainage-Gräben der letzten Jahre. Es ist zur Hauptsache der unterschiedliche Wasserhaushalt im Boden, der die Pflanzen über den nur zeitweise sichtbaren Zeugnisse der Geschichte unterschiedlich wachsen läßt. In einem durch reichhaltige Niederschläge mit Wasser gesättigten Boden wachsen die Pflanzen gleichmäßig hoch, weshalb dann nichts zu erkennen ist.

Inzwischen ist es eine Binsenwahrheit, daß die trockenen Jahre für eine archäologische Luftaufklärung besser geeignet sind als die Jahre mit den verregneten Sommern, wie 1979 zum Beispiel. Günstiger für die Luftbild-Archäologie war das Jahr 1976 mit dem sonnenreichsten Juni-Monat des Jahrhunderts und dem wärmsten (34°C) Juni seit 1858 mit dem Temperatur-Maximum von 35,7°C des Jahres in Köln/Bonn. In solchen Jahren wie-

↓ Römische Straße aus Kopien von 26 römischen Denkmälern des Rheinlandes im Rheinauenpark Bonn

derholender und anhaltender Trockenheit sind die im Flug gesehenen Kreisgräben, Grabgärten, Gräber und Gruben nahezu unzählbar, und nicht alles kann schnell genug dokumentiert werden, wenn man alleine fliegt und noch fotografiert.
Zu den häufigsten Bewuchsmerkmalen gehören die Kreisgräben als einplanierte Grabhügel: eine aufwendige Bestattungsform, die von der jüngeren Steinzeit bis in die römische Epoche in Benutzung gewesen ist. Die meisten Kreisgräben allerdings gehören in die Bronzezeit und sind für den Anfänger leicht mit Bombentrichtern oder kreisförmigen Treckerspuren zu verwechseln.
Wie in einem Suchbild versteckt sind die wahrscheinlich sechs bronzezeitlichen Kreisgräben, darunter einer mit Zentralbestattung, in dem Netz geologischer Bewuchsmerkmale, die wahrscheinlich Frostpolygone des Altquartiär auf dem Hauptterrassen-Schotter des Rheins sind und die während eines Fluges nur noch der kundige und geübte Beobachter ausmachen kann (s. S. 17).
Daß die Pflanzen über den verborgenen Spuren der Geschichte mit unterschiedlicher Höhe wachsen – das ist durchaus keine neue Erkenntnis des 20. Jahrhunderts, sondern schon seit mindestens 150 Jahren bekannt. Erst durch die Erfindung des Flugzeuges aber wurde diese Erkenntnis sinnvoll genutzt. Nur die Distanz schafft die notwendige Übersicht zum Erkennen. Am Boden selbst ist nicht mehr zu sehen als der Unterschied der Bewuchshöhe, der bei Getreide bis zu 50 cm betragen kann. Erst durch den weit überhöhten Standpunkt wird im Getreide, in den Rüben, Kartoffeln und auch Wiesen der zusammenhängende Grundriß klar. Erst von oben zeigen sich ebenso deutlich 6000 Jahre alte Häuser aus der jüngeren Steinzeit, römische Villen, römische Lager und Kastelle, römische Tempel, die zahlreichen Kreisgräben, prähistorische Befestigungen und Anlagen mit Innenbauten, antike Friedhöfe ebenso wie die im Boden verborgenen Fundamente von Stadtmauern, Grabgärten, Gräben und Gruben, aber auch römische Hafenbecken in den Flüssen, wenn allzu große Trockenheit den Wasserspiegel erheblich gesenkt hat. Zu den nur zeitweise sichtbaren archäologischen Denkmälern gehören neben den Bewuchsmerkmalen aber auch diejenigen, die als flache Bodenerhebungen wie die Reste von prähistorischen Wallanlagen, antiken Ackerterrassen, mittelalterli-

↓ Römischer Villen-Komplex während der Ernte zwischen bereits gemähten Feldern

chen Wölbäckern meist nur bei flachem Sonnenstand im Winter oder morgens und abends zu erkennen sind. Doch auch in gepflügten Feldern sind durch unterschiedliche Feuchtigkeit im Boden archäologische Fundstellen auszumachen. Unterschiedliche Wärmeleitfähigkeit der Bodenstörungen kann die historischen Spuren im Schnee oder morgendlichen Reif deutlich werden lassen. Es läßt sich also während des ganzen Jahres archäologische Luftaufklärung betreiben. Die reichste Ausbeute aber wird von Frühling bis Herbst erzielt, wenn die Pflanzen über den Denkmälern anders als die umgebenden wachsen und reagieren, sodaß die Denkmäler gelegentlich sogar noch nach der Ernte in den Stoppeln zu erkennen sind.

Die Hartnäckigkeit der Bewuchsmerkmale für die Zeit ihrer Sichtbarkeit zeigt ein Pfostenhaus, das durch die Y-Stellung der mittleren Pfosten sicher in das Neolithikum (jüngere Steinzeit) datiert werden kann. Dieses alte, etwa 6000 Jahre alte Haus wurde zusammen mit der trapezförmigen Einfriedigung auf keinem Routine-Prospektionsflug, sondern auf einem Flug mit Passagieren entdeckt. Das Steinzeit-Haus ist noch innerhalb des Propellerkreises deutlich genug für eine maßstabgerechte Entzerrung erkennbar (s. S. 18–19). Derartige Denkmäler, die je nach Witterung kommen und wieder gehen, werden nur mitunter ausgegraben; nämlich dann, wenn geplante Bau- oder Abbauvorhaben die Fundstelle oder das Denkmal bedrohen. Sonst bleiben sie unangetastet, weil die Anzahl der Entdeckungen aus der Luft zu umfangreich ist und der Boden diese Denkmäler weiterhin am besten schützt.

Deshalb aber ist nicht nur der Flug und die Entdeckung wichtig, sondern auch die richtige Kartierung. Das erfordert Mikro-Navigation; denn jedes nicht oder falsch auf der Karte eingetragene Denkmal bleibt nur ein Luftschloß.

Die archäologische Luftaufklärung wird in Hochdecker-Flugzeugen mit guten Langsamflugeigenschaften durchgeführt. Wegen der immer mehr zunehmenden Dichte im allgemeinen Luftverkehr ist eine ebenso gute wie umfangreiche elektronische Ausrüstung erforderlich, die auch eine Radarüberwachung der Bildflüge durch die zuständigen zivilen und militärischen Flugsicherungsstellen ermöglicht. Oft fliegt ein zweiter Mann oder auch

→ ↘ Sechs Kreisgräben zwischen altquartiären Frostpolygonen

↓ Gallo-römischer Tempel im grünen Weizen

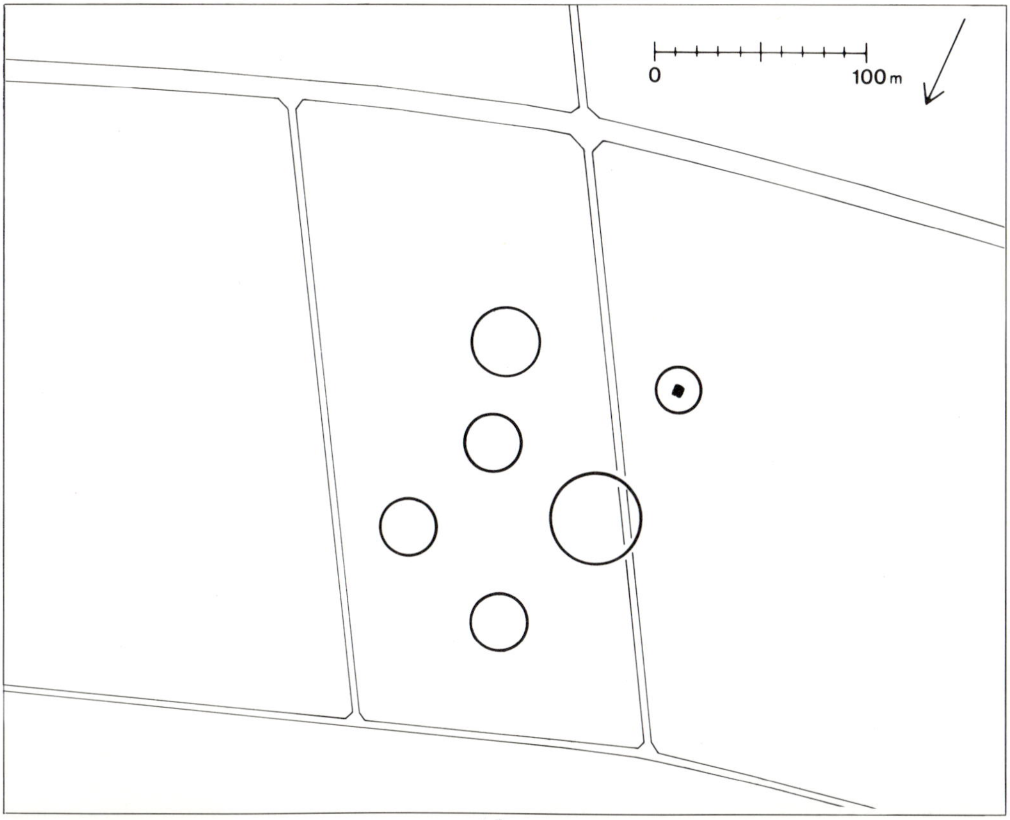
0
100 m

eine Dame mit, zum Fotografieren, Kartieren und Ausschauhalten. Das erleichtert die Flüge erheblich, ist jedoch nicht immer erforderlich; denn der Pilot kann, wenn er selbst Archäologe ist, entweder mit der festmontierten Kamera oder auch frei, mit Autopilot oder guter Trimmung fliegend, fotografieren.
In jedem Fall entstehen die Fotos aus einem Vollkreis in Schrägaufnahme. Die schrägaufgenommenen Luftbilder müssen bei Bedarf entzerrt werden, damit es der Wissenschaftler oder Ausgräber bei einer bevorstehenden Notgrabung leichter hat, er schneller und besser seine Grabungsschnitte anlegen kann. Eine solche Entzerrung ist leicht mit geometrischen Methoden möglich, aber auch mathematisch über Computer-Programme, die auch mit programmierbaren Taschenrechnern inzwischen möglich sind.
Seit den 20er Jahren, in denen das Flugzeug erwachsen geworden ist, wird archäologische Luftbildaufklärung und -Dokumentation überall betrieben. Damit ist das Flugzeug einer der ersten Beiträge der modernen Technik für die Archäologie; weitere Funktionen sind inzwischen hinzugekommen oder werden sicherlich auch in Zukunft für die Archäologie anwendbar sein.
Noch aber ist der Spaten durch nichts zu ersetzen. Die Tätigkeit des Ausgräbers ist und bleibt für die Entzifferung der Urkunden im Boden eine Notwendigkeit.
Deshalb ist auch die archäologische Luftaufklärung nur ein Hilfsmittel der Archäologie, zwar ein vorzügliches, das unsere Kenntnis der Geschichte erheblich erweitert; aber es beantwortet längst nicht alle Fragen, die der Historiker stellt.
Die Luftbildarchäologie kann die luftgeborenen neuen Fundstellen nur in einen größeren zeitlichen Rahmen einordnen, den Bau- oder Befestigungstyp bestimmen, anhand der Grundrißformen auch die Funktionsbestimmung erklären, denn eine römische *villa rustica* mit den Nebengebäuden zum Beispiel ist als solche noch bestimmbar, selbst wenn die ab-

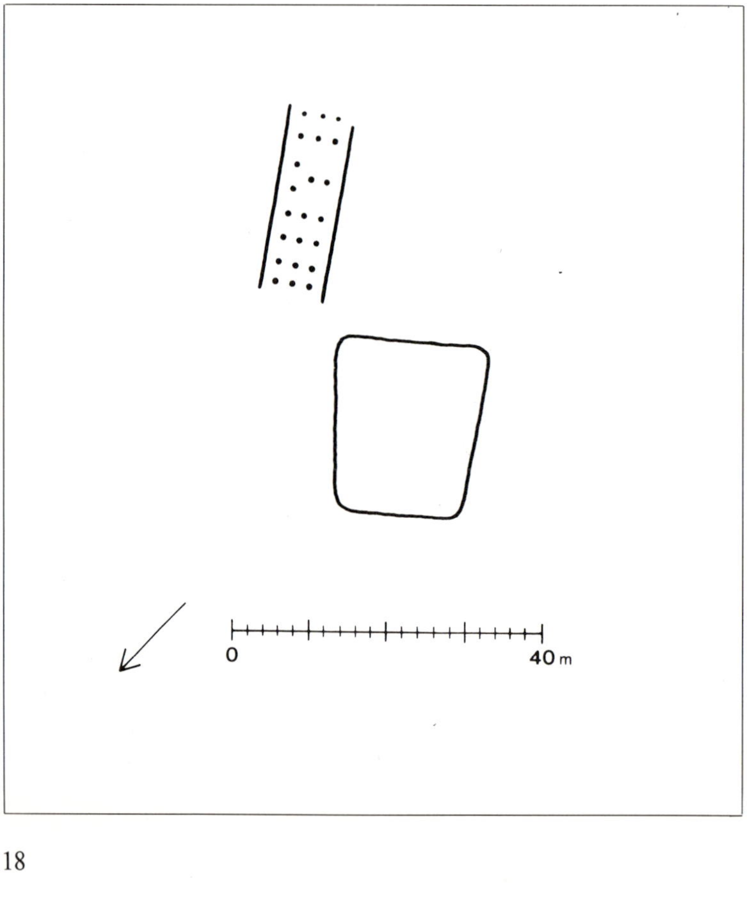

gemähten Felder um die Fundstelle herum das römische Objekt bereits angeschnitten haben (s. S. 15).
Das gilt in gleicher Weise für die römischen Kastelle, Übungslager und auch Tempel, besonders wenn es ein gallo-römischer Tempel ist, der im Grundriß den konservierten Tempeln bei Pesch und Zingsheim gleicht (s. S. 236 und 238 ff).
Größere Fundstellen-Komplexe, die sich durch ihre weite Ausdehnung über zahlreiche Äcker erstrecken, bedürfen einer wiederholten Beobachtung und Dokumentation, um dann mosaikartig zu einem entzerrten und richtig kartierten Grundriß zusammengesetzt werden zu können.
Derartige Grundrisse aber sind immer Ruinengrundrisse und enthalten weder Aussagen über die Entstehungszeit noch über die Dauer der Belegung und die einzelnen Bauperioden.

↙ ↓ Grundriß eines bandkeramischen Hauses und einer trapezförmigen Einfriedung

Das Luftbild und die daran anschließende Entzerrung ist nur der erste Schritt. Der Begeher, der die Oberflächenfunde auf den gepflügten Feldern sammelt, kann mit zusätzlichem Material, dem oberflächigen Fundmaterial, den zeitlichen Rahmen bereits enger fassen; aber erst der Ausgräber vermag die historischen Details mit der notwendigen Präzision abzustecken.
Die Luftbild-Prospektion aber ist nur die eine Seite der Luftbildarchäologie.
Die andere Seite ist die Luftbild-Dokumentation der Ausgrabungen und Denkmäler, weil das Luftbild den Überblick und auch den Zusammenhang der Denkmale zu ihrer Umgebung und Landschaft verdeutlicht und erschließt.
Den Großen der Luftfahrtgeschichte wie Charles Lindbergh und besonders auch Antoine de Saint-Exupéry graute vor der Zeit, in der man nicht mehr das erleben könnte, was sie in einem Luftraum erlebt haben, der noch frei war.

↑ Störche im Herbst auf Südwest-Kurs

In der Tat hat sich die Fliegerei gewaltig und auch schnell verändert. Vor über 10 Jahren war ein Anlasser in den kleineren Flugzeugen noch ebenso ein Luxus wie ein Funkgerät. Dieser Luxus und noch weit mehr Elektronik ist heute eine Notwendigkeit. Der Luftraum ist zunehmend dichter geworden und wird noch dichter. Die sich ergebenden Beschränkungen lassen sich aber durch zusätzliche Ausrüstungen mit den dazu erforderlichen Lizenzen ausgleichen. Und der Himmel hat seine pfirsichroten Zirren ebenso behalten wie die türkisfarbenen Bänder über den Wolken und den Regenbogen, der nur im Flug als Vollkreis mitzufliegen scheint. Die Schönheit des Fliegens ist nicht verlorengegangen, und noch immer – wenn auch seltener – fliegen Störche im Herbst nach Süden und halten unbeirrbar ihren sicheren wundervollen Kurs. Von da ab wird auch die Saison der Luftbild-Archäologie ruhiger, weil die Tage dann schnell immer kürzer werden, weil Luftbildflüge nur unter Sichtflugbedingungen durchgeführt werden können, nicht aber unter Wetterbedingungen, bei denen die Vögel zu Fuß gehen. Solche miesen Wetter werden durch entsprechend ausgerüstete Flugzeuge nur überbrückt, um von den Schlechtwetter-Gebieten in die Gebiete mit besseren Bedingungen zur weiteren Tätigkeit zu fliegen.

W. S.

Weiterführende Literatur:
W. Sölter, *Archäologie Luftbilder und Dürre.* In: *Rheinische Ausgrabungen '76,* Bonn 1977
W. Haarnagel, *Die Grabung Feddersen Wierde. Methode, Hausbau, Siedlungs- und Wirtschaftsformen sowie Sozialstruktur,* Wiesbaden 1979

Raetien und Noricum

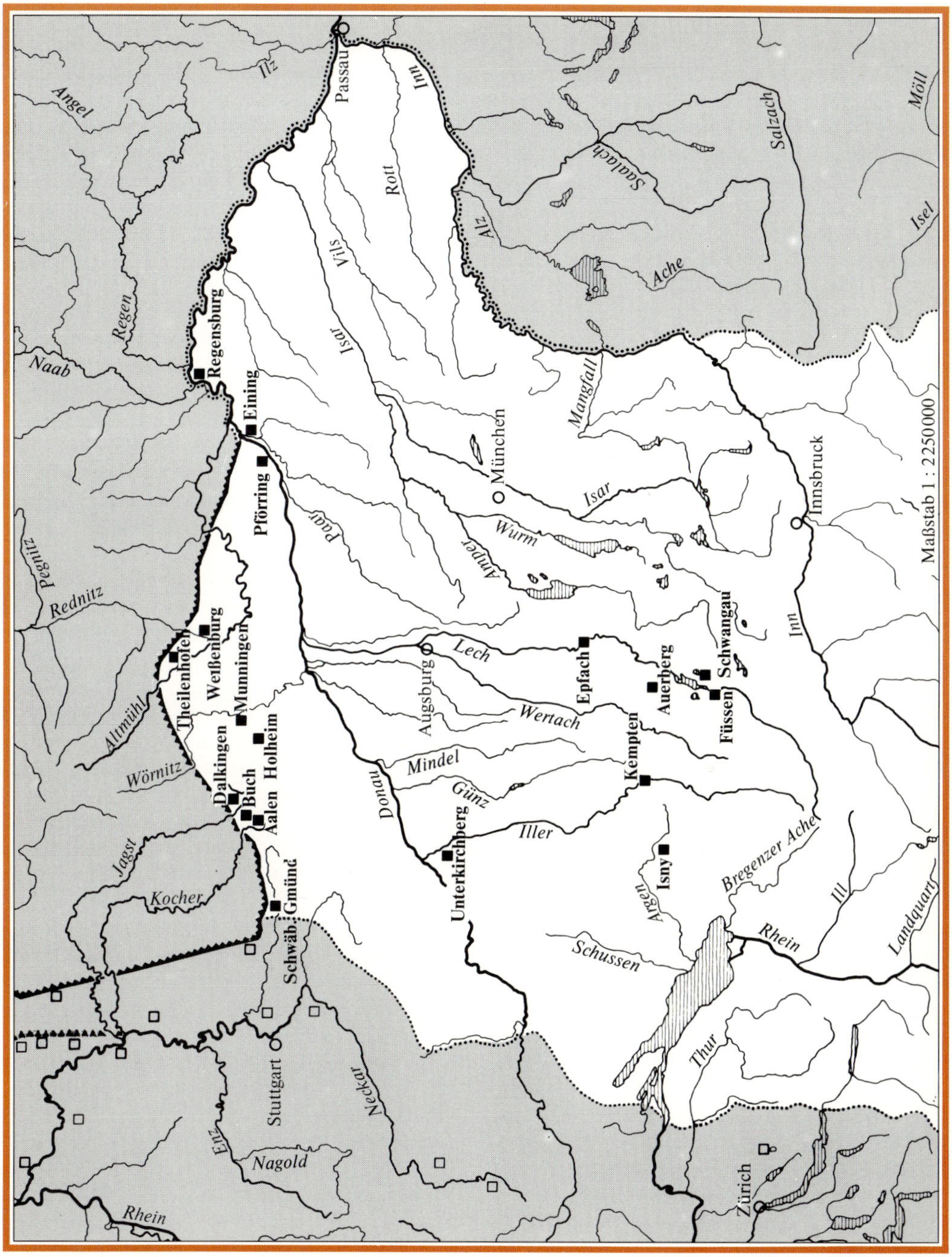

Die Provinz Raetien im Vorland der Alpen kann sich mit den reichen Schwestern am Rhein nicht messen. Sie blieb während der ganzen Zeit der römischen Herrschaft arm – mal mehr, mal weniger –, Durchgangsstation und Puffer zwischen den gallisch-germanischen und den Donauprovinzen (Rhein und Donau entspringen im raetischen Gebiet). So ist ihre Geschichte auch vorwiegend militärisch geprägt, wobei diese Tatsache natürlich nur die verkehrsgeographische Bedeutung der Provinz für die Kommunikation mit dem italischen Mutterland über die Alpenpässe wie für den Ostwestverkehr an der Nordgrenze des Reiches widerspiegelt. So wird auch im kurzen historischen Überblick die militärische Entwicklung den meisten Platz einnehmen.

Nach der Unterwerfung der inneralpinen raetischen Stämme seit 43 v. Chr. eroberten im Sommer des Jahres 15 v. Chr. Drusus und Tiberius, die Stiefsöhne des Kaisers Augustus, in einem Zangenangriff von Bodensee und Brenner her das Voralpenland. Hier saßen keltische Stämme, die Brigantier um Bregenz, die Estionen um Kempten, die Likatier am Lech, weiter östlich Cattenaten, Cosuaneten und Rucinaten. Im Chiemgau siedelten die Alaunen, ein norischer Teilstamm. An der Donau lag das Gebiet der Vindeliker mit ihrem Vorort Manching bei Ingolstadt. Die stadtähnliche Siedlung von 360 ha war mit einem 7 km langen Mauerring umgeben (die befestigte Stadt München des 18. Jahrhunderts hätte leicht zweimal Platz darin gefunden). Hinter diesem *murus Gallicus*, dessen Technik Caesar beschreibt, lagen die an geradlinigen Straßen erbauten großen Gehöfte mit Magazinbauten. Lebensgrundlage der Stadt waren Handel und Handwerk, die Landwirtschaft trat demgegenüber zurück. Außerhalb der Mauern fand man Eisenschmelzöfen; in der Stadt wurden Eisen und Bronze, Holz, Leder und Textilien verarbeitet sowie Glas und Keramik hergestellt. In Manching wurden eigene Münzen geprägt, und der Handel reichte bis nach Süditalien, Frankreich und Böhmen. Die Stadt ging durch Zerstörung zugrunde; bei den Grabungen wurden zahlreiche Skelette von Erschlagenen gefunden. Bis heute ist aber noch nicht entschieden, ob die Zerstörung bereits vor 15 v. Chr. durch germanische Einfälle oder innerkeltische Auseinandersetzungen erfolgte oder mit der römischen Eroberung zusammenhängt.

Wohl gleich nach der Eroberung wurden Legionstruppen in Augsburg stationiert. Von hier aus und einer zweiten Basis in Dangstetten am Hochrhein sollte der geplante weitere Vorstoß nach Norden erfolgen. Die wehrfähigen jungen Männer der einheimischen Bevölkerung wurden großenteils zu neu aufgestellten Hilfstruppeneinheiten eingezogen – möglichen Aufständen war so von vornherein die Grundlage entzogen. Kaiser Tiberius (14-37 n. Chr.) mußte die Expansionspläne aufgeben, die Augsburger Truppen wurden spätestens 17 n. Chr. abgezogen und nach Windisch in der Schweiz verlegt. Eine Kette von Militärposten sicherte das eroberte Land: von Bregenz über Kempten, den Auerberg und den Lorenzberg (in einer Lechschleife bei Epfach) bis nach Gauting südwestlich München. Nominell unabhängig blieb der Chiemgau, denn das Land östlich des Inn gehörte zum keltischen, mit Rom assoziierten Königreich Noricum.

Der rege Handelsverkehr der Vindeliker von Manching zeigt, daß es schon in keltischer Zeit ein lockeres Netz von Verkehrswegen gab. So geht wohl die Wahl Augsburgs auf seine Lage im Schnittpunkt schon bestehender Verbindungen zurück, und auch die Militärposten liegen zumeist an Straßenkreuzungen und Flußübergängen. Die einheimische Bevölkerung wurde nicht etwa ausgerottet oder vertrieben (bis auf die Rekrutierung der Jungmannschaft), sondern arrangierte sich wohl oder übel mit den neuen Herren. So findet sich in den Militärposten auch einheimische Keramik, handgeformte oder auch elegante dünnwandige Gefäße mit weißer und roter Streifenbemalung. Umgekehrt haben die Soldaten natürlich nicht nur ihr Tafelgeschirr aus Oberitalien und Südgallien mitgebracht, sondern auch ihre Speise- und Trinkgewohnheiten, wie aus den Funden von Reibschalen (zum Anrühren von Soßen), von Schalen eingeführter Austern und Scherben von Amphoren mit Fischsauce und südlichen Weinen zu sehen ist. Bis in die Friedhöfe einer Bevölkerungsgruppe zwischen Lech und Isar wirken die kulturellen Einflüsse mit Tracht und Schmuck nach der neuen, im Gefolge des Heeres hierhergelangten Mode. Der Anfang der Romanisierung ist gemacht, wer es zu etwas bringen wollte, hat Sprache, Schrift und Rechenwesen Roms erlernt.

Unter Kaiser Claudius (41-54 n. Chr.) wurden die Provinzen *Raetia* und *Noricum* eingerichtet mit dem Inn als Grenze. Augsburg wurde die Hauptstadt der Provinz Raetien und Sitz des Statthalters. Das Straßennetz wurde weiter ausgebaut, die *Via Claudia Augusta* als schnelle Route von Altinum bei Venedig über den Reschen-Scheideck- und den Fernpaß nach Augsburg angelegt. Die militärische Sicherung des Erreichten wurde, in Fortsetzung der Politik des Tiberius, durch neuerrichtete Kastelle an der Donau ausgebaut (am besten sind derzeit bekannt Hüfingen im Schwarzwald, Aislingen und Burghöfe an der Donau sowie als östlichste raetische Garnison Oberstimm bei Ingolstadt). Stromabwärts lag das nächste bis jetzt bekannte Kastell in Linz (ein Posten auf dem Frauenberg bei Weltenburg ist unsicher). Alle diese Kastelle sind, wie auch die Um- und Neubauten der nächsten Generationen, nach einheitlichem regelmäßigem Schema erbaut. Der rechteckige Grundriß (in Oberstimm etwa 108 zu 132 m = 1,4 ha) war von einem Spitzgraben umgeben, die Mauer eine Holz-Erde-Konstruktion. Im Inneren bildeten Kommandantur mit Fahnenheiligtum und Kommandantenhaus den Mittelpunkt, umgeben von den Fachwerkbaracken der Soldaten, den Stallungen der Pferde, Handwerksbetrieben für Reparaturen von Waffen und Ausrüstung, Magazinbauten für die Versorgung kleinerer Posten und vom Lazarett.

Von den Wirren des Dreikaiserjahres nach dem Tod von Kaiser Nero (54-68 n. Chr.) wurde auch Raetien mitgenommen (man stand zu lange auf seiten des Vitellius), was u. a. in Kempten und in den Donaukastellen archäologisch nachzuweisen ist. Vespasian (69-79 n. Chr.) erneuerte die Grenzkastelle und legte neue Militärlager in Eining, Regensburg-Kumpfmühl und Straubing an. Auch für die Zivilsiedlungen wurde mit der flavischen Erneuerung die Grundlage zum folgenden wirtschaftlichen und kulturellen Aufschwung gelegt. Dazu trug auch die nach dem Feldzug des Cn. Pinarius Clemens 73/74 gebaute Straße von Straßburg durch das Kinzigtal nach Rottweil und Günzburg bei, die die Entfernung vom Rhein zur Donau schrumpfen ließ.

Unter Kaiser Domitian (81-96 n. Chr.) wurde, nach Ansätzen unter Vespasian und Titus (79-81 n. Chr.), die Donau überschritten. Es entstanden Kastelle in Kösching (zwischen 77 und 81 n. Chr.) und am sog. Alblimes, der bei Günzburg die Donau erreichte. Nach dem Aufstand des Saturninus 88/89 wurde der Limesausbau verstärkt. Von Stockstadt führte die Linie durch den Odenwald zum Neckar, um dann beim Erreichen raetischen Bodens scharf nach Osten abzubiegen. Damals wurden Kastelle in Gnotzheim, Weißenburg und Pfünz erbaut, dazu Künzing und Passau-Innstadt.

Kaiser Traian (98-117 n. Chr.) gab endgültig alle offensiven Pläne auf zugunsten eines rein defensiven Konzeptes. An die Stelle der bisherigen dynamischen Grenzen einer aktiv betriebenen Expansionspolitik trat nun der Limes als erste lineare Grenze. Der Wandel der Strategie geht wohl auf die in den Chattenkriegen Domitians 83/85 gesammelten Erfahrungen zurück. Entlang der Grenze wurden viele kleine Kastelle gebaut, dazwischen zahlreiche Wachttürme zur möglichst lückenlosen Überwachung. Rückwärtige Kastelle wurden aufgelassen, Grenzkastelle vergrößert oder neu gebaut wie Theilenhofen und Pförring.

Unter Kaiser Hadrian (117-138 n. Chr.) konnte sich die Provinz in Ruhe und Frieden entwikkeln. Der Kaiser besuchte im Jahr 120/121 Raetien und Noricum und erhob die raetische Hauptstadt Augsburg zum *Municipium Aelium Augustum.* Als Erinnerung an diese Reise wurden Münzen mit der Umschrift *exercitus Raeticus* bzw. *exercitus Noricus* geprägt. In Raetien lagen damals vier Alen zu 500 Reitern (nur die in Aalen stationierte hatte 1000 Mann) sowie maximal 13 Kohorten Infanterie.

Antoninus Pius (138-161 n. Chr.) ließ durchgehende Palisaden am Limes installieren, zahlreiche Holz-Erde-Kastelle wurden in Stein ausgebaut, u. a. Gnotzheim, Theilenhofen, Weißenburg, Pfünz, Kösching, Pförring, Eining sowie die Donaulinie bis Passau; andere Kastelle wurden völlig neu angelegt. Dabei wurde das Knie des obergermanisch-raetischen Limes verkürzt und so die Grenze auf die nördlichste je erreichte Linie vorgeschoben, die mit den Kastellen Ruffenhofen und Dambach gesichert wurde. Am besten von allen genannten Kastellen ist derzeit Künzing bekannt. Bei den meisten anderen Plätzen fanden die Grabungen bereits im 19. Jahrhundert statt. Konservierte Grundrisse sind in Eining (S. 43f) und Weißenburg (S. 40) zu sehen.

Die Markomannenkriege während der Regierungszeit des Kaisers Marc Aurel (161-180 n. Chr.) brachten auch den raetischen Siedlungen und Kastellen ab Ende der 60er Jahre Zerstörungen. Die veränderte strategische Situation ließ es der Führung geraten erscheinen, seit den 70er Jahren wieder Legionstruppen in der Provinz zu stationieren. Im Jahr 179/180 bezog die 3. Italische Legion ihr neues Lager in Regensburg. Ihre nominell 6000 Mann verdoppelten das Militär in Raetien.

An dieser Stelle erscheint es geboten, in ausführlicherer Darstellung zu wiederholen, daß Raetien eine Militärprovinz war. Vom Straßennetz über den Handel und die Wirtschaft bis zur Landwirtschaft war alles in erster Linie auf die Bedürfnisse der Grenztruppen ausgerichtet. Das Straßennetz als Grundlage für Nachschub und Nachrichtenübermittlung wie für die Mobilität der Truppen wurde sorgfältig unterhalten und ausgebaut. Zuständig waren dafür die sog. Benefiziarier, altgediente Soldaten, die von festen Posten aus ihrer Aufgabe nachkamen. Welche Anforderungen an die Landwirtschaft gestellt wurden, geht aus einer einfachen Rechnung hervor: einem Legionär standen täglich zwei Pfund (1 röm. Pfund = 327,45 g) Weizen zu, dazu kamen Zutaten wie Fett, Eier, Salz. Eine Legion von 6000 Mann benötigte somit jährlich mehr als 1400 Tonnen Getreide, ferner Fleisch, Fisch, Gemüse, Obst, Milch und Milchprodukte, nicht zu vergessen das Futter für die Pferde der etwa 3000 Reiter, die gegen Ende des 2. Jahrhunderts hier stationiert waren. Auch Kleidung und Schuhwerk der insgesamt 16500 Soldaten mußten regelmäßig ergänzt werden.

Nach dem Ausscheiden aus dem aktiven Dienst ließen sich viele Soldaten im Limeshinterland nieder und trugen mit ihren Gutshöfen zur Versorgung des Militärs bei. Ansonsten deckte man dort seinen Bedarf an Gütern teils durch eigene Produktion (Ziegeleien, Eisenverarbeitung, Reparatur von Waffen und Gerät), teils aus zentralen Heereswerkstätten, teils bezog man das Notwendige von spezialisierten Handwerkersiedlungen wie etwa Pocking südlich von Passau, wo Töpfereien für Gebrauchskeramik, Reibschalen, stempel- und reliefverzierte Keramik, Öllampen, ferner glas-, eisen- und textilverarbeitende Betriebe nachgewiesen wurden. Für überregionale Kundschaft - wiederum vorwiegend aus dem Militär - produzierten die Sigillatatöpfereien von Westerndorf und Pfaffenhofen nördlich Rosenheim, die ihre Erzeugnisse größtenteils auf dem Wasserweg weit donauabwärts verschifften. Kleinere Sigillatatöpfereien wurden z. B. in der Umgebung der Hauptstadt Augsburg nachgewiesen.

Im Jahr 180 starb Marc Aurel in Wien an der Pest. Sein Nachfolger Commodus (180-192 n. Chr.) schloß Frieden. Man begann die zerstörten Kastelle wiederaufzubauen. Septimius Severus (193-211 n. Chr.) sicherte durch die Erneuerung der Fernstraßen Versorgung und Beweglichkeit der Truppen. Allenthalben bezeugen die Inschriften der Meilensteine an den Straßen die Maßnahmen. Die Aufbauarbeiten dauerten bis ins 3. Jahrhundert. So ließ erst Caracalla (211-217 n. Chr.) am raetischen Limes die Palisaden durch eine 1,20 m starke und 3 m hohe Mauer ersetzen. Durch diese großen Anstrengungen konnten die Alamannen, deren erstes Auftreten am Limes für das Jahr 213 n. Chr. bezeugt ist, noch ein halbes Jahrhundert aufgehalten werden, ehe 259/260 der Limes endgültig fiel und das italische Mutterland den Eindringlingen aus dem Norden schutzlos preisgegeben war.

Zeugnisse der verheerenden Kriegszüge der Alamannen, die zum Ausbluten des Landes und schließlich auch zum Zusammenbruch der militärischen Sicherung führten, sind eine ganze Reihe von Schatzfunden, die damals dem Boden anvertraut wurden und von ihren Besitzern nicht mehr gehoben werden konnten. Das Spektrum reicht von Bargeld und Geschirr aus Silber und Bronze über Gebrauchsgerät und Altmetall bis zu militärischen Ausrüstungsteilen wie Waffen, Pioniergerät und Paraderüstungen. Gerade bei diesen militärischen Funden kann es sich allerdings zum Teil auch um die rasch vergrabene Beute alamannischer Plünderer handeln, welche die eroberten Kastelle nach allem Verwertbaren durchkämmten und dann, um sich beim weiteren Vormarsch nicht zu belasten, ihre Beute versteckten.

Besonders gravierend war der Einfall von 233, der Auswirkungen bis ins Allgäu zeigte. Ein anderer traf 242 den Donauraum und Noricum. 259/260 wurde der Limes dann auf breiter Front überrannt, so daß ein späterer Panegyriker als Resultat knapp vermelden kann *sub principe Gallieno . . . amissa Raetia . . . Noricum Pannoniaeque vastatae* (unter dem Kaiser Gallienus wurde Raetien verloren, Noricum und Pannonien verwüstet). Die Alamannen standen bald vor Mailand, wo sie von

Gallienus (259-268 n. Chr.) geschlagen wurden. Auch in den folgenden Jahren blieb es unruhig und unsicher. Die zivile Bevölkerung zog sich in dieser Notzeit wie auch später bei ähnlichen Bedrohungen aus dem flachen Land auf abseits der Fernstraßen und Heerwege gelegene, eilig befestigte Höhen zurück. Mit dem nächstbesten erreichbaren Baumaterial zog man eine Ringmauer hoch, in deren Schutz man dann in Zelten oder, wenn aus dem Provisorium notgedrungen ein Dauerzustand wurde, in Holzhütten hauste, bis die unmittelbare Gefahr für diesmal vorbei war.

Erst unter Kaiser Probus (276-282 n. Chr.) scheint wieder eine durchgehende feste Grenzwehr zwischen Bodensee und Passau an Iller und Donau bestanden zu haben, mit Kastellen und Wachttürmen an den Grenzstraßen und Nachschubwegen. Das westlich und nördlich dieser Linie gelegene Dekumatland blieb germanisch. Eine Augsburger Ehreninschrift für den Kaiser aus dem Jahr 281 verbrämt diese Tatsache und nennt ihn *restitutor provinciarum et operum publicorum providentissimus ac super omnes retro principes fortissimus imperator* (weitblickender Erneuerer der Provinzen und Festungswerke sowie als tapferster Feldherr alle früheren Kaiser übertreffend).

Nach und nach baute man in der Restprovinz die alten Kastelle in kleinerem Umfang wieder auf (z. B. Eining, S. 43f.) oder legte neue an, häufig in der Nähe der älteren Anlagen. Die Grundrisse sind nicht mehr am alten rechtwinkligen Schema orientiert, sondern passen sich dem Gelände an. Als Baumaterial werden auch hier Werkstücke von älteren Gebäuden, ja selbst Grabsteine wiederverwendet. Die Wachttürme (*burgi*) mit ihrer Besatzung von jeweils 15-20 Mann hatten untereinander Sichtverbindung, um bei Tag und Nacht durch Rauch- und Feuerzeichen von ihren Patrouillen festgestellte feindliche Bewegungen an die strategische Feuerwehr des nächstgelegenen Kastells weitermelden zu können.

Kaiser Diokletian (284-305 n. Chr.) reformierte neben Verwaltung und Münzwesen auch das Heer; zahlreiche neue Einheiten wurden aufgestellt (*Valeria* oder *Herculia*). 291 wurde in Mailand beschlossen, die Grenze neu zu befestigen. Auch Germanen wurden nun in größerer Zahl ins Heer aufgenommen, wie zuletzt durch Grabungen im Friedhof des spätrömischen Kastells Neuburg/Donau nachgewiesen. Verwaltungsmäßig wurde Raetien geteilt: Raetia I im Westen mit Chur als Sitz des der Verwaltung vorstehenden *praeses* und Raetia II im Osten mit Augsburg als Praesidialsitz. Militärisch unterstehen aber beide Provinzen einem Oberbefehlshaber (*dux*).

Gegen 300 breitete sich das Christentum auch in Raetien aus, hatte allerdings auch hier unter Verfolgungen zu leiden (Martyrium der Hl. Afra in Augsburg). Nur ganz vereinzelt ist es bisher gelungen, Kirchen jener Zeit archäologisch nachzuweisen. Das zivile Leben war im 4. Jahrhundert angesichts der ständigen Bedrohung überhaupt viel bescheidener als noch 100 Jahre zuvor und hat somit auch in entsprechend spärlicheren archäologischen Funden seinen Niederschlag gefunden.

Um 330 n. Chr. wurde das Heer verstärkt und neu organisiert. Neben den Garnisonstruppen in den Grenzkastellen, die schon seit längerer Zeit nahezu seßhaft waren, den *limitanei*, wurde ein schlagkräftiges mobiles Feldheer aufgestellt (*comitatenses*). Kaiser Valentinian (364-375 n. Chr.) führte angesichts neuer Bedrohungen durch Juthungen und andere germanische Stämme nochmals ein großes Bauprogramm am Limes durch und leitete persönlich mehrere Feldzüge gegen die Alamannen. Auch in vielen zivilen Siedlungen war nun Militär stationiert.

Bald nach 400 n. Chr. zog Stilicho die Truppen zum Schutz Italiens gegen die Westgoten ab. Auch die zentral organisierte römische Verwaltung scheint damals abgezogen zu sein und die Bevölkerung in ihrer Auseinandersetzung mit den Germanen weitgehend sich selbst überlassen zu haben. Zumindest in den festen Plätzen an der Donau hielt sich jedoch die romanische Bevölkerung noch bis weit in das 5. Jahrhundert, wie wir aus der Lebensbeschreibung des Hl. Severin und den jüngsten Ausgrabungen in Passau wissen. Spätestens 488 n. Chr. mußte auch der letzte von Romanen gehaltene Streifen am norischen Donauufer geräumt werden.

J. G.

Weiterführende Literatur:

J. Garbsch, *Der spätrömische Donau-Iller-Rhein-Limes*, Aalen 1970

J. Garbsch-H. Kieser, *Die Römer in Bayern* (Diaserie), Staatl. Landesbildstelle Südbayern, München 1978

H.-J. Kellner, *Die Römer in Bayern*, 4. Auflage, München 1978

Kempten / *Cambodunum*

Das römische Kempten war zu seiner Blütezeit das typische Beispiel einer Provinzstadt. Der Name *Cambodunum* ist keltisch; wo die vermutete keltische Vorgängersiedlung lag, ist allerdings bis heute unbekannt. Nach der Eroberung im Jahr 15 v. Chr. legten die Römer einen Militärposten nach Kempten. Auch sein Standort ist nicht bekannt. Nach dem Abzug der Garnison noch vor der Mitte des 1. Jahrhunderts n. Chr. entwickelte sich auf der Hochterrasse des östlichen Illerufers rasch eine blühende Siedlung im Schnittpunkt mehrerer Fernstraßen. Die Stadt auf dem Lindenberg besaß ein Forum und einen großen Kultbezirk; die Privatbauten waren Holzhäuser. In den Wirren nach Neros Tod wurde 69/70 n. Chr. alles zerstört; im Planierungsschutt fand man Freskenreste, Marmorplatten, Bronzeleisten und Bruchstücke von zertrümmerten Bronzeplatten, ein Zeichen, wie vorzüglich diese ältere Anlage bereits ausgestattet war. Im Jahr 1953 wurden das Forum sowie die anschließenden Straßenquadrate ausgegraben, so daß man einen guten Überblick über die Stadtanlage hat. Auf dem Plan ist der Zustand der

↓ Kempten mit Lindenberg (rechts oben) und Burghalde

zweiten Periode eingetragen, mit deren Bau wenige Jahre nach der Zerstörung begonnen wurde.

Der Stadtplan zeigt eine regelmäßige Anlage: im Südosten der große Tempelbezirk mit Brandopferaltar, anschließend ein Viertel mit öffentlichen Bauten (Forum, Basilika, Thermen); nach Nordwesten folgten mehrere Blökke (*insulae*) mit meist zweistöckigen Wohn- und Geschäftshäusern. Die Stadt ist durch rechtwinklig aufeinandertreffende, bis zu 10 m breite Straßen gegliedert. Ausgangspunkt der Vermessungsingenieure war dabei der Schnittpunkt der Thermenstraße (*cardo*) mit der Forumstraße (*decumanus*). Vor den Häusern lagen überdachte Gänge, so daß man bei Regen trockenen Fußes vorankam.

Zahlreiche Münzschatzfunde bezeugen Zerstörungen durch Alamannen bereits in den 30er Jahren des 3. Jahrhunderts. In der Spätantike wurde auf der anderen Seite der Iller der Hügel der Burghalde befestigt. In diesem Kastell lag eine Abteilung der bis 260 in Regensburg stationierten 3. Italischen Legion, die für den Grenzschutz von Isny (vgl. S. 48) bis *Cassiliacum* (bei Memmingen?) zuständig war. Nördlich unterhalb der Burghalde scheint auch die Zivilbevölkerung hinter einer Wehrmauer gelebt zu haben, von der im evangelischen Friedhof ein 200 m langes Stück festgestellt wurde (Bildmitte links von der bewaldeten Burghalde). Obertägig sichtbar ist heute von allen hier erwähnten Mauern und Gebäuden nichts mehr. J. G.

Weiterführende Literatur:

W. Schleiermacher, *Cambodunum-Kempten. Eine Römerstadt im Allgäu*, Bonn 1972

M. Mackensen, *Das römische Gräberfeld auf der Keckwiese in Kempten I. Gräber und Grabanlagen des 1. und 4. Jahrhunderts,* Kallmünz 1978

↓ Kempten
1 Die Stadt des 1.–3. Jhs. auf dem Lindenberg
2 Das spätrömische Kastell auf der Burghalde
3 Gräberfeld

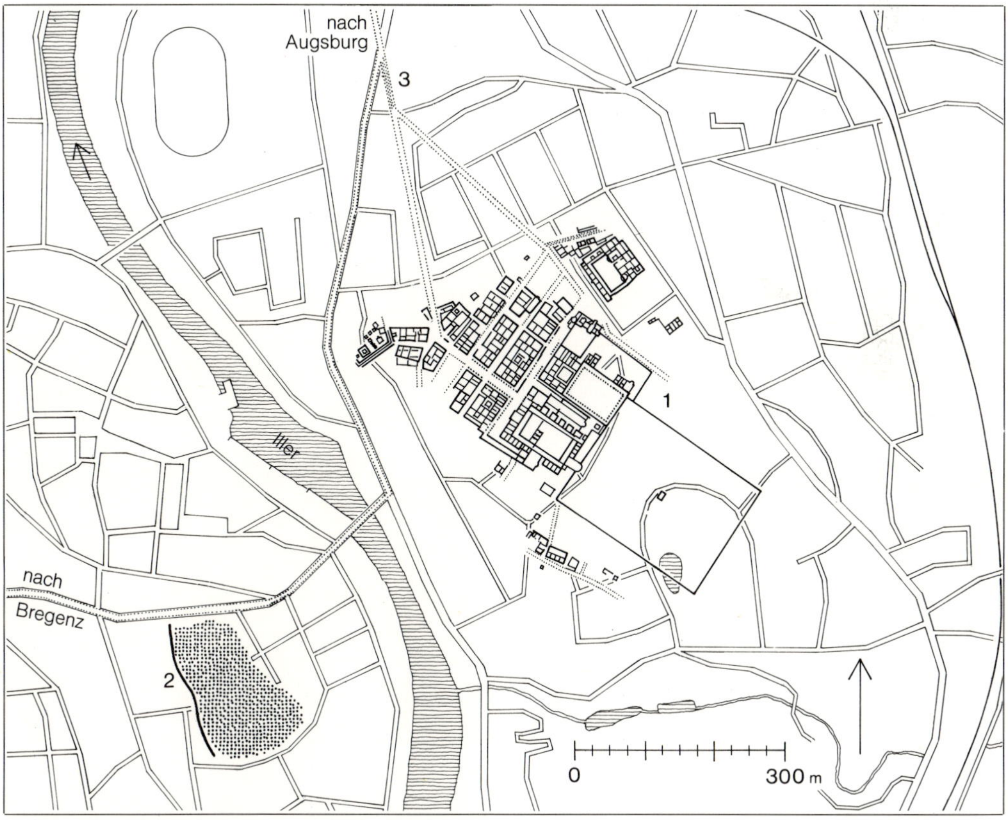

Auerberg

Auch auf dem Auerberg lag in der Zeit des Kaisers Tiberius (14-37 n. Chr.) ein Militärposten, neben dem sich eine zivile Handwerkersiedlung etablierte. Anders aber als im Fall von Kempten entwickelte sich nach dem Abzug des Militärs weder eine eigenständige Zivilsiedlung, noch wurde der Berg in der Spätantike erneut befestigt.

Der Auerberg (1055 m) ist ein beherrschender Punkt am Ostrand des Allgäus. Um seine beiden Kuppen verläuft ein 1700 m langer Ringwall (ein Stück ist links unten beim Austritt aus dem Wald zu sehen). Die ältere Forschung hat ihn mit dem keltischen *oppidum* Damasia, das der Geograph Strabo als Vorort der Likatier nennt, in Verbindung gebracht. Er gehört jedoch zu dem römischen Militärposten. Die seit 1968 alljährlich stattfindenden Ausgrabungen haben seine Konstruktion geklärt. Es ist ein mit Rasensoden verkleideter Erdwall.

Auf der höheren der beiden Kuppen, dem Kirchberg, fand man Spuren der Handwerkersiedlung mit langgestreckten, den Giebel zur Straße kehrenden Holzbauten. Vor allem am Westhang war die Bebauung sehr dicht, aber auch der auf dem Bild rechts vom Kirchberg gelegene Schloßberg war besiedelt. Außerhalb des Walles lag hier ein Brandopferplatz.

Auerberg mit Wallanlagen

1 Kirchberg
2 Schloßberg

Nach den Funden wurden Eisen, Bronze und Glas verarbeitet, Leder gegerbt und Keramik sowie Textilien hergestellt. Neben Erzeugnissen in einheimischer keltischer Tradition begegnen auch germanische Produkte, die auf eine entsprechende (umgesiedelte?) Gruppe unter den Einwohnern schließen lassen. Genauere Aussagen könnte erst die Auffindung des zugehörigen Friedhofs (wohl an der Straße) bringen.

Die militärische Bedeutung des Platzes erklärt sich aus seiner Lage zwischen der Fernstraße Bregenz-Salzburg und der *Via Claudia* vom Po zur Donau. Von hier oben überblickt man bei klarem Wetter die ganzen Allgäuer Alpen und sieht nach Norden durch das Lechtal bis Landsberg und zum 70 km entfernten Augsburg. Von Nachteil ist jedoch der beschwerliche Aufstieg sowie das ungünstige Klima des exponierten Platzes. Noch vor dem Regierungsantritt des Kaisers Claudius (41-54 n. Chr.) hatte sich die Lage so normalisiert, daß das Militär abziehen konnte. Damit war aber offenbar auch der Handwerkersiedlung die wirtschaftliche Grundlage entzogen.

Der Auerberg ist von Bernbeuren aus auf gut ausgebauter Straße zu erreichen. J. G.

Weiterführende Literatur:
G. Ulbert, *Der Auerberg*, in: *Neue Ausgrabungen in Deutschland 1*, Mainz 1975, 409-433

↓ Der Auerberg im Allgäu

Epfach / *Abodiacum*

Zur Kette der frührömischen Militärposten im Voralpenland gehört auch der Lorenzberg bei Epfach. Malerisch (und vor allem strategisch günstig) in einer Lechschleife gelegen, die ihn von drei Seiten schützt, war er nach Ausweis der Funde von augusteischer bis höchstens in claudische Zeit mit Militär belegt, das hier in Fachwerkbaracken hauste und die Furt über den Lech bewachte. Nach dem Abzug der Soldaten entstand an Flußübergang und Kreuzung der Straße Bregenz-Salzburg mit der *Via Claudia* eine zivile Siedlung (links unter dem heutigen Ort), die hauptsächlich von Verkehr und Handel lebte. Im 2. Jahrhundert verlor sie an Bedeutung durch die Verlagerung des Ostwestverkehrs nach Norden. Bei einem Alamanneneinfall fand der Ort 233 n. Chr. sein Ende. Von der nach dem keltischen Ortsnamen in der Nähe zu vermutenden Vorgängersiedlung ist bisher nichts bekannt.
Nach dem Fall des Limes 259/260 n. Chr. flüchtete sich die Bevölkerung der Umgebung in den Schutz des Lorenzberges. Unter Diokletian (284-305 n. Chr.) errichtete man um den Bergrücken eine Umfassungsmauer, hinter der sich die Holzhäuser der 7650 m² großen Siedlung versteckten. Auf dem nicht bewaldeten Teil des Berges kann man die Mauer, parallel zum Weg, sozusagen negativ als Vertiefung erkennen: im Jahr 1833 hat der Schongauer Amtsrichter Lorenz Boxler, der sie auf eigene Kosten freigelegt hatte, die Steine auf Abbruch nach Augsburg verkauft, da die öffentliche Hand die Kosten in Höhe von 422 Gulden 57 Kreuzer »aus Etatbeschränktheit« nicht übernehmen wollte.
Die Ausgrabungen von 1953-1957 haben ergeben, daß die Siedlung bei einem Alamannen- oder Juthungeneinfall nach 350 n. Chr. abbrannte. Bald danach errichtete man einen massiven Magazinbau. Um 370 haben hier auch Anhänger des christlichen Glaubens gelebt; ein damals entstandener rechteckiger Bau mit dreigeteiltem Abschluß im Osten ist als Kirche zu deuten. Auf seinem Estrich wurden zahlreiche Münzen, aber auch die Scherbe einer mediterranen Tonlampe mit Christogramm gefunden. In den beiden letzten Jahrzehnten des 4. Jahrhunderts war dann auch Militär auf dem Berg stationiert, wie Funde von Ausrüstungsteilen zeigen. J. G.

Weiterführende Literatur:
J. Werner, *Studien zu Abodiacum-Epfach*, München 1964
G. Ulbert, *Der Lorenzberg bei Epfach. Die frührömische Militärstation*, München 1965
J. Werner, *Der Lorenzberg bei Epfach. Die spätrömischen und frühmittelalterlichen Anlagen*, München 1969

→ Epfach am Lech mit Lorenzberg

↘ Der Lorenzberg

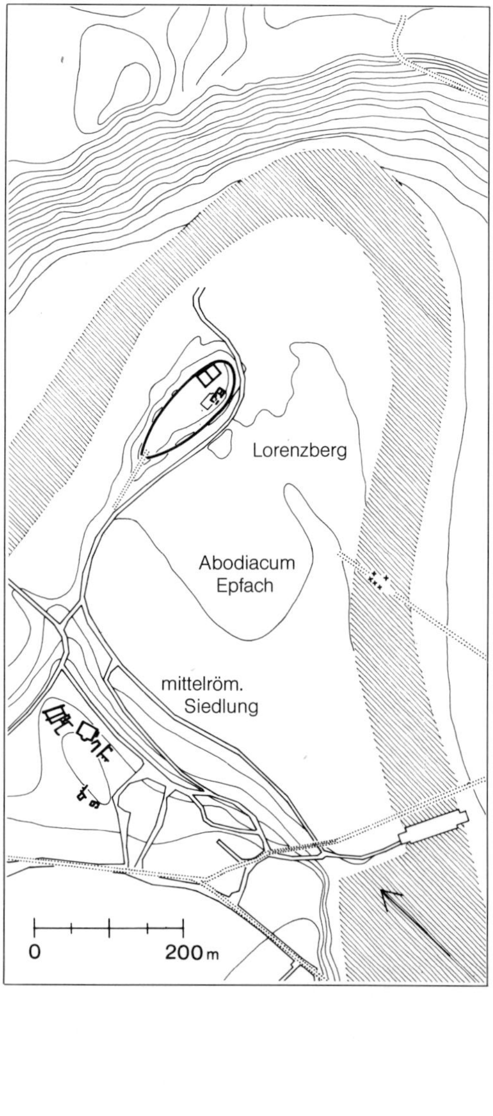

Füssen / *Foetes*

Über Füssen in römischer Zeit ist wenig bekannt, wenn man von der im Stadtgebiet weitgehend durch die Natur vorgegebenen Trassenführung der *Via Claudia Augusta* absieht, jener vom Po zur Donau führenden Fernstraße, die Kaiser Claudius (41-54 n. Chr.) nach dem Zeugnis der Meilenstein-Inschriften ausbauen ließ. In der Umgebung der Stadt gibt es eine Reihe von römischen Villen und zu Füßen des Tegelberges die Siedlung von Schwangau (Bildmitte, im Hintergrund).

Auf dem Schloßberg (Bildmitte, im Vordergrund) befand sich, wie eine Untersuchung im Jahr 1954 ergeben hat, das spätantike Kastell, in dem nach der *Notitia dignitatum*, einem Staatshandbuch des 4. Jahrhunderts, eine Abteilung der 3. Italischen Legion lag. Sie sollte an dieser strategisch wichtigen Stelle den ungestörten Nachschub aus dem Süden sichern. Mit 0,5 ha Fläche bot der Berg freilich nicht der ganzen Einheit Platz, sondern der größere Teil muß in den zahlreichen Wachttürmen entlang den Straßen sowie bei Patrouillen Dienst getan haben, so daß in Füssen nur der Stab und eine mobile Eingreifreserve lag. Wie wichtig solche rückwärtigen Kastelle für die Nachschubsicherung der Grenztruppe waren, zeigen die Posten von Innsbruck-Wilten und Zirl in Tirol. J. G.

Weiterführende Literatur:

R. Knussert, *Das Füssener Land in früher Zeit*, Kempten 1955

J. Werner, *Spätrömische Befestigung auf dem Schloßberg in Füssen (Allgäu). Germania* 34, 1956, 243-248

↓ → Füssen. Im Vordergrund der Schloßberg

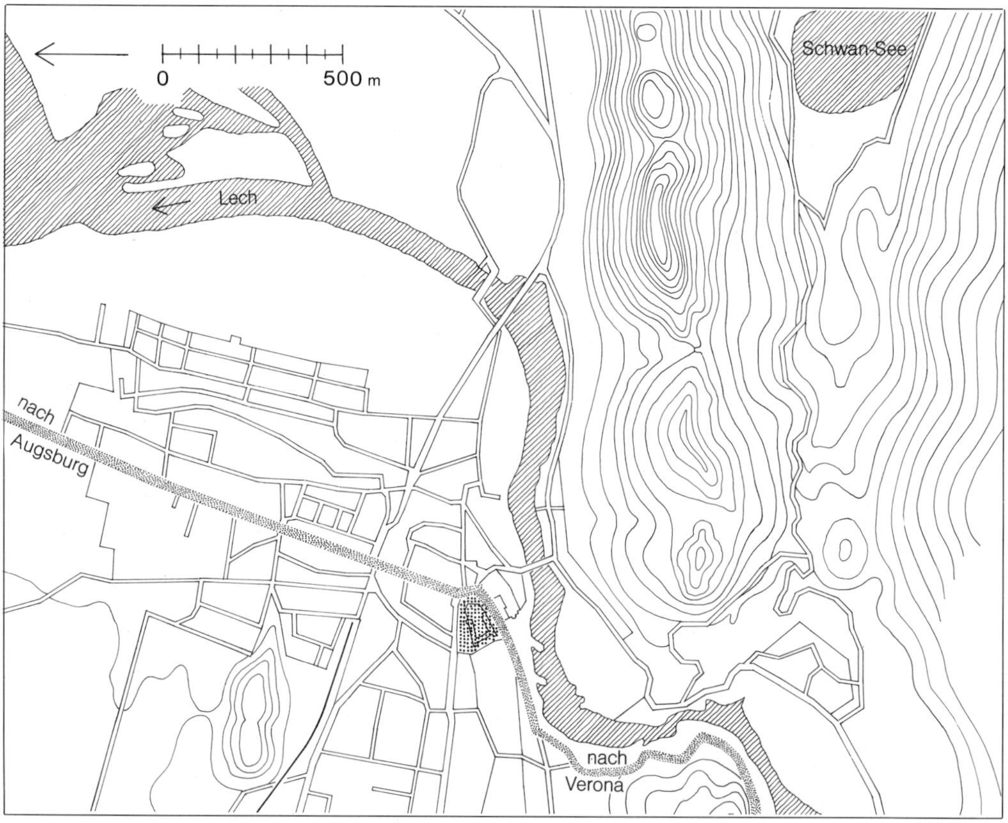

Schwangau

Römisches Badegebäude

Im Jahr 1966 stieß der Bagger, der beim Bau der Tegelbergbahn eine Grube für das Widerlager der Materialseilbahn aushob, auf die Fundamente eines römischen Badegebäudes. Man hatte zwar seit 1934/35 gewußt, daß die zahlreichen Podien und Terrassen des sanft abfallenden Hanges von Häusern einer römischen Siedlung stammen, deren Einwohner im 2. und 3. nachchristlichen Jahrhundert offenbar vom Abbau des in unmittelbarer Nachbarschaft anstehenden Erzes lebten. Dennoch war die Überraschung groß, denn im Schutt fanden sich so viele Reste der ursprünglichen Wandbemalung, daß in jahrelanger, mühsamer Puzzlearbeit in der Prähistorischen Staatssammlung München fast alle Tapeten des Gebäudes in voller Höhe rekonstruiert werden konnten.

Die Fresken sind heute im Museum in München zu besichtigen; der Grundriß des Badegebäudes wurde an Ort und Stelle, direkt unter der Einflugschneise der Seilbahn, konserviert, so daß er von jedem Gondelbenutzer, aber auch vom Parkplatz aus bestens besichtigt werden kann. Lediglich der lange schmale Eingangskorridor mußte geopfert werden, ansonsten sind alle für das römische Bad typischen Räume zu sehen. Vom quadratischen *apodyterium*, wo man die Kleider ablegte, konnte man über ein Brüstungsmäuerchen in das Kaltwasserbecken springen (oder besser über die beiden Stufen hineinsteigen, denn es war nur 90 cm tief). Durch das Fenster sah man auf den sechs Kilometer entfernten Schloßberg von Füssen. Anschließend ging es weiter ins Warm- und Schwitzbad. Diese Räume hatten eine Unterflur-Warmluftheizung, die von der außerhalb gelegenen Feuerung (*praefurnium*) bedient wurde. Der Fußboden ruhte auf kleinen Säulen aus aufeinandergestapelten Ziegeln, von denen eine ganze Reihe erhalten geblieben bzw. wieder aufgemauert worden

→ Die Allgäuer Alpen östlich Füssen. Im Vordergrund Schloß Neuschwanstein, links die Talstation der Tegelbergbahn

ist. Auch Reste der Hohlziegel, durch die die Warmluft in den Wänden nach oben abzog, haben sich erhalten. Die Wasserleitungen (Bleirohre) und Heißwasserboiler (Bronzekessel) sind allerdings schon antiken Altmetall-Sammlungen zum Opfer gefallen. J. G.

Weiterführende Literatur:
G. Krahe, *Eine römische Siedlung am Alpenrand bei Schwangau. Probleme der Zeit*, München o. J., 23-27
G. Krahe-G. Zahlhaas, *Das Römerbad in Schwangau,* Kallmünz 1981

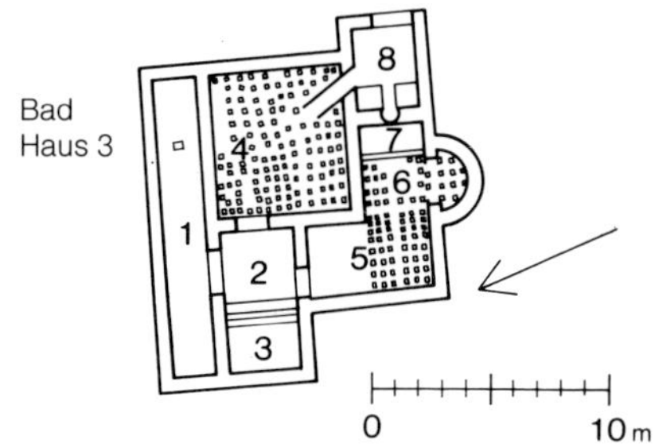

1 Eingangskorridor, zusammen mit
2 Flur und Umkleideraum
3 Kaltbad *(frigidarium)*
4 Warmbad *(caldarium)*
5 Laubad *(tepidarium)*
6 Schwitzbad *(sudatorium)*
7 Heißwasserwanne mit Boiler
8 Heizraum *(praefurnium)*
9 Wohnräume z. T. beheizt

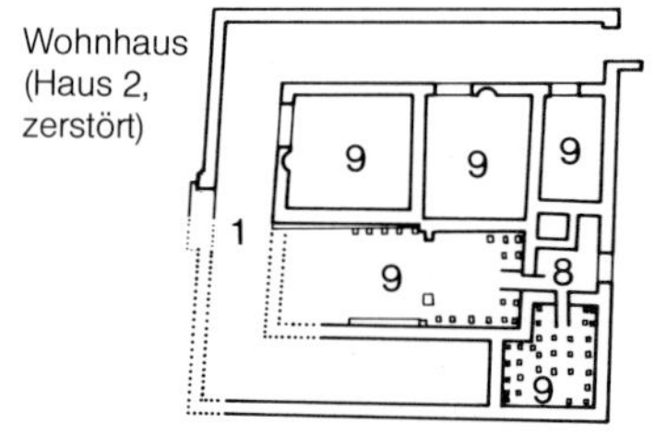

↓ → Römisches Badegebäude von Schwangau

Holheim

Römischer Gutshof (villa rustica)

Das Ries war nicht nur in der römischen Kaiserzeit besiedelt. So liegen in Sichtweite über der Villa von Holheim die beiden dunklen Eingänge der Ofnethöhlen, die erstmals vor etwa 40000 Jahren von Menschen aufgesucht wurden. Auf der darüberliegenden Hochfläche stand eine mit Wall und Graben befestigte vorgeschichtliche Siedlung, die allerdings durch die beiden am oberen Bildrand eben noch kenntlichen modernen Steinbrüche zum Teil zerstört worden ist.

Das 1975/76 im Zuge der Flurbereinigung freigelegte Mauerwerk gehört zum Wirtschaftstrakt eines römischen Gutshofes. Konserviert ist ein Innenhof mit zwei seitlichen Raumfolgen; erst weitere Ausgrabungen werden den Grundriß vervollständigen. Zur Talseite hin war das Gebäude zweistöckig. Das Haus ging bei einer Brandkatastrophe zugrunde; aus der Brandschicht geborgene Funde datieren sie in die Mitte des 3. Jahrhunderts n. Chr.

Die Villa von Holheim dokumentiert stellvertretend für bisher fast 100 weitere im Ries festgestellte römische Gutshöfe die Bedeutung dieser fruchtbaren Landschaft als Kornkammer für die Besatzungen der Limeskastelle. Die Veteranen, die sich nach 25jähriger Dienstzeit hier niederließen, trugen so auch nach dem Ausscheiden aus dem aktiven Militärdienst ihren Teil zur Aufrechterhaltung der *Pax Romana* (römischer Frieden) bei.

Von Nördlingen ist die Villa über die Bundesstraße 466 Richtung Neresheim zu erreichen (Abzweigung ›Ofnethöhlen‹). J. G.

Weiterführende Literatur:

G. Krahe, in *Archäologische Wanderungen im Ries*, Stuttgart 1979, 131-133

↓ Ofnethöhlen und Villa von Holheim

Theilenhofen / *Iciniacum*

Zwischen den Teichen einer Fischzucht liegt heute etwas verloren der restaurierte Grundriß des Kastellbades von Theilenhofen. Es wurde 1970 ausgegraben.
Man betrat das Bad von Norden (im Bild rechts) und gelangte in den Korridor und Auskleideraum (*apodyterium*). Von hier konnte man rechterhand (obere Reihe von rechts nach links) in ein beheiztes Winterapodyterium oder in ein zweigeteiltes Laubad (*tepidarium*) gehen (die linke Wand des zweiten lauwarmen Bades bestand aus Holz und ist deshalb nicht zu sehen); der anschließende Raum beherbergte das Warmbad (*caldarium*). Außerhalb des Caldariums erkennt man den angebauten Heizraum (*praefurnium*), von wo die Warmluft zunächst einen Boiler aufheizte und dann unter den auf kleinen Ziegelpfeilern ruhenden Böden der genannten Räume zog (das erste Tepidarium hatte ein eigenes Praefurnium). Durch das Schwitzbad (*sudatorium*), dessen Haupttheizkanal erhalten ist, kam man in das Kaltbad (*frigidarium*) mit angebautem, mit Solnhofener Platten ausgelegtem halbkreisförmigen Bassin (*piscina*) sowie abschließend zurück in den Korridor.
Das zugehörige Kastell lag 250 m östlich des Bades auf einem Hochplateau an der Straße Theilenhofen-Pfofeld (Hinweisstein; der Umriß ist seit der Flurbereinigung durch Feldwege angegeben). Das 2,7 ha große Kastell beherbergte die *Cohors III Bracaraugustanorum equitata*, also eine gemischte Einheit, die ursprünglich in Portugal ausgehoben worden war und um 132 n. Chr. einige Jahre an der Niederschlagung des Bar Kochba-Aufstandes in Judaea mitwirkte.
Durch Luftaufnahmen wurde 1976 in dem dunklen Feld am rechten unteren Bildrand im Bereich des *vicus* ein weiteres Kastell entdeckt (etwa 155 x 130 m, 1,9 ha). Nach den ersten Untersuchungen könnte es während der Erbauung des großen Lagers benutzt worden sein.

J. G.

Weiterführende Literatur:

Fabricius, Hettner, von Sarwey, *Der obergermanisch-raetische Limes des Römerreichs,* Berlin und Leipzig, 1894-1937, Nr. 71 a (H. Eidam)
F.-R. Herrmann, *Das römische Kastellbad von Theilenhofen. Probleme der Zeit,* München o. J., 28-31

↓ Das Kastellbad von Theilenhofen

Weißenburg / *Biriciana*

In Weißenburg ist - neben dem kleineren Eining - der am vollständigsten erhaltene Grundriß eines römischen Kastells in Bayern zu besichtigen. Es liegt am westlichen Ortsrand nicht weit vom Bahnhof; die 1890-1900 ausgegrabenen Mauern wurden vor einigen Jahren mit Betonplatten in einer Grünanlage markiert. In der Mitte das Kommandanturgebäude (*principia*) mit überdachter Vorhalle im Süden (im Bild links, an der Kreuzung der Lagerstraßen), anschließend ein Atrium mit Brunnen und Säulenumgang, von dem aus die an drei Seiten umlaufenden Büros, Versammlungsräume und Waffenkammern sowie das Fahnenheiligtum gegenüber der Vorhalle zugänglich waren. Im Bild schließt sich unterhalb ein langrechteckiger Speicher (*horreum*) an, gefolgt vom Kommandantenhaus (*praetorium*). Die Mannschaftsunterkünfte, Pferdeställe, Werkstätten und das Lazarett waren Fachwerkbauten, die bei den alten Ausgrabungen nicht untersucht wurden. Auch der Doppelgraben, der das Kastell ringsum schützte, ist nicht sichtbar, teilweise sogar überbaut. Das Lagerdorf lag im Süden und Südosten (im Bild links, heute überbaut bzw. beim Eisenbahnbau 1867 zerstört). Ein kleines Bad wurde 1926 westlich vom Kastell entdeckt (im Bild oben rechts unterhalb des dreieckigen Platzes).

Das Kastell hatte Seitenlängen zwischen 170 und 180 m; mit 3,1 ha Fläche bot es Platz für die *Ala I Hispanorum Auriana*, also 500 Reiter. Zeitweise war diese Einheit abkommandiert; damals lag nach Ausweis einer Inschrift die *Cohors IX Batavorum equitata milliaria* hier (von ihren 1000 Mann waren nur 240 beritten). Das Kastell wurde Ende des 1. Jahrhunderts erbaut, im 2. Jahrhundert in Stein ausgebaut und bestand bis zur Mitte des 3. Jahrhunderts (Schlußmünzen eines Münzschatzes 253/54 n. Chr.). Unter den Funden ragt ein sog. Militärdiplom vom 30. Juni 107 hervor, das dem Boier Mogetissa nach 25jähriger Dienstzeit die ehrenvolle Entlassung, verbunden mit der Verleihung des römischen Bürgerrechtes, bestätigte. Auch Teile von Paraderüstungen wurden gefunden sowie Buchstaben aus vergoldetem Bronzeblech, die ursprünglich auf einer Steinplatte befestigt waren und vielleicht wie in Pförring von einer dem Kaiser Caracalla errichteten Ehreninschrift stammen.

Der Vicus, der sich im Lauf der Jahre aus dem Weißenburger Lagerdorf entwickelt hat, muß recht bedeutend gewesen sein. Wie dem Kommandanten der Ala die Besatzungen der benachbarten Kastelle Theilenhofen, Gunzenhausen, Ellingen, Oberhochstatt und Harlach unterstanden, so dürfte auch die zivile Siedlung Mittelpunktfunktionen für das Umland mit seinen Gutshöfen wahrgenommen haben. Hier lebten neben den Familien der Soldaten Händler und Handwerker (Töpfereien und Eisenverarbeitung sind nachgewiesen), aber auch Gastwirte und alle jene, die für reibungslosen Ablauf von Transport und Verkehr sorgten und daran verdienten.

Die Bedeutung dieser Siedlung wurde unübersehbar kenntlich, als im März 1977 beim Bau einer Siedlung westlich des Kastells die mit 65 m Länge und 42,50 m Breite größten erhaltenen Vicusthermen Süddeutschlands entdeckt und anschließend ausgegraben wurden. Wir beschreiben den Grundriß der zweiten Bauphase in vereinfachter Form. Im Norden lag eine Sporthalle mit Säulenumgang. Es folgt der Umkleideraum (*apodyterium*; östlich daneben ein geheiztes Winterapodyterium) sowie im westlichen Trakt eine Folge von warmluftbeheizten Räumen: zwei Laubäder (*tepidarium*) und ein Warmbad (*caldarium*), denen westlich und südlich Heizräume vorgelagert sind. Das Warmbad hat im Westen und Osten je ein halbrundes geheiztes Bassin, des weiteren eines im Süden. Im östlichen Trakt liegt noch ein Warmbad mit Becken sowie das Kaltbad (*frigidarium*). Dem Winterapodyterium gegenüber war das Schwitzbad (*sudatorium*) angeordnet.

Die Innenausstattung der Thermen entspricht dem großzügigen Grundriß. Die Räume waren mit Fresken ausgemalt und hatten zum Teil Fußbodenbelag aus Solnhofener Platten; die Fenster waren verglast. Auch die Bassins hatte man so präzise mit Solnhofener Platten ausgelegt, daß die Fugen kaum zu sehen waren. So hatte auch das regionale Zentrum hinter dem Limes einen kleinen Abglanz der großen Thermenkultur Italiens.

Die Weißenburger Thermen waren, abgesehen von ihrer gesundheitlichen und hygienischen Funktion, ein repräsentativer Hintergrund für das soziale und kulturelle Leben der wohlhabenden Einwohner. Hier traf man sich zu Besprechungen, Geselligkeit und Entspannung.

Der Erhaltungszustand der baulichen Reste ist so gut, daß die Anlage durch vollständige Überdachung geschützt (das Foto zeigt den Zustand im Frühjahr 1979), anschließend restauriert und dann der Öffentlichkeit zugänglich gemacht werden soll. Die Lage im Verhältnis zum Kastell ist aus dem untenstehenden Foto ersichtlich; die Thermen liegen am oberen rechten Bildrand im Neubaugebiet.

Im Herbst 1979 wurde nicht weit von den Thermen im *vicus* ein umfangreicher Schatzfund – größtenteils wohl aus einem Tempel stammend – geborgen: zahlreiche qualitätvolle Bronzestatuetten, silberne Votivbleche, Maskenhelme von Paraderüstungen, Bronzegeschirr, ein Klappstuhl, Werkzeuge und Geräte. Es ist beabsichtigt, nach der Konservierung den Fund in Weißenburg auszustellen. J. G.

Weiterführende Literatur:

Fabricius, Hettner, von Sarwey, *Der obergermanisch-raetische Limes des Römerreichs,* Berlin und Leipzig, 1894-1937, Nr. 72 (W. Kohl – J. Troeltsch)

K. Schwarz, *Führer zu bayerischen Vorgeschichts-Exkursionen* 1 (1962) 43 ff.

L. Wamser, *Römische Thermen in Weißenburg. Jahrbuch der Bayer. Denkmalpflege* 31, 1977 (1979), 69–100

→ Die Vicusthermen von Weißenburg

↓ Kastell Weißenburg. Im Hintergrund die Vicusthermen

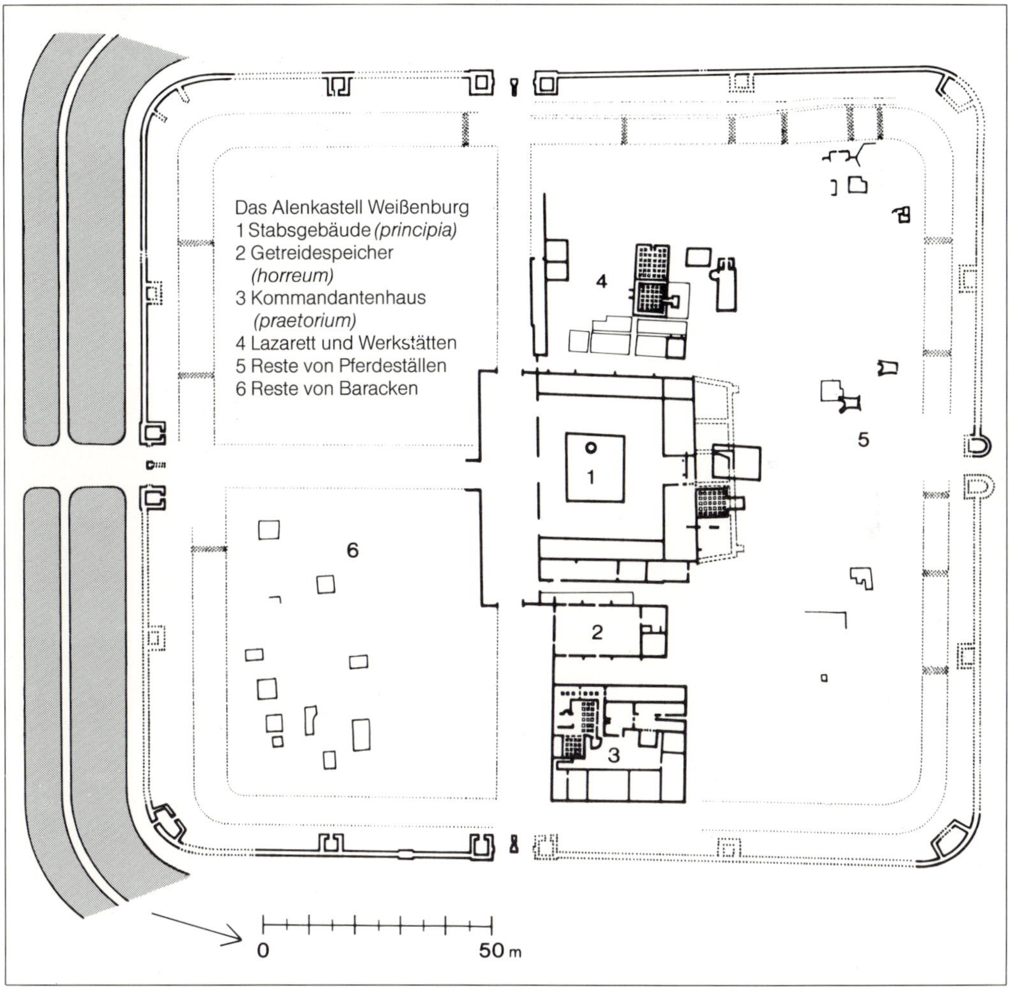

Das Alenkastell Weißenburg
1 Stabsgebäude (principia)
2 Getreidespeicher (horreum)
3 Kommandantenhaus (praetorium)
4 Lazarett und Werkstätten
5 Reste von Pferdeställen
6 Reste von Baracken
1
2
3
4
5
6
0
50 m

Pförring / *Celeusum*

Einige Kilometer westlich vom Limesende bei Eining liegt auf einem etwa 200 x 200 m messenden Plateau, der Biburg, das 3,9 ha große Kastell Pförring. Die Mauern sind als Erdwälle mit abgerundeten Ecken erhalten; da sie auch Flurgrenzen bilden und z. T. mit Büschen und Bäumen bestanden sind, hebt sich der Grundriß aus der Luft gut ab. Dies gilt auch für die seitlichen Fundamente des Mittelgebäudes (Erhebung in der Bildmitte). Die Tore sind ebenfalls, mit Ausnahme der *porta praetoria* (unten), durch Bäume markiert. Von dem vorgelagerten Doppelgraben ist nichts mehr zu sehen. Das 150 m südöstlich vom Kastell gelegene, mit Fresken ausgemalte Bad wurde bereits 1823 zerstört (im oberen Bilddrittel unterhalb der Straßenkreuzung).

Im Inneren sind seit 1893 keine Ausgrabungen mehr durchgeführt worden. 1978 hat man beim Ausbau der Umgehungsstraße einen Teil des Lagerdorfs untersucht (im Bild oben). Auch im nördlich an das Kastell anschließenden Gräberfeld (im Bild unten) wurden in den letzten Jahren immer wieder Brandgräber angeackert. Die ersten Funde vom Kastell, darunter ein heute in der Prähistorischen Staatssammlung München verwahrter Weihestein für die Campestres und die keltische Pferdegöttin Epona, wurden schon von Aventin im 16. Jahrhundert gemeldet. Das Kastell beherbergte dieser Inschrift zufolge die *Ala I Flavia Singularium civium Romanorum Pia Fidelis*, also eine Reitereinheit von etwa 500 Mann. Es war um 100 n. Chr. als Holzkastell gegründet und 141 n. Chr. in Stein ausgebaut worden, wie eine 1843 von dem Gastwirt Ignaz Busch gefundene Inschrift von der *porta decumana* meldet. Im zweiten Jahrzehnt des 3. Jahrhunderts wurde das Kastell wohl von Caracalla bei seiner Reise durch Raetien besucht (wie das benachbarte Eining). So deutet man ursprünglich auf einer Kalksteinplatte befestigte, 9 cm hohe vergoldete Buchstaben aus Bronzeblech als Teile einer Inschrift zu Ehren des Kaisers.

Das Kastell liegt 1 km nordwestlich des Ortes (Zufahrt über die Umgehungsstraße). J. G.

Weiterführende Literatur:

Fabricius, Hettner, von Sarwey, *Der obergermanisch-raetische Limes des Römerreichs,* Berlin und Leipzig, 1894-1937, Nr. 75 (J. Fink)

↓ Kastell Pförring

Eining / *Abusina*

Den Endpunkt des Limes bildet das Kohortenkastell Eining, das auf dem rechten Donauufer 500 m südlich des Ortes zwischen Landstraße und Abenskanal liegt. Zwischen 1879 und 1918 wurden die Umfassungsmauern, mehrere Bauten im Inneren sowie das außerhalb gelegene Badegebäude freigelegt und als Fundamente konserviert. Das 125 x 147 m messende Lager war um 80 n. Chr. als Holz-Erde-Kastell errichtet worden und wurde in der Mitte des 2. Jahrhunderts in Stein ausgebaut sowie mit einem zweiten Graben gesichert. In den Markomannenkriegen beschädigt, wurde es 259/260 beim Fall des Limes aufgegeben. Im 2. Jahrhundert lag hier zunächst eine Abteilung der *Cohors IV Tungrorum milliaria*, im 3. Jahrhundert die *Cohors III Britannorum equitata*. In der Spätantike baute man in die Südwestecke eine kleine Befestigung ein (37 x 45 m), mit vorspringenden Ecktürmen und einem Speicheranbau (auf dem Farbbild links unten). Als Baumaterial verwendete man, was gerade zur Hand war, darunter sogar einen Altar, den die 3. Britannierkohorte 211 n. Chr. dem Kaiser Caracalla,

↓ Kastell Eining von Süden

seinem Bruder Geta und deren Mutter geweiht hatte.
Die konservierten Fundamente im Inneren gehören zu verschiedenen Bauperioden. So wurde beim Mittelgebäude, das durch seinen Innenhof, die östlich vorgelagerte Halle und die Kammern im Westen gekennzeichnet ist, um 213 n. Chr. eine Apsis an das Fahnenheiligtum sowie einige weitere Räume angebaut. Im Ostteil lagen Mannschaftsbaracken aus Fachwerk. Das Lagerdorf erstreckte sich hauptsächlich nach Osten; hier kam 1975 beim Pflügen ein großer Verwahrfund mit Paraderüstungsteilen heraus, der wohl bei einem Alamanneneinfall des 3. Jahrhunderts versteckt worden war. J. G.

Weiterführende Literatur:

P. Reinecke, *Das römische Grenzkastell Abusina bei Eining/Donau,* Verhandl. Hist. Verein Niederbayern, 83, 1957, 7–10

↓ Kastell Eining von Westen

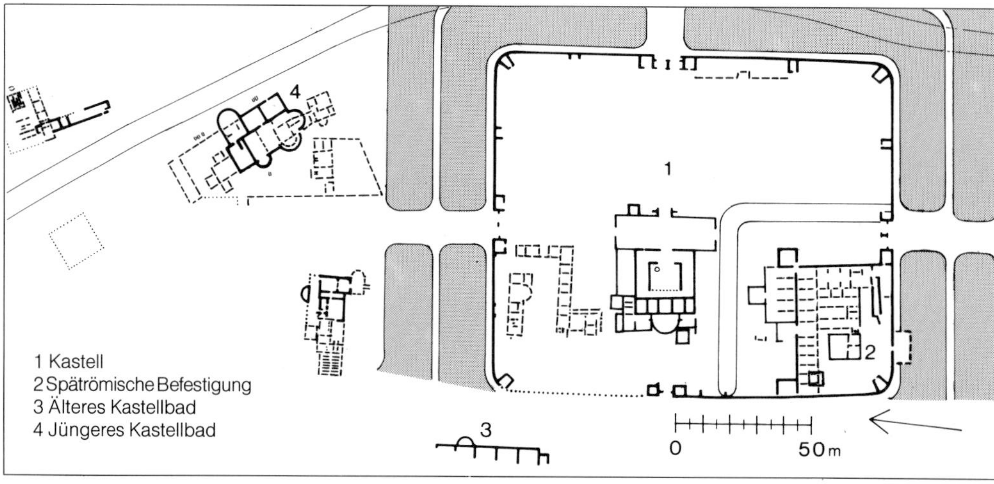

Regensburg / *Castra Regina*

Noch heute läßt sich der Plan des Legionslagers von Regensburg am Stadtplan ablesen. Die abgerundete Südwestecke (links unten im Bild) und die bereits im 10. Jahrhundert abgerissene Westmauer sind - nur wenig nach Westen versetzt - in der Straßenführung der Oberen und Unteren Bachgasse erhalten, die Südmauer hebt sich vom Grün der Bäume ab, und im Osten hat zwar die Maximilianstraße eine das Auge ablenkende Schneise geschlagen, doch unmittelbar östlich sieht man (rechts unten im Bild) die 1955-1961 freigelegte Kurve der Mauer am Ernst-Reuter-Platz. In der Verlängerung nach Norden wird sie durch eine weiße Fassade markiert, um anschließend unter dem grauen Dach des Parkhauses zu verschwinden (für den Fußgänger ist sie hier allerdings, wenn auch stets von Lärm und Abgasen umgeben, auf 65 m Länge fast 5 m hoch zu besichtigen). Die 450 m lange Nordfront zur Donau hin ist durch die Goliathstraße und die Straße Unter den Schwibbögen festgelegt. Hier steht auch das einzige erhaltene Tor, die 1885-1887 freigelegte *porta praetoria*. Von den Lagerstraßen hat sich nur die *via decumana* unter der Fröhlichen Türkenstraße gehalten.

In den letzten Jahren haben einige größere Ausgrabungen die Kenntnisse über Bauten und Geschichte des römischen Regensburg wesentlich erweitert. Beim Niedermünster in der Nordostecke des Lagers legte man u. a. Mannschaftsunterkünfte frei; am Neupfarrplatz wurde 1972 die westliche Lagerhauptstraße (*via principalis sinistra*) mit anschließenden Gebäuden angeschnitten. Am Dachauplatz fand man eine große metallverarbeitende Werkstatt (*fabrica*); die Halle war 60 m lang, 10 m breit und 7 m hoch. Am Bismarckplatz schließlich westlich außerhalb des Lagers konnte ein Ausschnitt der Zivilsiedlung untersucht werden. Das große Gräberfeld südlich dieser Siedlung hat bis heute etwa 6000 Gräber erbracht.

Das Lager hat bei einer Länge von 540 m und einer Breite von 450 m einen Flächeninhalt von 24,6 ha. Es wurde als Standquartier für die in den 60er Jahren des 2. Jahrhunderts neu aufgestellte 3. Italische Legion errichtet und 179/180 bezogen. Dies meldet die 1873 im

↓ Regensburg

Fundament des umgebauten Osttores gefundene monumentale Bauinschrift (ergänzte Länge über 8 m, Höhe knapp 1 m). Die aus gewaltigen Quadern gefügte Mauer hatte die imposante Höhe von 9-10 m und wurde von zweiundzwanzig Türmen (und den Tortürmen) überragt.

Regensburg war nun faktisch zweite Hauptstadt der Provinz Raetien, denn der Legionskommandant war als *legatus Augusti pro praetore* gleichzeitig Provinzstatthalter. J. G.

Weiterführende Literatur:
K. Dietz, U. Osterhaus, S. Rieckhoff-Pauli, K. Spindler, *Regensburg zur Römerzeit*, Regensburg 1979

→ Regensburg

↓ Plan des Legionslagers Regensburg im 2. und 3. Jh. v. Chr.
1 Nordtor *(porta praetoria)*, 2 Säulenhallen *(porticus)*, 3 Mannschaftsbaracken, 4 Badegebäude, 5 Eingang zum Hauptquartier *(principia)*, 6 Kommandantenhaus *(praetorium)*, 7 Werkhalle *(fabrica)*

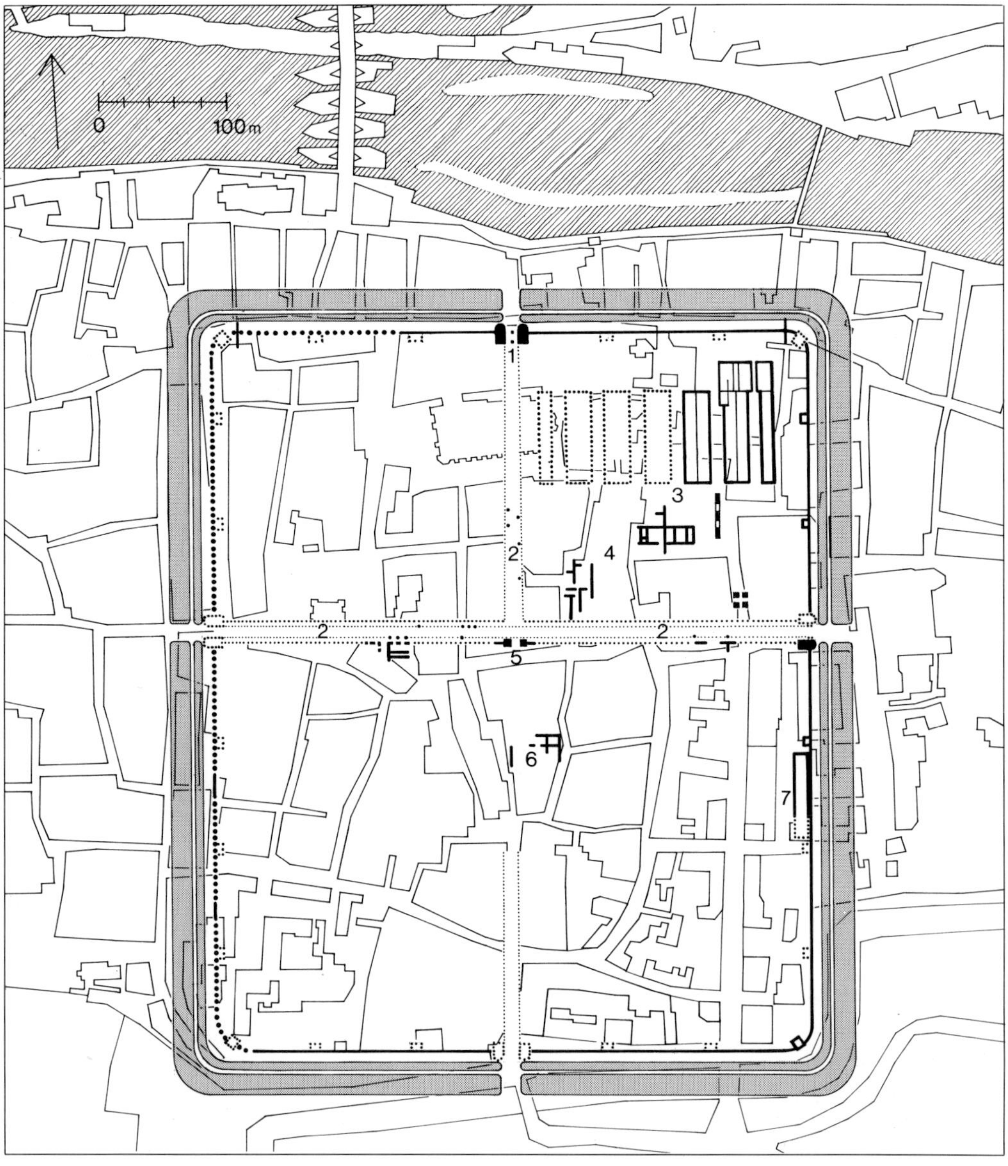

Isny / *Vemania*

Auf dem Bettmauerhügel östlich Isny im Allgäu stand in der Spätantike das Kastell *Vemania.* Die hier stationierte *Ala II Valeria Sequanorum* war für den Grenzschutz von Bregenz bis Isny verantwortlich, besetzte also die 12-15 Wachttürme dieser Strecke mit jeweils 15-20 Mann, so daß für das kleine Kastell (0,25 ha) nur 150-200 Mann der insgesamt 500 Reiter übrigblieben. In drei Fachwerkbaracken mit jeweils 6-8 Kammern waren sie noch beengt genug untergebracht; nur ein kleiner Teil der Stuben war mit einfachen schlauchartigen Fußbodenheizungen versehen, die anderen hatten oft nicht einmal einen Herd – und das in einem der schneereichsten Wintersportgebiete Deutschlands!

Das trapezförmige Kastell war etwa 4 km vor die Grenzstraße Bregenz-Kempten vorgeschoben; vom Ausguck im Nordturm blickte man über die damals wohl versumpfte Talaue weit nach Norden und Westen sowie zur Argenfurt im Osten.

Über dem Steilhang im Osten begnügte man sich mit einer nur 0,9 m starken Mauer, während sie im Süden hinter dem 12 m breiten und 3 m tiefen Graben mit 1,8 m doppelt so stark war. Die Ecken waren durch Türme gesichert, über dem Tor standen Geschütze. Die Mauern werden etwa 6 m hoch gewesen sein, vom 12 m tiefer gelegenen Tal aus also ein imposanter Anblick.

Die erste Ausgrabung ist für das Jahr 1490 bezeugt, als die Isnyer Bürger Georg Mauz und Konrad Geist mit dem Abt des Klosters Isny als dem Grundeigentümer einen Vertrag abschlossen, um hier nach Gold und Silber, Kleinodien, Kupfer und anderen Schätzen zu graben. Leider meldet die Klosterchronik nichts über die Ausbeute. 1855 ließ der Rentbeamte Röhrle unter Berufung auf den Bericht von 1490 zwei Taglöhner nach den Gewölben eines aufgrund volkstümlicher Etymologie hier vermuteten Isis-Tempels buddeln. Wissenschaftliche Ausgrabungen fanden 1882, 1926 und 1966-1970 statt.

Die erste Befestigung war in der unruhigen ersten Hälfte des 3. Jahrhunderts angelegt worden. Zwischen 260 und 280 wurde das Steinkastell erbaut, mit einem Steingebäude, das Kommandantur, Kommandantenwohnung und Magazin beherbergte, mit Mannschaftsbaracken, Werkstätten für Eisen-, Bronze- und Holzbearbeitung und einem Pferdestall hinter der Südmauer. Schon 282/83 brannte das Kastell ab, wie zwei Münzschatzfunde zeigen. Dies wiederholte sich noch mehrfach, bis Anfang des 5. Jahrhunderts die Truppen nach Italien abgezogen wurden. J. G.

Weiterführende Literatur:

J. Garbsch, *Ausgrabungen und Funde im spätrömischen Kastell Vemania. Allgäuer Geschichtsfreund* 73, 1973, 43-57

↓ Die Bettmauer bei Isny (Kastell *Vemania)*

Munningen / *Losodica*

Kastell und Römerstraße

Nördlich von Munningen erhebt sich ein flacher Höhenrücken über der Wörnitz. Hier legten die Römer ein hölzernes Kastell an, als sie die Ebene des Nördlinger Rieses unter der Regierung Kaiser Domitians (81-96 n. Chr.) besetzten. Es war 2,7 ha groß und konnte eine fünfhundert Mann starke, teilweise berittene Hilfstruppe *(cohors quingenaria equitata)* aufnehmen, deren Name uns leider nicht bekannt ist. Die Holzbauten des Kastells sind völlig vergangen, so daß von dem alten Wehrbau nichts mehr zu sehen ist. Geblieben sind die Straßen, die bei der römischen Okkupation zur Siche-

↓ Munningen und die Römerstraße nach Augsburg (von Nordwesten gesehen)

rung des neu erworbenen Gebiets angelegt worden sind. Sie bildeten bei dem Kastell einen Knotenpunkt. Das Luftbild zeigt in der Bildmitte Munningen, das an der Wörnitz liegt. Links unten in der Bildecke befand sich das Kastell. Der heutige Ort ist im Mittelalter an der alten Römerstraße entstanden, die noch immer mitten hindurch führt. Sie läuft nach Süden auf die Randhöhen des Rieses zu und verschwindet in der Ferne im Dunst. Sie verband das Ries mit *Augusta Vindelicum* (Augsburg), der Hauptstadt der römischen Provinz *Raetia*. Die ursprünglich völlig geraden Teilstücke, aus denen der Straßenzug zusammengesetzt war, sind im Lauf der nachrömischen Benutzung kleinräumig aus der Richtung gelaufen und kurvig geworden.

Das zweite Luftbild gibt einen Blick auf das kürzlich freigelegte Kastellbad, das südlich vom Militärlager gefunden wurde. Im Gegensatz zu den Holz- und Fachwerkbauten des Kastells war es ein Steingebäude.

Das Kastell bestand nur kurze Zeit. Seine Besatzung wurde am Anfang des 2. Jahrhunderts an den raetischen Limes vorverlegt, der damals zum Schutz der Provinz errichtet worden ist. An der römischen Straßenkreuzung wuchs nun ein Dorf (*vicus*), in dem sich Händler und Handwerker niederließen. Auch eine offizielle Straßenstation (*mansio* oder *mutatio*) für dienstliche und Postzwecke mag es dort gegeben haben. Bei Ausgrabungen fand man mehrere

← ↓ Das Kastellbad von Munningen, Blick von Süden

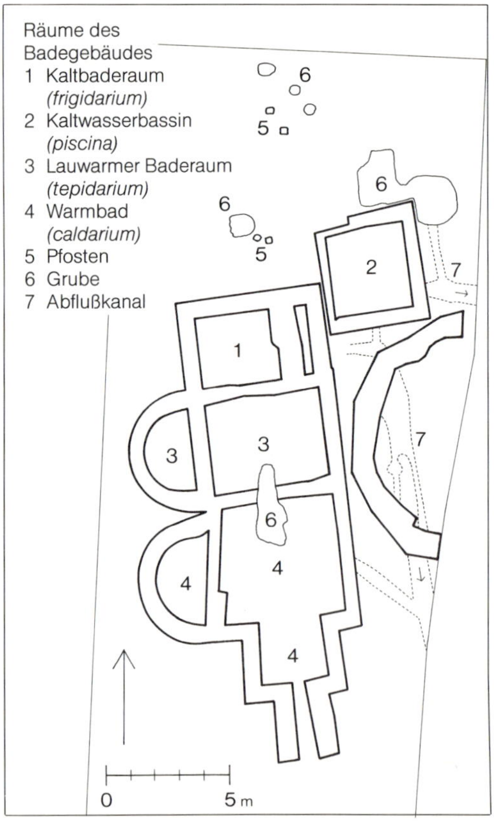

Häuser des *vicus*, darunter eine große Versammlungshalle mit vorgelagertem Pfeilerportikus. Als der *vicus* in der Zeit der Markomannenkriege in Flammen aufging, gelangte das Warenlager eines Geschirrhändlers in den Bauschutt. Der Ort wurde aber alsbald wieder aufgebaut.

Vielleicht war die erwähnte Straßenstation der Grund für die Eintragung des *vicus* in die römische Straßenkarte, die heute unter dem Namen *Tabula Peutingeriana* bekannt ist. Sie gibt uns den Namen des römischen Ortes: *Losodica.* Er hat bis zum Zusammenbruch des Limes in der Mitte des 3. Jahrhunderts bestanden. D. B.

Weiterführende Literatur:

Fabricius, Hettner, von Sarwey, *Der obergermanisch-raetische Limes des Römerreichs*, Berlin und Leipzig, 1894-1937, Abt. B Band VI Kastell Nr. 68a Munningen; H. Eidam 1929; E. Frickhinger, *Germania* 15, 1931, 98; D. Baatz, *Saalburg-Jahrb.* 33, 1976, 11 ff

W. Czysz in: H. Frei und G. Krahe, *Archäologische Wanderungen im Ries. Führer zu archäologischen Denkmälern in Bayern, Schwaben* Bd. 2, 1979, 186 ff

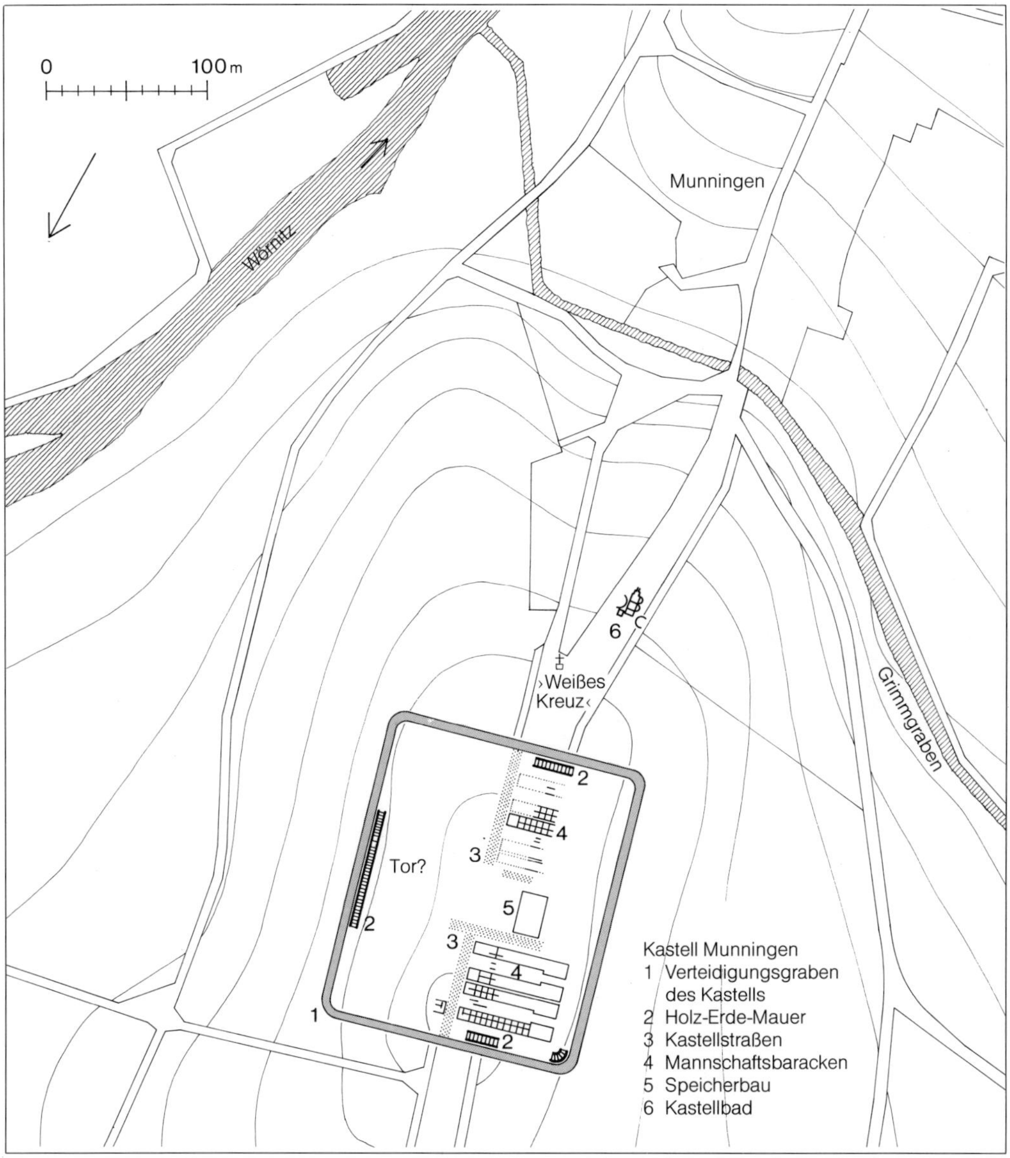

Unterkirchberg / *Phaeniana (?)* *Kohortenkastell*

Das Kastell liegt nördlich des Ortes Unterkirchberg (Kr. Ulm), östlich der nach Wiblingen führenden Straße, auf einer nach Westen, Norden und Osten steil abfallenden Anhöhe. Von dem Kastell sind im Gelände keine baulichen Reste zu erkennen.
General Michahelles hat 1927 das Kastell entdeckt und 1928 zusammen mit dem Württ. Landesamt für Denkmalpflege den Verlauf der Umfassungsgräben teilweise nachgewiesen. 1958-1962 und 1976 konnten durch Luftaufnahmen mehrere Innenbauten festgestellt werden. Das Landesdenkmalamt (LDA) hat 1974 vor der Überbauung des Südteiles des Kastells eine Flächengrabung durchgeführt: Die Umwehrung besteht aus einem doppelten Spitzgraben, dem in 6 m Abstand nach innen ein weiterer, kleinerer Graben und eine Holz-Erde-Mauer mit Eck- und Zwischentürmen folgt. In den Doppelgraben ist ein einfacher Spitzgraben eines jüngeren Kastells eingetieft. Parallel zur Holz-Erde-Mauer verläuft die Lagerringstraße (*via sagularis*), an die Kasernen (Holzbaracken) anschließen.
Durch Luftaufnahmen konnten von den Innenbauten das Stabsgebäude (*principia*), östlich davon parallel verlaufende Fundamente wahrscheinlich eines Getreidespeichers (*horreum*), nördlich ein Wohnhaus und südlich Kasernenbauten durch Verfärbung des Bewuchses der Felder festgestellt werden.
Die Besatzung des in den 40er Jahren des 1. Jahrhunderts n. Chr. angelegten Kastells Unterkirchberg hatte die Aufgabe, den Illerübergang der römischen Donaustraße (am rechten Bildrand) zu überwachen. Der Stra-

↓ Kastell Unterkirchberg/Umfassungsgräben, Stabsgebäude *(principia)*, Wohnhaus, Getreidespeicher *(horreum)*, Kasernen. Die römische Straße führt als heller Streifen in den Feldern nördlich am Kastell vorbei

ßenkörper der römischen Donaustraße ist als schnurgerade helle Linie in den Feldern an der ›Bleiche‹ und Unterkirchberg vorbeilaufend in Richtung Waldspitze am oberen linken Bildrand deutlich zu erkennen.
Kastell Unterkirchberg war gleichzeitig mit den Donaukastellen Oberstimm, Burghöfe, Aislingen, Risstissen, Emerkingen, Tuttlingen, Hüfingen von römischen Truppen besetzt. Aufgabe der Kastellbesatzungen war es, die Nordgrenze der von Kaiser Claudius um 50 n. Chr. neugegründeten Provinz Rätien (*Raetia et Vindelicia et Vallis Poenina*) zu schützen und den Verkehr auf der Donautalstraße (Donaulimes) zu überwachen. Während der Wirren des Dreikaiserjahres brannte das Kastell im Januar 69 n. Chr. nieder und wurde beim Wiederherstellen des Rhein-Donau-Limes unter Kaiser Vespasian nach dem Jahre 70 n. Chr. zum Schutze der Donaugrenze zusammen mit den anderen Donaukastellen wieder aufgebaut. Bald nach dem Bau der Straße von Straßburg/*Argentorate* nach Raetien (*iter derectum ab Argentorate in Raetiam*) 73/74 n. Chr. - der neuen Verbindungsstraße vom Rhein zur Donau - mußte die Nordgrenze Raetiens dem veränderten Grenzverlauf des oberen Heeresbezirkes (*exercitus superior*) am oberen Neckar angepaßt werden: die Donaukastelle wurden auf die Schwäbische Alb vorverlegt; die Besatzung des Kastells Unterkirchberg bezog das Kohortenkastell Urspring (Lonsee), Kr. Ulm, am Alblimes.
Das zu dem Kastell Unterkirchberg gehörende Lagerdorf (*vicus*) erstreckte sich südwestlich vom Kastell, wo 1974 Reste von Holzbauten nachgewiesen werden konnten. Ph. F.

Weiterführende Literatur:
Ph. Filtzinger, D. Planck und B. Cämmerer, *Die Römer in Baden-Württemberg,* Stuttgart und Aalen 1976, 541 ff (S. Schiek). Ph. Filtzinger, *Fundberichte aus Schwaben NF* 18/I, 1967, 106 ff, Taf. 11-19

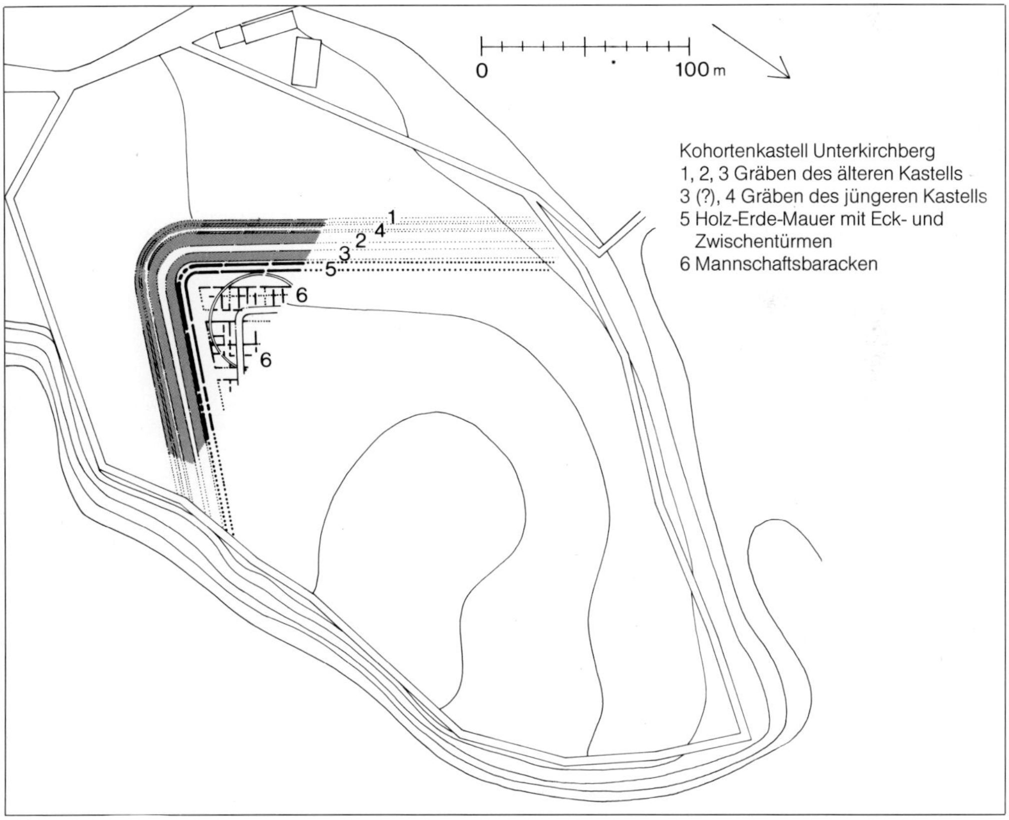

Kohortenkastell Unterkirchberg
1, 2, 3 Gräben des älteren Kastells
3 (?), 4 Gräben des jüngeren Kastells
5 Holz-Erde-Mauer mit Eck- und Zwischentürmen
6 Mannschaftsbaracken

Aalen
Alenkastell

Das Kastell Aalen (Ostalbkreis) liegt in der Nähe der Stadthalle im Westen der Stadt, auf einem nach Nordosten geneigten Abhang, westlich der Einmündung der Aal in den Kocher.
Vor dem Limesmuseum sind die Fundamente des linken Lagertores (*porta principalis sinistra*) (1) konserviert. Am Eingang des Friedhofes ist die Nordwest-Ecke des Lagers freigelegt (2). Eine hier aufgestellte Tafel zeigt den Grundriß des Kastells. Die St. Johanniskirche (3) vor dem Ausfalltor (*porta praetoria*) (4) ist mit Steinen, Inschriften- und Architekturteilen (*Spolien*) des Lagertores, der Lagermauer und lagerzeitlicher Bauten aufgemauert.
Das linke Lagertor (*porta principalis sinistra*) hat einen Mittelpfeiler und zwei Durchfahrten. Der westliche Torturm ist 4,90 m breit. Eine 1 m breite Tür führt auf der Rückseite in einen 3 x 3,20 m großen Innenraum. Das 92-95 cm starke Mauerwerk ist noch 2-4 Lagen hoch erhalten. Der äußere westliche Tordurchlaß hat eine Breite von 3,50 m, der innere ist 4,20 m breit. Die Pflasterung im Bereich der Tordurchfahrten bestand aus Kalksteinschutt. Die Torfundamente wurden im Jahre 1965 von dem Württ. Landesdenkmalamt (LDA) unter Leitung von E. Neuffer mit finanzieller Hilfe der Stadt Aalen konserviert.
Hinter dem Limesmuseum wird die Baufläche für den Erweiterungsbau des Limesmuseums vom LDA untersucht. In der Grabungsfläche erkennt man in den vorderen Quadranten eine von rechts nach links verlaufende Mauer, die zu einem Gebäude des mittleren Lagerteils (*latera praetorii*) gehört. Die Mauer verläuft etwa parallel zu der 7-8 m breiten Lagerhauptstraße (*via principalis*) in der Mitte der Grabungsfläche. Die Straße besitzt eine Holzunterlage (Bohlenweg), auf der als Vorlage grobe Kalksteinstücke liegen, die von Kalksteinschutt überdeckt werden.
In dem trockenen Sommer 1976 waren vom Flugzeug aus zu erkennen: die Südost-Begrenzung des Kastells mit der Lagermauer, ein Mauerturm, davor der breite Lagergraben, der an der Süd-Lagerecke nach Westen umbiegt (zwischen Hecke und Weg) sowie im mittleren Lagerteil (*latera praetorii*) das Stabsgebäude (*principia*), ein Wohnhaus und nordwestlich davon Mauerzüge eines großen Gebäudes. Die Gebäude im mittleren Lagerbereich werden zur Zeit vom Landesdenkmalamt ausgegraben. Ph. F.

↓ Kastell Aalen

Weiterführende Literatur:
Ph. Filtzinger, *Limesmuseum Aalen* 7, 1975
Ph. Filtzinger, D. Planck und B. Cämmerer,
Die Römer in Baden-Württemberg, Stuttgart und Aalen, 1976, 201 ff (Ph. Filtzinger)

→ Grundriß des Kastells der *Ala II Flavia milliaria*
1 Fundament des linken Lagertores *(porta principalis sinistra)*
2 Limesmuseum
3 Lagerecke
4 St. Johanniskirche
5 Ausfallstor *(porta praetoria)*
6 Lagerhauptstraße *(via principalis)*
7 Rückwärtiges Lagertor *(porta decumana)*
8 Bad (?)
9 Stabsgebäude *(principia)*
10 Wohngebäude
11 *Via quintana*
12 Lagerringstraße *(via sagularis)*

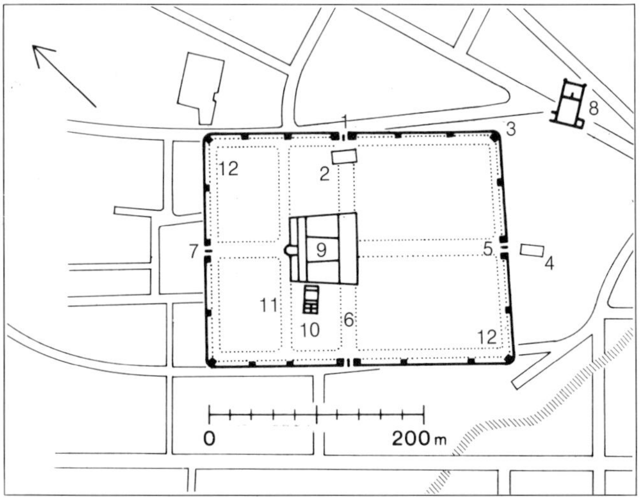

↓ Kastell Aalen.
Stabsgebäude *(principia)* und Wohnhaus

Schwäbisch Gmünd

Im Westen der Stadt Schwäbisch Gmünd (Ostalbkreis) liegt auf einer Bergzunge über dem Remstal das im 19. Jahrhundert entdeckte Limeskastell Schirenhof mit einer Innenfläche von 2 ha. Das Areal des Kastells, dessen antiker Name nicht bekannt ist, überzieht die nordöstliche Spitze dieser Kuppe. Die Umwehrung des Kastells mit einer Breite von 1,20 m wird von drei Kastellgräben umzogen. Von den Toren sind nur das rechte und das rückwärtige Tor ergraben. Außerdem sind Teile des Stabsgebäudes (*principia*) erfaßt worden.
Die Gründungszeit des Kastells gehört auf Grund von Kleinfunden in die Mitte des 2. Jahrhunderts n. Chr., als unter der Regierungszeit des Kaisers Antoninus Pius der raetische Limes zwischen Lorch und Aalen errichtet wurde. Mit großer Wahrscheinlichkeit war hier die Garnison der *Cohors I Raetorum*, die durch zahlreiche Ziegelstempel nachweisbar ist. Zu diesem Lager gehört ein ausgedehntes Lagerdorf, das sich am Süd- und Nordwesthang der Hügelkuppe entlang der Ausfallstraßen erstreckt. Außerdem gehört zu diesem Lager das 120 m westlich des linken Lagertores (*porta principalis sinistra*) an der unteren Hangkante gelegene Kastellbad, das im Jahre 1893 erstmals angegraben wurde. Eine erneute Ausgrabung in den Jahren 1972-73 erbrachte den vollständigen Grundriß und die lückenlose bauliche Abfolge von insgesamt drei Bauphasen. Das Kastellbad besitzt eine Länge von 48 m und eine Breite von 25 m und gehört zum sog. Reihentypus. Das genau Nord-Süd orientierte Gebäude besitzt in allen drei ermittelten Bauphasen eine hölzerne Vorhalle. Vom Auskleideraum (*apodyterium*) erreichte man die Laubäder (*tepidaria*) und das Warmwasserbad (*caldarium*). Wie die Ausgrabungen gezeigt haben, vergrößerte man dieses Gebäude, ohne jedoch grundsätzliche Änderungen des Badeablaufes vorzunehmen.
In der letzten Bauphase beschränkte man sich aber wieder auf die notwendigen Räume. Die heute konservierte Anlage stellt den ältesten Bauzustand dar. Die Kleinfunde aus dem Bad waren recht zahlreich. Neben Eß- und vor allem Trinkgeschirr sind Toiletten- und Kleidungsbestandteile zu nennen. Außerdem über 50 Münzen, die von voraugusteischen Prägungen bis in die Mitte des 3. Jahrhunderts n. Chr. reichen. Etwa 400 m südlich des Kastells wurde im Jahre 1977 das zum Kastell gehörende römische Brandgräberfeld entdeckt und untersucht. Bisher konnten 310 Brandgräber mit z. T. reichen Beigaben freigelegt werden.

D. P.

Weiterführende Literatur:
H. U. Nuber, *Ausgrabungen auf dem Schirenhof (Schwäbisch Gmünd), Studien zu den Militärgrenzen Roms* II, 1977, 225 ff
D. Planck, *Der römische Brandgräberfriedhof von Schwäbisch Gmünd/Schirenhof, Ostalbkreis. Archäologische Ausgrabungen* 1977, 1978, 67 ff

↓ Schwäbisch-Gmünd. Konserviertes Kastellbad

Rainau-Dalkingen
Limestor

Am äußeren raetischen Limes zwischen Schwabsberg und Dalkingen befindet sich das Limestor Dalkingen. Schon im letzten Jahrhundert wurden hier Ausgrabungen durchgeführt, ohne allerdings die Bedeutung dieser Ruine genau klären zu können. Eine erneute Ausgrabung durch die Abteilung Bodendenkmalpflege des Landesdenkmalamtes im Rahmen der Flurbereinigung wurde in den Jahren 1973 und 1974 durchgeführt. Der über 2 m hohe Schutthügel ließ vermuten, daß hier ungewöhnlich gut erhaltene Baureste vorliegen müssen. Die Ausgrabung erbrachte als letzte Bauphase ein an die Limesmauer angebautes

↓ Rainau-Dalkingen. Limestor

rechteckiges Torgebäude von 12,6 x 9,3 m, das im späten 2. Jahrhundert errichtet worden war (Periode 4a). Die nach Süden in das Landesinnere weisende Torseite wurde vermutlich im Jahre 213 n. Chr. abgetragen und als triumphbogenartige Fassade neu aufgerichtet (Periode 4b). Diese bis zu 3,40 m breite, durch Pilaster gegliederte Fassade besitzt an der Südseite eine sehr sorgfältig gearbeitete Verblendung aus Kalktuffsteinen. Das Lagenmauerwerk wird an beiden Seiten durch etwas zurückversetzte Felder mit Netzmauerwerk unterbrochen, das ohne Zweifel ornamentalen Charakter hatte. Die Ungewöhnlichkeit dieser Fassade, die bisher am gesamten Limes in Deutschland ohne Parallele ist, wird durch hervorragende Kleinfunde unterstrichen, unter denen über 50 Fragmente einer überlebensgroßen Kaiserstatue aus Bronze besonders hervorzuheben sind. Teile des Brustpanzers, insbesondere der mit Masken verzierte, schuppenförmige untere Abschluß, sind Zeugnisse qualitätvoller Arbeit des Künstlers.

↓ Gesamtplan der röm. Anlagen am raetischen Limes

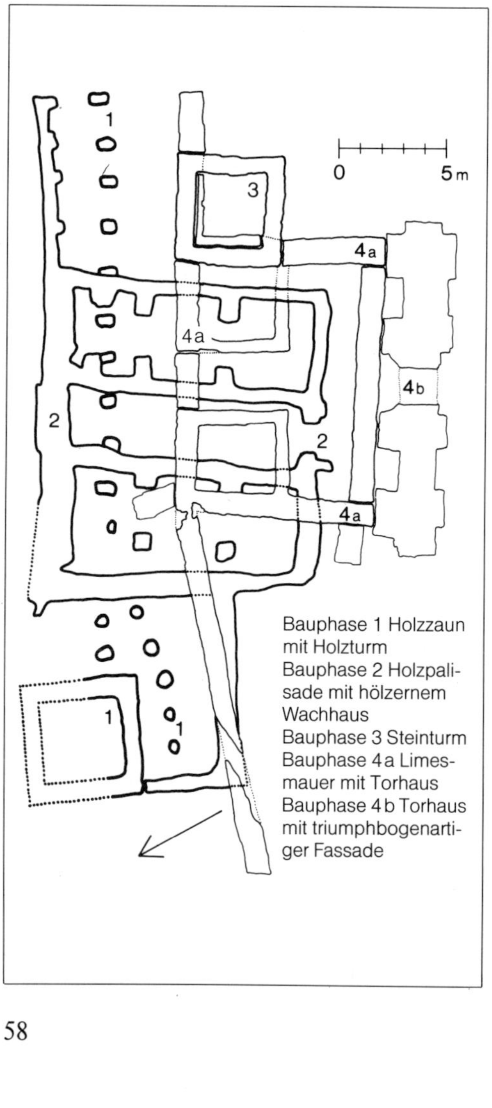

Wie die Kleinfunde ergaben, muß man dieses Bauwerk im Zusammenhang Kaiser Caracallas im Jahre 213 n. Chr. in Raetien sehen. Möglicherweise wurde das Monument zur Erinnerung an den Besuch des Kaisers hier an einer leicht zugänglichen Limesstrecke errichtet.

Wie Funde zeigen, ist das Torgebäude, in dem sicher eine kleine Wachmannschaft gewohnt hat, bei den großen Alamanneneinfällen des Jahres 233/34 ausgebrannt und nicht mehr aufgebaut worden. Der schon erwähnten ersten Steintorphase (Periode 4 a) gingen noch drei ältere Bauperioden voraus, die eine lückenlose Abfolge der Limesbefestigung an diesem Abschnitt erbrachten. Der ältesten, etwa um 140 n. Chr. angelegten ersten Grenzsicherung aus einem Holzzaun und hölzernen Wachtturm (Periode 1) folgte eine durchgehende Palisade mit angebautem 14,50 x 13,30 m großen Holzgebäude (Periode 2). Bis zu 1,10 m tiefe Pfostengräben ließen bei der Ausgrabung den Grundriß der Anlage klar erkennen.

Der Eingang im Süden des Gebäudes mündete in einen mittleren Gang. An diesen schlossen sich nach Osten und nach Westen drei bzw. vier Räume an, die als Wohnung der hier abkommandierten Wachmannschaft zu deuten sind. Der Grundriß dieses kleinen Kastells, das man auch als Feldwache bezeichnen kann, ist heute mit Holzpfosten kenntlich gemacht. Vermutlich war der Anlaß zum Bau des Gebäudes eine schon damals vom Kastell Aalen über Buch nach Norden ins freie Germanien führende Straße, deren Verlauf allerdings außerhalb des Limes nicht mehr nachweisbar ist. Ein in Stein erbauter Turm (Periode 3), dessen Fundamente ebenfalls heute noch teilweise sichtbar sind, ist als Ersatz des älteren Holzturmes aufzufassen und bestand möglicherweise zur selben Zeit wie das kleine Kastell.

D. P.

Weiterführende Literatur:
D. Planck, *Neue Forschungen zum obergermanischen und raetischen Limes in Aufstieg und Niedergang der römischen Welt,* Band II.5.1, 432 ff

Rainau-Buch

Garnison

Auf einer Anhöhe über der Jagst und südlich des Ahlbaches östlich des Ortes Buch liegt das schon zu Beginn des 19. Jahrhunderts entdeckte römische Kastell. Die Innenfläche beträgt 2,1 ha. Somit handelt es sich hier um das Lager einer Kohorte.

Vom Kastell selber ist heute die südliche Front mit dem Südtor (*porta principalis dextra*) und einem Zwischenturm restauriert und öffentlich zugänglich. Das übrige Lager soll in den kommenden Jahren weiter untersucht und restauriert werden. Wie die Grabungen im Jahre 1972 ergaben, besitzt dieses Kastell nur eine Bauphase. Spuren einer jüngeren Ausbesserung der Kastellbefestigung konnten am östlichen Teil der südlichen Umwehrung ermittelt werden.

An die Kastellmauer schließt sich nach innen eine etwa 3 m breite Erdrampe an, die zur Lagerrandstraße durch Holzpfosten abgestützt wurde. Das im Jahre 1972 untersuchte Tor besitzt zwei Durchfahrten von 4,00 bzw. 4,30 m Breite. Das gesamte Kastell wurde mit zwei Gräben umgeben, von denen der innere eine Breite von 6 m und der äußere eine Breite von 2 m besitzt. Die Kenntnis der Innenbauten des Lagers beruht bisher voll und ganz auf den Untersuchungen der Reichslimeskommission. Bekannt sind bis heute am Kreuzungspunkt der beiden Hauptstraßen das Stabsgebäude (*principia*) und nördlich ein rechteckiger Bau, der möglicherweise als Getreidemagazin (*horreum*) angesprochen werden kann. Zu diesem Kastell gehört das im Jahre 1975-76 untersuchte Badegebäude etwa 100 m nordöstlich. Das Kastellbad besitzt eine Länge von 44 m. Bei der Ausgrabung konnten insgesamt drei

↓ Rainau-Buch. Konserviertes Kastelltor

Bauphasen ermittelt werden, von denen die zweite, flächenmäßig die größte, heute restauriert ist. Das Bad wurde von Süden betreten. Zunächst gelangte man in einen überdachten Gang A sowie in eine Vorhalle B, die auf einem steinernen Fundament errichtet worden war. Von dort aus betrat man das Kaltbad (*frigidarium*) C, sowie ein rechteckiges Badebecken D. Nach Westen wurde ein Schwitzbad E (*sudatorium*) angebaut; nach Norden folgten die beiden Laubäder F und G (*tepidaria*) und schließlich das Warmbad (*caldarium*) H, das von einem großen Heizraum J beheizt werden konnte. Zahlreiche Funde deuten darauf hin, daß das Kastellbad und damit das Kastell Buch schon vor 150 n. Chr. errichtet worden sind – möglicherweise in spläthadrianischer Zeit.

Südlich und südöstlich des Kastells Buch erstreckt sich das Kastelldorf, die zivile Ansiedlung. Hier lebten Händler, Handwerker, Gastwirte und die Angehörigen der hier stationierten Truppen. Im Jahre 1976-1979 fanden hier im Bereich der neuen Trasse der Bundesstraße 290 ausgedehnte archäologische Ausgrabungen statt, die zeigten, daß an einer vom Südtor zum Kastellbad verlaufenden Straße rechtwinkelig dazu ausgedehnte Holzbauten mit Brunnen, Keller und Gruben bestanden. Überaus umfangreiches Fundmaterial, Münzen, Keramik, Glas und Metallgefäße, aber auch Schmuck und Gerätschaften, lassen Einblicke in das Leben dieses Dorfes zu. Besonders zu erwähnen sind insgesamt drei Schatzfunde, die in holzverschalten Brunnen während der ersten Alamanneneinfälle in der ersten Hälfte des 3. Jahrhunderts niedergelegt worden waren und nicht mehr gehoben wurden: hervorragende Bronzegefäße, bronzene Figuren, ein vollständig erhaltener römischer Infanteriehelm und eine etwa 20 cm hohe hölzerne Figur mit der Darstellung einer grotesken männlichen Gestalt. D. P.

Weiterführende Literatur:

D. Planck, *Neue Forschungen zum obergermanischen und raetischen Limes. In Aufstieg und Niedergang der römischen Welt*, Band II.5.1, 404 ff

Ders., *Untersuchungen im Bereich des Kastelldorfes Buch, Gemeinde Rainau, Ostalbkreis, Archäologische Ausgrabungen* 1976, 1977, 1978

Ders., *Brunnenfunde aus dem römischen Kastelldorf Buch, Gemeinde Rainau, Ostalbkreis, Denkmalpflege in Baden-Württemberg*, Jahrgang 8, 1979, Heft 3, 115 ff

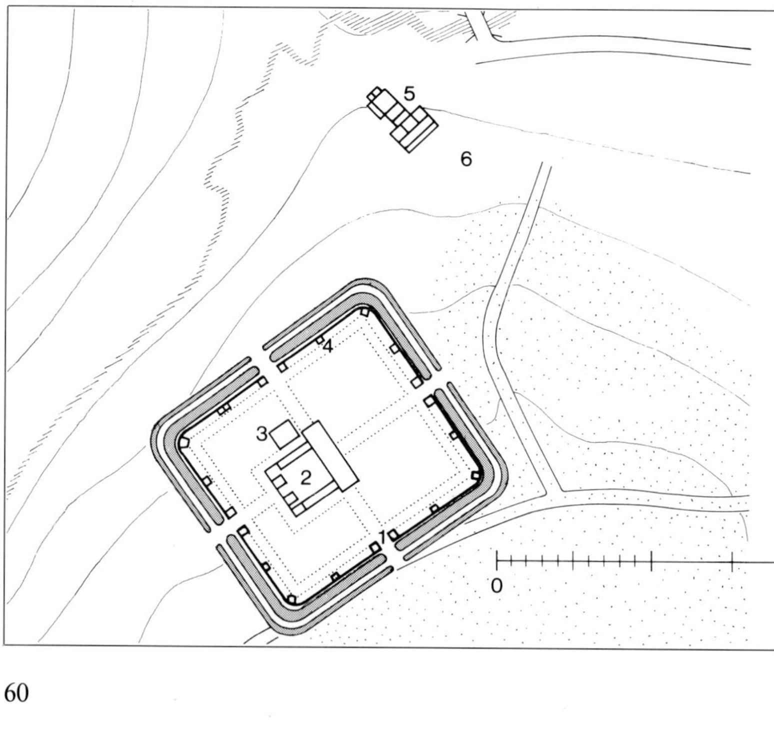

Limesfreilichtmuseum Kastell Buch und Umgebung
1 Südtor (restauriert)
2 Stabsgebäude
3 Getreidespeicher
4 Waffenkammern (?)
5 Kastellbad
6 Straßenstation (?)

Germania Superior

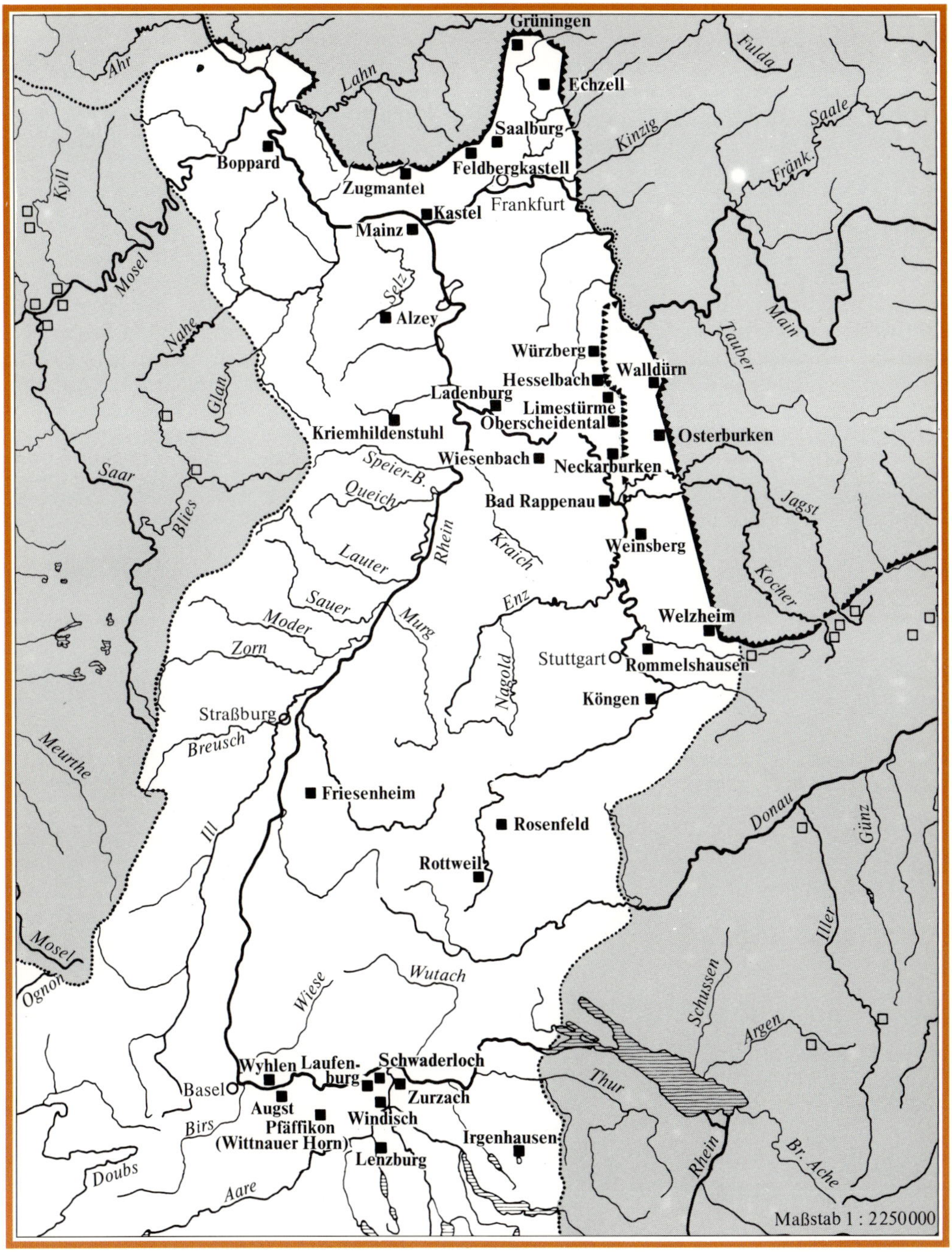

Sescentesimum et quadragesimum annum urbs nostra agebat, cum primum Cimbrorum audita sunt arma Caecilio Metello et Papirio Carbone consulibus. Ex quo si ad alterum imperatoris Traiani consulatum computemus, ducenti ferme et decem anni colliguntur. Tam diu Germania vincitur. Medio tam longi aevi spatio multa invicem damna . . . (Tacitus, Germania 37).
»Unsere Stadt ging ins sechshundertvierzigste Jahr - Caecilius Metellus und Papirius Carbo waren Konsuln (113 v. Chr.) - da hörte man zum erstenmal von den Waffen der Kimbern. Rechnen wir von da an bis zum zweiten Konsulat Kaiser Trajans, ergeben sich etwa 210 Jahre. So lange wird Germania nun schon besiegt. In dieser langen Zeit gab es auf beiden Seiten schwere Verluste . . .«
So beschrieb der berühmte römische Historiker Tacitus das Verhältnis zwischen Römern und Germanen zu Beginn der Regierung Kaiser Trajans im Jahre 98 n. Chr. Der resignierte und etwas ironische Ton seiner Sätze ist aus der politischen Situation zu verstehen: Der Chattenkrieg Kaiser Domitians lag nur wenige Jahre zurück (83-85 n. Chr.). Mit großem Aufwand begonnen und nach anfänglichen Triumphen über die germanischen Gegner, die sich indessen geschickt und hinhaltend verteidigten, hatte er einen enttäuschend geringen Gebietszuwachs für das Römerreich gebracht. Hätte der Historiker den weiteren Verlauf der Geschichte gekannt, er hätte seine Skepsis bestätigt gesehen. Noch manche Triumphe feierten die Römer in den folgenden Jahrhunderten über die Germanen, bis die Westhälfte ihres Reichs im 5. Jahrhundert durch die Völkerwanderung unterging und die Germanen auf seinem Boden ihre Reiche gründeten.
In dem ursprünglichen Spannungsraum zwischen Römern und Germanen entstanden im 1. Jahrhundert n. Chr. längs des Rheins die beiden germanischen Provinzen des Imperiums. Das spätere Gebiet der südlichen Provinz *Germania superior* (s. S. 61) war aber um 100 v. Chr. noch von Kelten bewohnt. Von der Schweiz bis hinauf in die Gegend um Frankfurt a. M. kamen zahlreiche Spuren der keltischen Latènezivilisation zutage.
Besonders eindrucksvoll sind jene großen, umwehrten Siedlungen, denen Caesar die Bezeichnung *oppidum* gab. Man darf sie als die ältesten Städte in Mitteleuropa ansehen (z. B. die *oppida* auf der Engehalbinsel bei Bern, Altenburg-Rheinau, Zarten - *Tarodunum* - bei Freiburg, der Heidengraben bei Urach, der Donnersberg in der Pfalz oder das *oppidum* über dem Heidetränktal im Taunus). Diese keltischen Städte waren am Ende des 2. Jahrhunderts v. Chr. in voller Blüte.
Westlich des Rheins ragten die Stammesgebiete der keltischen Treverer und der Sequaner in die spätere römische Provinz, am Rheinknie bei Basel saßen die Rauraker, deren Nachbarn die Helvetier waren. Tacitus berichtet, daß damals östlich vom Rhein bis an den Main helvetisches Stammesgebiet gewesen sei: *igitur inter Hercyniam silvam Rhenumque et Moenum amnes Helvetii, ulteriora Boii, Gallica utraque gens, tenuere* (so wohnten zwischen dem Herkynischen Wald, dem Rhein und Main Helvetier, weiter im Osten Boier, beides gallische Stämme; Germania 28). Bis zum Beginn des gallischen Krieges durch Caesar 58 v. Chr. ist dieser keltische Stamm dann unter germanischem Druck nach Süden in die Grenzen der heutigen Schweiz zurückgewichen.
Die Gefährdung des alten Keltenlandes kann schon mit den Zügen der Kimbern und Teutonen 113-101 v. Chr. begonnen haben. Von umwälzender Bedeutung müssen am Oberrhein indessen die Züge der Sweben unter Ariovist gewesen sein. Dieser Germanenstamm war von dem Land am Mittellauf der Elbe aufgebrochen, hatte das deutsche Mittelgebirge durchzogen und dann das Oberrheintal um 70 v. Chr. erreicht. Caesar berichtet von dem Druck, den die Germanen auf die Helvetier ausübten und über die fast täglichen Kämpfe zwischen beiden Völkern (*bellum Gallicum I*,1). Beim Beginn des gallischen Krieges 58 v. Chr. hatten sich die Sweben unter König Ariovist bereits im Elsaß festgesetzt und bedrohten die keltischen Stämme in Mittelgallien. Nachdem sie in diesem Jahr von Caesar geschlagen worden waren, mußten sich ihre Scharen jedoch vom Rhein zurückziehen, auch von dem unmittelbar östlich an den Strom grenzenden Land. Nach Aussage der archäologischen Bodenfunde ist es zu dieser Zeit im Oberrheintal und in der Wetterau nördlich Frankfurt a. M. noch nicht zu dauernden, bedeutenden Germanenansiedlungen gekommen. In diese Zeit wird auch die Erwähnung der Helvetiereinöde bei Ptolemaeus gehören (*Geografica II* 11,6). Es wird jenes Gebiet zwischen Main und Oberrhein gewesen sein, aus

dem die Helvetier durch den Druck der Germanen verdrängt worden waren. Die Gegend kann indessen nicht völlig verlassen gewesen sein. Das beweisen die Bodenfunde, die eine keltische Restbevölkerung erkennen lassen.
Durch den Zusammenstoß mit den Sweben am Anfang des gallischen Krieges wurde Caesar zugleich zum Entdecker der Germanen und machte sie in seinen *commentarii* der Mittelmeerwelt bekannt.
Die Kimbern und Teutonen, die ein Menschenalter zuvor Italien bedroht hatten, galten den Zeitgenossen noch nicht als Germanen. Sie bezeichneten sich auch selber nicht so, sondern führten wie alle anderen Germanenstämme lediglich ihre Stammesnamen. Daher war die damalige Wissenschaft der Ansicht, daß Mitteleuropa von Kelten bewohnt sei, mit denen man schon seit Jahrhunderten Kontakte hatte. Tatsächlich hatte sich der Germanenname gerade erst herausgebildet: *ceterum Germaniae vocabulum recens et nuper additum, quoniam qui primi Rhenum transgressi Gallos expulerint ac nunc Tungri, tunc Germani vocati sint. Ita nationis nomen, non gentis evaluisse paulatim* . . . (Tacitus, *Germania* 1). »Im übrigen sei die Bezeichnung Germanien jung und erst kürzlich aufgekommen. Ursprünglich hätte man nur die jetzigen Tungern, die zuerst den Rhein überschritten und die Gallier vertrieben hätten, Germanen genannt. So sei von einem Stamm, nicht von der ganzen Nation der Name langsam zur Geltung gelangt . . . «.
Für die Germanen war die Eroberung Galliens durch Caesar ein entscheidendes Ereignis, nicht nur in der Hinsicht, daß sie nun überhaupt erst als Volk bekannt wurden. Sie waren jetzt auch Nachbarn des Römerreichs und damit den vielfältigen Einflüssen ausgesetzt, die von dieser mittelmeerischen Hochkultur ausgingen. Erst dadurch wurden sie in einer langen Entwicklung zu den Germanen unserer Vorstellung, zu der mächtigen Stammesgruppe, die in der späteren Geschichte eine so bedeutende Rolle spielen sollte.
Mit dem Ende von Caesars gallischem Krieg hörten die germanischen Wanderbewegungen nicht auf. Die heute schwer zu durchschauenden und oft turbulenten Stammesverschiebungen begannen unter Kaiser Augustus wieder die Rheingrenze zu gefährden. Das war einer der Gründe für die Eröffnung der Germanenkriege des Kaisers seit 12 v. Chr. Kurz vorher war ein bedeutender Teil des römischen Heeres an den Rhein gezogen worden und hatte dort eine Reihe von Truppenlagern und Militärposten erbaut.
Die beiden größten Operationsbasen für den Germanenkrieg waren *Vetera* bei Xanten am Niederrhein und *Mogontiacum* (Mainz) am mittleren Rhein. Von ihnen aus sind bis 16 n. Chr. die meisten Feldzüge zur Eroberung Germaniens ausgegangen, weil ihr östliches Vorfeld die günstigsten geographischen Bedingungen für den Vormarsch bot. Bei Xanten konnte er in östlicher Richtung die Lippe aufwärts erfolgen, wo man tatsächlich die Spuren mehrerer großer Militärlager gefunden hat.
Von Mainz aus sind die römischen Feldzüge seit 11 v. Chr. den unteren Mainlauf aufwärts und dann über den Frankfurter Raum und die Wetterau nach Nordosten gegangen. Die wichtigsten Gegner der Römer waren in diesem Raum die Chatten. Im Jahre 9 v. Chr. fand Drusus, ein Stiefsohn des Augustus, auf einem der Kriegszüge den Tod. Damals war die fruchtbare Ebene zwischen Main und Taunus, die sich in die Wetterau öffnet, fest in römischer Hand. Der Weg der römischen Heere läßt sich an archäologischen Funden ablesen: in Mainz-Kastel, Wiesbaden, Frankfurt a.M.-Höchst, Friedberg, Bad Nauheim und Rödgen bei Bad Nauheim kamen Fundstücke und Baureste aus der Zeit des Augustus oder aus dem Anfang der Regierung seines Nachfolgers Tiberius zutage. Weitere römische Aktivitäten sind in Südwestdeutschland anzunehmen, die ihren Ausgang von dem erst vor wenigen Jahren gefundenen Legionslager Dangstetten am Oberrhein zwischen Basel und Konstanz nahmen.
Nach dem Tod des Drusus haben noch andere Angehörige des Kaiserhauses, Tiberius und Germanicus, das Kommando über die Rheinarmee innegehabt, ein Zeichen dafür, welchen Wert man in Rom der Eroberung Germaniens beilegte.
Wie wir wissen, scheiterte der Plan des Kaisers nach günstigen Anfangserfolgen nicht nur an dem zähen Widerstand der Germanen, sondern auch an den schwierigen und ungewohnten Bedingungen, die das Heer und die Verwaltung in dem für die Römer fremdartigen Lande vorfanden. Auch band der pannonisch-dalmatische Aufstand (im heutigen Ungarn und Ju-

goslawien) römische Truppen in einer entscheidenden Phase der Eroberung. Dann beendete die schwere Niederlage des Varus im Teutoburger Wald für Jahre die römischen Eroberungsabsichten (9 n. Chr.). Die bereits im Entstehen begriffene, neue Provinz *Germania* ging großenteils verloren. Ihre Reste wurden mit der gallischen *provincia Belgica* vereinigt. Die Kriegszüge, die Germanicus nach dem Tode des Augustus (14 n. Chr.) unternahm, änderten die Lage nicht. 16 n. Chr. ließ Kaiser Tiberius die verlustreichen Kämpfe abbrechen. Die römischen Truppen zogen sich wieder auf den Rhein zurück.

Dort standen jetzt acht Legionen mit zugehörigen Hilfstruppen, ein Viertel des gesamten römischen Heeres. Es war gefährlich, diese bedeutende Militärmacht nach Beendigung des Germanenkriegs dauernd in einer Hand zu belassen. Daher teilte Kaiser Tiberius den umfangreichen Heeresverband in die ober- und die niedergermanische Heeresgruppe. Die Kommandeure kamen aus der Reihe der ehemaligen Konsuln, die die höchste Rangstufe im Senat bildeten. Der Chef des obergermanischen Heeres, der *legatus exercitus Germanici superioris* residierte in Mainz, wo damals zwei Legionen standen (*Legio XIV Gemina* und *Legio XVI*). Die zwei anderen obergermanischen Legionen waren in Straßburg (*Legio II Augusta*) und in Windisch (*Vindonissa: Legio XIII Gemina*) bei Brugg im Aargau in der Schweiz stationiert. Dazu kamen zahlreiche Hilfstruppen, die zum Teil bei den Legionen, zum Teil in kleineren Lagern längs des Rheins ihre Garnisonen hatten.

Das obergermanische Heer hatte die Kontrolle über das östliche Rheinufer indessen keineswegs ganz aufgegeben. Gegenüber von Mainz wurde ein Brückenkopf gehalten, der sich von Kastel bis nach Wiesbaden erstreckte. Auch erlaubte man kleineren, germanischen Stammesgruppen die Ansiedlung an beiden Seiten des Rheins unter festen Vertragsbedingungen. Im Raum Heidelberg ließ sich eine kleine Gruppe von *Suebi* nieder. Weitere, für uns namenlose Gruppen von Germanen fanden nördlich und südlich von ihnen am östlichen Rheinufer eine neue Heimat. Sie sind durch archäologische Funde nachgewiesen worden. Um Wiesbaden setzten sich die *Mattiaci* fest, die mit den Chatten verwandt waren. Ihnen gegenüber durften sich am linken Rheinufer die *Vangiones* bei Worms, die *Nemeti* bei Speyer und südlich davon die *Triboci* ansiedeln.

In diesem Raum gab es aber zugleich immer noch eine keltische Bevölkerung. Die Anwesenheit so vieler römischer Soldaten am Rhein, darunter zahlreiche Italiker, bewirkte nun eine beschleunigte Romanisierung der gemischten Bevölkerung der Grenzzone. Straßen und Häfen wurden gebaut, Händler aus allen Teilen des Reichs fanden sich ein, Güter wurden importiert, und neben den Legionslagern entstanden Städte.

Die große Truppenmacht Roms, die am Rhein stand, konnte jederzeit wieder offensiv zu einem Germanenkrieg eingesetzt werden. Dazu kam es jedoch vorerst nicht. Kaiser Claudius ließ sogar zur Eroberung Britanniens 43 n. Chr. einige Verbände abziehen, darunter die Straßburger Legion.

Im Jahre 69 revoltierte der niedergermanische Legat Vitellius gegen Kaiser Nero. Er nahm den Kern der Kampftruppen am Rhein zum Bürgerkrieg nach Italien mit. Die unsichere politische Lage und das Fehlen der besten Truppen führten zu Aufständen in der Provinz (Bataveraufstand, Aufstände in Gallien) und zu Übergriffen rechtsrheinischer Germanen. Nachdem sich Vespasian als Kaiser durchgesetzt hatte, wurde die Ordnung indessen rasch wiederhergestellt. Doch waren überall an der Rheingrenze Zerstörungen zu beklagen. Auch hatten die Ereignisse des Jahres 69 gezeigt, daß die bisherige Rhein- und Donaugrenze ungünstig verlief. Wie ein Keil ragte fremdes Gebiet bis an das Rheinknie bei Basel in das Reich hinein und behinderte den Verkehr zwischen den Rhein- und Donauprovinzen.

Daher erhielt im Jahre 73 der obergermanische Legat Cn. Pinarius Cornelius Clemens den Auftrag, das obere Neckarland zu besetzen und eine Straße vom Legionslager Straßburg über den Schwarzwald an die obere Donau zu bauen. Zugleich besetzten die Römer damals die westliche Straße des Oberrheingrabens und weiteten den Mainzer Brückenkopf aus, der nun noch über Frankfurt a. M. hinaus nach Norden in die Wetterau bis in die Gegend um Friedberg (Hessen) reichte.

Es ist gut möglich, daß der mächtige Germanenstamm der Chatten sich durch diese Ausweitung des römischen Machtbereichs bedroht fühlte. Das Kerngebiet der Chatten be-

fand sich im heutigen Nordhessen, im Raum um Kassel und Fritzlar. Als Kaiser Domitian (81-96 n. Chr.) am Anfang seiner Regierung von den Rüstungen der Chatten hörte, benutzte er dies jedenfalls als Kriegsgrund. Ab 83 n. Chr. wurde der Krieg in Anwesenheit des Kaisers vom Legionslager Mainz aus vorgetragen. Einzelheiten des Krieges sind kaum bekannt, und auch über die Kriegsziele, die weiter gesteckt gewesen sein mochten, weiß man wenig. Bald schon feierte der Kaiser einen Triumph, nahm den Titel *Germanicus* an und ließ in seiner Propaganda, etwa in Münzaufschriften, bereits die Eroberung Germaniens verkünden (85 n. Chr.). Im gleichen Jahr begann sich indessen an der unteren Donau im heutigen Bulgarien und Rumänien eine für die Römer recht gefährliche Lage abzuzeichnen. Das kriegerische Volk der Daker, dessen Wohnsitz im heutigen Siebenbürgen lag, war über die Donau weit in die römische Provinz *Moesia* eingedrungen, hatte die Legionen geschlagen und sogar den Statthalter getötet. Im nächsten Jahr (86) endete die sofort eingeleitete Strafexpedition unter dem Praetorianerpraefekten Cornelius Fuscus mit einer völligen Niederlage der Römer. Schleunigst mußten Truppen von der Rheingrenze abgezogen werden, um die Provinz *Moesia* halten zu können. An eine Weiterführung des Germanenkrieges war nicht mehr zu denken.
Es trat ein historischer Wendepunkt ein: war bisher die Rheingrenze von größtem militärischen Gewicht für das Reich gewesen, so wurde es von nun an die Donaugrenze. Am Rhein ging es jetzt vordringlich darum, das gewonnene Gebiet in verteidigungsfähigen Grenzen zu sichern. In dieser Zeit lagen daher die Anfänge des obergermanischen Limes, der militärisch überwachten Grenze. Zugleich stellte sich die Aufgabe, zur inneren Festigung der Grenzzone die ziemlich uneinheitliche Bevölkerung der üblichen staatlichen Ordnung des Imperiums zu unterwerfen. Das geschah durch die Gründung der *provincia Germania superior* zwischen den Jahren 85 und 90.
Tacitus schildert eine Episode aus dieser Zeit: *non numeraverim inter Germaniae populos, quamquam trans Rhenum Danuviumque consederint, eos qui decumates agros exercent. Levissimus quisque Gallorum et inopia audax dubiae possessionis solum occupavere. Mox limite acto promotis praesidiis sinus imperii et pars provinciae habentur* (*Germania* 29). »Ich möchte diejenigen nicht zu Germaniens Völkern rechnen, welche die Dekumatenländer bebauen, obgleich sie jenseits von Rhein und Donau wohnen. Verarmtes Volk, vom Mangel ermutigte Gallier, besetzten das herrenlose Land. Bald zog man den Limes und schob Kastelle vor, so daß es nun, zum Reich gehörig, ein Teil der Provinz ist« (98 n. Chr. geschrieben). Tacitus schildert offenbar den Raum in Südwestdeutschland, der von Ptolemaeus als Helvetiereinöde bezeichnet worden war. Hier ließen sich noch vor der römischen Eroberung Gallier aus der römischen Provinz nieder, was natürlich nicht ohne Billigung der römischen Verwaltung geschehen konnte. Man wollte wohl verhindern, daß sich ein gefährlicher Germanenstamm das schwach bevölkerte Land aneignete. So kam das Gebiet unter römischen Einfluß, eine Vorbereitung für die bald darauf folgende Annexion.
Die Bedeutung des Wortes *decumates agri* ist umstritten. Es wird nur hier bei Tacitus erwähnt und taucht in keiner späteren Schriftquelle mehr auf. Mit der Steuerabgabe des Zehnten hat der in dem Wort enthaltene Stamm *decem* nichts zu tun. Eher könnte eine vorrömische Landschaftsbezeichnung darin stecken. Nach der verwaltungsmäßigen Neuordnung des Landes im Gefolge der Provinzgründung ist die Bezeichnung nicht mehr verwendet worden.
Der Statthalter der neuen Provinz Germania Superior, ein *legatus Augusti pro Praetore*, hatte seinen Amtssitz in Mainz, das damit zum Hauptort der Provinz wurde. Nur römische Senatoren, die bereits das Konsulat bekleidet hatten, konnten Statthalter der wichtigen Grenzprovinz werden. Bedeutende Persönlichkeiten des Reichs hatten es inne, darunter der spätere Kaiser Trajan. Der Statthalter leitete die Zivilverwaltung einschließlich der Rechtsprechung und hatte das Oberkommando über die Truppen der Provinz. Nur die Steuerverwaltung lag in der Hand eines unabhängigen Procurators, der dem Finanzministerium (*fiscus*) in Rom unmittelbar unterstellt war. Sein *tabularium* (Finanzamt) befand sich in Trier, in der Nachbarprovinz *Gallia Belgica*.
Schon in den letzten Regierungsjahren Kaiser Domitians war eine der ursprünglich vier Legionen Obergermaniens von Mainz an die ge-

fährdete Donaugrenze versetzt worden. Zu Beginn der Regierung Kaiser Trajans folgte ihr um 101 n. Chr. die *Legio XI Claudia*, bis dahin Besatzung des Lagers *Vindonissa* in der Schweiz, denn der Kaiser bereitete im Osten den entscheidenden Krieg gegen die Daker vor. In Obergermanien verblieben nun für lange Zeit lediglich zwei Legionen, und zwar die *Legio XXII Primigenia Pia Fidelis* in *Mogontiacum* (Mainz) und die *Legio VIII Augusta* in *Argentorate* (Straßburg). Diese Truppenkörper waren jeweils ungefähr 5500 Mann stark und etwa einer heutigen Division vergleichbar. Sie bildeten das Rückgrat der obergermanischen Grenzverteidigung. Dazu kamen zahlreiche kleinere Einheiten der Hilfstruppen, die fast alle östlich vom Rhein am Limes stationiert waren.

Bei der Gründung um 85 n. Chr. umfaßte die Provinz recht unterschiedlich entwickelte Regionen mit einer bemerkenswert uneinheitlichen Bevölkerung. Im Süden lagen die verhältnismäßig großen Gebiete der Helvetier, Rauraker und Sequaner südlich und westlich vom Oberrhein in der heutigen Schweiz und in Frankreich. Diese einstmals bedeutenden keltischen Stämme standen nun schon lange unter römischer Herrschaft und waren tiefgreifend romanisiert worden. Ihre Hauptorte hatten sich in blühende, römische Städte mit einer selbstbewußten Bevölkerung entwickelt, die den Städten des Mittelmeerraums in keiner Weise nachstanden. Noch heute sind ihre Ruinen sehenswert, etwa die *Colonia Augusta Raurica* (Augst bei Basel) und *Aventicum* (Avenches im Kanton Waad).

Ebenso war der westlich des Rheins gelegene Teil der Provinz von Koblenz (*Confluentes*) bis Straßburg schon lange römisch. Hier aber war es wegen der starken Konzentration des Militärs seit der Zeit des Augustus und wegen der Ansiedlung germanischer Stammesgruppen in dem seit altersher von Kelten bewohnten Land nicht zu einer so stetigen Entwicklung gekommen. Die Städte neben den Legionslagern (*canabae legionis*) mit ihrer aus dem ganzen Reich zusammengewürfelten Bevölkerung erhielten ein besonderes Gewicht. Die übrige Bevölkerung war in kleinere Gruppen gegliedert, und so nahmen ihre Hauptorte wie etwa *Borbetomagus* (Worms) oder *Noviomagus* (Speyer) keinen so glänzenden Aufschwung wie die Städte der Helvetier oder Rauraker. Immerhin war die Romanisierung am Ende des 1. Jahrhunderts n. Chr. schon weit fortgeschritten.

Anders war es in dem neu erworbenen Provinzgebiet östlich des Rheins. Hier waren die alten keltischen Stämme sowohl von den germanischen Wanderbewegungen als auch von den verschiedenen römischen Kriegszügen in kleine Reste zerschlagen worden; germanische Zuwanderungen hatten ein buntscheckiges Bevölkerungsbild bewirkt.

Um die nötigen Maßnahmen zur Organisation der neuen Provinz einzuleiten, wurde einer der angesehensten Juristen seiner Zeit, L. Javolenus Priscus, zum Statthalter ernannt (um 90 n. Chr.). Die Romanisierung erfolgte nun rasch. Schon ein Jahrzehnt später war es möglich, weite Teile des rechtsrheinischen Provinzgebiets der zivilen Selbstverwaltung zu überlassen. Diese war in kleine Stammesgemeinden (*civitates*) gegliedert, die nach dem Muster römischer Städte organisiert waren, wenn auch ihre Hauptorte noch kein volles Stadtrecht erhielten. Eine der ersten *civitates* auf rechtsrheinischem Boden war die unter Kaiser Trajan gegründete *civitas Ulpia Sueborum Nicretum* (Stammesgemeinde der Neckarsweben) mit dem Hauptort *Lopodunum* (Ladenburg) bei Heidelberg.

Mit der römischen Verwaltung trat zwar die Steuerpflicht für die Provinzbewohner ein, doch hatten der nun lange anhaltende Frieden und die weitgehende Rechtssicherheit einen für die damalige Zeit außerordentlichen Wirtschaftsaufschwung zur Folge. Es kam vor allem östlich des Rheins zu einem völligen Umbruch des alten vorgeschichtlichen Siedlungsbildes. Statt kleiner Dörfer und Höfe aus Holzhäusern entstanden auf den wirtschaftlich geeigneten Böden allenthalben die typischen, römischen Landgüter (*villae rusticae*) mit Steinbauten. Sie prägten als Einzelhöfe weithin das Bild der Landschaft. Dörfer (*vici*) waren selten; im Gegensatz zu den Bauerndörfern des Mittelalters dominierten in ihnen Händler, Handwerker und Dienstleistungsbetriebe, wie etwa Thermen oder Gasthäuser. Wichtig für die wirtschaftliche Existenz der *vici* war das vorzügliche römische Straßennetz. Anfangs nach rein militärischen Gesichtspunkten gebaut, erwiesen sich die Straßen bald als ein Segen für die Entwicklung des Landes. So war das Wirtschaftsleben der Provinz geprägt durch ein Miteinander von sehr vielen landwirtschaftlichen

Einzelbetrieben, wenigen gewerblichen Mittelzentren (*vici*) an den Straßenknoten und den eigentlichen Städten. Die lateinische Sprache führte sich rasch überall als Verkehrssprache ein. Die anfänglichen Unterschiede der Bevölkerung verwischten sich bald. Kaum ein Provinzbewohner hätte am Ende des 2. Jahrhunderts etwa sagen können, ob er nun Kelte oder Germane sei. Er fühlte sich als Römer, zumal dann, wenn er zu der wachsenden Gruppe jener gehörte, die schon das römische Bürgerrecht erhalten hatten. Auch die Truppen für die Grenzverteidigung rekrutierten sich aus der Provinz.

Der obergermanische Limes war gleich bei der Provinzgründung zum Schutz des Landes begonnen worden. Er verlief so, daß vor ihm meistens unwirtliche, bewaldete Zonen lagen. Nur unbedeutende germanische Siedlungsgebiete grenzten unmittelbar an. Das erleichterte die Grenzüberwachung. Daher war auch der Kontakt der Provinz Germania Superior mit dem freien Germanien geringer als etwa in der Nachbarprovinz Germania Inferior. Nur von Mainz aus gab es eine etwas wichtigere Verbindung für den Handelsverkehr über die kleine Römerstadt *Nida* (heute im Stadtgebiet von Frankfurt a.M.) und den Gießener Raum nach Nordhessen und Mitteldeutschland.

Anfangs war der Limes vom Main über den Odenwald an den Neckar gelaufen. Da sich aber jenseits des Neckar ein römisches Einflußgebiet herausgebildet hatte, wurde die Grenze in der Mitte des 2. Jahrhunderts unter Kaiser Antoninus Pius noch einmal vorgeschoben. Sie zog nun von Miltenberg a.M. nach Walldürn und von dort in einer schnurgeraden Linie bis nach Welzheim in Württemberg.

Seit dem Beginn des 3. Jahrhunderts gefährdete der neue, germanische Stammesverband der Alamannen die Provinz. Die Alamannen unternahmen ihre Vorstöße aus weiter Entfernung, vom Mittellauf der Elbe her. Als das Römerreich wenige Jahrzehnte später in eine Krise geriet, vermochte es das rechtsrheinische Gebiet nicht mehr zu halten. Der Limes wurde aufgegeben, und die Alamannen nahmen das Land bis an den Rhein in Besitz (260 n. Chr.). Der linksrheinische Rest der Provinz blieb aber römisch. Unter Kaiser Diokletian (284-305) wurde er als Provinz *Germania prima* neu organisiert. Ein weiteres Jahrhundert lang widerstand die Provinz dem Druck der Alamannen und anderer Germanenstämme. In dieser Zeit setzte sich in ihr das Christentum durch, und es waren vor allem Einrichtungen der Kirche, die im Rheinland die Völkerwanderung überdauerten. Die Römer hatten die Städte mit kräftigen Mauerringen umgeben und im 4. Jahrhundert längs der Rheingrenze eine tiefgestaffelte Zone hochmoderner Festungen angelegt. Reste von ihnen sind etwa in Boppard, Alzey, Kaiseraugst und Zurzach heute noch zu sehen. Erst als der *magister militum* Stilicho im Jahre 401 die Truppen abgezogen hatte, um Italien gegen die Westgoten unter Alarich zu verteidigen, brach die Grenzverteidigung zusammen. 406 kam es zu einem großen Germaneneinfall nach Gallien. Der Kirchenvater Hieronymus berichtete davon: . . . *innumerabiles et ferocissimae nationes universas Gallias occupaverunt . . . Mogontiacum, nobilis quondam civitas capta et subversa est, et in ecclesia multa hominum milia trucidata . . .* (»unzählbare und äußerst wilde Völker haben ganz Gallien überschwemmt . . . Mainz, die einst so schöne Stadt, ist erobert und zerstört, und in der Kirche wurden Tausende von Menschen getötet . . «.). Ganz erloschen ist aber das Leben in den Mauern der Römerstädte in der Germania Prima auch damals nicht, und das Rheinland bewahrt über die Völkerwanderungszeit hinweg bis heute Reste der römischen Prägung. D. B.

Weiterführende Literatur:

Regionale Übersichten:

W. Drack (Herausg.), *Ur- und frühgeschichtliche Archäologie der Schweiz*, Bd. V: *Die römische Epoche*, Basel 1975

Filtzinger, Planck und Cämmerer, *Die Römer in Baden-Württemberg*, Stuttgart und Aalen 1976

Ch.-M. Ternes, *Die Römer an Rhein und Mosel*, Stuttgart 1975

Städte, Leben, Verwaltung, Wirtschaft, Kunst:

Germania Romana I-III. Gymnasium, Beihefte 1 (1960), 5 (1965) und 7 (1970)

Limes:

D. Baatz, *Der römische Limes*. 2. Aufl., Berlin 1975

H. Schönberger, *Journal of Roman Studies* 59, 1969, 144 ff

Quellensammlungen zur Geschichte der Provinz:

W. Capelle, *Das alte Germanien. Nachrichten der griechischen und römischen Schriftsteller* (nur deutsche Übersetzung), Jena 1929

A. Riese, *Das rheinische Germanien in der antiken Literatur (lateinisch und griechisch)*, Leipzig 1892

Augst / *Augusta raurica*

Das Grabmal des Lucius Munatius Plancus in Gaeta (Italien) nennt ihn, den von Caesar in Gallien eingesetzten Statthalter, als Gründer der *Colonia Munatia Raurica.*

Ihr Standort - sie wurde wahrscheinlich im Sommer 44 v. Chr. gegründet - ist noch offen. Auf dem Plateau zwischen Ergolz und Violenbach entstand in den letzten beiden vorchristlichen Jahrzehnten die *Colonia Paterna (?) Pia Apollinaris Augusta Emerita Raurica,* an der Gabelung von Hauenstein- und Bözbergstraße und an einer leicht zu überbrückenden Rheinstelle.

Im Grenzort Augst lagen während der Eroberung des Dekumatenlandes zur Zeit Vespasians (69-79 n. Chr.) Teile der 1. und 7. Legion.

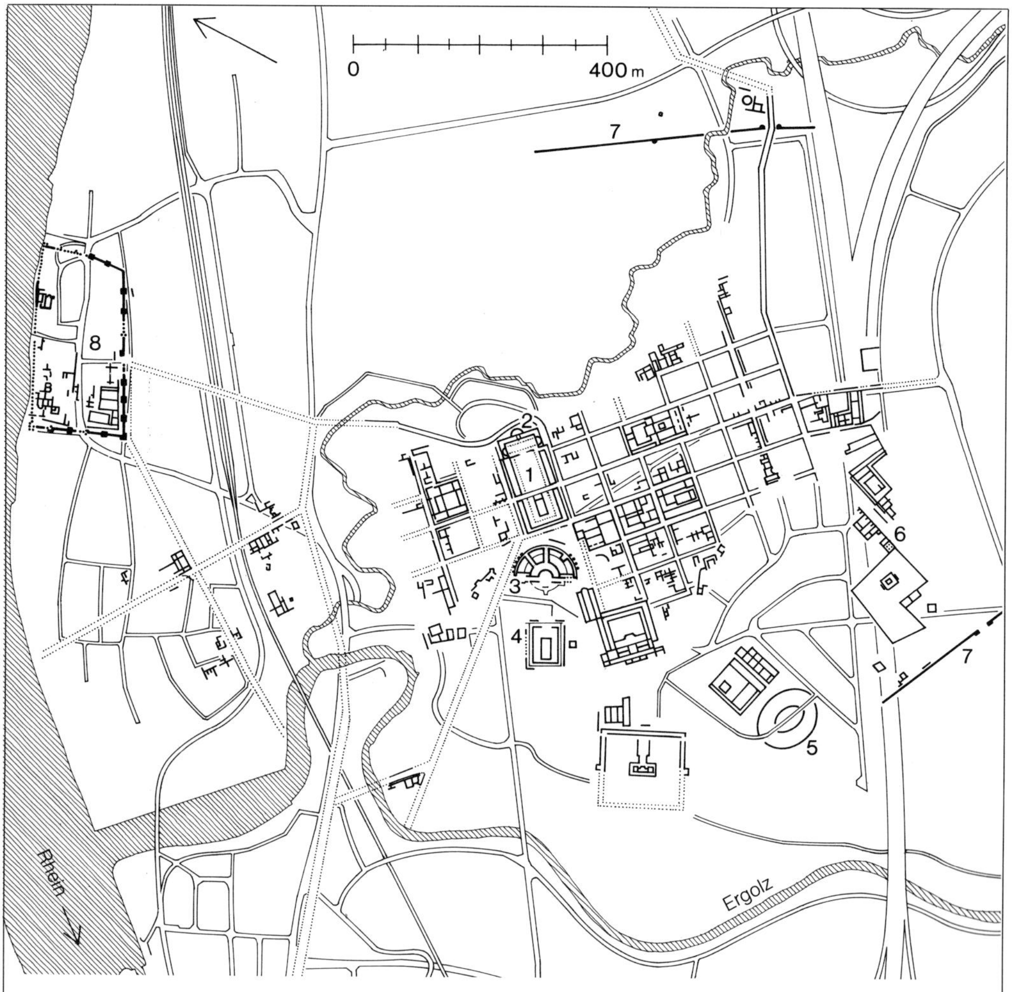

Augusta Raurica, Gesamtplan der antiken Stadt, Stand der Erforschung 1974

1 Forum
2 Curia
3 Theater
4 Schönbühltempel
5 Amphitheater
6 Tempelbezirk
7 Stadtmauer
8 Kaiseraugst

Nach der Errichtung des obergermanisch-raetischen Limes blühte Augst - nun im Hinterland gelegen - im 2. Jahrhundert als wirtschaftliches und geistig-religiöses Zentrum einer größeren Region. Wegen der sich mehrenden Alamanneneinfälle des 3. Jahrhunderts wurde eine Mauer begonnen, die neben den Vorstädten auch Freiflächen für die umliegende Bevölkerung umfassen sollte. Aber 259/60 wurde Augst zerstört und von den meisten Bewohnern verlassen. Der erhöht gelegene Stadtteil auf Castelen wurde notdürftig befestigt. Das Zentrum aber verlagerte sich mit dem konstantinischen Bau des Castrums nach Kaiseraugst (s. S. 72).

Die Erinnerung an die antike Bedeutung von Augst ging nie ganz verloren. Neben den schatzgrabenden Bauern nahmen Basler Humanisten erste wissenschaftliche Grabungen

↓ Augst. Theater und Schönbühltempel; oben die *curia*, links das rekonstruierte Atriumhaus des Museums

und Vermessungen vor. Ende des 19. Jahrhunderts setzten die systematischen Untersuchungen mit T. Burckhardt und K. Stehlin ein, weitergeführt von R. Laur-Belart. Die Grabungen Stehlins im Theater entfernten die untersten Ränge des jüngeren szenischen Baues bis zur ersten inneren Stützmauer, um die Bauphasen freizulegen: das ältere szenische Theater wurde in den siebziger Jahren des 1. Jahrhunderts n. Chr. durch ein Amphitheater ersetzt, dieses wiederum in der Mitte des 2. Jahrhunderts durch das jüngere szenische Theater, das rund 8000 Personen Platz bot. Die Bühnenwand war zur Freitreppe gegen den Schönbühl-Tempel hin offen. Auf dem Schönbühl standen ursprünglich mehrere gallo-römische Vierecktempel, welche um die Mitte des 2. Jahrhunderts durch einen einzigen Bau ersetzt wurden, der mit dem Theater eine architektonische Einheit bildete.
Östlich ans Theater schloß, eingefügt in das Rasterschema der Stadt, das Hauptforum an. An die östliche Längswand der *basilica* war die *curia* angelehnt, ein Rundbau mit ansteigenden Sitzreihen für den Rat der Stadt. Dieser Bau, am Hang zum Violenbach gelegen, weist einen Keller auf, der heute als Ausstellungsraum für Mosaiken dient. Die Funde von Augst sind in dem – einem römischen Atriumhaus nachgebildeten – Museum ausgestellt.
Ein weiterer Tempelbezirk mit 3 gallo-römischen Umgangstempeln befand sich am südöstlichen Rand der Stadt. In der Nähe liegt in einem Wäldchen das erst 1959 entdeckte Amphitheater. Eine Besonderheit ist das in der Aue der Ergolz gelegene *septizonium*, ein Tempel, der den 7 Wochengöttern geweiht war und deren Statuen in den Nischen standen.

Ch. H.

Weiterführende Literatur:
R. Laur-Belart, *Führer durch Augusta Raurica*, Basel 1966

→Augst. *Theater*

↓ Augst. *curia*

Kaiseraugst / *Castrum Rauracense*

Die verheerenden Alamannenstürme veranlaßten Kaiser Diokletian und seinen Mitkaiser Maximian 291 n. Chr., das Heer zu reorganisieren und vor allem die gefährdete Rhein-Donaugrenze systematisch zu befestigen. Unter Konstantin I. errichtete man um 330 im Gebiet der ehemaligen Unterstadt von *Augusta Raurica* als Standquartier für die *Legio I. Martia* das *Castrum Rauracense.* Das zerstörte Augst wurde zum Beschaffen von Baumaterial geplündert. So entstand eine Festung, die Ammianus Marcellinus (um 391/92) neben Besançon als die bedeutendste im Gebiet der Sequaner bezeichnet. Das *castrum* war verschiedentlich Ausgangspunkt für Feldzüge gegen die Alamannen. Möglicherweise im Zu-

Castrum Rauracense, spätrömisches Kastell mit Brückenkopf in Wyhlen; Stand der Erforschung 1975
1 Südtor
2 Osttor
3 Westtor
4 Kastellbad
5 Frühchristliche Kirche
6 Fundort des Silberschatzes
7 Brückenkopf in Wyhlen

sammenhang mit dem Zug Kaiser Julians I. in den östlichen Reichsteil (361) wurde im Kastell ein Silberschatz vergraben, der ein luxuriöses Tafelservice sowie prägefrische Münzen und Medaillen umfaßt. Valentinian I. (364-375) verstärkte die bedrohte Reichsgrenze durch den Um- und Neubau von Kastellen und Wachttürmen; dazu kamen Brückenköpfe auf dem feindlichen Ufer, so auch in Kaiseraugst mit der Anlage von Wyhlen. 401/06 wurde das Kastell von den römischen Truppen geräumt.
Eine besondere Bedeutung kommt Kaiseraugst in der schweizerischen Kirchengeschichte zu: vielleicht noch vor der Mitte des 4. Jahrhunderts entstand die älteste Kirche (im Bild oben links) des Kastells, die bis ins 6. Jahrhundert verschiedentlich umgebaut wurde. Auf der Kölner Kirchenversammlung von 346 wird erstmals ein Augster Bischof, Justinian, genannt. Im 7. Jahrhundert ging der Bischofssitz nach Basel über. Die mittelalterliche Dorfsiedlung von Kaiseraugst blieb innerhalb der Kastellmauern.
Eigentliche Grabungen setzten erst 1959/60 ein, brachten aber in wenigen Kampagnen entscheidende Befunde: 1960 die frühchristliche Kirche, 1962 den Silberschatz, 1974/75 die Kastellbäder.
Die Heidenmauer genannte Spolienmauer des Kastells ist heute stellenweise noch 3 m hoch erhalten und im Fundament bis zu 4 m breit. Verstärkt durch viereckige Türme, umschloß sie ein Trapez von 3,6 ha. Durch das Haupttor im Süden führte weiterhin die alte kaiserzeitliche Straße zum Rheinübergang. Von den Innenbauten sind die frühchristliche Kirche sowie die Kastellbäder konserviert und in Kellergeschossen zugänglich. Der Silberschatz befindet sich im Römermuseum Augst.
Ch. H.

Weiterführende Literatur:
R. Laur-Belart, *Frühchristliches Baptisterium mit Bad in Kaiseraugst*, in *Ur-Schweiz* 29, 1965, Seite 21 ff und 30, 1966, Seite 51 ff
ders., *Der spätrömische Silberschatz von Kaiseraugst*, Basel 1967

← Kaiseraugst. Unten die Südwestecke des Kastells

→ Wyhlen. Spätrömischer Brückenkopf

Wyhlen

Spätrömischer Brückenkopf

369 n. Chr. begann nach dem Bericht Ammianus Marcellinus an der Rheingrenze auf Veranlassung Valentinians I. der Bau neuer Befestigungen: eine Besonderheit hierbei sind die an strategisch wichtigen Orten angelegten Festungen auf der germanischen Rheinseite. Eine solche entstand gegenüber dem *Castrum Rauracense*, zur Sicherung des alten Rheinüberganges. Die Brücke, von der noch im 16. Jahrhundert Reste im Rhein gesehen wurden, führte direkt ins Kastellgebiet.
Im Brückenkopf Wyhlen fanden erste kleine Grabungen 1886/87 und anschließend durch R. Laur-Belart 1933 statt. Sie erbrachten eine nur kurze Belegungszeit bis spätestens 406. Laur-Belart rekonstruiert eine mit 6 runden Türmen von 8 m Durchmesser umwehrte Anlage, von der die südliche Hälfte vom Rhein weggespült ist; andere Rekonstruktionen rechnen mit einer 8-türmigen, quadratischen Anlage. Ein Spitzgraben sicherte das Kastell zum Land hin. Teile der drei nördlichen Rundtürme sind konserviert. Ch. H.

Weiterführende Literatur:
R. Laur-Belart, *Ausgrabungen am römischen Brückenkopf Wyhlen April-Juli 1933,* in *Badische Fundberichte* III, 1934, Seite 105 ff

Windisch / *Vindonissa*

Nach der Niederlage bei Bibracte 58 v. Chr. (20 km westlich Autun) errichteten von Caesar wieder zurückgeschickte Helvetier auf dem Geländesporn zwischen Aare und Reuss ein *oppidum.* Dieses war durch einen 20 m breiten und 6 m tiefen Graben gesichert.
Die günstige Position an den drei Wasserwegen des schweizerischen Mittellandes - Aare, Reuss und Limmat, unmittelbar am Durchbruch der Aare durch die Jurakette zum Rhein hin - veranlaßte auch die Römer 15 v. Chr. während der Feldzüge des Drusus und Tiberius, an dieser Stelle ein kleines Militärkastell aus Holz zu errichten. Nach der Konsolidierung der Rheingrenze 16 n. Chr. wurde es von der 13. Legion zu einem Legionslager ausgebaut. Die ihr nachfolgende 21. und 11. Legion bauten das Lager um und führten es in Stein aus. Mit der Errichtung des obergermanisch-raetischen Limes konnte dann die nun im Hinterland gelegene Basis 101 n. Chr. aufgelassen werden, und nach und nach nahm die Zivilbevölkerung vom Lager Besitz.
Die Alamannenstürme und der Fall des Limes brachten 260 die Wiederbefestigung *Vindonissas.* Das *Castrum Vindonissense* wurde unter Wiederverwendung der alten Lagermauer im östlichen Teil des Spornes angelegt. Dazu kam etwa 2 km westlich an der Aare das Kastell Altenburg (Gemeinde Brugg), welches zu der unter Valentinian I. (364-375) angelegten rückwärtigen Verteidigungslinie gehört. Beide büßten 401/06 mit dem Rückzug der römischen Truppen aus dem schweizerischen Mittelland ihre militärische Funktion ein. Allein eine romanisierte Bevölkerung blieb, und im 6. Jahrhundert ist *Vindonissa* als Bischofssitz belegt. Das Wissen um die antike Vergangenheit blieb bestehen, und die letzten noch sichtbaren Ruinen wurden zu Beginn des 19. Jahrhunderts ge-

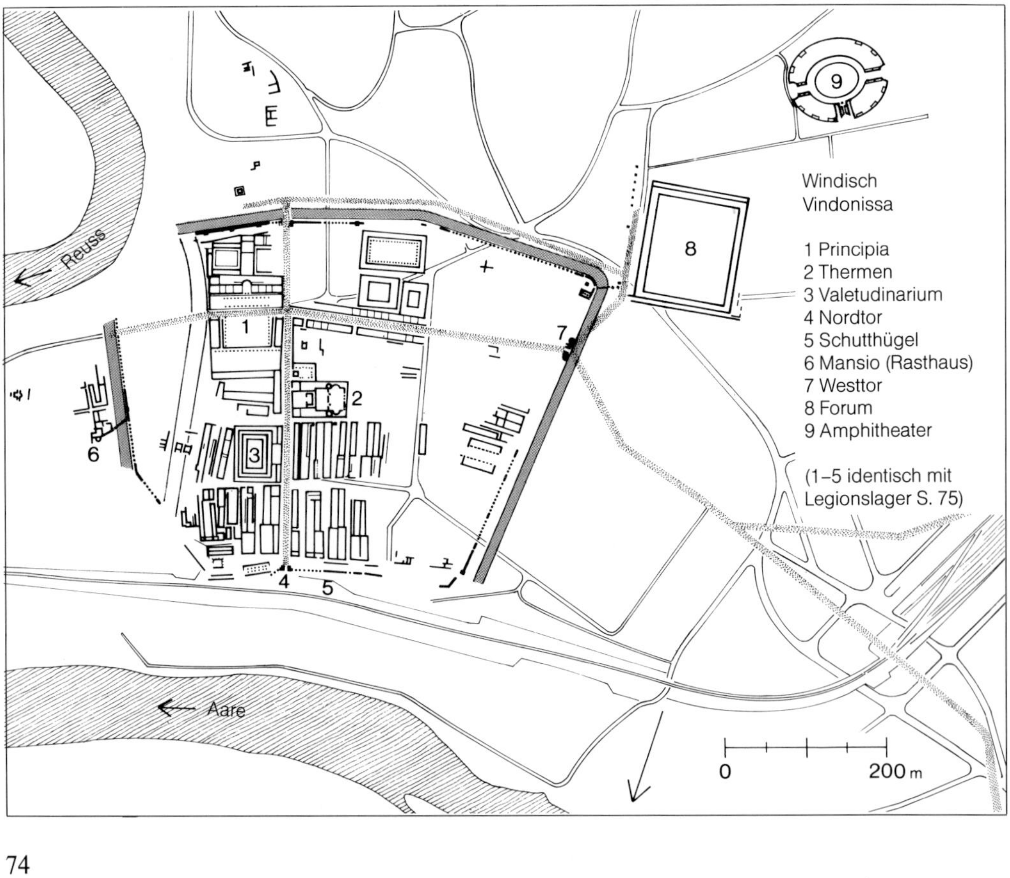

sprengt und als Steinbruch ausgebeutet. 1897 setzte der Zürcher Student Otto Hauser den Spaten im Amphitheater an; seine Absicht aber, die Mauern zu sprengen, führte zum Ankauf des Theaters durch die Eidgenossenschaft. Die zur selben Zeit gegründete Gesellschaft pro Vindonissa führte in der Folge systematische Grabungen im gesamten Gebiet der antiken Siedlung durch. Heute sind rund zwei Drittel von Lager und *vicus* erforscht.
Gut erhalten ist das Amphitheater, das etwa 10 000 Personen Platz geboten hat. Nach dem Brand des Holzbaues um 50 n. Chr. wurden die Grundmauern in Stein aufgeführt, der Oberbau wiederum in Holz. Das aufwendige dreitorige Nordportal diente auch als Zugang zu den Ehrenplätzen, während die übrigen Ränge über Treppenhäuser, die an der äußeren Umfassungsmauer regelmäßig verteilt sind, erreicht werden konnten. Der Ost- und Westeingang führt zur Arena.

Legionslager *Vindonissa*

Das zuerst in Holz, dann in Stein gebaute Nordtor ist das einfachste von *Vindonissa* und entspricht formal den frühen Lagertoren des 1. Jahrhunderts n. Chr. Im hinteren Teil des Lagers gelegen, führte es zur Aare und zum berühmt gewordenen Schutthügel, der vom alltäglichen Abfall der römischen Soldaten auch das organische Material, vor allem Holz und Leder, konservierte; die Funde können im Vindonissa-Museum in Brugg besichtigt werden.
Von der Lagerumwallung sind nur geringe Reste im Bereich des Nordtores konserviert – hier markieren Holzpfosten die ältere Holz-Erde-Befestigung – sowie das Westtor. Eine nicht zum Lager gehörige Badeanlage ist im Windischer Friedhof mit einem Schutzbau versehen. Als Besonderheit ist die heute noch funktionierende unterirdische Wasserleitung zu nennen, welche aus 3 km Entfernung das Wasser dem Lager zuführte und im Mittelalter dem Kloster Königsfelden diente. Ch. H.

Weiterführende Literatur:
M. Hartmann, Chr. Unz, *Das römische Legionslager von Vindonissa*, Brugg 1975
M. Hartmann, *Vindonissa, Stand der Erforschung,* in: *Jahresbericht der Gesellschaft pro Vindonissa* 1979/80 S. 5 ff
R. Laur-Belart, *Vindonissa, Lager und Vicus, röm.-germ. Forschungen* 10, Berlin 1935

→ Windisch. Amphitheater

↙ ↓ Windisch. Nordtor des Legionslagers

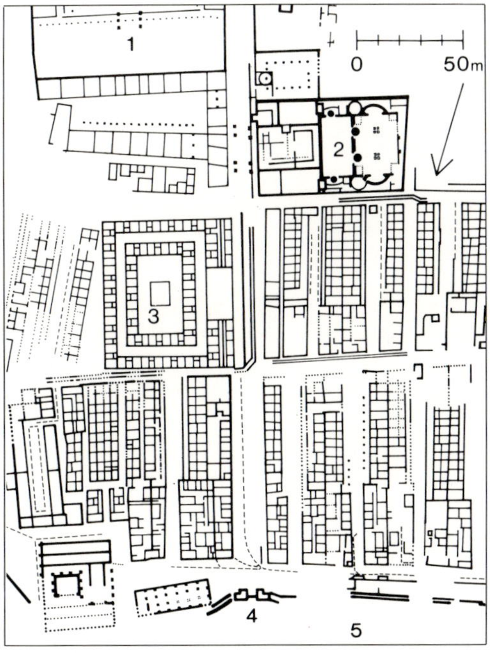

Lenzburg / *Lentia (?)*

Die Anfänge des *vicus* von Lenzburg, dessen römischer Name noch nicht gesichert ist, liegen in spättiberisch-frühclaudischer Zeit. Die Siedlung hatte ihren Höhepunkt im späten 1. und im 2. Jahrhundert n. Chr. Gegen die Mitte des 3. Jahrhunderts wurde der *vicus* verlassen und nur noch sporadisch aufgesucht.
Erste Sondierungen fallen ins 19. Jahrhundert; systematische Grabungen fanden 1933/34, 1963-65 und im Gräberfeld 1973/74 statt. Einige weitere Bauten sind durch Luftaufnahmen bekannt und harren der Erforschung.
Die Häuser des *vicus* reihen sich an einer von Osten nach Westen verlaufenden, rund 6 Meter breiten Straße. Zur Hauptsache waren es Verkaufslokale und Werkstätten, denen zum Teil eine *porticus* vorgelagert war. Im rückwärtigen Teil der Häuser befanden sich die Wohn- und Ökonomiebauten.
Die Fundamente der *vicus*-Bauten sind heute durch den Bahn- und Straßenbau zerstört. Einzig das nördlich vom Dorf sich befindende Theater konnte konserviert werden. Es liegt an einem leicht nach Osten abfallenden Hang und faßte wohl 4000 Personen. Daß eine so kleine Siedlung ein derartiges Theater, zudem mit offener Szenerie, besaß, wird dahin interpretiert, daß es zusammen mit einem Tempel, der im gegenüberliegenden Lindwald zu suchen ist, ein kultisches Zentrum der Region bildete. Eine ähnliche Anlage kennt man aus dem Altbachtal bei Trier, aber auch Augst und Avenches haben vergleichbare Anlagen.

Ch. H.

Weiterführende Literatur:

M. Hartmann, *Der römische Vicus von Lenzburg, Archäologischer Führer der Schweiz* 15, Basel Brugg 1980

↓ Lenzburg. Theater

Schwaderloch

Wachtturm Oberes Bürgli

Für die spätrömische Zeit sind allein entlang der Rheingrenze zwischen Basel und Bodensee 52 Warten nachgewiesen. Einige dieser auch *burgus* genannten Wachttürme sind valentinianisch (364–375 n. Chr.) datiert, andere scheinen etwas früher zu sein. Dank der Grabung 1977 ist man gut über die Baugeschichte des Oberen Bürgli von Schwaderloch unterrichtet: ein erster Turm wurde in konstantinischer Zeit, am ehesten nach 320 n. Chr., aus Holz errichtet. Mit der valentinianischen Neubefestigung der Rheinlinie wurde dieser wohl - wie die inschriftlich datierten Wachttürme von Etzgen und Koblenz - 371 in Stein ausgeführt und spätestens 406 verlassen.

Der Turm liegt auf einer alten Hochwasserkante des Rheins, die heute nur noch beim Turm selbst beobachtet werden kann. Der ebenerdige Eingang ist gegen den Rhein gerichtet. Der an der Außenseite 7,50 m messende, quadratische Turm mit 1,25 m starken Mauern wird ähnlich ausgesehen haben wie die auf der Trajanssäule dargestellten Anlagen. Ein Graben ist in 4,50-6,50 m Entfernung nachgewiesen. Der Fund eines germanischen Topfes belegt Beziehungen zu den Germanen, sei es, daß ein Germane zur Besatzungstruppe gehörte, oder aber, daß dieser Topf mit den in der Nähe siedelnden Germanen getauscht wurde. Ch. H.

Weiterführende Literatur:
M. Hartmann, *Der spätrömische Wachtturm Oberes Bürgli bei Schwaderloch*, in *Vom Jura zum Schwarzwald* 1979, Seite 1 ff

↓ Schwaderloch. Spätrömischer Wachtturm Oberes Bürgli

Zurzach / *Tenedo*

Mit dem Alpenfeldzug der Augustussöhne Drusus und Tiberius 15 v. Chr. errichtete die 19. Legion auf dem nördlichen Rheinufer bei Dangstetten ein Legionslager, welches 9 v. Chr. aufgelassen wurde.
In diesem Zusammenhang entstand wohl die erste Brücke über den Rhein, welche für die Entwicklung des Platzes Tenedo entscheidende Bedeutung gewann, besonders nach der Eroberung des rechtsrheinischen Gebietes. Es ist anzunehmen, daß zur Sicherung des Überganges auf einem der beiden Hügel Kirchlibuck oder Sidelen ein militärischer Wachtposten angelegt wurde. Die Holzbrücke, wohl in der von Caesar beschriebenen Art gebaut, wurde im Laufe der Zeit durch eine steinerne Konstruktion ersetzt.
Nach dem Fall des obergermanisch-raetischen Limes, wahrscheinlich unter Diokletian um 300, wurde der westliche Hügel Kirchlibuck mit einem Kastell befestigt. Ein jüngeres Kastell entstand auf dem benachbarten Sidelen und unter Valentinian ein rechtsrheinischer Brückenkopf in Rheinheim. Bald nach dem Abzug der römischen Truppen (401/06) wurde im Kastell Kirchlibuck eine kleine kirchliche Anlage erbaut. Im frühen Mittelalter entwickelte sich im Bereich der antiken Gräberstraße um das Grabmal der Hl. Verena eine Siedlung, die zum Flecken Zurzach heranwuchs.
Im 19. Jahrhundert erfolgten Untersuchungen der Brücken, zu Beginn des 20. Jahrhunderts kamen dann Grabungen in den Kastellen; die Freilegung und Konservierung der Kastellmauer Kirchlibuck fanden in den 50er und 60er Jahren statt, die der frühchristlichen Kirche 1954/55 und des kultischen Nebengebäudes 1961.
Der Brückenkopf Rheinheim war wohl ein rechteckiges, mit quadratischen Ecktürmen bewehrtes Kastell. Von den nur noch spärlich vorhandenen Mauern auf Sidelen ist heute nichts mehr zu sehen.
Das Kastell Kirchlibuck hatte einen unregel-

↓ Zurzach
1 Südtor
2 Frühchristliche Kirche mit Baptisterium
3 Frühchristliches Kultgebäude
4 Kastell (?) -Bad
5 Ältere Holzbrücke
6 Pfählung der jüngeren Steinbrücke

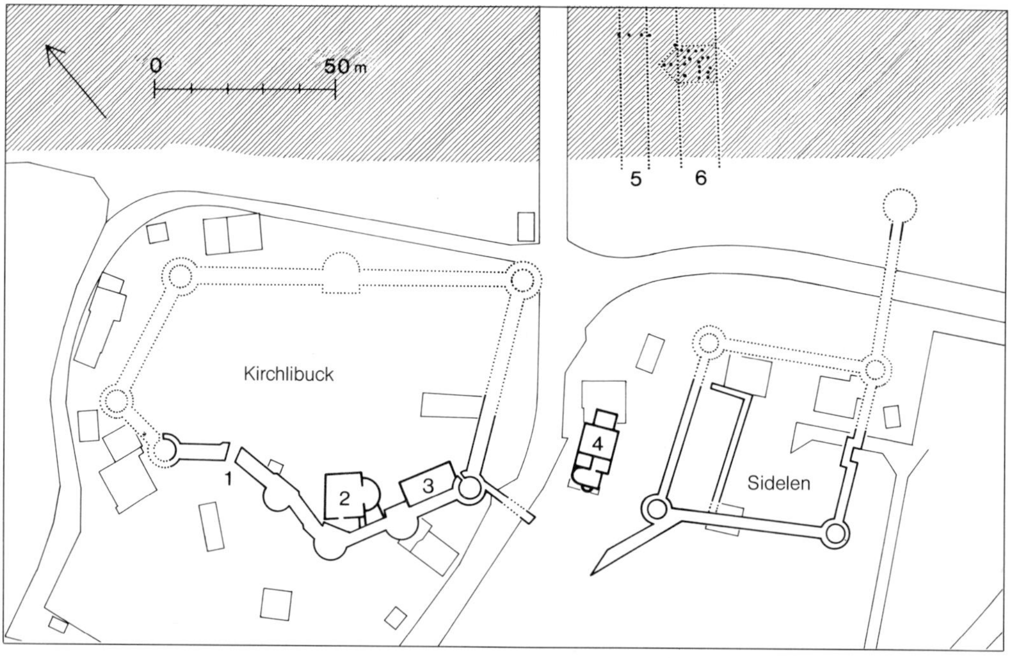

mäßigen Grundriß und eine bis zu 3,50 m dicke Mauer, verstärkt durch Rund- und Halbrundtürme; es umschloß 4,9 ha. Der Eingang befindet sich in der eingezogenen westlichen Südmauer (im Bild links). Von den Kastellen führten Flankenmauern zum Rheinübergang. Die frühchristliche Kirche mit Apsischor wies Wandmalereien auf; zwischen Kirche und Kastellmauer befindet sich das Baptisterium. Ein weiterer Bau mit Heizanlage diente wohl ebenfalls kirchlichen Zwecken. Ch. H.

Weiterführende Literatur:
M. Hartmann, *Das römische Kastell von Zurzach-Tenedo, Archäologische Führer der Schweiz* 14, Basel Brugg 1980

↓ Zurzach. Kastell Kirchlibuck

Wittnau

Spätröm. Refugium auf dem Wittnauer Horn

Abseits der großen Verkehrswege liegt in der Nähe eines erzreichen Gebietes 250 m über der Talsohle auf einem Sporn des Tafeljuras das prähistorische Refugium des Horns von Wittnau. Eine erste Anlage mit Abschnittwall, Mauer und Graben entstand in der Spätbronzezeit. In der späten Hallstattzeit wurde die zerstörte Anlage wieder aufgebaut und mit Vorwall und Graben ergänzt, jedoch vor der Vollendung aufgelassen.

In römischer Zeit war das Gebiet um das Horn von Gutshöfen besiedelt. Die Alamannenstürme des 3. Jahrhunderts ließen an manchen Orten befestigte Höhensiedlungen wieder oder neu entstehen.

Eine solche Anlage entstand im späten 3. Jahrhundert auf dem Wittnauer Horn durch die Wiederbefestigung der etwa 6 m hohen Ruine des Hallstatt-Walles.

Diese Anlage ging aber bald danach in Flammen auf. Eine zweite Benutzung fällt in das 4. Jahrhundert, wobei wohl die zweite Mauer mit dem Zangentor errichtet wurde. Für das Frühmittelalter sind dann sporadische Benutzungen und das Deponieren eines kleineren Münzschatzes nachgewiesen.

Die ganze Anlage wurde 1934 und 1935 von Gerhard Bersu mit einem Lager des freiwilligen Arbeitsdienstes erforscht, wobei man Teile der letzten Befestigungen konservierte. Hierzu gehört ein Turm und ein Teil der römischen Mauer des 3. Jahrhunderts auf der Krone des Hauptwalles sowie ein Teil der zweiten Mauer des 4. Jahrhunderts mit dem Zangentor.

Ch. H.

Weiterführende Literatur:

L. Berger, W. Brogli, *Wittnauer Horn und Umgebung, Archäologische Führer der Schweiz* 12, Basel 1980

G. Bersu, *Das Wittnauer Horn, Monographien zur Ur- und Frühgeschichte der Schweiz* Bd. 4, Basel 1945

↓ Wittnauer Horn

↓ Wittnauer Horn, spätrömische Befestigung (nach Bersu)
1 Römische Mauer, 3. Jahrhundert
2 Befestigung (mit Mauer und Zangentor) 4. Jahrhundert

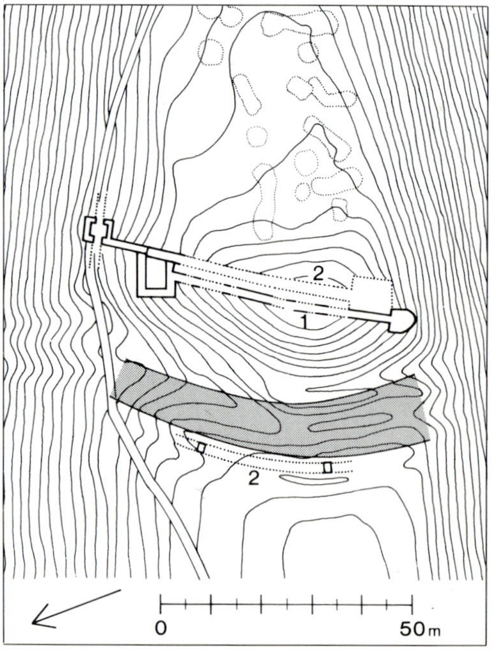

Pfäffikon

Kastell Irgenhausen

Auf dem flachen Moränenhügel am Pfäffiker See (Gemeinde Pfäffikon) stand seit der Mitte des 1. Jahrhunderts n. Chr. eine *villa*, wie es deren viele im schweizerischen Mittelland gab. Spätestens mit den Alamanneneinfällen von 259 wurde sie wie die meisten anderen römischen Gutshöfe zerstört oder verlassen. Unter Diokletian (284-305) oder Valentinian I. (364-375) wurde im Zuge der Sicherung der Rheingrenze das Kastell Irgenhausen angelegt, an der Straße vom Walensee (Bündner Pässe) über Kempraten und Oberwinterthur zum Bodensee. Beim Bau verwendete man weitgehend die Materialien des ehemaligen Gutshofes. Mit dem Abzug der römischen Truppen 401/06 muß auch das Kastell geräumt worden sein.

1837 nahm Ferdinand Keller Pläne vom Kastell auf, und 1856 fanden erste Grabungen statt. Als das Mauerwerk 1897 zum Bau einer Fabrik verwendet werden sollte, kaufte die Antiquarische Gesellschaft Zürich die Ruine und nahm Ausgrabungen und die Konservierung vor. Das Kastell bildet annähernd ein Quadrat von 61 m Seitenlänge mit je einem Eckturm und einem Turm in der Mitte der vier Seiten: der südöstliche ist als Tor ausgebildet (im Luftbild die obere Mauer: mittlerer Turm), aber schlecht erhalten, da ein früherer Besitzer auf der Schatzsuche ihn mit Dynamit gesprengt hat. An den anderen Seiten befinden sich kleinere Nebeneingänge. Eine Besonderheit sind die engen Mauerschlitze von 20 cm Breite und ursprünglich 2 m Höhe. Sie kommen an anderen Kastellen nur vereinzelt vor und sind bis heute nicht befriedigend erklärt. Von den Kastell-Innenbauten sind in der Südwestecke die schwachen Fundamente einer dreiräumigen Anlage konserviert, die wohl aus Holz bestand. An diesen Bau wurde später ein weiterer angefügt: zwei Räume weisen Apsiden auf. Es könnte sich um das Kastellbad handeln, doch fehlen hierfür die Heizanlagen; auch die Deutung als Kirche vermag nicht zu befriedigen. Von der *villa* ist heute der als Keller bezeichnete Raum bei den drei Linden sichtbar geblieben. Ch. H.

Weiterführende Literatur:
E. Meyer, *Das römische Kastell Irgenhausen, Archäologische Führer der Schweiz* 3, Pfäffikon 1969

↓ Kastell Irgenhausen

Der Odenwaldlimes

Zur Sicherung ihres Besitzes in der Oberrheinebene und am unteren Main und Neckar legten die Römer in den letzten Regierungsjahren Kaiser Domitians (81-96 n. Chr.) eine bewachte Grenze an. Sie folgte streckenweise den Flüssen Main und Neckar, und dort entstand eine Reihe von Limeskastellen. Zur Verbindung dieser Flußlimites erbauten die römischen Truppen spätestens um 100 n. Chr. den Odenwaldlimes. Er beginnt unweit von Obernburg am Main und liegt auf einem langen Höhenzug, der von Nord nach Süd den hohen Odenwald durchquert. Er bildet eine lange, bisweilen nur ganz schmale Hochfläche. Dort paßt sich der Limes in vielen Windungen dem Gelände an. Bei Schlossau tritt die Grenzlinie in ein leicht bewegtes Hügelland ein. Sie ist von hier bis zum Neckar auf etwa 35 km Länge schnurgerade durchgezogen worden, eine bemerkenswerte Leistung der römischen Meßtechniker. Die nördliche Odenwaldlinie lief im Altertum genauso wie heute durch ausgedehnte Wälder, die damals vor der mittelalterlichen Rodungsphase noch viel geschlossener und undurchdringlicher waren. Die Gefahr germanischer Überfälle war daher an diesem Grenzabschnitt gering, und so genügte zur Sicherung der Grenze eine Kette recht kleiner, einheitlich gebauter Numeruskastelle. Südlich von Schlossau wurde das Gelände offener. Dort mußten stärkere Einheiten (Auxiliarkohorten) als Besatzungen in größeren Kastellen eingesetzt werden.

Der Odenwaldlimes bestand nur etwa ein halbes Jahrhundert lang. Zwischen 148 und 161 n. Chr. haben die römischen Hilfstruppen die Grenze verlassen, um das Gebiet der römischen Provinz Germania Superior zu erweitern. Sie bauten östlich von der alten eine neue Grenzlinie und besetzten damit eine schon vorhandene Einflußzone. Die alte Linie wurde aufgegeben, noch bevor überall am obergermanischen Limes Wall und Graben als Grenzhindernis eingeführt worden sind, was etwa um 200 n. Chr. geschehen ist. Wall und Graben, die sonst den Limes kennzeichnen, fehlen also im Odenwald. Die Spuren der hölzernen Grenzpalisade sind zwar bei vielen Ausgrabungen im Boden entdeckt worden, doch ist von der Palisade an der Oberfläche natürlich nichts mehr wahrzunehmen. Die Wachttürme und Kastelle des Limes sind im Odenwald aber besser erhalten als an den meisten anderen Strecken der römischen Grenze in Deutschland. Dazu kommt der Reiz einer einsamen, bewegten Mittelgebirgslandschaft mit ihren weiten Wäldern, zu der die Spuren des römischen Limes in eigentümlichem Kontrast stehen. D. B.

Weiterführende Literatur:
Fabricius, Hettner, von Sarwey, *Der obergermanisch-raetische Limes des Römerreichs*, Berlin und Leipzig, 1894-1937, Abt. A Band V Strecke 10 (E. Fabricius 1935)
D. Baatz, *Der römische Limes*. 2. Aufl. 1975, 153 ff

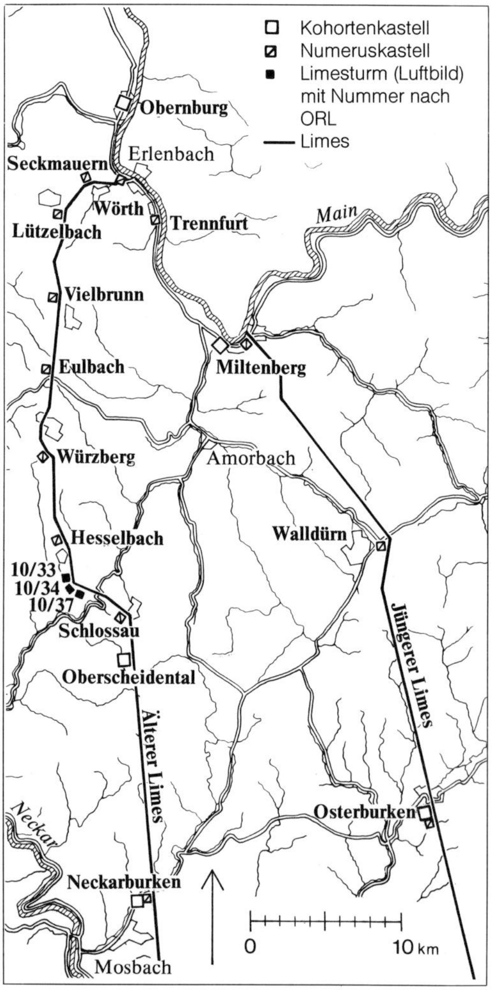

Würzberg

Limeskastell

Ungefähr 2 km südwestlich von dem Dorf Würzberg entfernt liegt auf einem Hochplateau eines der kleinen Kastelle der Odenwaldlinie. Als Graf Franz zu Erbach-Erbach am Anfang des 19. Jahrhunderts in romantischer Begeisterung für das Altertum den Odenwaldlimes untersuchen ließ, war es das besterhaltene Kastell der ganzen Strecke; »es wurde daher sehr genau untersucht«. Damals wird noch Mauerwerk der Umwehrung sichtbar gewesen sein; einen Teil der Steine ließ Graf Franz in den nahegelegenen Eulbacher Park bringen. Der Obelisk, der dort den Besucher grüßt, ist aus Handquadern des Kastells errichtet worden. Er trägt auch eine steinerne Inschriftplatte, die an einem der Tore angebracht war. Leider wurde sie leer aufgefunden, die Inschrift war im Altertum wohl nur aufgemalt worden. So wissen wir nicht sicher, welche Truppe in dem kleinen Wehrbau lag. Es wird aber wohl wie in den anderen kleinen Kastellen des Odenwaldlimes ein *numerus Brittonum* gewesen sein. Das war eine kleine Truppe, denn das 0,6 ha umfassende Kastell vermochte nur etwa 150 Mann zu beherbergen. – Die erste wissenschaftliche Untersuchung unternahm Friedrich Kofler im Juli 1895 für die Reichslimeskommission, und im Jahre 1963 fand eine kleine Nachuntersuchung durch das Saalburgmuseum statt. Auf dem Luftbild hebt sich das Kastell in der Bildmitte als kleine, helle Lichtung im Wald ab. Am oberen Ende der Lichtung erkennt man die Rundung der Westecke des kleinen Wehrbaus und sieht auch den flachen Wall, der heute die Umwehrung markiert. Er bedeckt den Stumpf der Wehrmauer. Außen herum läuft der inzwischen ganz flach gewordene Verteidigungsgraben. Jenseits des Kastells zieht die im Mittelalter entstandene Hohe Straße vorbei, die Würzburg und Hesselbach miteinander verbindet. Sie geht als schräge Linie durch den Wald. An ihr liegt unweit vom Kastell das freigelegte Badegebäude.

Nicht einmal diese kleine, unbedeutende Hilfstruppe des römischen Heeres brauchte am Rande der antiken Welt auf die Annehmlichkeit des warmen und des kalten Bades oder der Sauna zu verzichten.

Der Vorläufer der Hohen Straße, der römische Grenzweg, zog an der anderen Seite des Kastells vorbei, also im Osten; und dort befand sich auch das Grenzhindernis des Limes, die Palisade, die aber genauso wie der römische Weg längst verschwunden ist. D. B.

Weiterführende Literatur:
Fabricius, Hettner, von Sarwey, *Der obergermanisch-raetische Limes des Römerreichs*, Berlin und Leipzig, 1894-1937, Abt. B Band V,1 Kastell Nr. 49 Würzberg, F. Kofler 1896
D. Baatz, *Limesforschungen* 12, 1973, 115 ff

↓ Kastell Würzburg. Blick von Westen

Hesselbach

Limeskastell

Wer der Hohen Straße von Würzberg aus durch den Wald nach Süden folgt, stößt am Nordostrand von Hesselbach auf die Spuren des kleinen Kastells. Respektvoll weicht die Hohe Straße, die vom unteren Rand in das Luftbild hineinläuft, dem kleinen Wehrbau aus und läuft außen an zwei der Kastellseiten entlang. Der Grund dafür ist darin zu sehen, daß die Wehrmauer bei der Gründung des Waldhufendorfs Hesselbach im hohen Mittelalter als Ruine aufrecht stand und daher nicht nur die Wegführung, sondern auch die Abgrenzung der anstoßenden Waldhufen (Ackergrundstücke) bestimmte. Noch im 19. Jahrhundert bemerkte man das Mauerwerk der Umwehrung. Heute wird sie nur als flache Erhöhung in der Wiese sichtbar. Lediglich in der Nähe der Nordecke zeichnet sich der Zug der Kastellmauer als dunkle Verfärbung im Gras ab. Die Westecke liegt unter der Scheune des Försterhofs, der in der Mitte des Luftbilds erscheint.

Das Bild zeigt deutlich die Lage des Kastells auf der Hochfläche. Sie wird im Hintergrund durch die bewaldete Kante einer steilen Talflanke begrenzt, ein typisches Landschaftsbild aus dem Buntsandsteingebiet des Odenwaldes. Den Mittelpunkt des heutigen Dorfes bildet die kleine Kirche hinter dem Kastell. Sie ist an einer heilkräftigen Quelle entstanden. In dieser Richtung ist auch das Kastellbad zu suchen, das bis heute nicht gefunden wurde.

Die erste archäologische Untersuchung unternahm F. Kofler im Mai 1895 im Auftrag der Reichslimeskommission. Umfangreichere

→ Hesselbach im Odenwald. Im Vordergrund links das Kastell, von drei Wegen eingefaßt

↓ Kastell Hesselbach. Grundriß

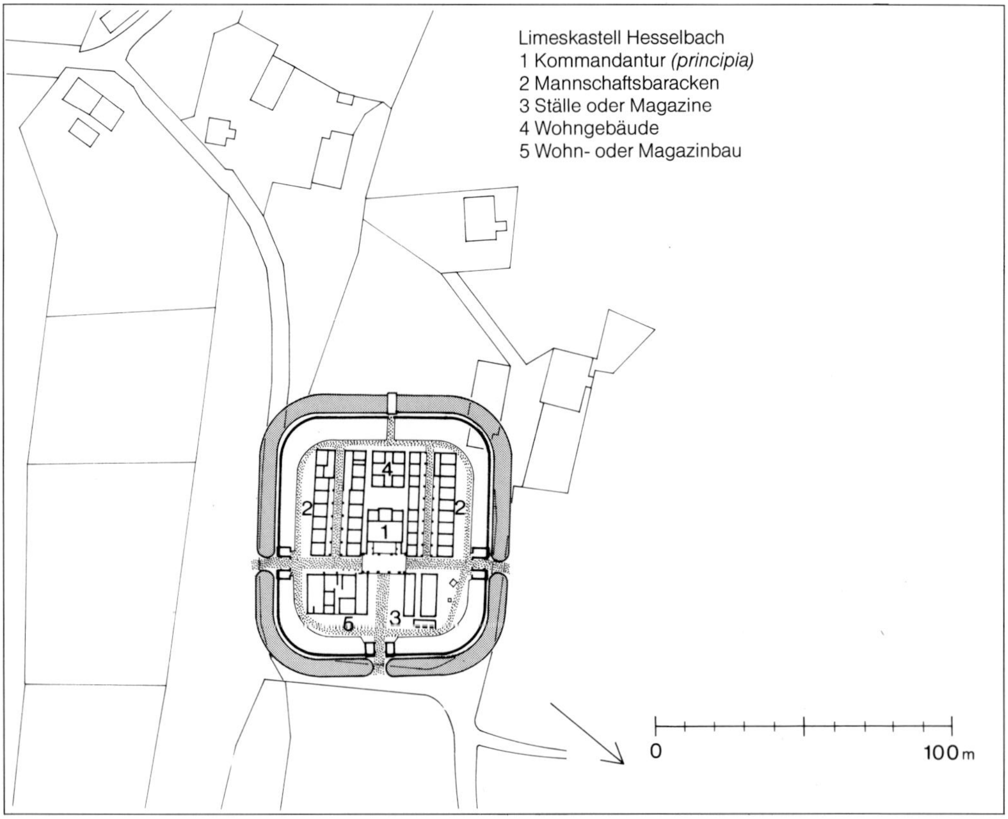

Ausgrabungen fanden 1964-66 statt; sie wurden vom Saalburgmuseum ausgeführt. Dabei gelang es vor allem, aus geringen Spuren im Boden den Grundriß der einstigen hölzernen Innenbauten zu gewinnen. Damit gehört das Kastell zu den wenigen Truppenlagern am Limes, dessen Innenbebauung vollständig bekannt ist. Diese Fachwerkbauten sind einmal ganz erneuert worden. Der Plan und die Rekonstruktionszeichnung geben den späteren Bauzustand wieder. Sie zeigen zugleich die letzte Bauphase der Umwehrung, eine in gutem Kleinquaderwerk ausgeführte Mörtelmauer. Diese Umwehrung besaß drei Torbauten. Das Haupttor im Nordosten war dem Limes zugewandt, der in 145 m Abstand östlich am Kastell vorbeilief. In der rückwärtigen Kastellfront befand sich eine kleine Ausfallpforte.

Das kleine Kastell für einen Numerus besaß mit 0,6 ha Fläche die gleiche Größe und war auch ähnlich gebaut wie seine Nachbarkastelle Würzberg und Schlossau. Seine Bauten sind nach den strikten Normen des römischen Heeres entstanden. Ob man im Norden Britanniens an der Antoninusmauer steht oder in Nordafrika eines der Oasenkastelle am Rand der Sahara betrachtet, stets findet man verwandte Bauten in ähnlicher Anordnung vor. Das große Gebäude in der Mitte war die Kommandantur (*principia*), in der die Verwaltung der Truppe saß. Rechts und links davon standen Mannschaftsbaracken (2) mit ihren typischen Reihen von Kammern (*contubernia*). Die kleinen Schuppen (3) werden Ställe oder Magazine gewesen sein. Ob der Wohnbau (4) hinter den *principia* oder das Gebäude (5) vorne im Kastell die Wohnung des Kommandanten beherbergten, ist unsicher. Der Kommandant (*praepositus*) der kleinen Einheit, deren Soldaten aus Britannien stammten, war ein abkommandierter Legionscenturio. D. B.

Weiterführende Literatur:
Fabricius, Hettner, von Sarwey, *Der obergermanisch-raetische Limes des Römerreichs*, Berlin und Leipzig, 1894-1937, Abt. B Band V,1 Kastell Nr. 50 Hesselbach, F. Kofler 1896
D. Baatz, *Kastell Hesselbach. Limesforschungen* 12, 1973

↓ Kastell Hesselbach. Rekonstruktion

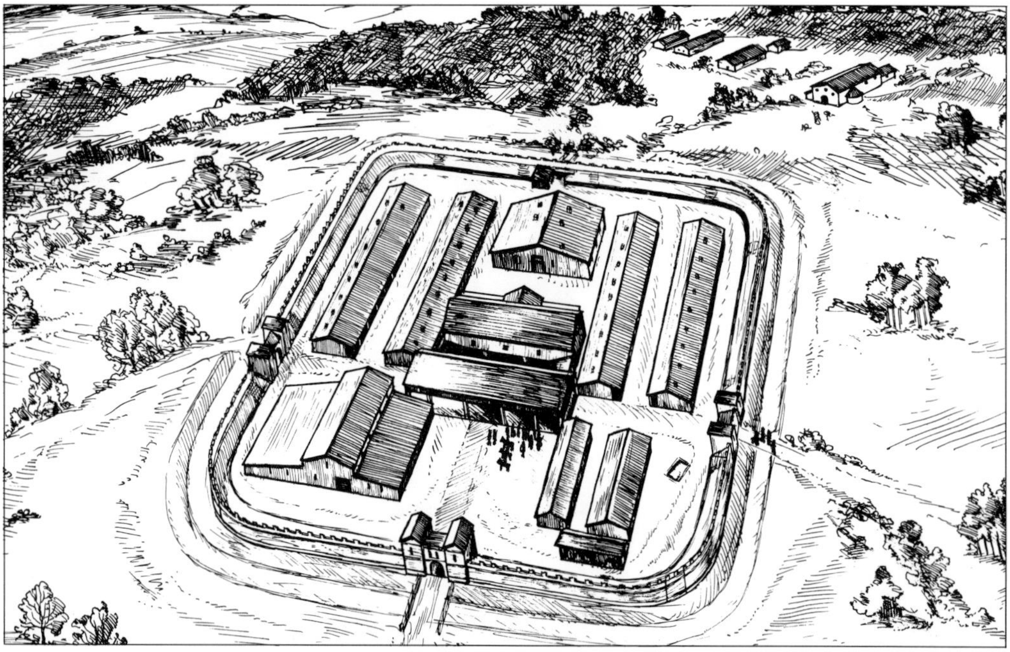

Odenwald

Limestürme zwischen Hesselbach und Schlossau

Südlich von Hesselbach verengt sich die Hochfläche, auf der der Limes entlangzieht, zu einem schmalen, bewaldeten Bergrücken. Er war lange Zeit einsam gelegen und schwer zugänglich, und so sind hier die Ruinen der Limestürme besonders gut erhalten.

Um den Limes im Odenwald anzulegen, haben die Römer um 100 n. Chr. zunächst die endlosen Wälder durchqueren und eine Schneise schlagen müssen. Diese Grenzschneise wurde von verhältnismäßig kleinen Türmen aus überwacht, deren Besatzungen aus den Limeskastellen kamen. Ihr Abstand beträgt im Odenwald durchschnittlich 700 m. Auf der Schneise entstand außerdem ein Nachschub- und Postenweg, der Türme und Kastelle miteinander verband. Die ersten Limestürme waren aus Holz. Unter der Regierung Kaiser Hadrians (117-138 n. Chr.) erleichterte man die Grenzüberwachung durch den Bau einer hölzernen Palisade vor dem Postenweg. Erst kurz vor der Verlegung des Limes in der Mitte des 2. Jahrhunderts sind die inzwischen baufällig gewordenen, alten Holztürme durch die dauerhafteren Steintürme ersetzt worden. Man findet daher heute häufig die Spuren von Holz- und Steinturm an der Stelle eines ehemaligen Wachtpostens nebeneinander. Durch Bauinschriften an einigen Türmen wissen wir, daß die *Cohors I Sequanorum et Rauracorum* vom Kastell Oberscheidental und der *Numerus Brittonum Triputiensium* aus Schlossau an den Bauarbeiten beteiligt waren.

Die wenigen Soldaten in den weit auseinanderliegenden Wachttürmen und die kleinen Hilfstruppen in den Kastellen konnten lediglich den Personen- und Warenverkehr kontrollieren und kleinere, räuberische Überfälle der Germanen bekämpfen. D. B.

Weiterführende Literatur:

D. Baatz, *Die Wachttürme am Limes.* Limesmuseum Aalen, Heft 15 (1976)

Fabricius, Hettner, von Sarwey, *Der obergermanisch-raetische Limes des Römerreichs*, Berlin und Leipzig, 1894-1937 Abt. A Band V S. 14-30

Wachtposten 10/33 Kahler Buckel

Der Wachtposten ist landschaftlich besonders schön gelegen: von dem Bergrücken aus, auf dessen Höhe er liegt, blickt man weit über das Mittelgebirge und sieht unten im Tal das ehemalige Jagdschloß Waldleiningen. Auf dem Kahlen Buckel fand man die Reste zweier Holztürme. Vielleicht ist der erste Holzturm auf der ungeschützten Höhe schon bald von einem Sturm oder Blitzschlag zerstört worden und mußte durch einen neuen ersetzt werden. Die Spuren der Holztürme werden auf dem Luftbild durch Bäume verdeckt. Deutlich erkennt man die Grundmauern des Steinturms. Bei der Ausgrabung kamen zahlreiche sauber zugehauene und auch profilierte Bausteine zutage, außerdem eine ehemals über dem Eingang angebrachte Bauinschrift, die besagt, daß der Turm im Jahre 146 n. Chr. unter Kaiser Antoninus Pius von den *Brittones Triputienses* erbaut worden ist. Diese Einheit, ein Numerus, war im nahegelegenen Kastell Schlossau stationiert. Es wies die gleiche Größe und Bauweise auf wie das Kastell Hesselbach.

Die gefundenen Bauteile erlauben es, den Turm zeichnerisch zu rekonstruieren (Abbildung). Er war nur über eine Leiter zugänglich, denn der Eingang befand sich im ersten Obergeschoß. Das zweite Obergeschoß mit seinen großen Aussichtsfenstern, die durch eigentümliche Steinpfeiler unterteilt waren, diente als Wachtraum. D. B.

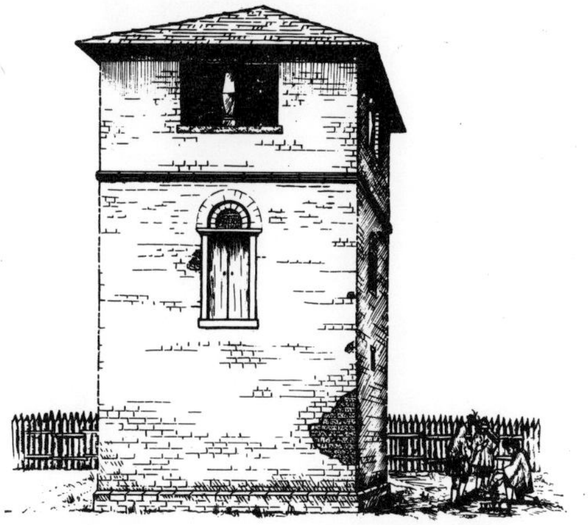

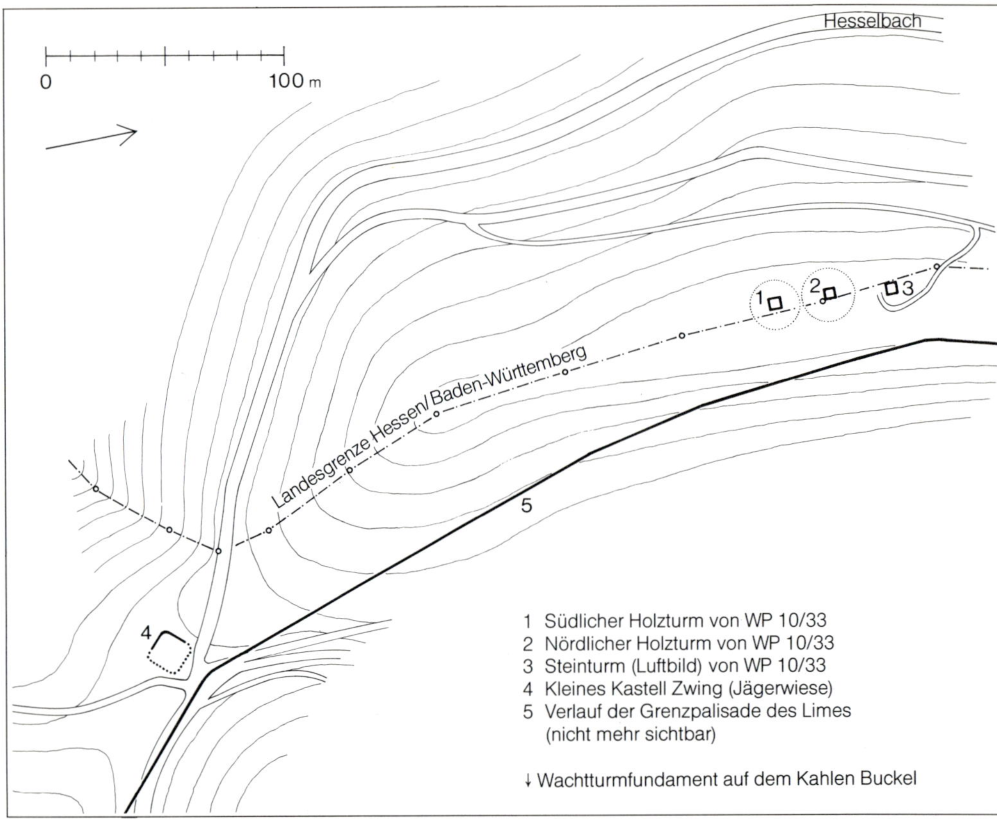

↓ Wachtturmfundament auf dem Kahlen Buckel

Wachtposten 10/34 Auf dem Hohen Wald

Die Größe des Steinturmfundaments, das mitten im Luftbild erscheint, wird durch die beiden Besucher veranschaulicht, von denen der eine die Erklärungstafel liest, die das Landesdenkmalamt hat aufstellen lassen.
Bei der Ausgrabung des Turms im 19. Jahrhundert kam ein Handquader zum Vorschein, der die Inschrift *CHO I* trug. Er gelangte in den Eulbacher Park und wurde in den dort aufgebauten Sockel eines Limesturms eingefügt. Die Inschrift bezieht sich auf die *Cohors I Sequanorum et Rauracorum*, die im Kastell Oberscheidental (S. 93) lag. Ihr Kommandant, ein *praefectus*, war den Chefs (*praepositi*) der kleinen Numeri in den Kastellen Schlossau und Hesselbach übergeordnet. Er hatte einen längeren Grenzabschnitt unter sich, an dem er auch die Bauarbeiten koordinierte.
Neben der Steinturmruine befand sich wie üblich die Spur eines Holzturms, gekennzeichnet durch einen Ringgraben. Sie ist zum Teil zerstört und auf dem Luftbild auch durch Büsche verdeckt. Die alte Abbildung zeigt, wie die beiden Wachtturmruinen bei den ersten Untersuchungen am Anfang des 19. Jahrhunderts ausgesehen haben mögen. D. B.

↓ ↓ Wachtturmfundament Auf dem Hohen Wald

Wachtposten 10/37 In den Schneidershecken

Etwa 2 km nordwestlich von Schlossau findet man die Ruinen zweier Steintürme und die Spuren eines Holzturms. Die beiden Steinturmfundamente A und B gehören zu den am besten erhaltenen am ganzen Odenwaldlimes. Das Luftbild zeigt die Grundmauern von Turm A. Die Wachtturmgruppe hatte eine eigenartige Geschichte. Aus einem unbekannten Grund wurde der ältere Steinturm B bald nach seiner Errichtung in ein Heiligtum für Mars, Victoria und Salus umgewandelt. Man fand die Statuengruppe der drei Götter bei der Ausgrabung im Jahre 1884. Heute steht sie im Badischen Landesmuseum in Karlsruhe. Um den Wachtdienst an der Grenze fortsetzen zu können, haben die Römer einen zweiten Wachtturm (Turm A) errichtet. Bei den Ausgrabungen kam ferner ein Weihestein zutage. Eine Kopie des Steins steht heute vor Turm A (Luftbild). Die Inschrift enthält eine Weihung an Jupiter und berichtet außerdem, daß der Turm, der hier als *burgus* bezeichnet wird, von einem Arbeitskommando der *Cohors I Sequanorum et Rauracorum* unter Leitung des Legionscenturio *Antonius Natalis* errichtet worden ist.
D. B.

↓ Grundmauern des Turms A In den Schneidershecken

Oberscheidental

Limeskastell

Das Limeskastell hebt sich am Südostrand von Oberscheidental als rechteckige Fläche in den Äckern und Wiesen ab. Die Süd- und die Westseite der Umwehrung erscheinen als grasbewachsene Böschungen im Bild. Die dunkle Verfärbung vor der westlichen Kastellfront wird durch den ehemaligen Verteidigungsgraben verursacht. Das Fundament der Nordmauer liegt unter der Landstraße nach Unterscheidental. Die östliche Wehrmauer zeichnet sich als heller Streifen im Acker neben dem Friedhof ab; das Tor in der Mitte erscheint dabei als dunkler Fleck.

Ausgrabungen fanden 1883, 1886 und 1895 statt (Wagner, Conrady, Schumacher). Es zeigte sich, daß das Kastell nach Osten, in Richtung auf den Limes orientiert war. In diese Richtung wies das Haupttor. Nur 25 m davor zeigte sich die Spur der Grenzpalisade, und zwischen Kastell und Palisade zog der Postenweg vorbei. Bei den Grabungen wurde das rechte Seitentor (*porta principalis dextra*) freigelegt und sichtbar erhalten (s. unten). Seine Grundmauern bestehen aus sauber aufgesetzten Buntsandsteinquadern. In den Eingängen der Tortürme sind noch die Steinschwellen mit den Angellöchern

↓ Kastell Oberscheidental, Reste des rechten Seitentors

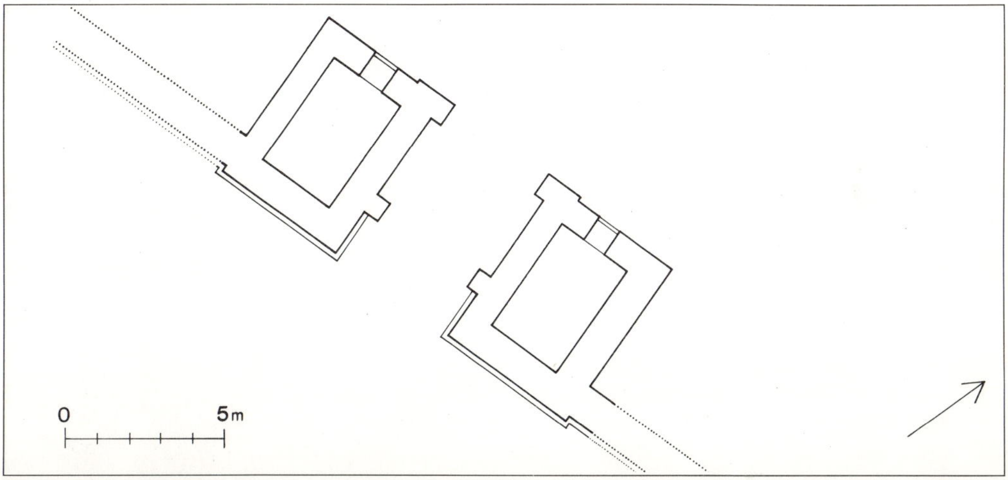

der Türen erhalten. Das Kastell gehörte mit 2,1 ha Fläche zu den größten am Odenwaldlimes. Seine Besatzung war anfangs die *Cohors III Dalmatarum*, später die *Cohors I Sequanorum et Rauracorum*, die auch an anderen Bauwerken des Odenwaldlimes Inschriften hinterlassen hat. Diese Einheit war eine *cohors quingenaria equitata*, eine fünfhundert Mann starke Infanterietruppe, der vier Reiterzüge von je etwa 30 Mann angegliedert waren. Dem Chef dieser Truppe, einem Praefectus, unterstand eine längere Strecke des Odenwaldlimes mitsamt den kleinen Einheiten in den Numeruskastellen wie Hesselbach.

In der Mitte des 2. Jahrhunderts wurde Kastell Oberscheidental aufgegeben und die Kohorte nach Miltenberg a. M. verlegt. D. B.

Weiterführende Literatur:

Fabricius, Hettner, von Sarwey, *Der obergermanisch-raetische Limes des Römerreichs*, Berlin und Leipzig, 1894-1937, Abt. B Band V,1 Kastell Nr. 52 Oberscheidental, K. Schumacher 1897

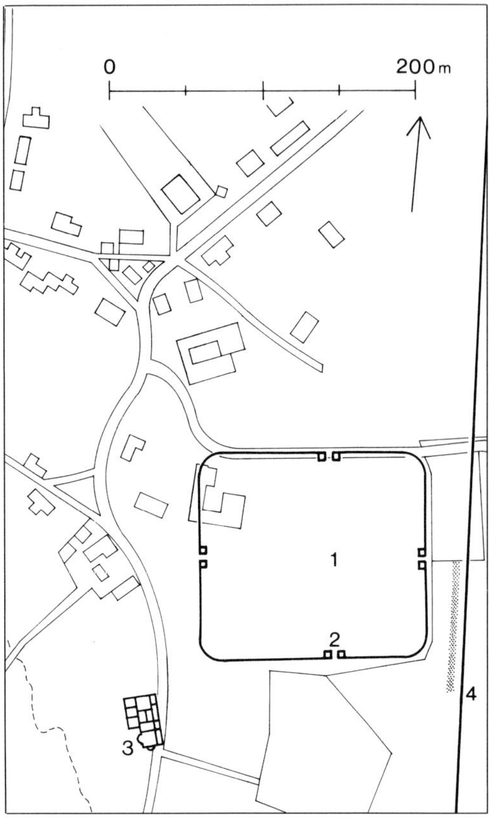

→1 Kohortenkastell
2 Rechtes Seitentor
3 Thermen
4 Verlauf des Limes (Palisade)

↓ Kastell Oberscheidental von Süden gesehen

Neckarburken

Kastelltor und Thermen

Am Ostrand von Neckarburken erblickt man dicht an der Bundesstraße 27 die Grundmauern eines römischen Kastelltors und eines Badegebäudes. Sie gehörten zu den beiden Limeskastellen, die hier die römische Grenze schützten. Die Reste des Hauptkastells (Westkastell), von dem nichts mehr zu sehen ist, liegen unter den Einfamilienhäusern am Ostrand. Es war von etwa gleicher Größe wie das Kastell Oberscheidental und beherbergte auch eine Einheit ähnlicher Art, nämlich die *Cohors III Aquitanorum equitata civium Romanorum.* Dieser Truppe war die kleine Einheit angegliedert, die im Ostkastell lag, der *Numerus Brittonum Elantiensium.* Der Numerus erhielt seinen Namen vom Elzbach, der das Tal bei Neckarburken durchfließt. Zu dem kleinen Ostkastell (0,6 ha Fläche) gehört der heute sichtbare Rest des Torbaus. Er bildete einst das linke Seitentor (*porta principalis sinistra*), denn das Kastell war nach Norden auf den Elzbach ausgerichtet. Außer dem Tor ist aber von ihm nichts zu sehen. Der Limes zog dicht an der Ostfront des Kastells vorbei.

Zwischen den beiden Kastellen befand sich das Badegebäude des Militärs. Nur seine Südhälfte liegt frei; die Mauern des Warmbades (*caldarium*) werden von der Bundesstraße überdeckt.

In der Mitte des 2. Jahrhunderts verließen die beiden Hilfstruppen die Kastelle. Sie zogen an die neue Limeslinie im Osten und errichteten in Osterburken ihre Lager. In Neckarburken blieb eine zivile Besiedlung zurück, die sich in einem Dörfchen neben dem Kastell gebildet hatte. Das alte Militärbad wurde von der Bevölkerung weiter benutzt. In das ehemalige Ostkastell zog ein römischer Landwirtschaftsbetrieb. Zu diesem gehört die Erweiterungsmauer südlich vom Kastell (Plan).

Die Ausgrabungen der Kastelle erfolgten durch die Reichslimeskommission (K. Schumacher) in den Jahren 1892-94. Schon seit dieser Zeit liegt das linke Seitentor des Ostkastells zur Besichtigung frei. 1974-75 unternahm das Landesdenkmalamt Baden-Württemberg einige Nachuntersuchungen, bei denen auch das Kastellbad wieder freigelegt und konserviert wurde. D. B.

Weiterführende Literatur:

Fabricius, Hettner, von Sarwey, *Der obergermanisch-raetische Limes des Römerreichs*, Berlin und Leipzig, 1894-1937, Abt. B Band V,1 Kastell Nr. 53 Neckarburken (K. Schumacher 1898)

D. Baatz, *Limesforschungen* 12, 1973, 124 ff

R. H. Behrends in: *Lebendige Archäologie. Führer zu vor- und frühgeschichtl. Denkmälern in Baden-Württemberg* Bd. 4 (1976) 88 ff

Ders., *Kulturdenkmale in Baden-Württemberg, Kleine Führer* Blatt 29: *Das Römerbad von Neckarburken* (1977)

F. Reutti, *Fundberichte Baden-Württemberg* 5, 1980, 142 ff

→ Neckarburken. Links unten das Gebiet der beiden Kastelle mit dem Bad und den Torfundamenten

↓ Neckarburken. Kastelltor (unten) und Thermenbau (oben) neben der Bundesstraße

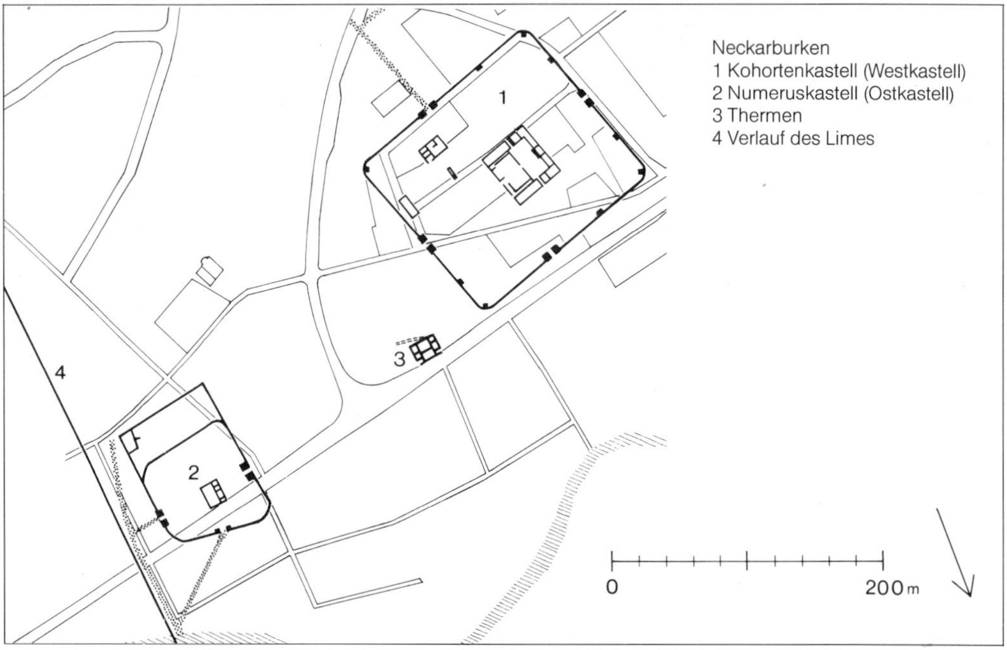
Neckarburken
1 Kohortenkastell (Westkastell)
2 Numeruskastell (Ostkastell)
3 Thermen
4 Verlauf des Limes
1
2
3
4
0
200 m

Walldürn

Badegebäude des Kastells

Unweit von Walldürn zog der äußere obergermanische Limes vorbei. Etwa 1 km südöstlich von der Stadt befand sich ein kleines Limeskastell. Es ist zusammen mit der Limeslinie in der Mitte des 2. Jahrhunderts entstanden. Von dem Wehrbau (Fläche 0,8 ha; Besatzung *exploratio Stu . . .*) ist heute nichts mehr zu sehen. Gleichzeitig mit dem Kastell entstand in seiner Nähe, wie üblich, ein Badegebäude. Dieses Bad (das ältere Bad) wurde am Anfang des 3. Jahrhunderts n. Chr. baufällig und war wohl auch für die Bedürfnisse der inzwischen verstärkten Grenztruppen zu klein geworden. Daher wurde es durch das im Jahre 232 n. Chr. am 13. August eingeweihte, jüngere Bad ersetzt, das sich genau über den Resten des älteren Gebäudes erhob. Es hat das Ende des Limes in der Mitte des 3. Jahrhunderts nicht überdauert. Das Bauwerk wurde 1896-97 durch die Reichslimeskommission (W. Conrady) und 1972-73 vom Saalburgmuseum ausgegraben. Konserviert und sichtbar sind nur die Grundmauern des jüngeren Bades und ein kleines Stück der Apsismauer des älteren Gebäudes.

Das Luftbild erlaubt einen senkrechten Blick herab auf die Badruine; die tiefstehende Abendsonne wirft lange Schatten. Im Altertum betrat man das Bad von Süden her und gelangte in die Ankleidehalle A (im Luftbild links). Im Gegensatz zu den übrigen, steinernen Räumen war die Halle ein Fachwerkbau, der von elf mächtigen Pfosten getragen wurde. Bei der Konservierung der Ruine wurden die Stellen der antiken Pfosten durch neue markiert. Sie treten im Luftbild deutlich in Erscheinung.

↓ Römisches Bad am Limeskastell Walldürn

Von der Auskleidehalle gelangte man in den Kaltbaderaum F und von dort aus in die verschiedenen Warmbaderäume S, T und C. Das Bad war innen farbig ausgemalt und außen mit einem hellrot getünchten Verputz versehen; es hatte Glasfenster und fließendes Wasser. Bei der Ausgrabung fand man einen Altar mit Weiheinschrift an die Göttin Fortuna, die das schon erwähnte Einweihungsdatum enthielt.

D. B.

Weiterführende Literatur:

Fabricius, Hettner, von Sarwey, *Der obergermanisch-raetische Limes des Römerreichs*, Berlin und Leipzig, 1894-1937, Abt. B Band IV Kastell Nr. 39 Walldürn, W. Conrady 1903

D. Baatz, *Saalburg-Jahrbuch* 35, 1978, 61 ff

↓ Längsschnitt durch das jüngere Kastellbad von Walldürn

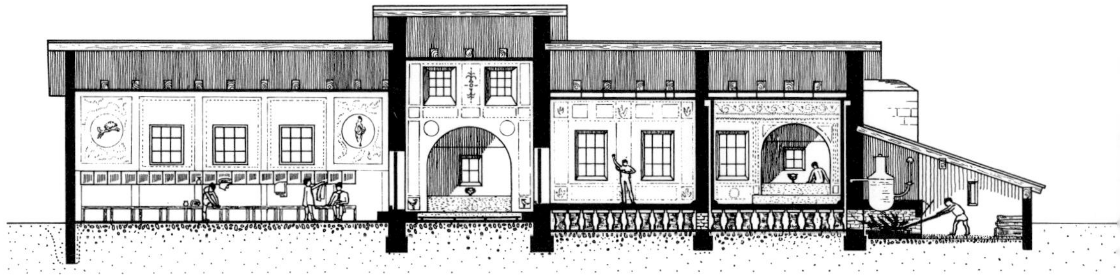

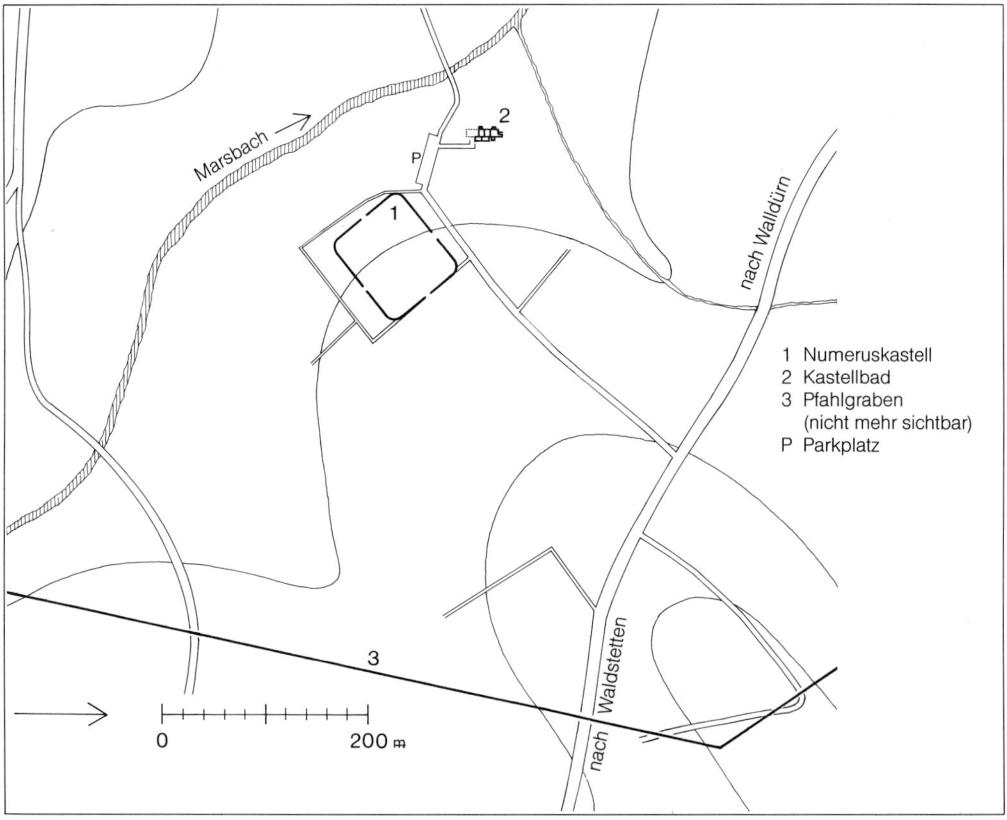

Saalburg (Taunus)

Rekonstruiertes Limeskastell

In den Wäldern auf der Höhe des Taunus liegt die Saalburg, das einzige auf den alten Fundamenten rekonstruierte Limeskastell (s. S. 100). Die Ausgrabungen setzten schon früh und intensiv im vorigen Jahrhundert ein und waren zu Beginn des 1. Weltkriegs im wesentlichen abgeschlossen (L. und H. Jacobi). Sie erbrachten eine Fülle von Funden und neuen Erkenntnissen, die für andere archäologische Untersuchungen am Limes beispielhaft waren. Damals kam auch der Gedanke auf, die recht gut erhaltene Kastellruine durch einen Wiederaufbau als Museum zu nutzen. Er ließ sich dadurch verwirklichen, daß der Museumsgründer Prof. L. Jacobi den letzten deutschen Kaiser Wilhelm II. dafür zu gewinnen verstand. 1898-1907 sind die wiederaufgebauten Teile der Saalburg entstanden. Seitdem können die reichen Ausgrabungsfunde im Kastell selbst den Besuchern gezeigt werden. Das Luftbild läßt die rekonstruierte Umwehrung erkennen, die den typischen rechteckigen Grundriß mit abgerundeten Ecken aufweist. Recht deutlich wird rechts das Haupttor (*porta praetoria*). In der Mitte des Kastells erhebt sich der umfangreiche Kommandanturbau (*principia*) mit Innenhof. Zwischen ihm und dem Haupttor läuft die *via praetoria*, an der sich auf der einen Seite der große Getreidespeicher mit dem Doppeldach (*horreum*, heute Museum) und auf der anderen Seite das teilweise aufgebaute Haus des Kommandanten (*praetorium*) befinden. Selbstverständlich war das Kastell im Altertum mit Mannschaftsbaracken, Ställen, Werkstätten und Magazinen dicht vollgebaut, die um 1900 nicht alle wiedererrichtet worden sind. Der schöne, parkartige Innenraum des Kastells entspricht also nicht dem antiken Zustand.

Der Taunuslimes ist am Ende des 1. Jahrhunderts n. Chr. entstanden. In diese Zeit gehört auch die Anlage der Schanzen A und B, die wohl die ältesten Baureste an der Stelle der Saalburg sind. Ebenso ist das kleine Holzkastell, das später von dem großen Kohortenkastell überbaut wurde, noch um diese Zeit entstanden. Das große Kastell ist unter der Regierung Kaiser Hadrians (117-138 n. Chr.) von der *Cohors II Raetorum*, wohl einer *cohors quingenaria equitata*, errichtet worden; es hat eine Fläche von 3,2 ha. Der Name der Kastellbesatzung ist auf mehreren lateinischen Steininschriften überliefert. Sie nennen auch verschiedene Kommandeure der Truppe, so etwa die folgende Altarinschrift aus den Thermen vor dem Kastell: *Fortunae C. Mogillonius Priscianus praefectus Cohortis II Raetorum civium Romanorum votum solvit laetus libens merito*; übersetzt: »Der Fortuna hat *C. Mogillonius Priscianus,* Präfekt der 2. Raeterkohorte römischer Bürger, sein Gelübde (einen Altar zu weihen) gerne, freudig und nach Gebühr eingelöst.« Die 2. Raeterkohorte ist ursprünglich aus der Jungmannschaft des Alpenvolkes der Raeter ausgehoben worden. Später kam die Ersatzmannschaft aus der Provinz Germania Superior. Wegen Tapferkeit bei einer Kriegshandlung ist den beteiligten Soldaten der Kohorte das römische Bürgerrecht verliehen worden, das sie als Provinzbewohner zunächst nicht besaßen.

Im Lauf des friedlichen 2. Jahrhunderts entstand neben der Saalburg ein ausgedehntes Kastelldorf mit Thermen, Unterkunftshaus und Heiligtümern, deren Grundmauern ebenfalls bei den Ausgrabungen freigelegt wurden und sichtbar sind. Der Kern des Dorfes (*vicus*) lag dicht am Kastell an beiden Seiten der Römerstraße, die vom Haupttor der Saalburg aus schnurgerade zum Nordtor der nächsten römischen Stadt *Nida* (heute Frankfurt a. M.-Römerstadt) führte.

In der ersten Hälfte des 3. Jahrhunderts begann der Druck der Germanen auf die römische Grenze stärker zu werden. Um 260 n. Chr. wurde das Kastell von den Römern aufgegeben. Es zerfiel, wurde völlig vergessen und ist erst im 18. Jahrhundert als antike Ruinenstätte anerkannt worden. D. B.

Weiterführende Literatur:

L. Jacobi, *Das Römerkastell Saalburg bei Homburg v.d.H.* (1897)

Fabricius, Hettner, von Sarwey, *Der obergermanisch-raetische Limes des Römerreichs*, Berlin und Leipzig, 1894-1937, Abt. B Band II,1 Kastell Nr. 11 Saalburg; H. Jacobi 1937; Abt. A Band II,1 Strecke 3 S. 126-151; E. Fabricius 1936, D. Baatz, *Die Saalburg. Ein Führer durch das römische Kastell und seine Geschichte*, 1979

→ Die Saalburg, ein rekonstruiertes Limeskastell. Blick von Westen

Saalburg
1 Kommandantur *(principia)*
2 Getreidespeicher *(horreum)*
3 Wohnhaus des Kommandanten
(praetorium)
4 Haupttor *(porta praetoria)*
5 Thermen
6 Unterkunftshaus *(mansio)*
7 Verteidigungsgraben des älteren, kleinen Holzkastells
8 Schanze A
9 Schanze B

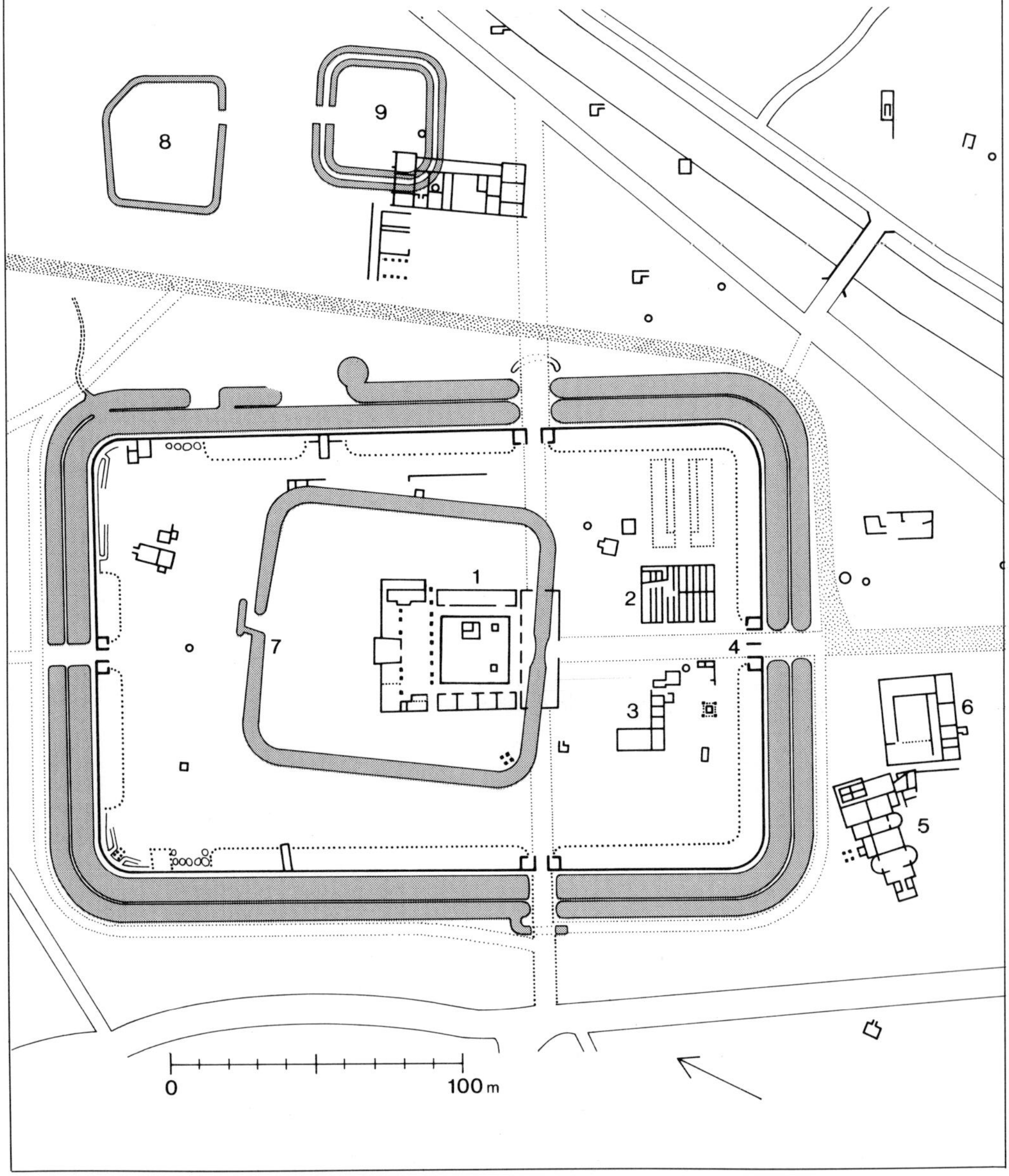

Feldberg (Taunus)

Limeskastell

In die Wälder, die den Hang des Feldbergs bedecken, ist eine rechteckige Lichtung eingeschnitten (Luftbild). Sie liegt etwa 700 m über dem Meeresspiegel und bezeichnet das höchste Kastell, das die Römer an der germanischen Grenze gebaut haben. Die wallartige Ruine der Umwehrung schließt die von Gras bedeckte Innenfläche des Kastells ein. Auf dem Wall wachsen Laubbäume und Büsche, deren leuchtende Herbstfärbung kräftig gegen den dunklen Ton der Fichten steht. Im Schatten der Bäume erkennt man die Grundmauern von zwei der insgesamt vier Tortürmen. Sie sind bei Ausgrabungen freigelegt worden. Das Kastell ist mit dem Haupttor nach Norden gegen den Limes gerichtet. Die merkwürdige, hufeisenförmige Grundmauer im Kastellinneren war das Fundament des ehemaligen Fahnenheiligtums, das zur Kommandantur (*principia*) des Kastells gehörte. Die übrigen Teile des Gebäudes bestanden aus Holz, das längst vergangen ist und daher auf dem Luftbild nicht sichtbar wird, jedoch bei den Ausgrabungen nachgewiesen wurde. Auch die anderen Innenbauten des Kastells - Unterkünfte, Ställe und Magazine - waren Fachwerkbauten, die sich heute auf der Wiese nicht abzeichnen.

Ausgrabungen fanden in den Jahren 1892-1907 und 1926-1928 statt (L. und H. Jacobi). Sie zeigten, daß das kleine Kastell (0,8 ha Fläche) erst in der Mitte des 2. Jahrhunderts nachträglich zur Verstärkung in das Schutzsystem des Taunuslimes eingefügt worden ist. Seine Besatzung war die *Exploratio Halicanensium*, eine etwa 150-200 Mann starke, teilweise berittene Hilfstruppe - die ihrem Namen entsprechend - auch Aufklärungsdienste leistete. Bei den Ausgrabungen kam ein schwerer Steinsockel zutage, der einst im Fahnenheiligtum gestanden hat und eine Statue der Kaiserin-Mutter Julia Mamaea trug. Er hatte die Inschrift: ›Der Kaiserin Julia Mamaea, Mutter unseres Kaisers Severus Alexander (222-235), Mutter der Feldlager, des Senats und des Vaterlandes (weiht) die Ihrer Majestät ergebene *Exploratio Halicanensium Alexandriana* (diese Statue).‹

Vor dem Kastell lief der Pfahlgraben vorbei, der hier einen Durchgang besaß. Zwischen Kastell und Limes befand sich ein kleiner Thermenbau, dessen Ruine im Volksmund Heidenkirche genannt wurde, von dem aber heute in der Wiese nur noch unregelmäßige Erhöhungen zu sehen sind. D. B.

Weiterführende Literatur:
Fabricius, Hettner, von Sarwey, *Der obergermanisch-raetische Limes des Römerreichs*, Berlin und Leipzig, 1894-1937, Abt. B Band II,1 Kastell Nr. 10, L. Jacobi 1905

→ Der Große Feldberg im Taunus mit Fernmelde- und Aussichtstürmen. Im Vordergrund links am Hang das Limeskastell. Blick von Südwesten

↓ Limeskastell am Feldberg im Taunus. Blick von Norden

Zugmantel (Taunus)

Limesturm

Neben dem Limeskastell Zugmantel im Taunus läuft eine alte Straße, die Hühnerstraße, die heute als Bundesstraße 417 Wiesbaden mit Limburg verbindet. Ungefähr 300 m vor dem Kastell überquert sie den Limes. Schon als die Reichslimeskommission am Ende des vorigen Jahrhunderts den römischen Grenzwall untersuchte, vermutete man hier einen Wachtturm, von dem indessen seit langer Zeit nichts mehr zu sehen war. Der vermutete Turm erhielt damals die Nummer 3/15. Erst als 1967 eine scharfe Kurve der alten Straße im Bereich des Limesübergangs beseitigt wurde, fand man in der Straßenböschung die Fundamente des Turms. Diese Entdeckung regte die Rekonstruktion des Turms an, der dann einige Meter westlich von dem römischen Fundament errichtet wurde.

Das Luftbild wird von der Bundesstraße durchquert, neben der man den rekonstruierten Turm in der Bildmitte erkennt. Links vom Turm sind Wall und Graben des Limes zu sehen, und wiederum links von dem Graben steht die rekonstruierte hölzerne Palisade. Die Linie des Limes läßt sich bis zum oberen Bildrand verfolgen. Das ehemalige römische Reichsgebiet lag in der rechten Bildhälfte. Die gezeichnete Rekonstruktion vermittelt den Eindruck, den im Altertum ein Fußgänger haben mochte.

Der Turm ist zweifellos von der Besatzung des nahegelegenen Kastells am Zugmantel gebaut worden. Diese wird in einer Inschrift vom Anfang des 3. Jahrhunderts n. Chr. als *Cohors I Treverorum equitata* bezeichnet. Die Truppe ist ursprünglich im Trierer Raum ausgehoben worden.

Wegen seiner Lage an einer alten Fernstraße wird der Turm auch als Grenzübergangsposten gedient haben. D. B.

Weiterführende Literatur:
H. Schoppa, *Fundberichte aus Hessen* 7, 1967, 78 ff

→ Der Limesturm 3/15 am Zugmantel im Taunus. Blick von Westen

↘ → Limestürme auf der Trajanssäule in Rom

↓ Rekonstruktion eines steinernen Wachtturms am obergermanischen Limes

Grüningen

Limesturm

Mit einem weiten Bogen, der fast bis nach Gießen vorstieß, schloß der römische Grenzwall die fruchtbare Wetterau ein. Nicht weit von dem nördlichsten Punkt dieser Limesstrecke stand der Wachtturm 4/49 auf dem Sandberg, einem Hügel mit weiter Aussicht. Die Grundmauern des römischen Turms sind Ende des vorigen Jahrhunderts ausgegraben worden. Sie bildeten ein Quadrat von 5,9 m Seitenlänge, waren 90 cm stark und müssen einen verhältnismäßig hohen Turm getragen haben. Tatsächlich war die Limesstrecke an dieser Stelle besonders exponiert, und so wird der so günstig gelegene Turm eine besondere Bedeutung im Beobachtungs- und Signaldienst besessen haben.

Vor einigen Jahren ist neben dem geringen Rest der Turmruine die etwas verunglückte Rekonstruktion eines Limesturmes erbaut worden. Das Luftbild zeigt ein unantikes, modernes Ziegeldach. Obgleich die Römer als erste in unserem Raum Dächer mit Ziegeln gedeckt haben, besaß doch keiner der Wachttürme des Wetteraulimes ein solches Dach. Ähnlich wie die Türme, die auf der Trajanssäule abgebildet sind, mögen sie mit Schindeln gedeckt gewesen sein (S. 106). Der rekonstruierte Turm ist ferner um ein Stockwerk zu niedrig; auch waren die römischen Steintürme am Limes stets verputzt.

Der Ruinenhügel des römischen Turms wird durch den rekonstruierten Turm und seinen Schatten verdeckt. Um so deutlicher erkennt man den Wall und den Graben des Limes, der vor dem Turm vorbeizieht. Am äußeren Rand des Grabens steht die hölzerne Palisade. Sie ist genau an der Stelle wiedererrichtet worden, an der bei Ausgrabungen stets die Spur der römischen Palisade sichtbar wird. D. B.

Weiterführende Literatur:
Fabricius, Hettner, von Sarwey, *Der obergermanisch-raetische Limes des Römerreichs*, Berlin und Leipzig, 1894-1937, Abt. A Band II,1 Strecke 4 S. 105
D. Baatz, *Die Wachttürme am Limes. Kleine Schriften zur Kenntnis der römischen Besetzungsgeschichte Südwestdeutschlands*, Heft 15. Stuttgart 1976

↓ Der Limesturm bei Grüningen

Echzell

Thermen

Am Ortsrand von Echzell (Wetteraukreis) liegen unter Äckern und Obstgärten die heute nicht mehr sichtbaren Grundmauern eines unserer größten Limeskastelle. In seinen Mauern waren ausnahmsweise zwei Auxiliareinheiten stationiert, eine Ala und eine Kohorte. Das Kastell wurde bereits 1897 durch die Ausgrabungen Friedrich Koflers bekannt. Erst viel später entdeckte man durch Zufall das zugehörige Kastellbad. Als die evangelische Pfarrkirche 1960 abbrannte und renoviert werden mußte, zeigte sich, daß ihre Mauern fast überall auf älterem, römischem Mauerwerk standen. Eine genauere Untersuchung durch W. Einsingbach brachte 1962 den Grundriß eines römischen Bades zum Vorschein, in dessen Ruine vielleicht schon in karolingischer Zeit ein Vorgängerbau der heutigen Kirche hineingebaut worden ist. Der römische Thermenbau war etwa 50 m lang und damit einer der größten am Limes; er entsprach demnach der Größe und Besatzungsstärke des Kastells. In der Mitte des Luftbilds erhebt sich die evangelische Pfarrkirche, deren Schiff genau die Breite des römischen Bades einnimmt, jedoch nur etwa zwei Drittel seiner Länge erreicht. Man erhält so einen gewissen Eindruck von dem Baukörper des römischen Bades, der allerdings – wegen der unterschiedlichen Funktionen der Räume und wegen der Anbauten – ein recht bewegtes und vielgestaltiges Dach besessen haben muß. Die Echzeller Kirche ist auch ein schönes Beispiel für die »Kontinuität der Ruinen«, für das Weiterleben eines antiken Bauwerks nach Jahrhunderten des Wüstliegens unter ganz neuen Bedingungen und mit anderer Funktion.

Auf dem freien Platz vor der Kirche ist der Grundriß der beiden Schwitzräume (Sudatorien) durch farbig eingelegtes Pflaster über den römischen Fundamenten angegeben worden. Die Südostecke des Limeskastells lag im Bereich des großen Gehöfts links neben der Kirche; das Bad befand sich also einst dicht vor dem Kastell. D. B.

Weiterführende Literatur:

D. Baatz, *Saalburg-Jahrb.* 22, 1965, 118 ff

H. Schoppa, *Fundberichte aus Hessen* 9/10, 1969/70, 167 f

↓ Das Bad des Limeskastells wird durch die evangelische Pfarrkirche von Echzell bezeichnet

Laufenburg

Römischer Gutshof (villa rustica)

Der Gutshof von Laufenburg (Kr. Waldshut) liegt auf einer vorspringenden, flachen Kuppe, von wo man eine weite Aussicht ins Oberrheintal hatte.

Oberflächenfunde (Ziegelbruchstücke, Mosaiksteinchen, Keramikbruchstücke etc.) veranlaßten 1936 eine erste Untersuchung. Die Ausgrabungen mußten 1940 wegen des Krieges abgebrochen werden; erst 1970 konnten die Untersuchungen des römischen Gutshofes wieder aufgenommen und 1971 die Mauerfundamente restauriert werden.

Es können vier Bauperioden unterschieden werden: von dem ersten Bau ist noch ein großer rechteckiger Keller im Westteil des Gebäudes übriggeblieben. Ziegelstempel der zwischen 43 und 69 n. Chr. in *Vindonissa*/Windisch in der Schweiz stationierten 21. Legion datieren diesen ersten Bau in die Mitte des 1. Jahrhunderts n. Chr. Das Gebäude war sehr wahrscheinlich ein Holzfachwerkbau.

In der zweiten Bauphase wird die Südseite durch Ansetzen von zwei Türmen (Risaliten) zur Hauptfassade ausgebaut. Ein Raum im Westflügel hatte polychrome Wandmalerei. Ziegelstempel der 11. Legion aus Vindonissa datieren die Umbauten der zweiten Bauphase in das spätere 1. Jahrhundert n. Chr.

Eine Brandkatastrophe um 120 n. Chr. machte einen Neubau notwendig. Die Betonung der Südseite als Hauptfassade wird beibehalten und zwischen den beiden vorspringenden Eckräumen eine gedeckte Eingangshalle gebaut. In der Südostecke wird ein Bad eingebaut. Im 2. und 3. Jahrhundert n. Chr. wird die Villa erneut umgebaut. Jetzt erhält die Westseite zwei Ecktürme (Risalite), die durch einen dazwischen liegenden Säulengang (*porticus*) verbunden werden. An der Nordseite entsteht eine neue Halle. Ebenfalls wird die Südseite durch eine Halle begradigt und ein neuer repräsentativer Eingang durch einen Mosaikfußboden hervorgehoben. Der Mittelraum war sehr wahrscheinlich überdacht. Die restaurierten Mauerfundamente zeigen die vierte Bauphase.

Bewohner des Gutshofes war möglicherweise ein Offizier der Garnison Vindonissa. Für diese Möglichkeit könnten die beim Bau verwendeten Legionsziegelstempel sprechen. Auch eine Person der öffentlichen Verwaltung könnte die Laufenburger Villa bewohnt haben. Allerdings war der Gutshof nicht ständig im Besitz einer Familie. Das beweist eine leider nur fragmentarisch erhaltene Mosaikinschrift, aus der hervorgeht, daß später ein Pächter hier wohnte. Der Gutshof existierte bis zu den Alamanneneinfällen im 3. Jahrhundert n. Chr.

Ph. F.

Weiterführende Literatur:
Ph. Filtzinger, D. Planck und B. Cämmerer, *Die Römer in Baden-Württemberg,* Stuttgart und Aalen, 1976, 356 ff (G. Fingerlin)

↓ Laufenburg. Römischer Gutshof *(villa rustica)*

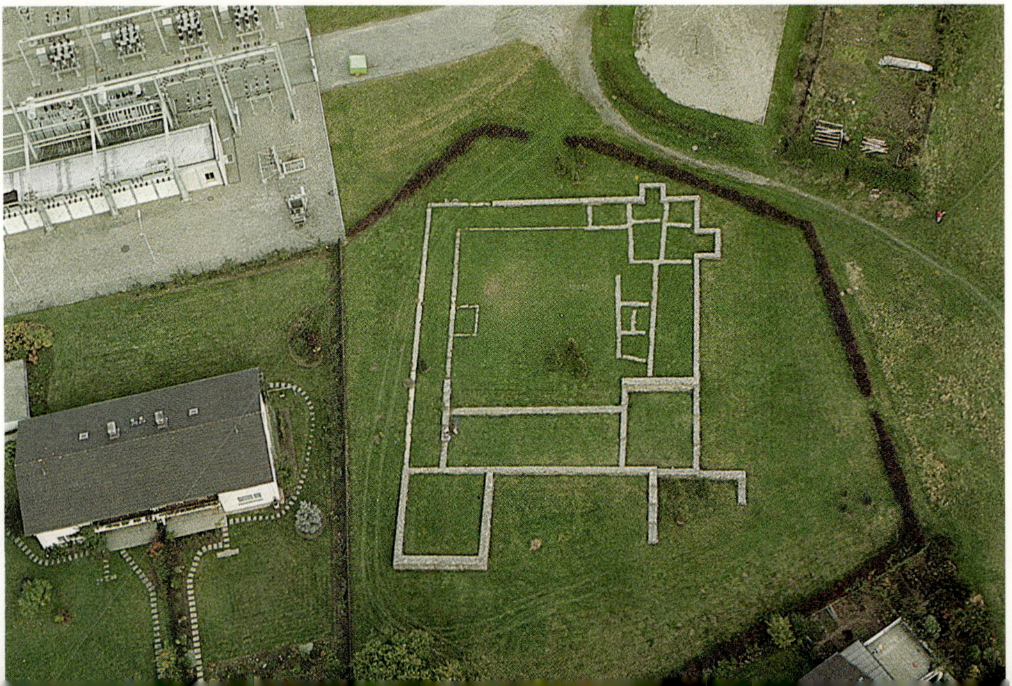

Rosenfeld

Römischer Gutshof?

Im Norden der Altstadt von Rosenfeld (Kr. Balingen) liegen auf einer sanft nach Osten abfallenden Fläche mehrere römische Gebäude, von denen eines 1973 vom Württ. Landesdenkmalamt (LDA) ausgegraben, restauriert und in das Neubaugebiet einbezogen werden konnte. Auf dem Luftbild sind in den Äckern mindestens noch zwei weitere Gebäude durch Verfärbung des Getreides über den Mauern zu erkennen. Das ausgegrabene Gebäude ist 31,50 x 42 m groß und hat nach Südosten in Verlängerung der Schmalseiten zwei etwa 20 m lange Flügelbauten. Zwischen den Flügelbauten befand sich eine Säulenhalle (1), von der aus man durch einen Zugang (2) in den Innenhof (3) gelangte. Um den Innenhof gruppieren sich verschieden große, sehr wahrscheinlich Wohnräume (4-13). Ein großer Keller im Osten (14 a.b) war von Nordwesten zugänglich. Die Funktion der Räume (15-19) in den beiden Flügelbauten ist unbekannt.

Im Südwesten ist an die Räume 8 und 9 ein kleines Bad (20) angebaut mit Auskleideraum, Kalt- und Heißwasserbad, halbrunder Piscina und Schwitzbad. Das Bad wurde von dem Feuerungsraum (21) aus beheizt. Der Abwasserkanal (22) des Bades durchzog den kleinen Anbau (23), der als Toilette diente.

Der Westteil des Gebäudes konnte erhalten, restauriert und der Öffentlichkeit zugänglich gemacht werden. Ph. F.

Weiterführende Literatur:
Ph. Filtzinger, D. Planck und B. Cämmerer, *Die Römer in Baden-Württemberg,* Stuttgart und Aalen, 1976, 473 ff (S. Schiek)

→ ↘ Rosenfeld. Mauerfundamente und überdachtes Badegebäude

↓ Rosenfeld. Röm. Gutshof (?), Mauerfundamente des Hauptgebäudes; in den Feldern Grundrisse weiterer Gebäude

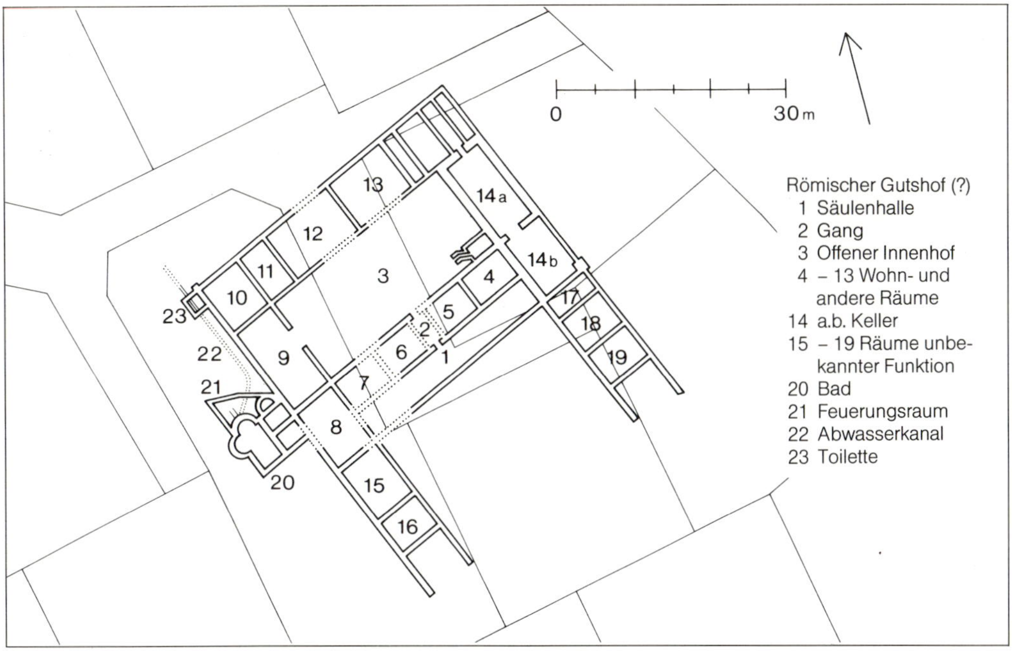
0
30 m
Römischer Gutshof (?)
1 Säulenhalle
2 Gang
3 Offener Innenhof
4 – 13 Wohn- und andere Räume
14 a.b. Keller
15 – 19 Räume unbekannter Funktion
20 Bad
21 Feuerungsraum
22 Abwasserkanal
23 Toilette
1
2
3
4
5
6
7
8
9
10
11
12
13
14a
14b
15
16
17
18
19
20
21
22
23

Friesenheim

Römische Straßenstation (statio)

Die Straßenstation wurde 1973/74 mit Unterstützung der Gemeinde Friesenheim (Ortenaukreis) ausgegraben. Westlich der 5,50 m breiten römischen Nordsüdstraße mit Resten von Buntsandsteinpflasterung und beiderseitigem Straßengraben wurde ein Antentempelchen ausgegraben, in dem Teile einer Dianaskulptur lagen. Östlich der römischen Straße umschloß das Bruchstück einer Hofmauer drei kleine überdachte Räume in der Ecke.

Die Außenmauer der Hofmauer hatte ein verstärktes Fundament - möglicherweise für einen rechteckigen Turm. Später wurde an dieser Stelle ein Rundturm angebaut.

Das in zwei Phasen erbaute quadratische Wohnhaus war zweigeteilt und hatte im Innern eine Feuerstelle. Nördlich des Turmes liegt ein gemauerter Brunnen mit hölzernem Brunnenkasten. Eine gemauerte Feuerstelle westlich des Wohnhauses war vielleicht eine Esse.

Nördlich des Turmes fanden sich in einem Fachwerkbau mehrere Schmiedewerkzeuge; darüber hinaus gab es weitere Fachwerkbauten.

Die in das Ende des 1. und in das 2. Jahrhundert n. Chr. datierte Straßenstation wurde durch einen Brand zerstört. Sie ist von der Autobahnausfahrt Lahr über Friesenheim in Richtung Bahnhof Friesenheim zu erreichen, nach Überqueren der Bahnlinie auf dem ersten asphaltierten Feldweg links noch etwa 1,5 km in Süd-Richtung. Die Zufahrt ist beschildert.

Ph. F.

Weiterführende Literatur:

Ph. Filtzinger, D. Planck und B. Cämmerer, *Die Römer in Baden-Württemberg,* Stuttgart und Aalen, 1976, 265 (G. Fingerlin)

↓↓ Friesenheim. Römische Straßenstation
1 Römische Straße, 2, 3 Hauptgebäude, 4 Nebengebäude, 5 Brunnen, 6 Esse, 7 Fachwerkbau

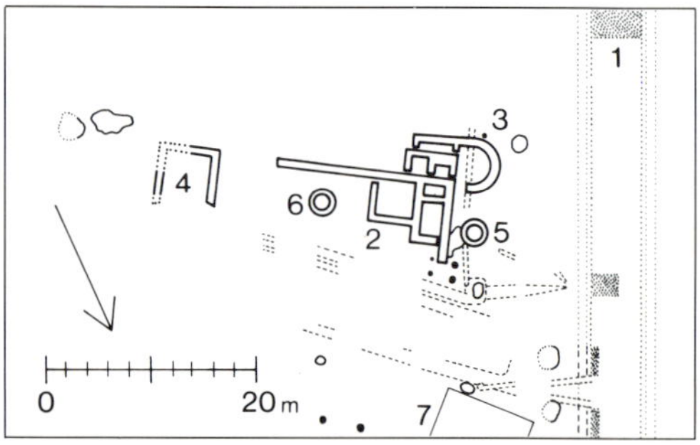

Bad Rappenau

Römischer Gutshof (villa rustica)

Als das 1971 entdeckte Hauptgebäude eines römischen Gutshofes (*villa rustica*) der Flurbereinigung zum Opfer fallen sollte, hat das Württ. Landesdenkmalamt (LDA) 1972 das Gebäude ausgegraben. Der Stadt Bad Rappenau (Kr. Heilbronn) und dem Flurbereinigungsamt Sinsheim wird die Restaurierung des in das 2. und 3. Jahrhundert n. Chr. datierten Gebäudes verdankt.

Das 32 x 23 m große Gebäude hat einen großen Innenhof mit unterschiedlich großen Räumen auf allen vier Seiten (lichte Innenweite der Räume 3,65 bis 3,95 m; Mauerbreite bis zu 90 cm; Größe der Kalksteinquader L 20 cm, B 10 cm). Das am Hang liegende Gebäude war terrassenartig angelegt und besaß einen Wohn- und einen Wirtschaftstrakt. Die Räume haben Estrichböden und Wandverputz. An die Ostmauer ist eine 12 x 5 m große Küche mit Vorratsraum angebaut. Ein weiterer 9 x 5 m großer Einbau befindet sich in der Südostecke. Funde von Flach- und Rundziegeln (*tegula, imbrex*) weisen darauf hin, daß das Dach mit Ziegeln gedeckt war. Die zahlreichen Eisennägel stammen von der Dachbalkenkonstruktion.

Der Fußboden der mit einer Hypokaustheizung versehenen Halle (mit Heizraum) hatte einen Kalkestrich, die Wände einen weißlichgelben, durch rote und grüne Ranken verzierten Verputz. In der Nordwestecke sind Teile eines pompejanisch roten Verputzes erhalten. Der Keller war durch einen ca. 1,50 m breiten Gang zugänglich. Am Kellereingang liegt noch der 1,50 x 0,60 m große und 20 cm dicke Schwellstein mit einem runden Türangelloch von ca. 4 cm Durchmesser an seiner Südwestecke und Eintiefungen für eine Türverriegelung, eine 40 cm lange und 4 cm breite Rinne mit zwei dahinter liegenden, 3 bis 4 cm großen Mulden im östlichen Teil des Steines. Die Tür öffnete sich demnach zum Kellerinnern; der Anschlag befand sich an der Westmauer. Seitlich der Schwelle war in der Westwand eine 60 cm hohe und 60 cm breite, aus einem Stein bestehende Türwange angebracht. Die Westwand des Kellers hat einen Lichtschacht für ein Kellerfenster. In der Nordwand sind zwei Nischen und in der Ostwand eine von rechteckigem Grundriß eingelassen.

Die Fugen des Quadermauerwerks sind mit dem Fugeisen nachgezogen. Das Fugennetz ist durch rot bemalte Rillen hervorgehoben. Die Nischen sind zusätzlich mit grün gerandeten Keilsteinen in ihrer Bogenwölbung verziert. Der Boden des etwa 1,70 - 1,80 m hohen Kellers besteht aus gestampftem Lettenton.

Ph. F.

Weiterführende Literatur:
Ph. Filtzinger, D. Planck und B. Cämmerer, *Die Römer in Baden-Württemberg,* Stuttgart und Aalen, 1976, 228 ff (G. Wamser)

↓ Bad Rappenau. Römischer Gutshof *(villa rustica)*

Köngen / *Grinario*

Kohortenkastell

Auf dem Burgfeld südlich Köngen wurden zum ersten Male 1783/84 die sich im Getreidebewuchs abzeichnenden römischen Mauerfundamente und Straßen ausgegraben. Aber erst 1885 entdeckte E. v. Kallee das Kastell, das A. Mettler und F. Hettner 1896 im Auftrag der Reichslimeskommission untersuchten. Die von Esslinger Altertumsfreunden 1886/87 begonnene Rekonstruktion der südlichen Lagerecke hat der Schwäbische Albverein 1911 fertiggestellt.

Der Name *Grinario* weist auf vorrömischen Ursprung. Eine vorrömische Straße führte an Köngen vorbei über Denkendorf-Ruit nach Cannstatt. Es wurde die Vermutung geäußert, *Grinario* käme eventuell als Name der bei Köngen in den Neckar mündenden Lauter in Betracht.

Kastell Köngen, nach dem Chattenkrieg Kaiser Domitians im Taunus und der Wetterau um 85 n. Chr. gegründet, war mit den gleichzeitig angelegten Neckarkastellen durch eine Straße, den sog. Neckarlimes, verbunden. Die Besatzung des Kastells Köngen hatte die Verbindungsstraße des Neckarlimes mit dem Alblimes über Kirchheim-Owen-Gutenberg-Donnstetten, resp. über Weilheim-Wiesensteig nach Kastell Urspring zu überwachen. Diese Funktion ging auf die Nachfolgesiedlung des Lagerdorfes (*vicus*) über, als die Kastellbesatzung um 150 n. Chr. wahrscheinlich nach Lorch ins

Kastell Köngen/Grinario und Siedlung
1 Linke Lagerecke, rekonstruiert, 2 Rechtes Lagertor, 3 Ausfallstor, 4 Rückwärtiges Lagertor, 5 Linkes Lagertor, 6 Lagerhauptstraße, 7 Lagerringstraße, 8 Stabsgebäude, 9 Bad, 10 Straßenstation, 11 Jupiterheiligtum, 12 Gemauerte Keller von Häusern

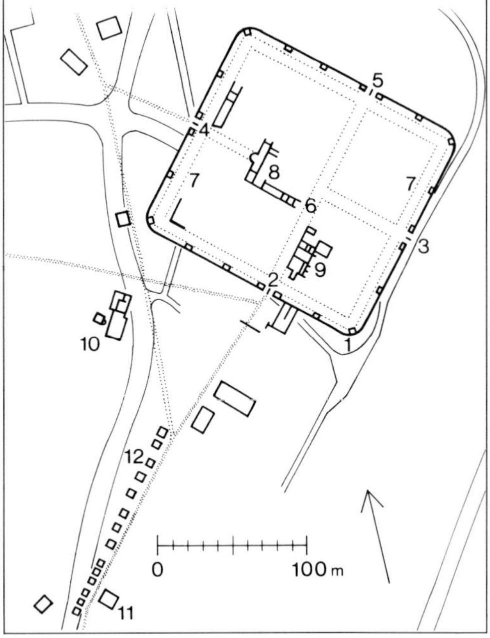

↓ Köngen. Rekonstruierte Südecke des Kastells. Lagerstraße *(via principalis)* als heller Streifen sichtbar

Remstal vorverlegt wurde. Das Lagerdorf (*vicus*) erstreckte sich im Südwesten, Westen und Norden des Kastells. Aus dem Lagerdorf entwickelte sich, durch die Verkehrslage besonders begünstigt, eine blühende bürgerliche Siedlung: der inschriftlich bezeugte *vicus Grinario*, der verwaltungsmäßig zum Gau von Rottenburg (*civitas Sumelocennensis*) gehörte. Es ist die in der *Tabula Peutingeriana* erwähnte Station *Grinario*.

Die aus dem Kastell führende Straße ist auf dem Luftbild deutlich als heller Streifen zu erkennen. Wo die römische Straße die vom Kastellturm kommende, nach Nordwesten verlaufende moderne Straße kreuzt, stand das rechte Lagertor (*porta principalis dextra*) des Kastells Köngen. Am Kastelltor wurde im Jahre 1900 ein Meilenstein an der aus dem Kastell Köngen/*Grinario* nach Rottenburg/*Sumelocenna* führenden römischen Straße gefunden. Er gibt die Entfernung *A SVMELOCENNA* (von Rottenburg) mit *M(ilia) p(assuum)* XXVIIII (29000 Schritt) an. Eine römische Meile sind 1478 m, 29 Meilen sind 42,86 km. Der Meilenstein ist in das Jahr 129 n. Chr. datiert (Kunststeinnachbildung im Parkmuseum).

Köngen war ein wichtiges Straßenkastell an der Verbindungsstraße vom Rhein zur Donau: Mainz/*Mogontiacum* – Stettfeld – Cannstatt – Köngen/*Grinario* – Urspring/*Ad Lunam*? – Faimingen/*Ponione*? – Augsburg/*Augusta Vindelicum*. Fast die gleiche Route wählt die heutige Autobahn Frankfurt – München.

↑ Köngen. Rekonstruierte Südecke, dahinter Jupiter-Gigantensäule

Das Kastell liegt am linken Neckarufer, gegenüber der Lautermündung, am Rande eines als ›Burgfeld‹ bezeichneten Plateaus, 30 m höher als der Neckar. Im Südosten wird das Lager durch den Abhang ›Altenberg‹ begrenzt. Die wieder aufgebaute Süd-Lagerecke ist von der Nürtinger Straße (B 313) in Höhe der Neckarbrücke (der nach Wendlingen führenden Straße) zu sehen und über die von der Nürtinger Straße abzweigende Adolf-Ehemann-Straße – Ringstraße – 1. Straße links zu erreichen. Der Eckturm, in dem sich eine kleine Ausstellung befindet, ist zugänglich (Schlüssel bei: W. Huttenlocher, Köngen, Benzengrabenstraße 21. Schwäb. Albverein. Parkmuseum mit römischen Steindenkmälern in der Süd-Lagerecke). Ph. F.

Weiterführende Literatur:
Ph. Filtzinger, *Fundberichte aus Schwaben* NF 18/I, 1967, 106 ff, Taf. 27.28
Ph. Filtzinger, D. Planck und B. Cämmerer, *Die Römer in Baden-Württemberg,* Stuttgart und Aalen, 1967, 333 ff (Ph. Filtzinger)

Rottweil / *Arae Flaviae*

Große Thermenanlage

Die römische Stadt bei Rottweil, deren antiker Name *Arae Flaviae* lautet, liegt 2 km östlich der mittelalterlichen, auf staufische Zeit zurückgehenden Stadt. Der antike Name wird uns aus der *Tabula Peutingeriana* sowie aus einer Ortsangabe auf einer hölzernen Schreibtafel überliefert. Die römische Stadt *Arae Flaviae* liegt am Kreuzungspunkt zweier wichtiger antiker Heerstraßen: einmal der von Süden vom Legionslager *Vindonissa* über *Brigobane* (Hüfingen) nach Rottweil und weiter nach Sulz bzw. Rottenburg (*Sumelocenna*) führenden Nord-Süd-Verbindung und zum anderen der wichtigen West-Ost-Verbindung vom Legionslager Straßburg (*Argentorate*) durch das Kinzigtal nach Waldmössingen und Rottweil. Die römische Stadt hat ihren Ursprung in frühvespasianischer Zeit, also kurz nach 70, als vermutlich um 72/73 n. Chr. auf der rechten Neckarseite ein römisches Lager errichtet worden ist (Kastell III). Unmittelbar südlich dieses Lagers wurden in den letzten Jahren zwei weitere römische Holz-Erde-Kastelle IV + V) nachgewiesen. Auch auf der linken Neckarseite befinden sich zwei schon seit längerem bekannte römische Lager (Kastell I) und das jüngste römische Lager in Rottweil (Kastell II a/b), das zuletzt in Stein ausgebaut wurde und möglicherweise als Nachschubbasis gedient hat. Im Frühjahr 1980 konnten südöstlich des Lagers I und II zwei weitere Befestigungsgräben ermittelt werden, die möglicherweise zu einem bisher unbekannten sechsten Kastell gehören könnten. Unmittelbar nach der Gründung dieser römischen Siedlung entwickelte sich aus einem Kastelldorf eine größere zivile Ansiedlung, die schon im 1. Jahrhundert zum *Municipium Arae Flaviae* erhoben wurde.

Wie Ausgrabungen, die jährlich seit 1967 hier durchgeführt werden, zeigen, handelt es sich um eine kleine, insbesondere rechts des Nekkars liegende römische Siedlung, die jedoch mit großflächigen Steinbauten ausgestattet wurde. Neben großen Gebäudekomplexen, die z. T. Längen von über 80 m besitzen und sich entlang der von Süden nach Norden durchziehenden Straße erstrecken, wurden Handwerksbetriebe wie Töpfereien, Kalkbrennöfen und Eisenschmelzöfen aufgedeckt.

Außerdem befand sich am Südrand der Siedlung ein größerer Tempelbezirk, von dem bisher drei gallo-römische Umgangstempel freigelegt werden konnten. Am Südrand dieser Stadt liegt das große römische Gräberfeld, das in den letzten Jahren ebenfalls systematisch untersucht werden konnte. Den Nordrand der zivilen Siedlung rechts des Neckars markiert ein großer Gebäudekomplex, der aus insgesamt drei großen Steinbauten besteht, einem repräsentativen Steingebäude von 46 x 54 m Ausdehnung: die sog. Villa C, dazu gehören ein kleines Badegebäude und ein großes langgestrecktes Magazingebäude. Dieser auf ehemals staatlichem Grund und Boden errichtete Gebäudekomplex wurde jüngst als Straßenstation gedeutet, obwohl das langgestreck-

→ Rottweil. Nikolausfeld. Konservierte römische Badeanlage

Gesamtplan der großen Thermen (Bad 3) innerhalb der SW-Ecke von Kastell II im Nikolausfeld
1 Auskleideraum, 2 Kaltwasserbad, 3 Warmbad,
4 Warmluftraum, 5 Heizraum, 6 Schwitzbad,
7 Raum mit ungesicherter Bedeutung

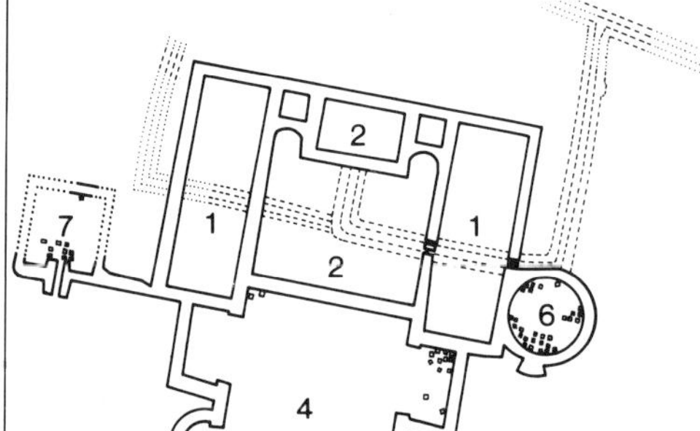

te Magazingebäude vom Grundriß her durchaus Verwandschaft hat mit kleinen Markthallen. Die sog. Villa C könnte auch als repräsentativer Wohnsitz höherer Beamter angesehen werden.
Die schon am Ende des 19. Jahrhunderts ausgegrabenen großen Steinbauten südlich des ehemaligen Hofgutes Hochmauren, insbesondere die sog. Villa A, zeigen vom Grundriß her eine auffallende Symmetrie. Dies ist wohl ein Hinweis auf die Deutung als großes öffentliches Gebäude mit zentraler Funktion im Bereich der Verwaltung.
Im frühen 2. Jahrhundert, als die Lager links des Neckars aufgegeben worden waren, wurde auch dieses Kastellgebiet mit Steinbauten überbaut. Zeugnis dafür ist die im Jahre 1967 ausgegrabene Badeanlage (Foto). Von diesem Badegebäude konnte lediglich das zentrale Badehaus ausgegraben werden. Die zweifellos dazugehörenden Wandelhallen und Nebenbauten konnten nicht mehr erfaßt werden, da die frühmittelalterliche Überbauung des Areals größere Zerstörungen der antiken Bausubstanz mit sich brachte. Das eigentliche Badegebäude gehört dem sog. Reihentypus an. Es ist genau Nord-Süd orientiert. Zunächst kam man in einen der beiden Auskleideräume 1 (*apodyterium*). Sehr wahrscheinlich wurde das Gebäude von Norden her betreten. Zwischen den beiden Auskleideräumen lag das Kaltbad (*frigidarium*) 2 mit einem tiefer liegenden Becken (*piscina*). Nach Süden folgte der Warmluftraum (*tepidarium*) 4, dessen Boden indirekt über Raum 3 beheizt wurde. An den Auskleideraum 1 schloß sich nach Osten ein rundes Schwitzbad (*sudatorium*) an, das von einer separaten Feuerungsstelle aus beheizt wurde. An Raum 1 schloß sich nach Westen ein durch eine Mauer verbundener, ebenfalls mit Fußbodenheizung ausgestatteter Raum 7 an, dessen Bedeutung bisher unklar ist. Nach dem Laubad 4 folgt im Süden das durch zwei sich gegenüberliegende Apsiden gekennzeichnete Warmbad (*caldarium*) 3, das durch drei Heizräume beheizt werden konnte (5). Das Badegebäude liegt unmittelbar in der Südwestecke des jüngsten Kastells (Kastell II b) und wurde zwischen 110 und 120 n. Chr. errichtet. Zweifellos gehört diese öffentliche Badeanlage zu einer Stadterweiterung auf der linken Neckarseite.
Die römische Stadt hat eine Nordsüdausdehnung von knapp 300 m und eine Westostausdehnung von über 300 m rechts des Neckars. Wie jedoch das Badegebäude im Nikolausfeld links des Neckars zeigt, wurde vermutlich im frühen 2. Jahrhundert n. Chr. der Stadtbezirk hier erweitert. Zahlreiche Funde zeigen, daß die großangelegte Planung einer Stadt im 1. und frühen 2. Jahrhundert jedoch in den Anfängen steckenblieb. Die gesamte Entwicklung von *Arae Flaviae* in römischer Zeit macht auf Grund des derzeitigen Forschungsstandes den Eindruck einer großartig geplanten Stadtanlage, die ihren politischen Hintergrund in der Verleihung der Municipalrechte durch einen flavischen Kaiser erhielt. Der Plan scheint jedoch nicht von langer Dauer gewesen zu sein, da sich spätestens ab der Regierungszeit Kaiser Hadrians deutliche Hinweise eines Rückgangs verzeichnen lassen. Die Stadt beschränkte sich im Laufe des 2. und frühen 3. Jahrhunderts lediglich auf größere Stadteinbauten rechts des Neckars, die wohl primär als Handelsmittelpunkt gedient haben. Der endgültige Untergang der römischen Ansiedlung ist wohl in den Jahren 259/260 anzunehmen, als mit der Aufgabe des obergermanisch-raetischen Limes auch das Ende der römischen Herrschaft im rechtsrheinischen Gebiet der Provinz Obergermanien gekommen war.

D. P.

Weiterführende Literatur:
D. Planck, *Arae Flaviae I. Neue Untersuchungen zur Geschichte des römischen Rottweil. Forschungen und Berichte zur Vor- und Frühgeschichte in Baden-Württemberg* 6/I, 1975
A. Rüsch, *Ausgrabungen in Rottweil, Vorbericht über die Untersuchungen von 1968-1975. Fundberichte aus Baden-Württemberg*, Band 3, 1977, 443 ff
Ders., *Ausgrabungen im römischen Rottweil, 1978. Archäologische Nachrichten aus Baden*, 22, 1979, 36 ff
A. Rüsch, *Municipium Arae Flaviae, Arch. Plan des römischen Rottweil,* 1980

Welzheim

Kleinkastell Rötelsee

Die Stadt Welzheim liegt am Ende der ungefähr 80 km langen geradlinigen obergermanischen Limesstrecke zwischen Walldürn und Haghof. Der Ort zeichnet sich durch zwei römische Lager aus, die seit dem 19. Jahrhundert bekannt sind. Das 4,3 ha große Westkastell bildete die Garnison einer berittenen Einheit, vermutlich der *Ala I Scubulorum.* 500 m östlich dieses Lagers liegt außerhalb der geraden Limestrasse das 1,6 ha große Ostkastell, das als Garnison eines *Numerus Brittonum L* gedient hat. Möglicherweise lag hier noch eine weitere kleine Einheit. Zwischen den beiden Lagern entwickelte sich schon unmittelbar nach der Anlage dieser Kastelle um die Mitte des 2. Jahrhunderts n. Chr. eine ausgedehnte römische Zivilsiedlung mit Badeanlage, Steingebäuden, Töpfereien und zwei Gräberfeldern.

Etwa 1,5 km nördlich des Westkastells liegt 40 m innerhalb der Limesstraße auf einer Anhöhe östlich der Straße Welzheim - Murrhardt das Kleinkastell Rötelsee, das im Jahre 1895 im Auftrag der Reichslimeskommission untersucht werden konnte. Eine Ausgrabung im Jahre 1974 durch die Abteilung Bodendenkmalpflege des Landesdenkmalamtes im Rahmen der Flurbereinigung ergab erstmals einen kompletten Grundriß einer derartigen kleinen Kastellanlage.

Das Kastell besitzt eine Innenfläche von 340 qm. Die 1 m breite Kastellmauer wird von einem etwa 2 m breiten Graben umgeben (Foto), der vor dem einzigen nach Osten zum Limes hin orientierten Tor unterbrochen war. Die knapp 1 m breite Kastellmauer mit abgerundeten Ecken wird an der Innenseite von einer Pfostenreihe begleitet, die zu einem hölzernen Wehrgang gehört. Dieser Wehrgang wurde vorne auf die Steinmauer aufgelegt und durch Pfosten nach hinten gestützt. In der Mitte des Kastells liegt ein gepflasterter Innenhof, um den eine hufeisenförmige Mannschaftsunterkunft aus Holz gebaut wurde. Die beiden Langseiten besitzen zum Hof einen überdachten Gang und werden in insgesamt zwei bzw. drei Räume unterteilt. Die wenigen Kleinfunde zeigen an, daß dieses Kleinkastell im späten 2. Jahrhundert n. Chr. errichtet wurde.

Gerade am südlichen Abschnitt des obergermanischen äußeren Limes haben wir mehrere solcher Kleinkastelle, die annähernd gleichen Abstand zueinander aufweisen. Das läßt auf reguläre Grenzbefestigungen schließen, die wohl in erster Linie der Unterbringung der zur Überwachung der Grenzabschnitte abkommandierten Truppen dienten. D. P.

Weiterführende Literatur:

Ph. Filtzinger, D. Planck und B. Cämmerer, *Die Römer in Baden-Württemberg,* Stuttgart und Aalen, 1976, 561 ff

Ders., *Neue Forschungen zum obergermanischen und raetischen Limes* in *Aufstieg und Niedergang der römischen Welt* Band II.5.1, 504 ff

↓ Welzheim. Kleinkastell Rötelsee. Der Feldweg markiert den Limesverlauf

Rommelshausen

Römischer Gutshof

Etwa 0,6 km südlich des Ortes Rommelshausen (Gemeinde Kernen) liegen die Reste eines ausgedehnten römischen Gutshofes. Im Jahre 1971 wurde in einer mehrmonatigen Ausgrabung die Anlage teilweise ausgegraben. Es handelt sich hierbei um ein Gehöft von etwa 0,75 ha Fläche, das von einer Hofmauer von 95 x 72 m umschlossen wird. An der Nordwest-, Nordost- und Südostecke der Mauer waren jeweils rechteckige Einbauten vorhanden. Etwa in der Mitte der gesamten Anlage befindet sich das kleine 21 x 12 m große Hauptgebäude des Anwesens. In der Mitte der Frontseite nach Süden liegt ein guterhaltener Keller mit Kellerrampe, Türschwelle, zwei Fenstern nach Süden und zwei Abstellnischen. Das vorzüglich gesetzte Quadermauerwerk war weiß ausgefugt. Westlich des Kellers befand sich ein mit Fußbodenheizung ausgestatteter Wohnraum. Sehr wahrscheinlich gab es weitere Wohn- und Wirtschaftsräume. Unter den zahlreichen Funden sind vor allem Beschläge einer vermutlich hölzernen Truhe, Gefäße aus Glas und Rohstücke beinerner Haarnadeln zu erwähnen. Der Gutshof bestand hier während des 2. Jahrhunderts n. Chr. und wurde dann wohl um die Mitte des 3. Jahrhunderts n. Chr. bei den Alamanneneinfällen zerstört. Wenige Funde des 4. Jahrhunderts n. Chr. weisen darauf hin, daß sich frühe Alamannen einige Zeit in der Ruine aufgehalten haben. D. P.

Weiterführende Literatur:

Ph. Filtzinger, D. Planck und B. Cämmerer, *Die Römer in Baden-Württemberg,* Stuttgart und Aalen, 1976, 472 (D. Planck) 193 ff

H. Zürn, *Fundberichte aus Baden-Württemberg* 2, 1975

↓ Rommelshausen. Konservierter Teil des Wohngebäudes

Osterburken

Garnison

Das Doppelkastell Osterburken, dessen antiken Namen wir nicht kennen, liegt am äußeren obergermanischen Limes, westlich des alten Stadtkernes am Südhang des Kirnautales im Odenwaldkreis (Foto). Schon im 18. Jahrhundert wurde bekannt, daß Osterburken als Römerort anzusehen ist. Das Kohortenkastell liegt 455 m hinter der Limesstraße und ist unmittelbar auf diese ausgerichtet. Der Grundriß entspricht dem üblichen Rechteckschema, weicht aber durch eine etwas auffallende Streckung ab. Das Kastell besitzt eine Innenfläche von 2,14 ha und 16 Türme, wobei 8 Tortürme, 4 Ecktürme und je 2 Türme im Südwesten der Flankentore nachweisbar sind. Das Kastell wird von einem 7 m breiten Graben umgeben. Von den Innenbauten des heute fast vollständig bebauten Kastells konnten lediglich Teile vom Stabsgebäude (*principia*) ermittelt werden (5). Das eigentliche Fahnenheiligtum wird durch eine Apsis besonders gekennzeichnet. An weiteren Bauten konnten lediglich in der Nordecke des Kastells einige Mauerfundamente ermittelt werden (6), die jedoch nicht sicher gedeutet werden können.

Das sog. Annexkastell, eine bisher am ganzen Limes einzigartige Erscheinung unter den Limeskastellen, hat eine Innenfläche von 1,35 ha. Es besitzt drei Tore mit jeweils flankierenden Tortürmen und wird von einem Graben umgeben. Dieser Anbau ist heute vollständig konserviert. Drei Bauinschriften, deren Kopien heute in der Mauer eingemauert sind, zeigen an, daß dieser Annex unter dem Kommando der 8. Legion aus Straßburg errichtet worden ist. Das Kohortenkastell Osterburken war die Garnison der inschriftlich nachweis-

↓ Osterburken. Konserviertes Kastell

baren *Cohors III Aquitanorum equitata civium romanorum.* Der Annex wurde, wie eine Bauinschrift besagt, unter Kaiser Commodus in den Jahren zwischen 185 und 192 n. Chr. errichtet und diente sehr wahrscheinlich als Garnison dem *Numerus Brittonum Elantiensium,* der ebenfalls inschriftlich nachweisbar ist.

Zum Kastell Osterburken gehört eine ausgedehnte zivile Siedlung, die jedoch nur unvollständig untersucht werden konnte.

Bisher kennen wir von Osterburken zwei Kastellbäder, das erste Bad unter den heutigen Scalalichtspielen am Gasthof zum Badischen Hof in der Römerstraße, etwa 200 m vom Nordosttor des Kastells entfernt. Hier wurden im Jahre 1973 Ziegelstempel der 22. Legion aus Mainz gefunden. Die Errichtung des Bades kann in die Jahre zwischen 148 und 161 n. Chr. datiert werden.

Schließlich wurde im Jahre 1976 in der Nähe des ersten Bades etwa 140 m vom Kastelltor entfernt ein zweites Badegebäude entdeckt und in den Jahren 1976-1979 vollständig untersucht. Dieses Bad liegt parallel zur Längsachse des Kastells unmittelbar an der heutigen Römerstraße. Vom übrigen zivilen Lagerdorf ist insbesondere die Fundstelle des berühmten Mithrasreliefs zu erwähnen, das im Jahre 1863 auf dem rechten Kirnauufer an der Boßheimer Straße am nördlichen Rand der zivilen Siedlung entdeckt wurde und sich heute im Badischen Landesmuseum Karlsruhe befindet. Es gehört mit zu den eindrucksvollsten Kultbildern des orientalischen Gottes Mithras. Weiter nördlich an einer Straße vom Kastelldorf zum Limes befindet sich ein ausgedehntes römisches Gräberfeld. D. P.

Weiterführende Literatur:

F. Reutt, *Zum Stand der Kenntnis des römischen Osterburken. Fundberichte aus Baden-Württemberg* 4, 1979, 230 ff

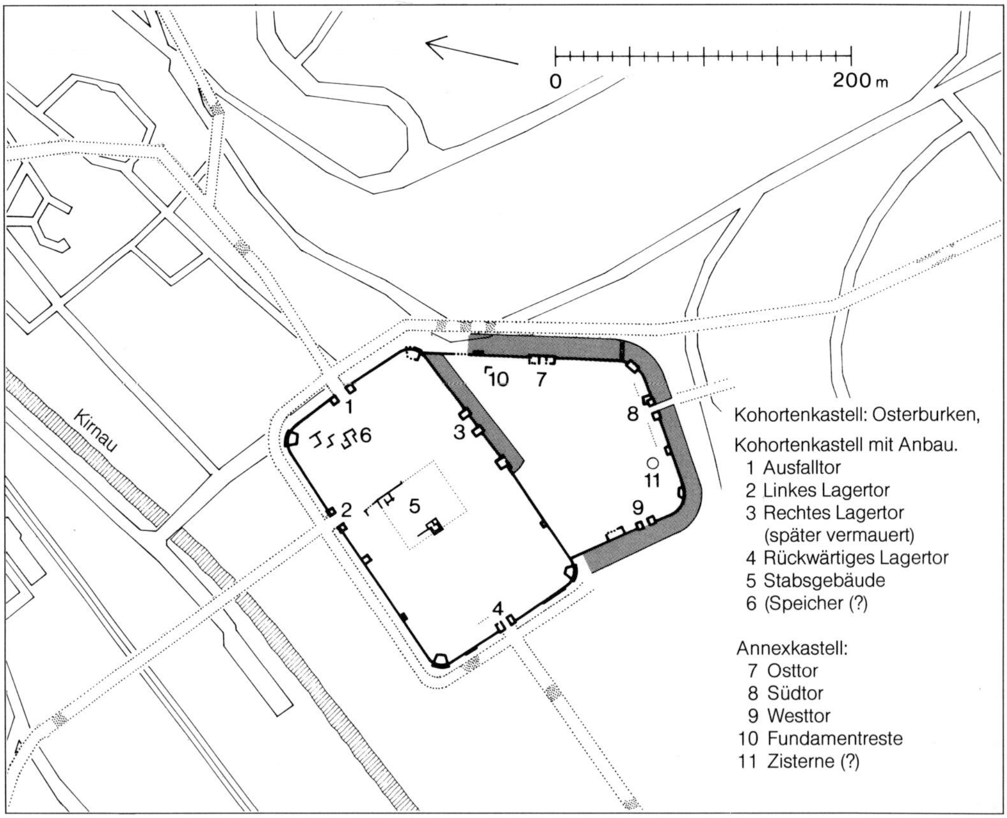

Kohortenkastell: Osterburken,
Kohortenkastell mit Anbau.
1 Ausfalltor
2 Linkes Lagertor
3 Rechtes Lagertor (später vermauert)
4 Rückwärtiges Lagertor
5 Stabsgebäude
6 (Speicher (?)

Annexkastell:
7 Osttor
8 Südtor
9 Westtor
10 Fundamentreste
11 Zisterne (?)

Weinsberg

Gutshof mit Badehaus

Im Jahre 1880 wurden erstmals am linken Ufer des Stadtseebaches in Weinsberg (Kr. Heilbronn) in den dortigen Gärten Mauerreste und römische Funde beobachtet. Bei Ausgrabungen durch den Heilbronner Arzt und Archäologen Dr. A. Schlitz im Jahre 1907 kam ein kleines römisches Badegebäude zutage, das in den Jahren darauf restauriert und mit einem Schutzdach versehen wurde. Als Folge einer erneuten Restaurierung im Jahre 1976 wurde 1977 eine Ausgrabung des nach Osten sich anschließenden Areals vorgenommen; sie erbrachte ein mehrfach umgebautes Hauptgebäude einer römischen Gutsanlage.

↓ Weinsberg. Ruine Weibertreu, am Fuß der römische Gutshof mit Badehaus

Teile des Hauptgebäudes, insbesondere Wohnräume mit Fußbodenheizung, sowie die beiden Verbindungsmauern zum Badegebäude wurden 1977-79 von der Stadt Weinsberg in vorbildlicher Weise restauriert und somit der Öffentlichkeit zugänglich gemacht. Das Hauptgebäude besitzt mehrere Ausbauphasen. Der älteste Bau war nur noch an Ausbruchsgräben des Fundamentes zu erkennen. Die zweite Bauphase erbrachte die Vorderfront eines sog. Eckrisalitbaues mit Eingangstor – eine Architektur, die gerade in den germanischen Provinzen sehr beliebt war. Zwei vorspringende eckturmartige Bauten charakterisieren die Hauptfront des Gebäudes. Bei der dritten Umbauphase wurde diese Vorderfront in das Gebäude miteinbezogen (1), das nunmehr mit einem unterkellerten Eckturm (3) wieder nach Südwesten reichte. Zu diesem Bau gehörte, wie die Verbindungsmauern zeigten (4), auch das separat errichtete Badehaus. Durch den Einbau einer Fußbodenheizung in einem Raum des Hauses (6)

und den Bau eines sehr schlecht gemauerten Kellers mit Holztreppe (9) wurde dieser dritte Bau nochmals verändert. Das umfangreiche Fundmaterial zeigt, daß dieses Gebäude um die Mitte des 2. Jahrhunderts n. Chr. errichtet wurde, als die Grenze vom Neckar um 30 km nach Osten vorverschoben und der äußere obergermanische Limes errichtet wurde. Das Badehaus besitzt eine Größe von 14 x 15 m. Zunächst betrat man den Auskleideraum (*apodyterium*) 1, an den nach Süden ein halbrundes Kaltwasserbecken (*piscina*) 2 angebaut wurde. Hier wurde anläßlich der Ausgrabung im Jahre 1906 das Relief der Bade- und Glücksgöttin (*fortuna balnearis*) gefunden, das heute wieder in einem Kunststeinabguß an Ort und Stelle aufgestellt wurde. Vom Raum 1 führte eine Tür in den Warmluftraum (*tepidarium*) 3 bzw. in das Warmwasserbad (*caldarium*) 4. Raum 3 und 4 hatten eine Fußbodenheizung.

Dem Warmbad folgt ein weiterer rechteckiger

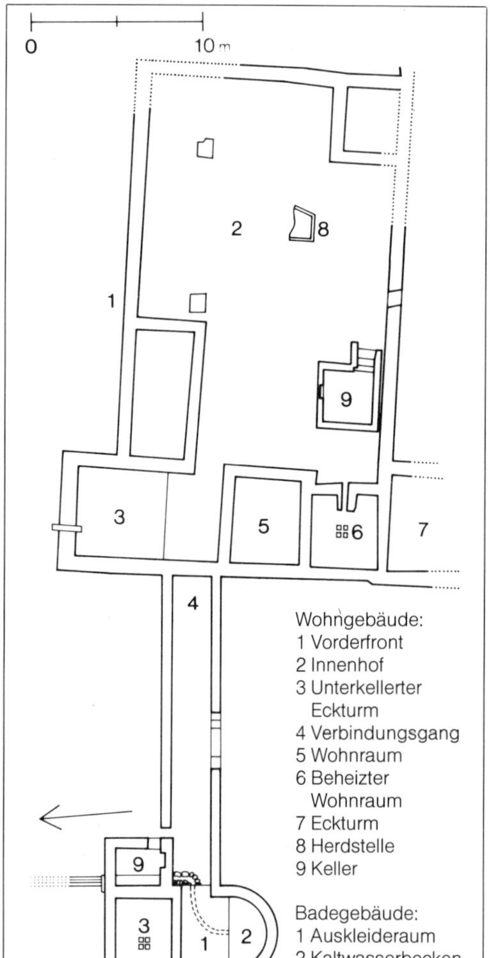

Raum, ebenfalls ein Warmwasserbad (5), an das sich ein kleines rechteckiges Badebecken (6) anschließt. Der Raum nördlich des Warmwasserbads (5) könnte möglicherweise als Schwitzraum (*sudatorium*) gedeutet werden. Östlich von 3 befindet sich ein rechteckiger Raum, der wahrscheinlich den ältesten Teil der gesamten Badeanlage darstellt. Er diente ursprünglich wohl anderen Zwecken. Als das Bad hier errichtet wurde, baute man diesen Raum als Toilette (9) um. Raum 1 mit dem Badebecken 2 wurde durch einen Abwasserkanal entwässert, der durch den Raum 9 verläuft und in den Stadtseebach mündet. Er bildete gleichzeitig die Wasserspülung dieser Toilette. D. P.

Weiterführende Literatur:
D. Planck, *Der römische Gutshof von Weinsberg. Führungsblatt. Herausgegeben von der Gesellschaft für Vor- und Frühgeschichte in Württemberg und Hohenzollern und der Stadt Weinsberg,* 1979

↙ ↓ Weinsberg. Römischer Gutshof und Badegebäude

Ladenburg / *Lopodunum*

Die römische Zivilsiedlung erstreckte sich mit langrechteckigem Grundriß dort am Ostufer des Neckars, wo heute die Alt- und Südstadt von Ladenburg liegen. Obwohl seit 1585 als Römerplatz oft erwähnt, gelang es erst seit der Jahrhundertwende, anläßlich von Erdarbeiten oder durch kleinere Grabungen den Umfang des *vicus* und seine Bebauung zu erforschen. Wesentliche Erkenntnisse verdankt man der Stadterweiterung seit 1965, als der Südteil des römischen Ortes völlig überbaut wurde. Auch im Bereich des Wormser Bischofshofs konnten in den letzten Jahren durch Untersuchungen des Verfassers wichtige Befunde ermittelt werden.

Der als ›Sumpf-‹ oder ›Seeburg‹ zu überset-

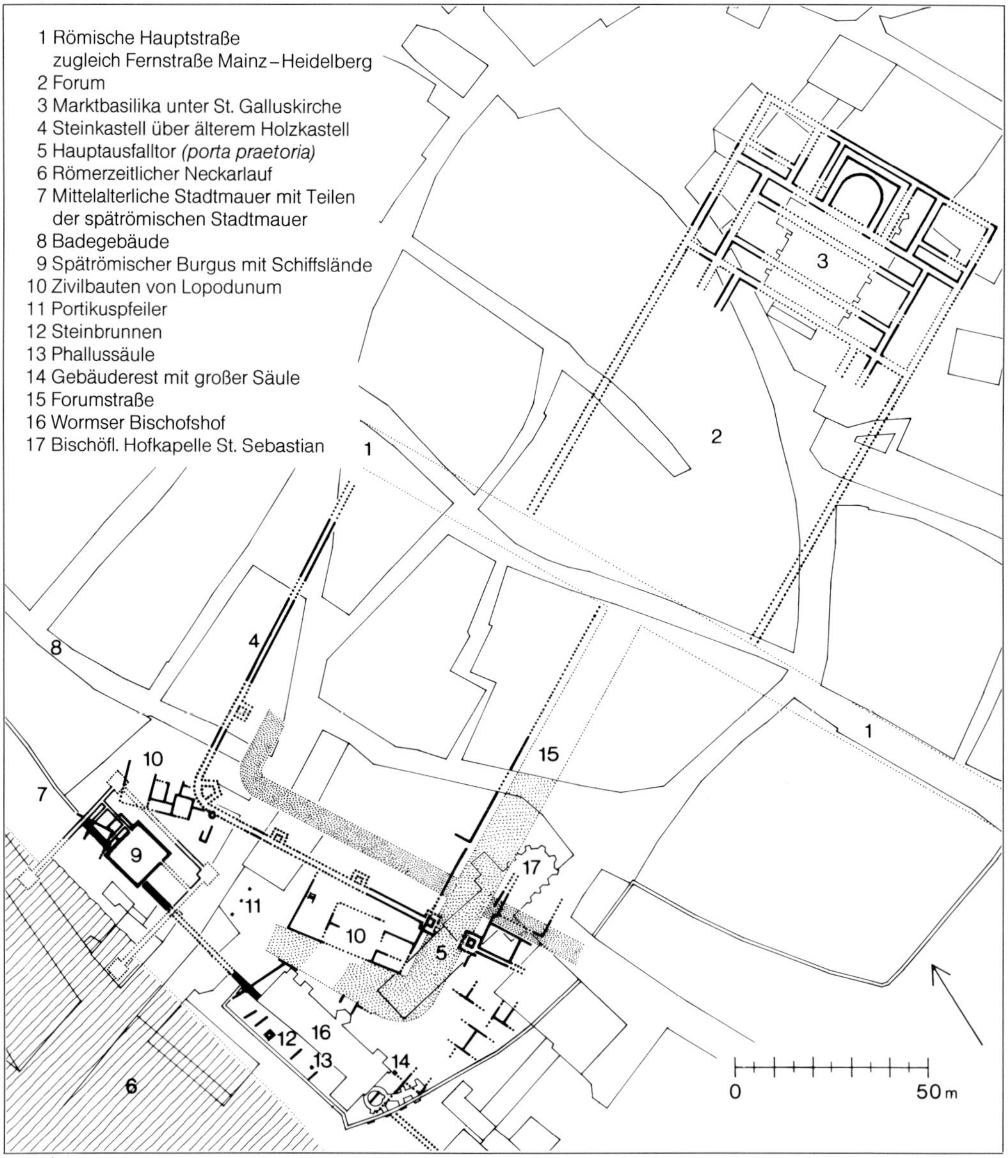

zende keltische Name *Lopodunum* läßt sich zwar bis heute nicht auf einen keltischen Ort oder gar auf ein *oppidum* zurückführen, doch könnte sich eine solche Vorgängersiedlung noch unter den meterdicken Schuttschichten aus römischer und mittelalterlicher Zeit im Gebiet der Altstadt verbergen. Der heutige Ortsname ist nach archäologischen Spuren

↙ ↓ Ladenburg. Baustelle neues Rathaus mit Vicuswehrmauer und spätrömischem Burgus. Bischofshof mit Resten des Alenkastells und römischer Zivilbauten

sehr wahrscheinlich durch eine romanische Restbevölkerung über ein frühmittelalterlich eingedeutschtes ›Lobetdenburg‹ tradiert worden.

Auf frühesten römischen Einfluß läßt sich eine weit ausgedehnte Siedlung der *Suebi Nicretes*, der Neckarsweben, zurückführen, die ihre Entstehung in spätaugusteisch-tiberischer Zeit einer swebischen Zuwanderungswelle aus elbgermanischem Gebiet verdankte. Am Nordrand dieser Siedlung hat man spätestens

im Jahre 74 wohl infolge des Feldzuges des Konsularlegaten Gnaeus Pinarius Clemens ein Holzkastell angelegt, dem um 90 n. Chr. ein Steinkastell folgte. Als Besatzung dieser letzten Wehranlage konnte das 1. Reiterregiment der niederrheinischen Cannanefaten, die *ala I Cannanefatium*, ermittelt werden. Bereits um 100 n. Chr. hat Trajan diese Truppe zu den Dakerkriegen nach Pannonien beordert und anstelle des einplanierten Kastells und des zugehörigen Lagerdorfes *Lopodunum* zum Vorort der neugegründeten und mit seinem Familiennamen geehrten *civitas Vlpia Sueborum Nicretum*, der Ulpischen Gaugemeinde der Neckarsweben, erhoben.

Auf das rasche Wachstum des *vicus* während des 2. Jahrhunderts verweist am ehesten die um 230 zum Schutz vor drohenden Alamanneneinfällen errichtete Wehrmauer von 2470 m Länge, die in einem Bezirk von 930 m Länge und 420 m Breite die wichtigsten Bauten umschloß. Die diagonal durch den *vicus* verlaufende römische Hauptstraße wird noch heute benutzt. Sie war ein Teil der bekannten römischen Fernstraße von Mainz nach Heidelberg und begrenzte einst das Forum nach Westen. Nach Osten wurde diese mit 75 m Länge und 41,50 m Breite als stattlich anzusprechende Platzanlage durch den mächtigen Bau der 1911 ausgegrabenen und z. T. konservierten Marktbasilika abgeschlossen. Diese Basilika verkörpert mit ihrem italischen Charakter für das Römische Reich neue Bauideen und zählt mit 73 m Länge und 47 m Breite zu den größten und monumentalsten Bauschöpfungen nördlich der Alpen. Sehr wahrscheinlich entstand dieser zentrale Bau der *civitas* bereits während des 2. Jahrhunderts.

Die älteste Ladenburger Kirche St. Gallus, ihre Vorgängeranlagen ebenso wie auch der heutige gotische Bau wurden im Grundriß weitgehend von der römischen Marktbasilika beeinflußt, wie die Weiterverwendung ihrer Fundamente beweist.

Ein weiterer monumentaler Bau war das 1967 an der Südostecke des *vicus* entdeckte Schauspieltheater, dessen Bühnenhaus sich aus den Befunden auf etwa 90 m Länge erschließen läßt. Zu den geringen Resten dieses einst sicherlich der gesamten *civitas* dienenden Theaters zählen die 30 m breite Orchestra sowie Sitzstufen mit Stifternamen. Auch zwischen der römischen Hauptstraße und dem Neckarufer kamen im Bereich des heutigen Benz-Gymnasiums und der Realschule römische Großbauten zutage. Eine *porticus* von etwa 80 x 80 m flankierte dort im 2./3. Jahrhundert eine ausgedehnte bürgerliche Therme. Weiter südlich lagen einige Heiligtümer, von denen ein Mithräum mit qualitätvollem Relief der Götter Sol und Mithras beim heiligen Mahl sowie ein orientalischer Kultkeller bemerkenswerte Neufunde darstellen.

Der Bildausschnitt verweist auf ein besonders geschichtsträchtiges Gebiet der Ladenburger Altstadt. Im Bereich des Wormser Bischofshofs, der über tausendjährigen rechtsrheinischen Residenz der Bischöfe von Worms, erblickt man konservierte Baureste aus der Römerzeit und dem Mittelalter. Weiter links dokumentiert die Großbaustelle des neuen Rathauses die wichtigste Entdeckung der letzten Jahrzehnte. Im Jahre 1979 wurden dort nämlich vom Verfasser über Resten des römischen Holz- und Steinkastells und über darüberliegenden bürgerlich-römischen Wohnhäusern die im Zuge der sichtbaren mittelalterlichen Stadtmauer erhaltene spätrömische Stadtmauer von *Lopodunum* sowie ein noch 8 m hoch erhaltener spätrömischer Burgus mit befestigter Schiffslände ausgegraben. Damals floß der Neckar noch dicht westlich davon. Der Burgus wurde um 370 n. Chr. errichtet und ist ein bedeutendes Zeugnis der Wiedereroberung des unteren Neckarlandes durch Kaiser Valentinian I., von der die römischen Schriftsteller Ammianus Marcellinus und Symmachus berichten. In einem damals verfaßten Gedicht des Ausonius wird *Lopodunum* überhaupt zum erstenmal schriftlich erwähnt. Zufällig hält das Luftbild den Tag der Entdeckung dieses Burgus fest, dessen mächtiger Mittelturm inzwischen in der Westfront des neuen Rathauses konserviert werden konnte. Dicht dabei wurde vor kurzem auch der römische Neckarübergang dort ermittelt, wo im Luftbild unten links die Straßenkreuzung sichtbar ist.

B. H.

Weiterführende Literatur:

B. Cämmerer, Ph. Filtzinger, D. Planck, *Die Römer in Baden-Württemberg*, Stuttgart u. Aalen 1976, S. 341 ff

Lebendige Archäologie, Führer zu vor- und frühgeschichtlichen Denkmälern in Baden-Württemberg 4, Stuttgart u. Aalen 1976, S. 71 ff

B. Heukemes, *Der spätrömische Burgus von Lopodunum-Ladenburg am Neckar. Fundberichte aus Baden-Württemberg 6,* 1981, 433 ff

Wiesenbach

Römischer Gutshof (villa rustica)

Der römische Gutshof (*villa rustica*) erstreckt sich 2 km nordnordöstlich von Wiesenbach im Walddistrikt Hirschhag am Südhang des hügeligen Herrenwaldes. Autofahrer finden nördlich von Wiesenbach und 250 m westlich der Kreisstraße 4163 Neckargemünd-Wiesenbach einen markierten Parkplatz am Waldrand, von dem ein 1,7 km langer Fußweg zum spätmittelalterlichen Nonnenbrunnen führt. Dort sieht man die Rekonstruktion eines an dieser Stelle 1969 ausgegrabenen römischen Holzbrunnens.

Durch planmäßige Suche im benachbarten Waldgebiet konnte im Jahre 1970 wenig östlich des Brunnens, heute durch einen Verbindungsweg leicht erreichbar, der dieser Wasserstelle zugehörige römische Gutshof entdeckt werden.

Nachdem der Umfang der gesamten Hofanlage dicht unter dem Waldboden leicht zu ermitteln war, wurde 1972-74 unter Leitung des Verfassers vom Kurpfälzischen Museum Heidelberg mit Unterstützung des Landesdenkmalamtes, des Forstamtes und der Gemeinde Wiesenbach zunächst das Herrenhaus ausgegraben. Ständig eindringendes Quellwasser erforderte damals eine tiefreichende Drainage, um die Arbeiten fortsetzen und später den Grabungsbefund konservieren zu können. Weitere Grabungen führten 1974 und 1978 zur Freilegung der nördlichen, westlichen und südlichen Hofmauer sowie eines Nebengebäudes in der Nordwest-Ecke des Mauerrechtecks. Mit dem Erdbohrer konnte schließlich der Umfang weiterer römischer Steinbauten innerhalb und südlich der *villa* festgelegt werden, deren völlige Ausgrabung geplant ist. Zugehörige Gräber sind bis heute nicht bekannt. Bemerkenswert ist eine alte lokale Sage von einem Nonnenkloster an dieser Stelle, woher auch die seit dem Mittelalter nachweisbare Bezeichnung Nonnenbrunnen für die benachbarte Wasserstelle stammt. Offensichtlich hat vor langer Zeit der von Steinplünderern des nahen Wiesenbach schon einmal freigelegte regelmäßige Grundriß der *villa* die Vorstellung eines Klosterbaus erweckt. Spuren solcher Abbruchtätigkeit stammen aus dem 13.-16. Jahrhundert.

Nach den Funden zu urteilen, hat man den Gutshof etwa gegen die Mitte des 3. Jahhunderts n. Chr. zur Zeit des Alamanneneinbruchs aufgegeben. Zuletzt wütete dort ein Brand, dem auch einige Säcke Weizen zum Opfer fielen, deren verkohlte Reste sich im Steinkeller des Herrenhauses erhalten hatten. Die Lage des Gutshofes auf wenig fruchtbarem Buntsandsteinboden und inmitten eines auch im Mittelalter bestehenden Waldgebietes mag auffallen. Vielleicht weisen die dicht beim Herrenhaus in einer Grube entdeckten vererzten Buntsandsteinstücke und auch größere Mengen von Holzkohle westlich der *villa* auf eine besondere Wirtschaftsform hin, für die die Auswahl des Platzes günstig war. Andererseits erstreckt sich südlich des Hofes im Wald ein durch fruchtbare Lößlehme gekennzeichnetes Hangplateau, hervorragend geeignet zur landwirtschaftlichen Nutzung. Über dieses Plateau zieht, nur 700 m von dem Hof entfernt und mit diesem einst durch einen ausgebauten Weg verbunden, die heute noch als Waldweg bestehende Römerstraße Heidelberg-Neckarburken. War dieses Gebiet zur Römerzeit waldfrei, was sehr wahrscheinlich ist, spräche das für eine beachtliche Kolonisation in diesem später nicht mehr gerodeten Waldland.

Das Geviert der Hofmauer ist mit 85 x 110 m Ausdehnung genau nach Süden orientiert, wo das Tor mit der Zufahrt liegt. Auch inmitten der Westmauer gab es ein Tor und nahe der Nordwest-Ecke eine Pforte, von der man noch einen Schwellstein mit Türanschlag *in situ* sieht. Dicht dabei an der Mauerecke ein 8 x 13 m großes Nebengebäude. Vier weitere Nebengebäude, darunter wahrscheinlich ein Bad im Südteil der Hofanlage, sind bereits ermittelt, aber z. T. noch nicht freigelegt.

Das bisher mit 24 x 17 m Umfang erforschte und konservierte Hauptgebäude, das eigentliche Herrenhaus, weist heute fünf Räume auf, reichte aber noch weiter hangabwärts, wo es sehr wahrscheinlich durch eine *porticus* abgeschlossen wurde. Da dieses Gebäude am höchsten Punkt und genau inmitten der Hofanlage errichtet wurde, hatte man einst von dort einen guten Überblick und konnte leicht die Zufahrt und das Haupttor kontrollieren. Heute erkennt man noch deutlich drei Bauperioden, während der man das Herrenhaus erweiterte, mit stär-

keren Mauern für ein Obergeschoß und schließlich noch mit Hypokaustheizung und Steinkeller ausstattete.
Von Norden her erreicht man zunächst einen Nebenraum, wo von West nach Ost verlaufende Mauerfundamente und die Feuerstelle eines Vorgängerbaues offen gehalten werden. Südlich davon schließt sich die Mittelhalle an, von wo aus der unter einem Holzboden liegende Keller durch eine Falltür erreichbar war.
Dieser Steinkeller von 4,25 x 3,65 m Umfang zeigt drei Wandnischen und die Schräge eines später zugesetzten Kellerfensters. Der Kalkmörtelbewurf mit den rot ausgemalten Fugen wurde nach vorgefundenen Resten erneuert. Die Mittelhalle hat man von einer offenen Feuerstelle (*praefurnium*) aus geheizt und zugleich von deren Apsis auch den östlich angrenzenden Hypokaustraum bedient. Die dort über einem Mörtelestrich einst stehenden 56 Pfeilerchen von 0,70 m Höhe aus Ziegelplatten von 0,20 x 0,20 m Umfang trugen einen weiteren Gußmörtelestrich. Es ist geplant, diese in Resten nachgewiesene Heizanlage wiederherzustellen.
Vor kurzem wurden südlich des Gutshofs weitere römische Siedlungsspuren gefunden. Ein 750 m weiter nordöstlich im Buchwald bereits 1935 vom Kurpfälzischen Museum entdeckter Reliefstein mit Darstellung des Götterpaares Merkur und Rosmerta weist durch seine tiefe Fundlage darauf hin, daß in diesem schwer zugänglichen Waldgebiet mit weiteren römischen Siedlungsresten zu rechnen ist. Diese wurden vermutlich durch weitreichende Abholzung dieses Gebietes während der Römerzeit später vom Hangschutt bedeckt. B. H.

Weiterführende Literatur:
Ph. Filtzinger, D. Planck, B. Cämmerer, *Die Römer in Baden-Württemberg*, Stuttgart u. Aalen 1976, S. 563 f
Lebendige Archäologie, Führer zu vor- und frühgeschichtlichen Denkmälern in Baden-Württemberg 4, Stuttgart u. Aalen 1976, S. 157 ff

↓ → Wiesenbach. Römischer Gutshof ›Hirschhag‹. Konserviertes Herrenhaus

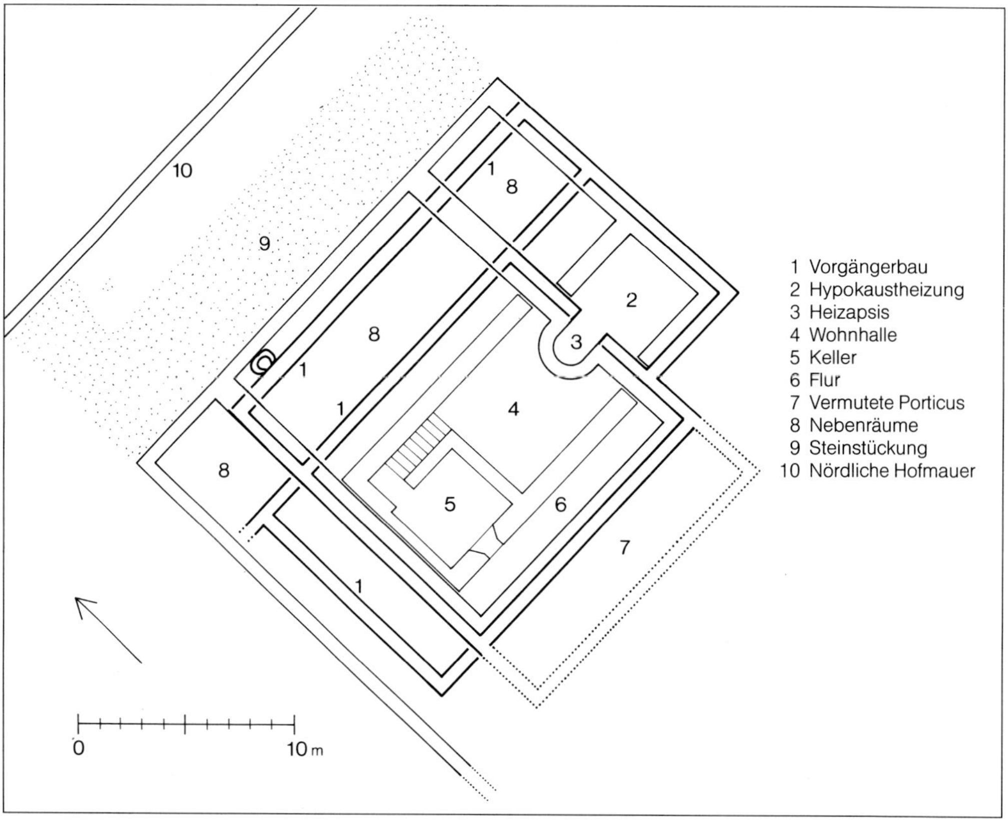

Mainz / *Mogontiacum*

Mit der Wahl des Platzes am Rheinknie gegenüber der Mainmündung bewiesen die Römer einmal mehr ihren strategischen und städteplanerischen Weitblick, entstand hier doch ein zugleich militärisch und zivil bedeutsamer Platz, wobei Mainz diese Doppelrolle im Laufe seiner Geschichte oft spielen sollte. Der Name *Mogontiacum* ist keltisch, er hängt irgendwie mit dem keltischen Gott Mogon zusammen, ohne daß wir Genaueres wüßten. Gerne wüßten wir auch mehr über die Siedlungsstellen der hiesigen Kelten, bevor die Römer kamen. Größere keltische Dörfer scheint es nicht gegeben zu haben, ein *oppidum* der Kelten existierte sicher nicht. Die vorrömischen Bewohner des Mainzer Raums und Rheinhessens rechnet man zum Siedlungsgebiet der Treverer, die im östlichen Rheinhessen lokalisierten Aresaken dürften ein Teilstamm der Treverer gewesen sein.

So war es den Römern vorbehalten, diesem Platz seine historische Rolle zu ermöglichen. Wir haben allerdings keinen Grund, die römische Präsenz zu früh anzusetzen (man hat in Mainz im Jahre 1962 ein verfrühtes 2000-Jahres-Jubiläum gefeiert): vor dem vorletzten Jahrzehnt des 1. Jahrhunderts v. Chr. gab es keine nachweisbaren römischen Militäranlagen an dieser Stelle. Bis um 15 v. Chr. standen die Legionen im Innern Galliens. Dann hat man sie für die Offensive ins rechtsrheinische Germanien an den Rhein vorverlegt, ein Vorgang, der 13 v. Chr. abgeschlossen war. Den Beginn des römischen Mainz dürfen wir also zwischen 15 und 13 v. Chr. ansetzen. Mit der Anlage der beiden für je zwei Legionen konzipierten Stützpunkte *Vetera* bei Xanten am Niederrhein und *Mogontiacum* kontrollierten die Römer die Flüsse Lippe und Main, die beiden wichtigsten Invasionsstraßen ins rechtsrheinische Germanien.

Die Fläche des Mainzer Legionslagers ist etwas zu klein für die unbedingt hinzuzurechnenden Hilfstruppen, die *Auxilia*, die anderswo untergebracht waren. Das Kastell in Mainz-Weisenau, etwas südlich der Mainmündung, gehört allerdings erst in die vierziger Jahre des 1. Jahrhunderts n. Chr. Was beim Betrachten der Mainzer Topographie sofort auffällt, ist die beherrschende Stellung der Legionsfestung oben auf einem Plateau, auf dem Kästrich (von *castra*). Das zuerst in Holz-Erde-Technik, dann seit Vespasianus in Stein gebaute Lager beherrscht die gesamte Umgebung. An klaren Tagen erblickt man über die nahe Mainmündung hinaus weite Teile der Mainebene und links die Kette der Taunusberge hinter Wiesbaden.

Mainz war zuerst eine reine Garnisonsstadt mit einer kommerziell geprägten Lagervorstadt (*canabae*). Es bildete sich aber bald auch eine Zivilstadt zwischen dem Legionslager und dem Rhein heraus, die aus einzelnen Stadtvierteln (*vici*) zusammenwuchs und die im 3. Jahrhundert von einem Mauerring umgeben wurde. Die Mauern fügten sich damals noch an die Garnison auf dem Kästrich an, doch wurde dort später im 4. Jahrhundert ein ergänzender Mauerring durch das dann aufgelassene Lagergelände gelegt.

Die Rolle *Mogontiacums* war in der Tat sehr stark von seiner militärischen Bestimmung geprägt. Mainz war und blieb immer ein strategisch sehr bedeutsamer Platz, zuerst als Ausgangspunkt der römischen Offensive gegen das rechtsrheinische Germanien, dann – nachdem Tiberius die offensive Germanienpolitik des Augustus aufgegeben hatte – als Eckpfeiler der militärischen Sicherung des Mittel- und Oberrheins. Die Mainzer Truppe kontrollierte zuerst die Grenze direkt, sie lag dann nach dem Vorschieben des obergermanischen *Limes* seit den flavischen Kaisern für knapp zwei Jahrhunderte im Hinterland, wobei die Mainzer Legion direkt für die Militärgrenze zwischen Rheinbrohl und dem Odenwald verantwortlich war. Als die Germanen dann 259/260 n. Chr. das rechtsrheinische Gebiet besetzten, war Mainz wieder Grenzgarnison und blieb es auch bis zum Ende der Römerherrschaft am Beginn des 5. Jahrhunderts n. Chr. – Wechselnde Legionen waren hier stationiert, ein Jahrhundert lang am Beginn immer zwei, dann ab 92 n. Chr. nur eine, die ständige Mainzer Hauslegion, die 22. Legion (*legio XXII Primigenia*). Ihr Totemzeichen, der Capricorn (Steinbock), ist oft auf Ziegeln und Steindenkmälern

→ Mainz von Süden

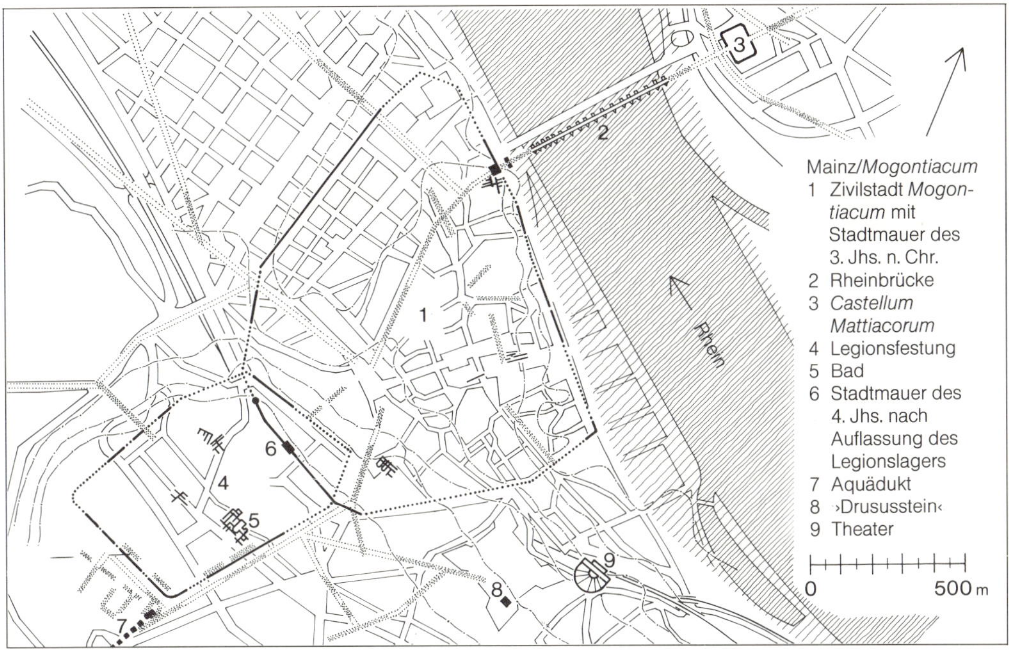
Mainz/*Mogontiacum*
1 Zivilstadt *Mogontiacum* mit Stadtmauer des 3. Jhs. n. Chr.
2 Rheinbrücke
3 *Castellum Mattiacorum*
4 Legionsfestung
5 Bad
6 Stadtmauer des 4. Jhs. nach Auflassung des Legionslagers
7 Aquädukt
8 ›Drususstein‹
9 Theater
0
500 m
Rhein

zu sehen. Sie blieb hier bis ins 4. Jahrhundert n. Chr.
Es wäre aber sicherlich falsch, Mainz allein unter militärischem Aspekt zu sehen. Seit Kaiser Domitian (81-96 n. Chr.) war Mainz auch Hauptstadt der in den achtziger Jahren eingerichteten Provinz Obergermanien (*Germania superior*). Es darf uns dabei nicht zu sehr überraschen, daß Mainz zwar Provinzhauptstadt war, dabei aber kein römisches Stadtrecht besaß, also weder den Titel einer *colonia* noch den eines *municipium* besaß (wobei es in der Spätzeit keine Rolle mehr spielt, daß Ammianus Marcellinus von einem *municipium* Mainz im Jahre 355 n. Chr. berichtet): auch andere Städte im ehemals keltischen Gebiet im Nordwesten des Reiches blieben manchmal ohne römisches Stadtrecht, waren aber in der Realität große Städte, wie z. B. Reims/*Durocortorum*, das lange Zeit Provinzialhauptstadt gewesen ist. Mainz muß wirklich auch eine bedeutende Zivilstadt gewesen sein. Allein die Tatsache, daß Mainz ein großes Freilufttheater mit einer 41 m breiten Bühne besaß, sollte zu denken geben. Der Zuschauerraum war mit einem Durchmesser von 116 m noch um eine Kleinigkeit größer als jener des allen bekannten, so eindrucksvollen römischen Theaters von Orange/*Arausio* in der Provence. Ein so riesiges Theater spricht für eine bedeutende Zivilstadt *Mogontiacum*: um so beklagenswerter ist es, daß wir durch die ungünstige archäologische Situation weder vom Mainzer Stadtplan noch von der Innenbebauung des Legionslagers Nennenswertes wissen. E. Kü.

Weiterführende Literatur:
K. Schumacher, *Das römische Mainz, Mainzer Zeitschr. 1,* 1906, 19 ff
D. Baatz, *Mogontiacum – Neue Untersuchungen am römischen Legionslager in Mainz, Limesforschungen* Bd. 4, Berlin 1962
H. v. Petrikovits, *Mogontiacum – das römische Mainz. Mainzer Zeitschr.* 28, 1963, 27 ff
H. Klumbach, *Mainz zur Römerzeit,* in: *Mainz. Führer zu vor- und frühgeschichtl. Denkmälern,* Bd. 11, Mainz 1969, 35 ff
K. Weidemann, *Die Topographie von Mainz in der Römerzeit und im frühen Mittelalter. Jahrb. Röm.-Germ. Zentralmuseum Mainz 15,* 1968, 146 ff
K. H. Esser, *Mogontiacum. Bonner Jahrb. 172,* 1972, 212 ff
K.-V. Decker – W. Selzer, *Mogontiacum: Mainz von der Zeit des Augustus bis zum Ende der römischen Herrschaft.* In: *Aufstieg und Niedergang der Römischen Welt* II, 5,1, Berlin-New York 1976, 457 ff

→ Mainz von Südwesten, mit Aquädukt im Vordergrund

Rheinbrücke und *Castellum Mattiacorum* (Mainz-Kastel)

Noch vor dem Chattenfeldzug des Kaisers Domitian (81-96 n. Chr.), den dieser im Jahre 83 n. Chr. von Mainz aus unternahm, war die Mainzer Rheinbrücke wohl bereits errichtet worden. Man vermutet, daß sie wahrscheinlich (ebenso wie der Aquädukt und die steinerne Legionslagermauer) in der Regierungszeit des Kaisers Vespasian (69-79 n. Chr.) gebaut wurde. Diese römische Brücke verlief etwa 30 m stromaufwärts der modernen Rheinbrücke zwischen Mainz und Mainz-Kastel (Theodor-Heuss-Brücke). Bei den Rheinregulierungsarbeiten des 19. Jahrhunderts, vor allem in den Jahren 1880/82, stellte man 14 Pfeiler im Strom fest, dazu kamen weitere Strom- und Landpfeiler, so daß die Brücke ursprünglich wohl auf 21 Pfeilern ruhte.
Die Fundamente bildeten hölzerne Brückenroste; auf ihnen standen steinerne, als Wellen- und Eisbrecher geeignete Pfeiler, während die Bögen und der Straßenunterbau wiederum aus Holz waren. Auf dem gegen 300 n. Chr. geschaffenen Bleimedaillon aus Lyon sieht man in abgekürzter Form die Brücke über den namentlich genannten Rheinstrom, rechts des Rheins das *Castel (lum Mattiacorum)*, auf der anderen Seite Türme und Mauern von *Mogontiacum.* Trotz aller Vereinfachungen ist das Lyoner Medaillon ein wertvolles Zeugnis vom Bestand und vom Aussehen der Stadt Mainz im späteren Altertum. – Die flavische Brücke ersetzte eine Schiffsbrücke, die man dort an irgendeiner Stelle vermuten kann. Eine Schiffsbrücke oder zumindest einen Fährbetrieb dürfen wir auch für das 3 1/2 km weiter südlich gelegene Kastell Mainz-Weisenau annehmen.
Von der Rheinbrücke führte die Hauptstraße auf der einen Seite schräg durch die römische Zivilstadt hinauf zur Porta Praetoria der Legionsfestung auf dem Kästrich; auf der anderen Rheinseite lief sie durch den Kontrollpunkt des kleinen *Castellum Mattiacorum,* von dem Mainz-Kastel (mit dem Akzent auf dem e) noch heute seinen Namen hat. Der Beiname des kleinen Kastells kommt von den Mainz gegenüber siedelnden germanischen Mattiakern, einem Teilstamm der Chatten. Das *Castellum Mattiacorum* wäre ohne die Rheinbrücke, mit der es in enger Verbindung zu sehen ist, sinn-

los gewesen. Es wird deshalb auch in derselben Zeit angelegt worden sein.
Brücke und Kastell standen bis ins späte Altertum. Noch die große Invasion der Alanen, Sweben und Vandalen im Jahre 406 scheint über die Rheinbrücke gegangen zu sein. Damals oder nicht viel später wird auch die Rheinbrücke zerstört worden sein. In der Merowingerzeit lag sie in Trümmern, ihre Pfeiler dienten Karl dem Großen um 800 für einen Neubauversuch, der jedoch scheiterte.

Weiterführende Literatur:
Brücke:
K. Schumacher, *Das römische Mainz. Mainzer Zeitschr.* 1, 1906, 24f
H. Klumbach, in: *Mainz. Führer zu vor- und frühgeschichtlichen Denkmälern*, Bd. 11, Mainz 1969, 119
K.-V. Decker - W. Selzer, *Mogontiacum.* In: *Aufstieg und Niedergang der Römischen Welt* II,5,1, Berlin - New York 1976, 490 f
Castellum Mattiacorum:
E. Schmidt, *Kastel bei Mainz.* In: *Der Obergermanisch-Raetische Limes* II,3 Nr. 30, Heidelberg 1915

→ Mainz von Nordwesten

↓ *Mogontiacum* auf spätantikem Medaillon (Lyon)

Der ›Drususstein‹ oder ›Eichelstein‹

Neben den ›Römersteinen‹, den Resten des Aquädukts, ist der sogenannte Drususstein das einzige große Römermonument, welches noch an seiner originalen Stelle aufrechtsteht. Allerdings ist nur noch der Kern des Bauwerks aus Gußmauerwerk erhalten. Die Verkleidung hingegen ist verloren. Der Name ›Eichelstein‹ (so allgemein seit dem 16. Jahrhundert, vorher auch ›Eigelstein‹ geschrieben) könnte von der eichelförmigen Gestalt herkommen, die das Monument im Laufe der Zeit durch Steinraub und Korrosion erhielt.
Das jetzt im Südteil der barocken Mainzer Zitadelle gelegene, 22 m hohe Bauwerk bestand einst aus einem mächtigen viereckigen Sockel, einem zylindrischen Körper und einem inzwischen verlorenen Kegeldach. Seine ursprüngliche Höhe betrug etwa 25 m.
Der andere Name, ›Drususstein‹, muß bereits sehr alt sein, knüpft er doch an eine von antiken Historikern (Suetonius, Cassius Dio, Eutropius) überlieferte Notiz an, nach welcher es in Mainz einen Kenotaph (Schein-Grabmal) zum Gedächtnis des im Jahre 9 v. Chr. an der Elbe gestorbenen Feldherrn Drusus, des Bruders des späteren Kaisers Tiberius, gegeben hat.

Nun ist der heutige ›Drususstein‹ wegen einiger eingebauter Spolien bereits ein Werk wohl des 2. Jahrhunderts n. Chr., doch sollte man die Verbindung mit dem Drususdenkmal der antiken Tradition nicht von vornherein ablehnen. Für einen gewöhnlichen Privatmann wäre das Grabdenkmal ungeheuer aufwendig und ungewöhnlich gewesen. Seine Lage ist exponiert: auf einer Hochfläche südöstlich des Legionslagers, an der nach Worms führenden Straße, für sich alleinstehend und nicht im Verband eines größeren Friedhofs, dazu sicherlich aus weiter Ferne sichtbar. All diese Kennzeichen sprechen schon für eine Identifizierung mit dem Erinnerungsmal an jenen berühmten Drusus, der von 12 bis 9 v. Chr. Roms Feldzüge gegen die rechtsrheinischen Germanen führte, und der die Kriegszüge der Jahre 10 und 9 v. Chr. zusammen mit den beiden Mainzer Legionen auch direkt von Mainz aus begann. Seinen Leichnam brachte man zwar nach Rom, doch in Mainz errichtete man jenen *tumulus*, von dem die Historiker berichten und welcher uns vielleicht im Mainzer ›Drususstein‹ erhalten ist – allerdings in einem Neubau der mittleren Kaiserzeit.

Weiterführende Literatur:

K. Schumacher, *Das römische Mainz, Mainzer Zeitschr.* 1, 1906, 20f

E. Neeb, *Freilegung des Drususdenkmals auf der Mainzer Zitadelle. Mainzer Zeitschr.* 8/9, 1913/1914, 132f

H. Klumbach, in: *Mainz. Führer zu vor- und frühgeschichtlichen Denkmälern*, Bd. 11, Mainz 1969, 117

H. U. Instinsky, *Historische Fragen des Mainzer Drususdenkmals. Jahrb. Röm.-Germ. Zentralmuseum Mainz,* 7, 1960, 180ff

K.-V. Decker – W. Selzer, *Mogontiacum.* In: *Aufstieg und Niedergang der Römischen Welt* II, 5, 1, Berlin – New York 1976, 474ff

Aquädukt (›Römersteine‹)

Das größte erhaltene Mainzer Monument aus der römischen Zeit sind die ›Römersteine‹ genannten Reste des Aquäduktes, der auf einer

↓ Mainz. ›Drususstein‹

Länge von etwa 8 km, aus der Gegend von Mainz-Finthen und Mainz-Drais, also von Südwesten, Frischwasser zum Mainzer Legionslager brachte. Die zuerst unterirdisch verlaufende Wasserleitung ging dann in einen von Pfeilern getragenen Aquädukt über. Spuren der im ersten Teil der Leitung verschwundenen Pfeiler kann man noch im Gelände identifizieren. Im letzten Teilstück, vor der Überquerung des Zahlbachtales, stehen dann noch Reste zahlreicher Pfeiler aufrecht; im Zahlbachtal betrug die Höhe des höchsten Pfeilers, von dem jetzt noch etwa 10 m des Gußmauerwerkkerns stehen, einst über 23 m. Der Aquädukt endete vor der südlichen Ecke des Legionslagers in einem Verteilerbecken.

Die Pfeiler waren mit Kalksteinen verkleidet, die bis auf einen Rest, der für die Rekonstruktion wichtig ist, alle verschwunden sind. Im Mauerwerk der Pfeiler und auf den Tonrohren des Verteilerbeckens fand man Stempel der 14. und 1. *Legion (legio XIV Gemina Martia Victrix, legio I Adiutrix*). Damit befinden wir uns in der Zeit zwischen 71 und 86 n. Chr., wobei eine Datierung in die Zeit des Kaisers Vespasian (69-79 n. Chr.) am wahrscheinlichsten ist. In jener Zeit war in Mainz eine große Bauaktivität zu verzeichnen, baute man doch damals auch die Rheinbrücke und die erste steinerne Mauer um das Legionslager.

Die beiden Wasserleitungen der Provinzhauptstädte von Nieder- und Obergermanien, Köln und Mainz, sind in ihrer jeweiligen, vom Gelände und den Quellen abhängigen Form zwar recht unterschiedlich, bezeugen jedoch beide wie all die vielen Wasseranlagen in den Provinzen des Römerreiches den hohen zivilisatorischen Standard der römischen Wasserversorgung, einem Gebiet, auf dem die Römer den meisten modernen Staaten zumindest noch ebenbürtig, wenn nicht überlegen sind.

Die Stadt Mainz plant im Augenblick, im Zahlbachtal fünf Pfeiler und vier Rundbögen zu rekonstruieren. Die äußere Gestalt der Pfeilerverkleidung mit 93 cm hohen abgetreppten Zonen läßt sich aus den geringen Resten der Verkleidung immerhin noch rekonstruieren. Vom Aussehen des Mainzer Aquädukts gibt uns die recht ähnliche Moselbrücke von Jouy-aux-Arches in Lothringen eine Vorstellung, die zum Aquädukt von Metz/*Divodurum* gehört.

E. Kü.

Weiterführende Literatur:

K. Schumacher, *Das römische Mainz. Mainzer Zeitschr.* 1, 1906, 22ff

K. Bittel, *Neue Grabungen im Mainzer Legionslager* (1928). *Mainzer Zeitschr.* 23, 1928, 53ff

E. Samesreuther, *Römische Wasserleitungen in den Rheinlanden. 26. Ber. Röm.-Germ. Kommission* 1936, 82ff

H. Klumbach, in: *Mainz. Führer zu vor- und frühgeschichtlichen Denkmälern* Bd. 11, Mainz 1969, 103

K.-V. Decker - W. Selzer, *Mogontiacum.* In: *Aufstieg und Niedergang der Römischen Welt* II, 5, 1, Berlin - New York 1976, 491ff

Jouy-aux-Arches:

A. Doell, *Der Aquaedukt von Jouy-aux-Arches und die römische Wasserleitung von Gorze nach Metz. Jahrbuch der Gesellschaft für lothringische Geschichte und Altertumskunde 16,* 1904, 293ff

A. Grenier, *Manuel d'Archéologie Gallo-Romaine. IV. Les monuments des eaux. Aqueducs - Thermes,* Paris 1960, 206ff

↓ Mainz-Finthen. Spuren des Aquäduktes

Alzey / *Alteium*

An der Stelle des kaiserzeitlichen *vicus* Alzey, also einer kleinstädtischen Mittelpunktssiedlung für das umgebende Gebiet, ist bereits prähistorische Besiedlung nachweisbar. Wie man aus spätlatènezeitlichen Funden schließen kann, gab es zur Zeit der römischen Okkupation, also in der zweiten Hälfte des 1. Jahrhunderts v. Chr., an dieser Stelle einen kleinen keltischen Ort, dessen Bewohner den Treverern zugerechnet werden.

Alzeys Lage am Oberlauf der Selz ist günstig. Alzey lag damit an der Verbindungsstraße von Bingen/*Bingium* über Bad Kreuznach/*Cruciniacum* nach Osten an den Rhein nach Worms/*Borbetomagus*, und es hatte außerdem eine gute Verbindung zur nur etwa 40 km nördlich gelegenen Provinzhauptstadt und Legionsfestung Mainz/*Mogontiacum*.

Aus einem Weihealtar an die Nymphen (es gab in Alzey nach den Weihinschriften eine oder mehrere Heilquellen) vom 22. November 223 n. Chr. erfahren wir den mittelkaiserzeitlichen Namen des Ortes: geweiht haben den Stein die *vicani Altiaienses*, der Name des *vicus* muß also *vicus Altiaiensium* oder *vicus Altiaiensis* gelautet haben. Dieser nicht zu kleine *vicus* des 1. bis 3. Jahrhunderts wurde dann durch die Germaneneinfälle des 3. Jahrhunderts schwer in Mitleidenschaft gezogen. Spätestens gegen Mitte des 4. Jahrhunderts n. Chr. war er zerstört.

In den Jahren zwischen 357 und 370 n. Chr. muß das spätrömische Kastell gebaut worden sein. Es liegt im Südwestareal des zerstörten *vicus* – dessen Ausdehnung wir allerdings nur vermuten können – und südöstlich des späteren mittelalterlichen Stadtkerns. Kaiser Valentinian (364-375 n. Chr.) hielt sich dort zweimal auf, in den Jahren 370 und 373; er erließ von Alzey aus Verfügungen, aus denen wir auch den damaligen Namen des Kastells erfahren: *Alteium*. Hier zeichnet sich bereits der neuzeitliche Name der Stadt ab.

Das etwa quadratische Kastell von 163,5 x 159 m besaß 3 m dicke Mauern und 14 halbrunde Türme als Verstärkung. Die beiden Tore lagen im Osten und im Westen. Langgestreckte, in einzelne Kammern unterteilte Anbauten befanden sich an drei Kastellinnenseiten (im Norden sind sie auch zu vermuten), diejenigen an der Westmauer sind im Gelände noch sichtbar. Es sind recht typische spätrömische Kasernen- und Vorratsgebäude, die durch ihre Lage innen an der Mauer weitgehend vor Beschuß geschützt waren. – In der Nordostecke des Kastells hat man in den Fundamenten eines wohl aus dem frühen 4. Jahrhundert stammenden Baues zahlreiche religiöse Skulpturen und Inschriften des 1. bis 3. Jahrhunderts n. Chr. entdeckt.

Das Kastell *Alteium* hielt sich nur wenige Jahrzehnte. Man weiß nicht ganz genau, wann es zerstört wurde, ob bereits während des großen Germaneneinbruchs von 406 oder – was ich für wahrscheinlicher halte – erst im Jahre 436. Damals ging in dieser Gegend die Herrschaft des Burgundenkönigs Gundicharius (Gundahar, Gunther) zugrunde, jener Burgunden, die sich nach 406 im Gebiet um Worms als Alliierte (*foederati*) des spätrömischen Reiches niedergelassen hatten und deren Geschick wegen der Gestalt des Volker von Alzey in irgendeiner Form mit dem spätrömischen *Alteium* zu verbinden ist. Nach dem Verschwinden der Burgunden und dem Ende der Römerherrschaft blieb das Kastell als Architektur zwar noch erhalten – es standen zumindest Teile davon selbst im Jahre 1620 noch aufrecht –, die Franken siedelten dann aber weiter unten im Tal. Das mittelalterliche Alzey entwickelte sich nicht wie Boppard (s. S. 142) an der Stelle des spätantiken Kastells. E. Kü.

Weiterführende Literatur:

E. Anthes – W. Unverzagt, *Das Kastell Alzey. Bonner Jahrbücher* 122, 1912, 137ff

Corpus Signorum Imperii Romani / Corpus der Skulpturen der Römischen Welt. Deutschland Band II,1. *Germania superior. Alzey und Umgebung.* Bearbeitet von Ernst Künzl, mit einem Beitrag von Barbara Kleinmann. Bonn 1975

H. Klumbach, *Alzey zur Römerzeit. In: Nördliches Rheinhessen. Führer zu vor- und frühgeschichtlichen Denkmälern* Bd. 12, Mainz 1969, 214ff

W. Unverzagt, *Neue Ausgrabungen im Römerkastell Alzey* (Rheinhessen). 49. *Ber. Röm.-Germ. Kommission* 1968, 63ff

W. Unverzagt †, F. J. Keller, *Neue Ausgrabungen in der Südhälfte des Römerkastells Alzey (Rheinhessen) im Frühjahr 1969.* 53. *Ber. Röm.-Germ. Kommission* 1972, 297ff

1750 Jahre Alzey. Festschrift, Alzey 1973. Mit Beiträgen u. a. von D. Baatz, K. Böhner, H. Klumbach und H. Wolff

→ Kastell Alzey. Kasernen

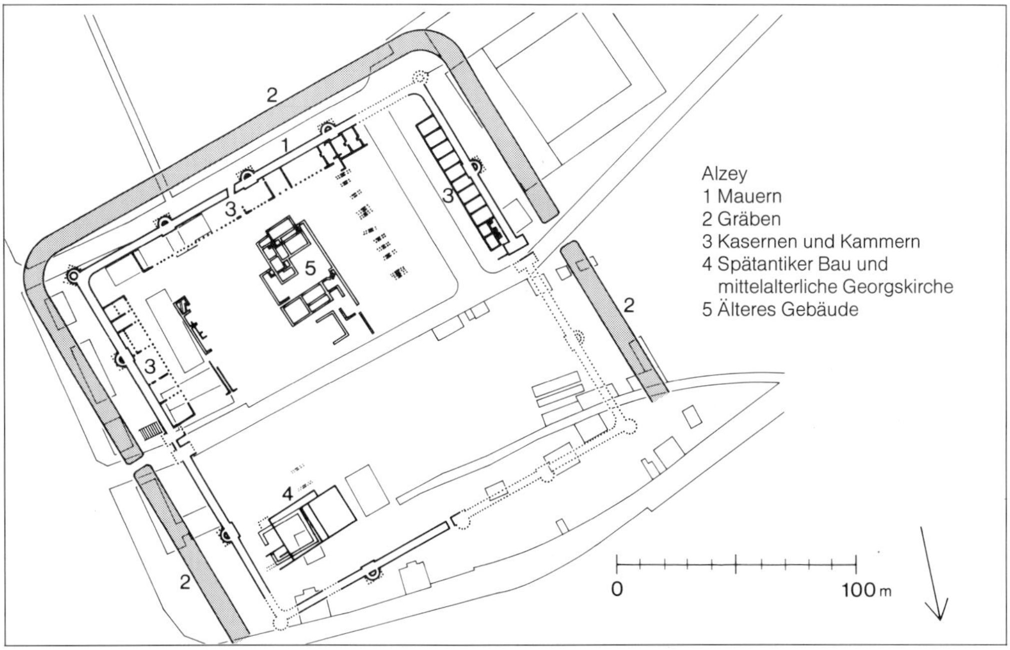

Alzey
1 Mauern
2 Gräben
3 Kasernen und Kammern
4 Spätantiker Bau und mittelalterliche Georgskirche
5 Älteres Gebäude
1
2
3
4
5
0
100 m

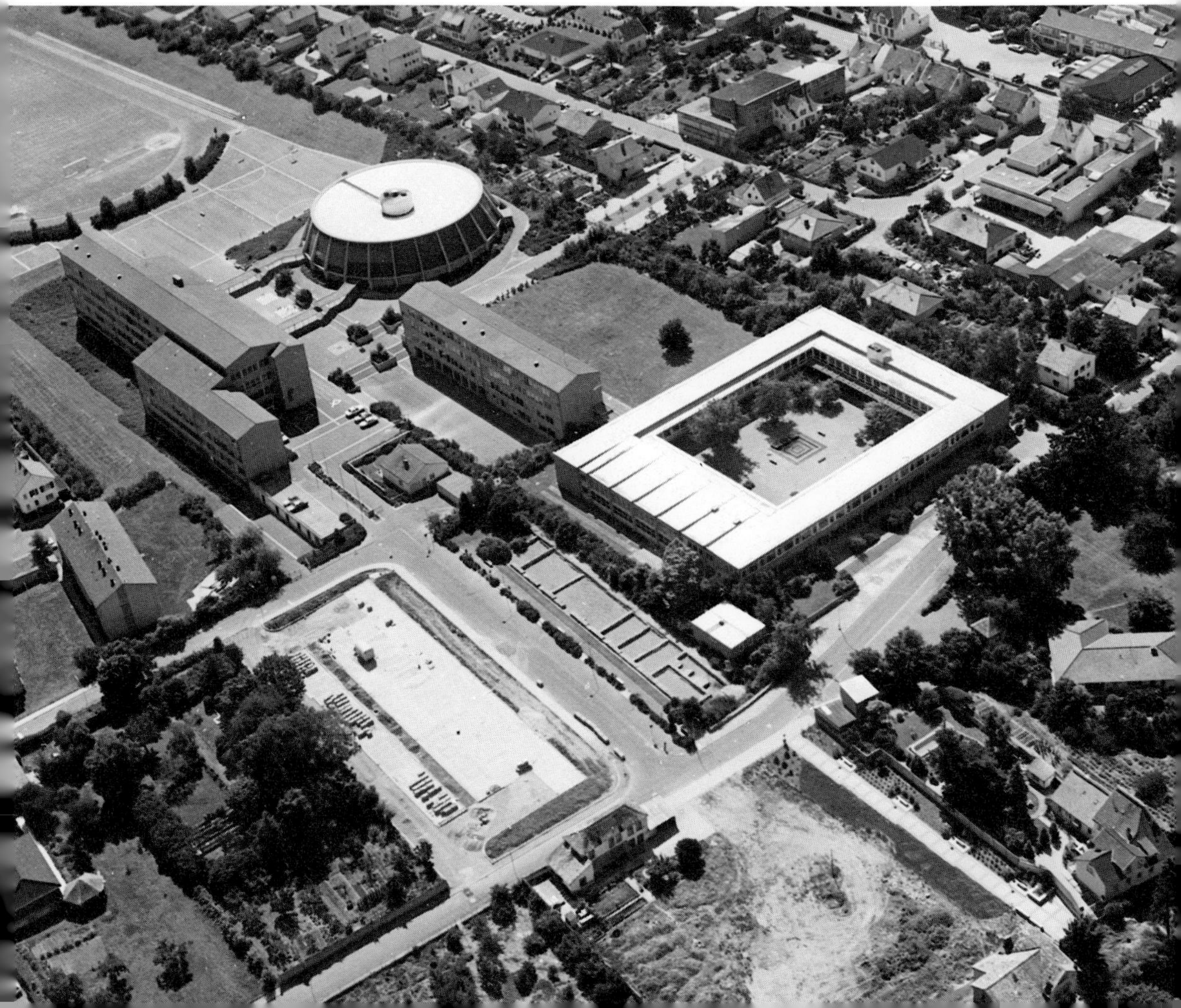

Boppard / *Bodobriga*

Noch das heutige Stadtbild Boppards spiegelt recht deutlich das römische *Bodobriga* wider, allerdings nicht die kleine Zivilsiedlung (*vicus*) des 1. bis 3. Jahrhunderts n. Chr., welche sich etwa 1 km weiter westlich befand, dort wo sich das Rheintal verengt und wo auch heute das moderne Boppard endet. Prägend wirkte vielmehr das spätantike Kastell *Bodobriga*, ein im 4. Jahrhundert n. Chr. angelegter Militärstützpunkt an der spätrömischen Rheinfront.

Der Name *Bodobriga* ist keltisch. Vielleicht siedelten in vorrömischer Zeit hier Kelten, wenn wir auch nichts Genaues darüber wissen. Der sodann mit ›Römern‹, soll heißen sicherlich weitgehend mit romanisierten Kelten, besetzte *vicus* bestand nur bis zum 3. Jahrhundert n. Chr. Er überlebte die Wirren dieser Krisenzeit, als das Römerreich beinahe unterging, ebensowenig wie viele andere römische Siedlungen im westlichen Deutschland.

Östlich des *vicus* baute man im 4. Jahrhundert das rechteckige Kastell, welches mit 308 x 154 m immerhin doppelt so groß wie das zeitgleiche Kastell Alzey/*Alteium* ist (s. S. 140). Die Mauern von *Bodobriga* sind immer noch die am besten bekannten spätrömischen Festungsmauern auf deutschem Boden, obwohl 1859 beim Bau der linksrheinischen Eisenbahn an der Südwestecke des Kastells einiger Schaden angerichtet wurde. Die Mauern sind 3 m dick, nur an der zum Rhein hin gelegenen Nordseite beließ man es bei einer Dicke von 2 m; man schätzte offensichtlich die Gefahr von der Stromseite her geringer ein. Alle 27 m baute man einen halbrunden Turm ein. Die heutige Ost-West-Straße, die ziemlich exakt mitten durch das Kastellgebiet führt, ist nicht etwa die alte römische Rheinstraße, sondern eine mittelalterliche Trasse. Die Römerstraße lief südlich am Kastell vorbei, ähnlich wie bei Remagen (s. S. 222f).

In den Jahren 1963-1966 konnte die schöne spätromanische St. Severus-Kirche am Marktplatz archäologisch untersucht werden. Dabei fand man ein Bad aus der Kastellzeit (also 4. Jahrhundert). Das Kastell wurde Anfang des 5. Jahrhunderts, wahrscheinlich 406, von den römischen Truppen geräumt. Es verfiel jedoch nicht, sondern blieb als Bau bestehen und diente fortan der romanischen, christlich gewordenen Bevölkerung als Wohnort und Zufluchtsstätte. In der zweiten Hälfte des 5. Jahrhunderts, also schon in fränkischer Zeit, baute man auf den Ruinen des Kastellbades eine kleine christliche Kirche. An ihr ist ein ehemals baldachinüberwölbtes Taufbecken im Westen des Langhauses besonders erwähnenswert.

Boppard ist ein sehr einprägsames Beispiel für den Übergang von einem spätantiken Kastell zu einer mittelalterlichen Stadt, weil sich die spätere Stadt direkt aus der mauerumwehrten römischen Militäranlage entwickelte und weil man das am Stadtbild mit den Resten der römischen Mauern des 4. Jahrhunderts n. Chr. noch heute so gut sehen kann. E. Kü.

Weiterführende Literatur:
H. Eiden, *Militärbad und frühchristliche Kirche in Boppard am Rhein. Ausgrabungen in Deutschland,* gefördert von der Deutschen Forschungsgemeinschaft 1950-1975, Teil 2, Mainz 1975, 80ff
H. Eiden, *Zehn Jahre Ausgrabungen an Mittelrhein und Mosel. Einführung - Fundplätze - Funde,* Koblenz 1976, 71ff
H. Fehr, *Das Westtor des spätrömischen Kastells Bodobriga (Boppard), Archäologisches Korrespondenzblatt 9,* 1979, 335 ff (für Datierung in frühconstantinische Zeit)

→ Boppard. Blick von Westen

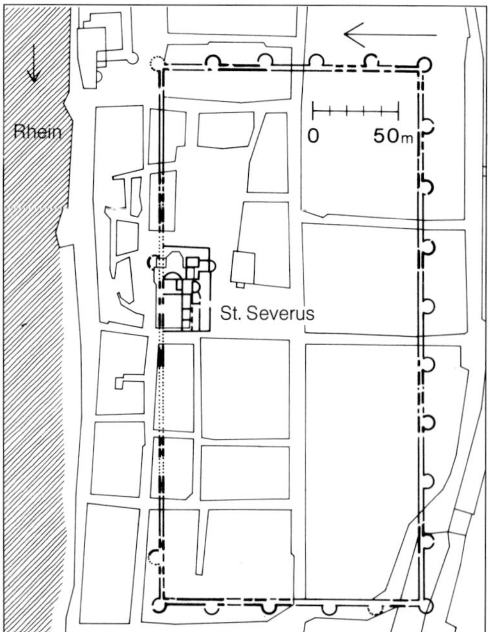

Kriemhildenstuhl

Römischer Steinbruch

Hinter dem Nibelungennamen ›Kriemhildenstuhl‹ verbirgt sich kein frühmittelalterliches Bauwerk, keine völkerwanderungszeitliche Anlage, die man mit germanischer Heroenzeit verbinden dürfte, sondern ein Wirtschaftsbetrieb der römischen Kaiserzeit des 2. und 3. Jahrhunderts n. Chr.: ein großer Steinbruch für den Pfälzer Buntsandstein.
Nördlich von Bad Dürkheim, unmittelbar steil 150 m über dem Tal der Isenach, liegen auf einem Ausläufer des Peterskopfes zwei historische Denkmäler. Das eine ist die ›Heidenmauer‹, ein keltischer Ringwall, wahrscheinlich eine Anlage des 5. Jahrhunderts v. Chr. Man kann diesen Wall noch heute deutlich im Gelände verfolgen. Das zweite Monument ist der Kriemhildenstuhl. An der Ostseite des Ringwalles, der in der Römerzeit längst verlassen und verödet war, legten die Römer dann jenen Steinbruch an, dem die Volksüberlieferung später jenen an die Nibelungensage erinnernden Namen anheftete (auch der Name ›Brunholdisstuhl‹ wird im übrigen manchmal genannt).
Der Kriemhildenstuhl ist ein Lehnenbruch. Der dort anstehende Sandstein ist rötlich, erscheint in der Verwitterung jetzt jedoch gelblich. Nach den Inschriften, die man an den Wänden des Bruches immer noch lesen kann, war es die Mainzer 22. Legion (*legio XXII Primigenia*), die den Steinbruch in ihrer Regie hatte. Der Bruch scheint große Bauquader geliefert zu haben. Zumindest einige Teile dieses Materials wird man in Mainz, der Hauptstadt Obergermaniens (s. S. 132ff), direkt verbaut haben.
Eine sehr eindrucksvolle Anlage ist der Kriemhildenstuhl gewiß, keineswegs ist er aber ein besonders großer Steinbruch oder etwa gar der größte ehemalige römische Steinbruch in Deutschland. Allein am Ostrand der Haardt in der Pfalz gab es eine ganze Reihe römischer Aufschlüsse, der Kriemhildenstuhl war dort nur ein Steinbruch unter mehreren.

→ Kriemhildenstuhl

Ein Steinbruch verändert dauernd sein Aussehen, durch den fortgesetzten Steinabbau, aber auch durch das Anhäufen oder das Umsetzen von Schutt und Steinabfall erfolgten laufend beträchtliche Veränderungen im Gelände. Wir sehen deshalb einen Bruch dieser Art immer in einer anderen Form, als er sie während des Betriebes zeigte. Der starke Bewuchs mit Bäumen und Sträuchern tut ein übriges. Und dennoch erfahren wir aus den noch anstehenden Gesteinen mit den Arbeitsspuren der Römerzeit außerordentlich viel: die einzelnen Vorgänge des Abbaus der Blöcke, das Einhauen der sogenannten Schrotgräben, das Herrichten der Keillöcher und das Abkeilen der Blöcke, dazu auch den Umfang der Gebiete (der sog. Arbeitsköpfe) für die einzelnen Arbeitskommandos.

Was den Kriemhildenstuhl jedoch besonders faszinierend macht, sind seine zahlreichen Felsritzungen und Felsreliefs: Köpfe und Figuren, männliche und weibliche Sexualorgane, Tiere wie Vögel, Pferde und ein Elefant, abstrakte Zeichen wie Rad oder Hakenkreuz. Man hat diese arg flüchtigen Darstellungen zum Anlaß nehmen wollen, über Bezüge zu keltischen oder germanischen Göttervorstellungen zu spekulieren (Fr. Sprater). Diese Versuche werden kaum sinnvoll sein, lassen sich doch diese Zeichen und Figuren bei allen Merkwürdigkeiten entweder als aus der mediterranen Religion kommend erklären oder als Zeichen der Arbeitsgruppen der Steinbrucharbeiter verstehen. Eindeutig hingegen sind inschriftliche Weihungen an Jupiter und den Genius des römischen Kaisers. Damit befinden wir uns, wie es auch zu erwarten ist, bei den religiösen Vorstellungen römischer Soldaten, die den Steinbruch ja auch betrieben haben.

E. Kü.

Weiterführende Literatur:

Fr. Sprater, *Limburg und Kriemhildenstuhl*, Speyer 1948, 32ff

J. Röder, *Der Kriemhildenstuhl. Mitteilungen des Historischen Vereins der Pfalz* 67, 1969, 110 ff (grundlegend zu den technischen Problemen)

J. Röder, *Die mineralischen Baustoffe der römischen Zeit in Deutschland. Bonner Universitätsblätter* 1970, 7ff

↓ Kriemhildenstuhl. Links Pferd, rechts Phallus

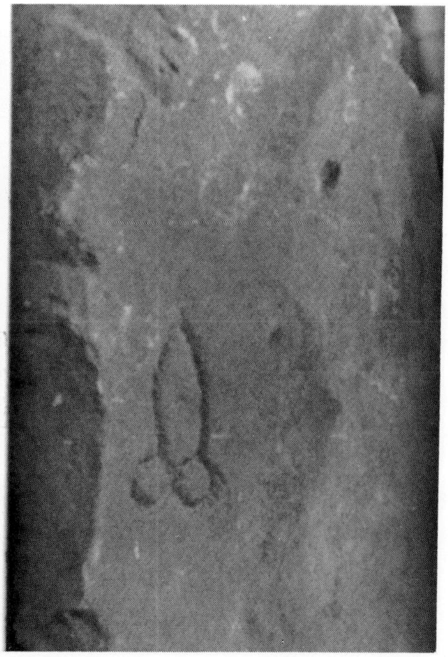

Belgica

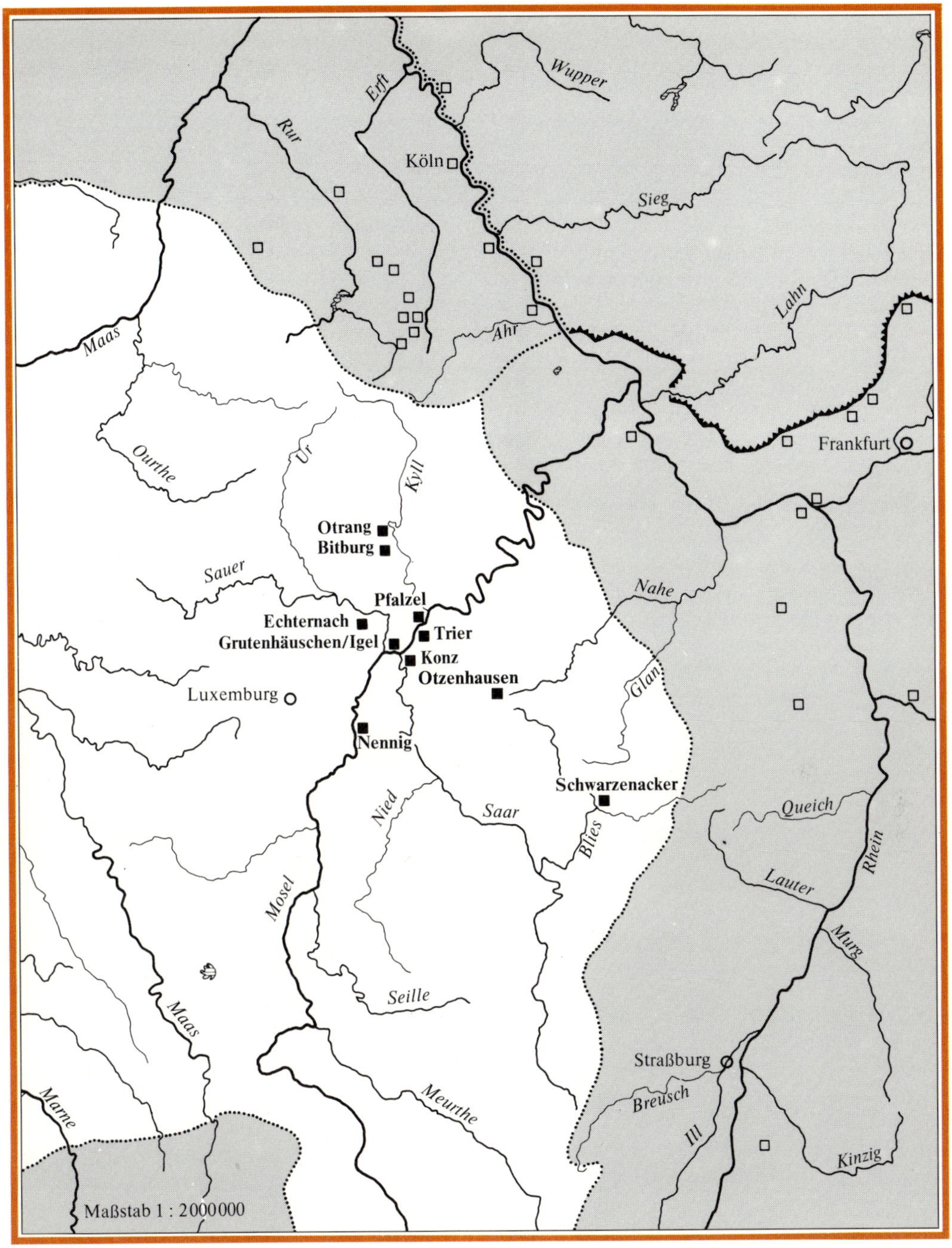
Wupper
Erft
Rur
Köln
Sieg
Lahn
Maas
Ahr
Frankfurt
Ourthe
Ur
Kyll
Otrang
Bitburg
Sauer
Pfalzel
Echternach
Trier
Grutenhäuschen/Igel
Konz
Otzenhausen
Nahe
Luxemburg
Glan
Nennig
Schwarzenacker
Nied
Saar
Queich
Blies
Rhein
Lauter
Mosel
Murg
Seille
Maas
Straßburg
Breusch
Meurthe
Marne
Ill
Kinzig
Maßstab 1 : 2000000

Die römische Provinz Belgica, die nur teilweise die heutige Bundesrepublik Deutschland überdeckte und weit in das heutige Frankreich hineinreichte, erklärt sich in ihrer Entstehung aus den militärischen Offensiven Roms, die in der älteren Provinz Gallien begannen.
In der südgallischen Provinz Gallia Narbonensis (heute: Südfrankreich) hatte Rom schon 118 v. Chr. durch die Gründung der Bürgerkolonie in Narbo (heute: Narbonne), die Errichtung einer Festung bei Aquae Sextiae (Aix-en-Provence) sowie durch geschickte Bündnispolitik den Landweg (*Via Domitia*) zu seinen iberischen Besitzungen gesichert. Die drohende Gefahr für diese Besitzungen durch die germanischen Kimbern und Teutonen war mit dem Sieg des Marius bei Aquae Sextiae im Jahre 102 v. Chr. gebannt.
Von da an wuchs die römische Bevölkerung in der gallischen Provinz und durchdrang störend für die einheimischen Völkerschaften das Leben in Handel und Wirtschaft. Zu der anschwellenden Unzufriedenheit innerhalb der Provinz aber kamen zusätzliche Schwierigkeiten durch die Rivalität der benachbarten gallischen Völkerschaften. Die Machtstellung Roms in Gallien wurde bedroht. Dem wirkt Gaius Julius Caesar, Provinzstatthalter Galliens, im Jahre 59 v. Chr. mit Macht und Kraft entgegen. Eine schnell aufgestellte Armee aus vier schlagkräftigen Legionen soll die römischen Besitzungen schützen, das Vordringen der Germanen in das keltische Gallien vereiteln und die Provinz zu einem Kernland römischer Zivilisation umformen.
Der große gallische Krieg Caesars beginnt 58 v. Chr. gegen die Helvetier, deren Auszug aus ihrem Stammland in der Westschweiz verhindert wird, und führt im gleichen Jahr zu einem Sieg über den Swebenkönig Ariovist. Im Norden aber formiert sich eine gefährliche Allianz belgischer Völker aus Nerviern, Morinern, Menapiern, Aduatucern und Condrusen sowie der am Rhein seßhaften Eburonen und der benachbarten Caerosen und Paemanen. Die belgischen Völker versuchen auch in den folgenden Jahren, die römische Herrschaft durch Bündnisse mit Germanen und Galliern abzuschütteln.
Als 57 v. Chr. die belgischen Nervier an der Selle (Sabis) in Nordfrankreich besiegt sind, ziehen sich die Aduatucer in ihr *oppidum* (befestigte, stadtartige Höhensiedlung noch unbekannter Lage) zurück, werden von Caesar belagert und schließlich durch eine List überwunden. In zahlreichen Einzelexpeditionen unterwerfen die römischen Heere Gallien und die belgischen Gebiete (Züge gegen die Moriner und Menapier 56 v. Chr.). Den über den Rhein vorgestoßenen Tenkterern und Usipetern zieht Caesar im Rhein-Maas-Gebiet entgegen und zwingt sie zum Rückzug. Nach demonstrativen Rheinübergängen (im Neuwieder Becken 55 und 53 v. Chr.) und Vorstößen über den Ärmelkanal nach Britannien (55 und 54 v. Chr.) wächst der Widerstand der belgischen Völker unter Führung der Treverer (Indutiomar) und der Eburonen (Ambiorix). Im Winter 54 v. Chr. werden die in Aduatuca lagernden römischen Truppen besiegt und die Eburonen können bis in das Gebiet der belgischen Nervier vorstoßen, wo Quintus Cicero bis zur Ankunft eines caesarischen Entsatzheeres belagert wird. Gleichzeitig vermag Labienus die Treverer in Schach zu halten und unterwirft 53 v. Chr. den ganzen Volksstamm. Mit dem inzwischen um drei Legionen verstärkten Heer besetzt Caesar das Gebiet der Menapier und überschreitet den Rhein, um den Eburonen den Zuzug germanischer Hilfskräfte zu versperren. Ein Sugambrereinfall am Niederrhein und deren Angriff auf den in Aduatuca (befestigter Ort der Eburonen im Maas-Gebiet) mit seinen Truppen verschanzten Quintus Cicero sowie Caesars Rachezug und Verwüstung des Eburonenlandes ermuntern die innergallischen Völker zum Aufstand gegen Rom unter dem Arverner Vercingetorix.
Mit inzwischen auf 10 Legionen verstärktem Heer vermag Caesar 52 v. Chr. die Hauptstädte der verschiedenen Völker zu besetzen, die Führer des Aufstandes in ihren Oppida (Gergovia bei Clermont und Alesia bei Dijon) zu belagern und zur Übergabe zu zwingen. Der Unterfeldherr Labienus operiert unterdessen gegen die Treverer und deren germanische Verbündete. In sieben Jahren (58 bis 51 v. Chr.) hatte Caesar ganz Gallien bis zum Rhein militärisch erobert, aber nur militärisch. Obwohl die Kriegszüge und Aufstände vorläufig beendet waren, so konnte für die Folgezeit von einer Befriedung keine Rede sein. Die ausgedehnten Landschaften Galliens und der belgisch-germanischen Übergangszone am Rhein waren zunächst von einer systematischen Verwaltungsordnung und politischen Gliederung

ausgespart worden und deshalb keine gesicherte Provinz. So konnten 46 v. Chr. die kriegerischen Bellovaker revoltieren, und 30/29 v. Chr. mußte der Legat Carrinas gegen die Moriner, der Legat Nonius erneut gegen die Treverer ziehen.

Zur Einrichtung einer umfassenden Verwaltung und zur Festigung der römischen Vorherrschaft in Gallien und den eroberten Randgebieten bis zum Rhein wurde 27 v. Chr. eine Schätzung (*Census*) Galliens vorgenommen, die eine Erfassung der Bewohner und die Veranlagung zur Steuer all jener Untertanen bewirken sollte, die nicht das römische Bürgerrecht besaßen. Das Gebiet der Belgae erstreckte sich zwischen Westschweiz, *Sequana* (Seine) und *Matrona* (Marne) im Süden, dem *Fretum Gallicum*, dem Ärmelkanal, und der Nordsee im Westen sowie dem *Rhenus* (Rheinstrom) im Osten und Norden. Über die Herkunft der hier siedelnden Völkerschaften erfuhr Caesar bei den Remern (»*plerosque Belgas esse ortos a Germanis*«), daß die meisten von ihnen germanischer Herkunft seien und, vor Zeiten über den Rhein gekommen, die Gallier vertrieben (Tac. Germ. 2) und dem Ansturm der Kimbern und Teutonen erfolgreich widerstanden hätten (*Caes. bell. Gall.* II 4).

In der Folgezeit sind die Treverer weiterhin an Aufständen gegen die Römer beteiligt, so 21 n. Chr. im Bündnis mit dem Häduer Sacrovir, um die Last der seit dem Census (Schätzung) eingeführten Steuern abzuschütteln. Ein Zug in das Ardennengebiet wird zurückgewiesen und Florus, der Anführer der Treverer, begeht Selbstmord.

Unter Augustus ist bereits um 15 v. Chr. die Provinzgliederung Galliens in die drei neuen Provinzen *Aquitania, Gallia Lugdunensis* und *Belgica* vorgenommen worden (*tres Galliae*). Zum geistigen, religiösen und politischen Zentrum der über 60 Völkerschaften Galliens war Lyon ausersehen.

Gleichzeitig wurden zum Schutz der Provinzen die römischen Legionen aus dem Innern Galliens an die Rheingrenze verlegt, um von hier aus die Eroberung Germaniens östlich des Rheins einzuleiten.

Als nach dem Selbstmord Neros 68 n. Chr. der Aquitanier Julius Vindex sich erhebt, Galba (in *Hispania citerior*) und Otho (in Lusitanien) sich anschließen, rufen die sieben Legionen der Rheinarmee am 1. 1. 69 ihren Feldherrn Vitellius zum Kaiser aus, der mit der Hälfte der Armee nach Italien und Rom zieht. Die Schwächung der Grenztruppe ermutigt die Bataver unter Julius Civilis und die Treverer unter Führung der römischen Offiziere Julius Classicus und Julius Tutor sowie verbündete gallische Völker zum allgemeinen Aufstand. Das Ziel ist die Gründung eines gallischen und germanischen Imperiums. Nach wechselvollen Kämpfen entlang der Maas, im Gebiet der Tungri, der Nervii und Treverer (Schlacht bei Rigodulum = Riol bei Trier) wurde die Revolte endlich von den in Mainz stationierten Legionen unter Cerealis und den zum Entsatz herangeführten Truppen des neu ausgerufenen Kaisers Vespasian niedergeschlagen.

Die Einrichtung der beiden germanischen Grenzprovinzen *Germania superior* (Obergermanien) und *Germania inferior* (Niedergermanien) um 90 n. Chr. veränderte nicht nur die Verwaltungszuständigkeiten für Gebietsteile der Belgica, sondern verursachte auch erhebliche Terrainverluste für die *civitas* der Treverer. Zur Provinz Germania Superior wurden die Helvetii, Sequaner, Tribocer, Nemeter und Vangionen am Rhein, die östlichen Gebietsteile der Treverer und Mediomatricer sowie deren Siedlungsflächen am nördlichen Hunsrück und der Nordeifel geschlagen. Zur Provinz Germania Inferior wurden die attribuierten *Germani cisrhenani* (linksrheinische Germanen) Usipeter, Tenkterer, die in die Gebiete der Eburonen 38 v. Chr. übergesiedelten Ubii um Köln, die Tungrer und Nervii überführt.

Die Provinz *Belgica* umfaßte demnach die Völker der Treverer, Mediomatricer, Remii, Suessiones, Atrebates, Ambiani, Viromandui, Bellovacer.

Neben den kurzfristigen Wirren, die in Zusammenhang mit der Erhebung des vom britannischen Heer zum Kaiser ausgerufenen Clodius Albinus in Gallien entstanden und Trier von einer Belagerung durch die 22. in Mainz stationierte Legion befreiten, blieben die Verhältnisse ruhig und stabil. Erst die Invasionen der Alamannen und Franken des 3. Jahrhunderts n. Chr. und die aus der allgemeinen Kriegsnot und Verarmung der Bevölkerung entstandenen Bagaudenaufstände (285/86) brachten wieder schlechte Zeiten, als marodierende Truppen, Bauern und Landstreicher sengend und brennend die gallischen Lande heimsuchten. Die von der Bevölkerung weitgehend verlassenen Landschaften Galliens und der Belgica werden seit dem Ende des 3. Jahrhunderts in zunehmendem Umfange von *Laeten* (Germanen, die sich freiwillig unterworfen hatten) und seit dem 4. Jahrhundert auch von Franken als Foederaten (mit der Verpflichtung zu Grenzschutz angesiedelt) bebaut.

Die Reorganisation der Grenzverteidigung, der Heeresstruktur, der Verwaltungsordnung und die veränderten politischen Verhältnisse an der Rheingrenze brachten im Gefolge der diokletianischen Reformen (297 n. Chr.) auch für die Provinz *Belgica* umfassende Veränderungen. Die *Diocesis Galliarum* (gallische Diözese) mit der Hauptstadt Trier umfaßte neben den neuen Provinzen *Belgica I* und *II* die Provinzen *Germania I* und *II*, *Sequania*, *Lugdunensis I* und *II*, *Alpes Graiae et Poenina*, während der Rest Galliens von der *Dioecesis Viennensis* eingenommen wurde.

Seit den Alamannen- und Frankeneinfällen des 3. Jahrhunderts wurde zusätzlich zu den am Limes stationierten Truppen und Festungsanlagen auch in der Belgica ein in die Tiefe gestaffeltes Festungssystem errichtet, das sowohl der kaiserlichen Residenz in Trier, aber auch dem Umland größere Sicherheit vermitteln sollte. Hierzu wurden Straßenstationen und *vici* befestigt (Arlon, Bitburg, Neumagen), Wachtposten als *burgi* angelegt, Einzelhöfe und Paläste in verteidigungsfähigen Zustand versetzt (Goeblingen - Nospelt/Luxemburg, *Palatiolum*-Pfalzel bei Trier) und neben einer neuen Verteidigungslinie entlang der Heerstraße Köln (Jülich, Heerlen, Hulsberg, Valkenburg, Maastricht), Tongern, der Maaslinie (Braives, Taviers, Baudecet, Liberchies, Morlanwels), Bavai (Famars), Tournai und Oudenburg bzw. Boulogne s. M., auch die Mehrzahl der vorgeschichtlichen Ringwälle und Höhenburgen mit stark verringertem Umfang zu Stützpunkten militärischer Einheiten wiederbelegt (Buzenol bei Virton, Wildenburg bei Kempfeld, Hunsrück).

Mit erhebenden Worten konnte am Ende des 2. Jahrhunderts n. Chr. Tertullian die hervorragende kulturelle und zivilisatorische Leistung Roms charakterisieren, die nach der caesarischen Eroberung auch den gallischen und belgischen Gebieten zu blühendem Wohlstand verholfen hatte: »Alles ist erforscht und dem Verkehr erschlossen, Einöden sind in blühende Fluren verwandelt, Wälder urbar gemacht, wilde Tiere durch zahme vertrieben. Die Zahl der Städte ist so groß wie vordem die der Häuser.«

Mit der administrativen Neuordnung der *Belgica* wurden die Territorien der verschiedenen Völkerschaften respektiert und zu *civitates* umgewandelt, deren Stammesvororte sich im Laufe der Zeit zu stadtartigen Zentren, Märkten, Kult- und Verwaltungsorten ausbildeten. Das Rückgrat der Besiedlung und der wirtschaftlichen Erschließung bildeten die Straßen und Wege, die, wo angängig und von der Natur vorgegeben, vorgeschichtlichen Verbindungen folgten.

Von der Provinzmetropole *Lugdunum* (Lyon) ausgehend, wurden schon früh wichtige Reichsstraßen ausgebaut. Dem Rhônetal folgend verbanden sie das Mittelmeer mit Gallien, der Belgica und dem Rheintal, Oberitalien und die Alpenübergänge mit Innergallien, dem Atlantik und dem Übergang nach England (Straße Marseille - Lyon, Saônelauf, Langres, von Metz nach Trier und von hier aus nach Mainz, Koblenz, Köln und dem Niederrhein; vom Oberrhein über Trier nach Bavai und Boulogne). Auf langen Strecken genügen diese Straßen noch heute - wenn auch mit Asphalt bedeckt - modernen Ansprüchen.

Für den Transport von Massengütern (z. B. Baumaterial) boten die Flüsse beste Voraussetzungen. Von seetüchtigen Schiffen befahrbar, wurden auf Mosel und Rhein Kalksteine aus dem Mediomatrikergebiet (Lothringen), Säulenbasalte, Basaltquader und Mahlsteine aus der Nordeifel, Tuffsteine von Brohl, Kohlenkalk aus dem Umland von Namur auf der Maas und dem Rhein verhandelt.

Auf den von Süden heranführenden Fernstraßen und Flußwegen transportierte man die vielfältigen Produkte der Mittelmeerländer, die nicht nur die herkömmliche Versorgung der am Rhein stationierten Truppen sicherten, sondern durch römische Händler gegen Barzahlung oder Tausch mit einheimischen Produkten auch zur Kenntnis der Provinz-Bewohner gelangten. Prachtvolle Importgläser weckten das Bedürfnis, aus eigenen Quarzvorkommen solche wertvollen und schönen Gefäße selbst zu schaffen. Silbergefäße, oft kunstvoll mit Reliefs verziert, ließen den Wunsch aufkommen, Gleichwertiges zu besitzen. Auch die rot leuchtenden Sigillatagefäße aus Italien und Südgallien halfen, einheimische Tonvor-

kommen zu erschließen und mit steigender Nachfrage nicht minder preiswert und qualitätvoll den gewinnbringenden Handel zu betreiben.
Römische Händler und Fachleute vermittelten vielfältige Kenntnisse und Fertigkeiten, die in kürzester Zeit von den Einheimischen aufgenommen und angewandt wurden. Der Verzicht auf altüberkommene Holz- und Lehmfachwerkbauten und der Wunsch, sich südländischer Wohnkultur anzupassen, bewirkten nicht nur für die schnell anwachsenden Städte und Dörfer eine Baukonjunktur, sondern auch für das weite Land mit seinen Bauernhöfen und Gutsbetrieben. Die Friedenszeit des 1. und 2. nachchristlichen Jahrhunderts ermöglichte es, auch die letzten Feinheiten hoher Wohnkultur, Gesundheit fördernde Hygiene zu übernehmen und über den praktischen Bedarf hinaus technische Neuerungen und Wohnkomfort bis in die entferntesten Ansiedlungen zu vermitteln. Die ehemals schlichten Hütten wurden durch repräsentativ gegliederte Steinbauten ersetzt, deren Säulenfronten wohltuend die Baumassen auflockerten und das Landschaftsbild nicht belasteten. Heizungsinstallationen (Unterbodenheizungen) spendeten in kalter Jahreszeit Wärme; sie waren aber auch Voraussetzung für die aufwendigen Badeanlagen, die römischem Vorbild folgend mit Kaltwasser-, Lauwarmwasser- und Heißwasserwannen und großen Schwimmbecken sowie Schwitzräumen ausgestattet waren. Die Wohn- und Aufenthaltsräume waren nicht nur getüncht, sondern oft mit kunstvoller Malerei verziert. Die Bodenbeläge variierten von einfachen Kalkestrichen mit Ziegelkleinschlag bis zu figürlichen Mosaiken und mit Marmorplatten geometrisch gegliederten Flächen, die z. T. reliefartig auch Wandsockel und ganze Wandflächen zierten. Eine feste Dachdeckung aus Ziegeln mit *imbrex* und *tegulae* (halbrunde Deckplatte über Flachziegeln) oder aus heimischen Schieferplatten sicherten die stabilen Häuser vor Regen und Unwetter; verglaste Fenster erhellten die Räume.
In Planungs- und Bauausführung setzen die mitunter palastartigen Bauten der wohlhabenden Händler die Beteiligung von Architekten voraus, die besonders bei den Siedlungszentren, den Stationen, Marktorten, Dörfern und Städten die funktionsgerechte Anordnung der Straßen, die Sicherung der Wasserversorgung und die Kanalableitungen für die Schmutzwasser zu bedenken und auszuführen hatten.
Sandgruben, Steinbrüche, Kalk- und Ziegelbrennereien, Holzeinschlag, die Zurichtung der Balken und Bohlen, spezialisierte Handwerksbetriebe und Großunternehmen entstanden allerorts neben den in staatlicher Regie und z. T. mit Beteiligung von Truppenkommandos eingerichteten staatlichen Unternehmen (Metallabbau, Groß-Ziegeleien, Staatsdomänen im Waldgebiet der Ardennen u. a.)
Von diesen neuen Entwicklungen wurde in besonderer Weise auch die Landwirtschaft betroffen. Die Versorgung der am Limes stationierten Truppen, die schnell aufblühenden Städte und Marktorte mit ihren vielfältig spezialisierten Funktionen (Administration, Handel, Handwerker, Lehrer, Künstler) und die Arbeitsteilung mit dem Aufkommen von produzierenden und konsumierenden Bevölkerungsteilen, verlangten eine beständig steigende Produktion lebenswichtiger Güter. Dementsprechend erfolgte eine Vermehrung der Siedlungsstellen, eine erweiterte Rodung der Waldgebiete und die Erschließung nutzbarer Böden.
Die über Jahrhunderte gesammelten Erfahrungen südlicher Länder wurden in die nördliche Provinz vermittelt. Die verbesserten und erprobten Anbaumethoden im Acker-, Garten- und Weinbau mit Baumveredelung, Neuzüchtungen und Anbau von Gewürzen sowie die Fertigkeiten in der Konservierung und Vorratshaltung (Einmachen, Eindicken, Trocknen) halfen mit, saisonbedingte Überangebote zu nutzen und Mangelzeiten zu überbrücken. Für den Garten- und den Ackerbau wurden ertragsteigernde Neuerungen übernommen wie die Bodenmelioration (Düngung), die Trockenlegung sumpfig-saurer Flächen (Drainage), Fruchtwechsel und Selektion des Saatgutes. Die Ackerbau- und Gartengeräte, in ihrer zweckmäßigen Form schon damals längst erprobt, haben sich seitdem über Jahrtausende bis in unsere Zeit ebenso unverändert gehalten wie die Werkzeuge der Handwerker.
Eine rationelle Bewirtschaftung war von Beginn an durch die Einzel-Hofsiedlung gewährleistet, die den Wirtschaftsbetrieb inmitten des zu nutzenden Geländes sieht – vergleichbar den modernen Aussiedlerhöfen –, wodurch zeit- und kraftraubende Wege ver-

mieden werden. Der offenbar spürbare Mangel an Hilfskräften (vielleicht wegen zu hoher Lohnkosten oder Abwanderung in die Städte mit besseren Verdienstmöglichkeiten) ließ den einfallsreichen Geist der Belger die vallus genannte Mähmaschine erfinden, die das Einbringen der Getreideernte wesentlich erleichterte und beschleunigte. Die uns bekannten Reliefdarstellungen auf steinernen Grabdenkmälern (Arlon, Virton-Buzenol, Trier, Koblenz und Reims) illustrieren gleichzeitig den Anwendungsbereich des Gerätes in den ausgedehnten Fruchtlandschaften Südbelgiens, Nordfrankreichs, der Obermosel-Bitgau und Wittlicher Senke, Maifeld und den Talauen an Mosel und Rhein.

Ausgedehnte Weideflächen in den Hanglagen und Randzonen der großen Waldgebiete und auf minder ertragreichen Böden wurden für Viehwirtschaft und Tierzucht genutzt und waren die Grundlagen der Fleischerzeugung, deren regionale Sonderprodukte auch die römische Speisekarte bereicherten (menapischer Schinken, Roll- und Spickbraten, geräucherte Wurstwaren). Leinen, Wolle und Felle wurden der Textilindustrie (vgl. Grabmal von Igel, unten S. 182f) und den lederverarbeitenden Handwerken zugeführt. An den langgestreckten Atlantik-Küsten des Menapier- und Morinerlandes wurde Seesalz gewonnen, das in Rohform gehandelt wurde, aber auch für die Fischkonservierung und die Fabrikation von Fischpasten Verwendung fand und damit den Absatz der Küsten- und Seefischerei garantierte. Eine ebenso beliebte wie weit verbreitete Delikatesse waren die auch in Rom begehrten Austern.

In Niederungs- und Sumpfgebieten war die Torfgewinnung verbreitet. Das durch Wind und Sonne getrocknete Rohmaterial bot einen dauerhaften und transportfähigen Brennstoff. In den Wäldern wurde Holzkohle für Haus und Industrie gemeilert (Ardennen-Silva Carbonaria). Und Steinkohle wurde im Tagebau bei Aachen-Eschweiler gefördert. Diese Energienutzungen begünstigten auch ein schnelles Aufblühen der Verhüttung von Gold, Silber, Blei, Kupfer (Eifel-Hunsrück, Mechernich, Berg vor Nideggen/Nordeifel, Wallerfangen, Newel) und besonders des Eisens (Südbelgien, Südluxemburg, Eifel) in Gebieten, die z. T. bis in die Neuzeit industriell genutzt worden sind. Der aus diesen Aktivitäten erwachsende Wohlstand wird nicht nur durch den Nachweis der importierten Produkte, durch die teuren und qualitätvollen Luxusartikel und durch die Ausstattungen der Villen, Paläste, Bäder und Tempel deutlich. Mehr noch vermögen die reichen Beigaben aus den Gräbern dieser Zeit und die zu monumentaler Größe gesteigerten Grabsteine, Pfeiler, Altäre und Stelen mit den lebendig das Alltagsleben schildernden Reliefs den hohen Zivilisations- und Kulturstand der Zeit zu illustrieren (Virton, Arlon, Luxemburg, Trier, Metz).

Diesen Darstellungen entnehmen wir auch, daß der Weinbau intensiv betrieben worden ist. Dieser Weinbau, der besondere Sorgfalt mit vielfältigen Mühen verlangt und das Landschaftsbild durch weite Flächen mitbestimmt, ist vielleicht das schönste Denkmal, das die römische Zeit uns in diesem Raum für Landschaft und Menschen hinterlassen hat.

H. C.

Weiterführende Literatur:

J. Steinhausen, *Archäologische Siedlungskunde des Trierer Landes,* Trier 1936

J. Steinhausen, *Das Trierer Land unter der römischen Herrschaft,* E. Ewig, *Das Trierer Land im Merowinger- und Karolingerreich* in: *Geschichte des Trierer Landes I,* hrsg. v. Laufner, Trier, 1964

F. Cumont, *Comment la Belgique fut romanisée,* Brüssel, 1919

Führer zu vor- und frühgeschichtlichen Denkmälern, Band 32, I und II Trier, Mainz 1977

H. v. Petrikovits, *Urgeschichte und römische Epoche* in *Rheinische Geschichte I,* Düsseldorf 1978

Trier / *Colonia Augusta Treverorum*

Nach der Eroberung Galliens durch Caesar wurde dem ausgedehnten Stammesgebiet der Treverer im Zuge der administrativen Neuordnung unter Augustus ein Kult- und Verwaltungszentren in der Trierer Talweite als Oberzentrum für das gesamte Gebiet der *civitas* (Volksgemeinde) gegeben. Die Errichtung eines Forums, die Ansiedlung wichtiger Verwaltungsstellen und die Begründung eines großen Bezirkes für die einheimischen Kulte, endlich die günstige Verkehrs- und Wirtschaftslage förderten eine schnelle Entwicklung. Von Beginn an war ein Bebauungsplan festgelegt, dessen rechtwinklig angeordnete Straßen 140 x 140 m große Siedlungsflächen umgrenzten, die im Zuge der Hauptachsen (*cardo maximus* = Nordsüd-Straße und *decumanus maximus* = Westost-Straße) für öffentliche Großbauten bestimmt waren. Im Bereich einer schon in vorrömischer Zeit begangenen Furt wurde eine Brücke errichtet, die auch den am Westufer entstandenen *vicus Vocclanio* mit der Neugründung verband.

Im Raster der einmal festgelegten Planung wuchs die Ansiedlung und wurde zu Ende des 2. Jahrhunderts mit Mauerkranz, Wall und Graben umschlossen und mit wehrhaften Torsperren versehen. Innerhalb der Ummauerung verblieben große Freiflächen, die bei weiterem Anwachsen der Bevölkerung als Baugelände vorgesehen waren. Nach den Zerstörungen der Germaneneinfälle des 3. Jahrhunderts wurde Trier durch die diokletianische Reform zum Sitz eines Caesars (Constantius Chlorus) bestimmt, dessen Residenz infolge der vorangegangenen Zerstörung innerhalb der Siedlung auf der Mittelterrasse ausgebaut werden konnte und mindestens 16 Insulae (Planquadrate des Straßenrasters) in Anspruch nahm. Die im 4. Jahrhundert errichteten kaiserlichen Großbauten (Kaiserthermen, Basilika, Dom) bestimmen heute noch ganz wesentlich das Stadtbild.

Neben der kaiserlichen Familie und den ihr zugewiesenen privaten Wohnpalästen und Bauten der staatlichen Repräsentation gewinnt die Stadt an Bedeutung auch durch die Ansiedlung höchster Ämter der Reichsverwaltung (Sitz des *consularis*, dem die Provinz *Belgica prima* mit den *civitates* Trier, Metz, Toul und Verdun unterstand, Sitz des *praefectus praetorio Galliarum*, Sitz der Finanzverwaltung und militärischer Chargen der Grenzverteidigung). Seit der Mitte des 3. Jahrhunderts war eine christliche Gemeinde zu politischer Bedeutung gewachsen. Bedeutende Bischöfe waren durch die Gunst der kaiserlichen Familie zu bestimmenden Faktoren der Religionspolitik geworden und machten Trier zu einem Hort der Orthodoxie. Gleichzeitig waren neben der Palast- und Bischofskirche durch Schenkung dieser Christengemeinde suburbane Villen und ausgedehnter Grundbesitz zugekommen. Sie bildeten die Grundlage der christlichen Gräberfelder, auf denen Memorialbauten und Andachtsstätten seit dem 4. Jahrhundert n. Chr. in ununterbrochener Folge bestanden und Kernzelle der bedeutenden Klöster und Abteien des frühen Mittelalters wurden, in denen antike Geisteskultur und technische Kenntnisse über den Zusammenbruch des Imperiums und die Zeit der Völkerwanderung in das Mittelalter hinübergerettet wurden.

H. C.

Weiterführende Literatur:

J. Steinhausen, *Archäologische Siedlungskunde des Trierer Landes,* Trier 1936

H. v. Petrikovits, *Urgeschichte und römische Epoche,* in: *Rheinische Geschichte I,* Düsseldorf 1978

Führer zu vor- und frühgeschichtlichen Denkmälern 32, 1 und 2 Trier, 1977

N. Gauthier, *L'évangélisation des pays de la moselle,* Paris 1980

→ Trier. Gesamtansicht

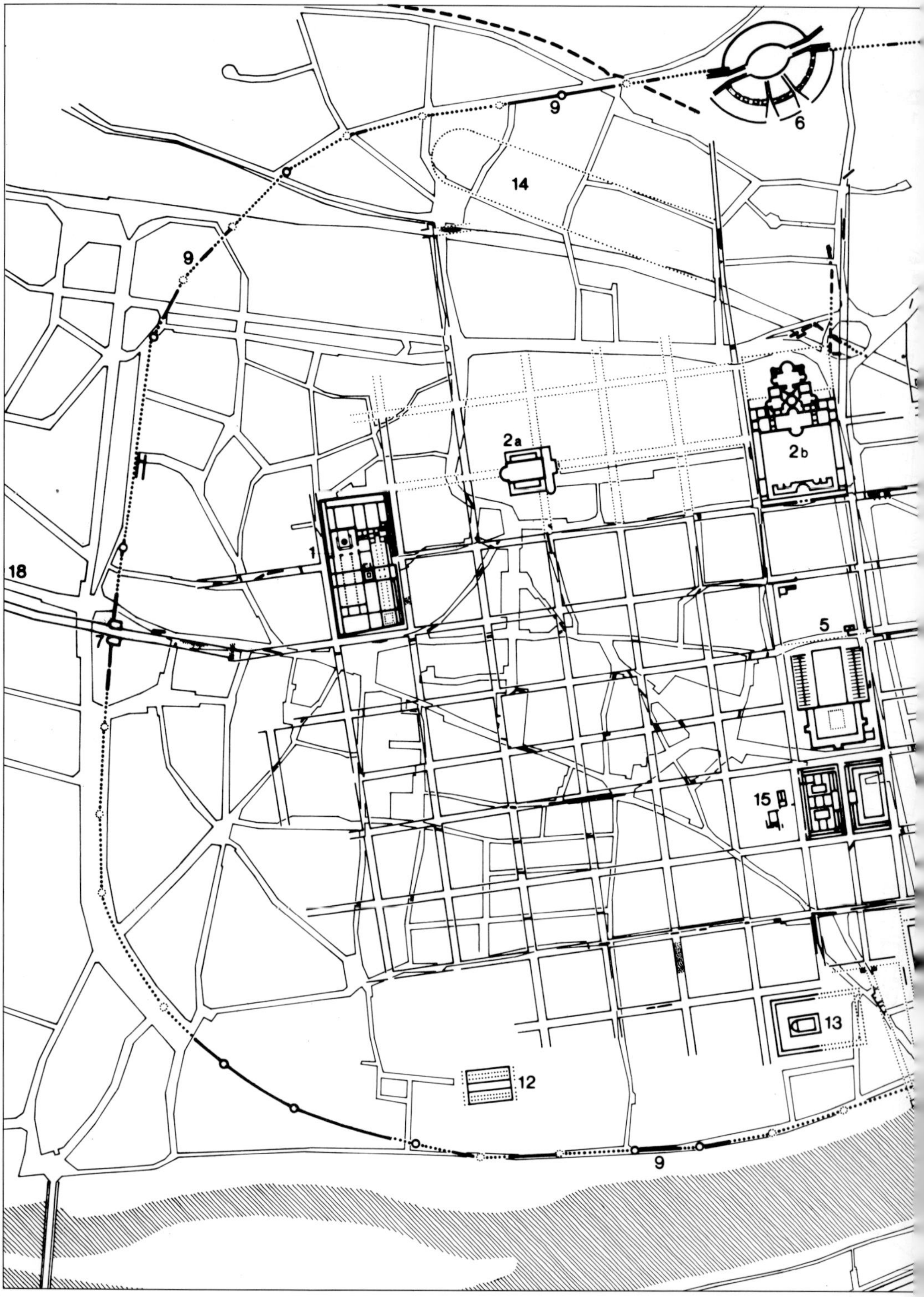
9
6
14
9
2a
2b
1
18
5
7
15
13
12
9

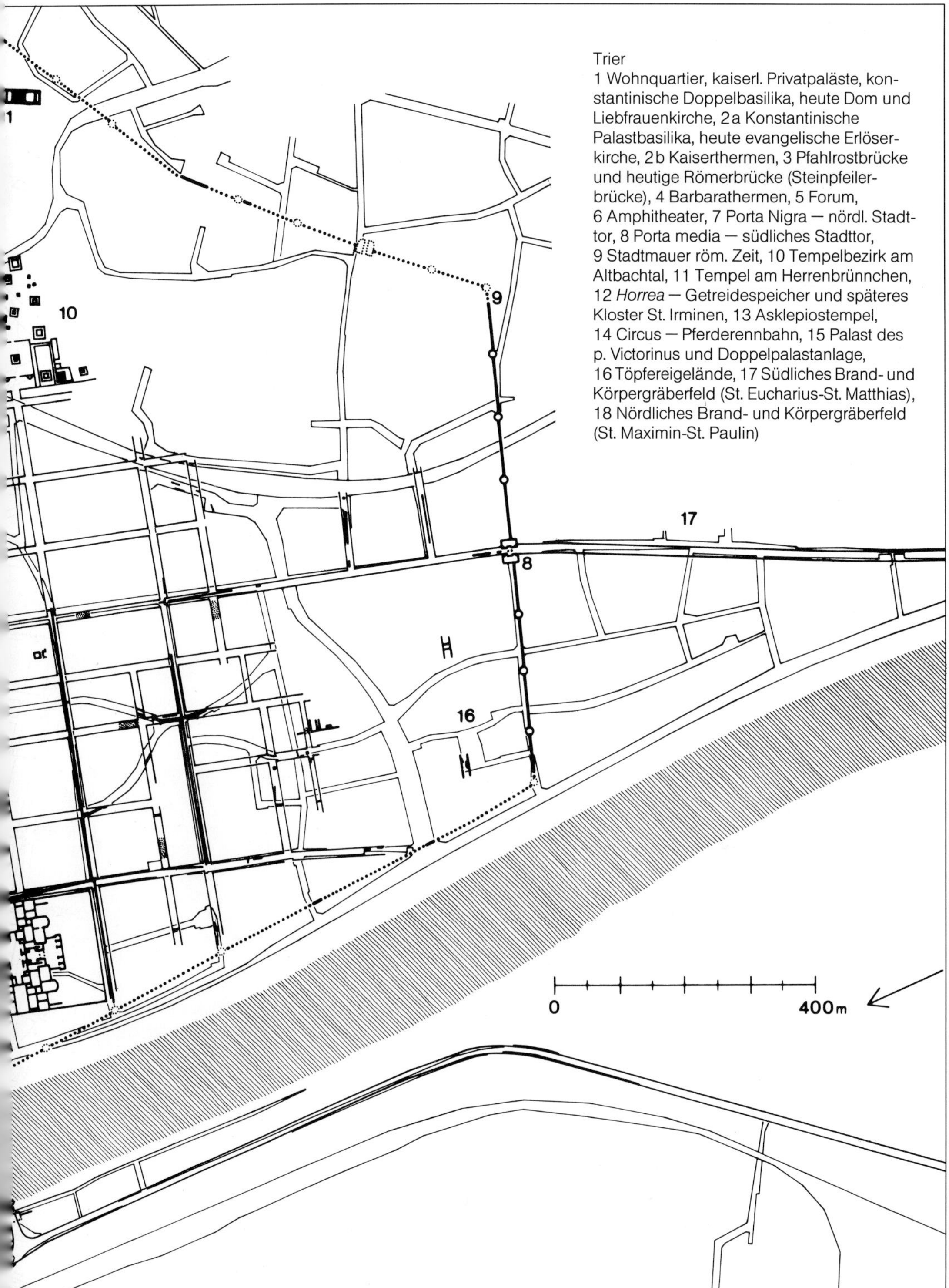

Trier
1 Wohnquartier, kaiserl. Privatpaläste, konstantinische Doppelbasilika, heute Dom und Liebfrauenkirche, 2a Konstantinische Palastbasilika, heute evangelische Erlöserkirche, 2b Kaiserthermen, 3 Pfahlrostbrücke und heutige Römerbrücke (Steinpfeilerbrücke), 4 Barbarathermen, 5 Forum, 6 Amphitheater, 7 Porta Nigra — nördl. Stadttor, 8 Porta media — südliches Stadttor, 9 Stadtmauer röm. Zeit, 10 Tempelbezirk am Altbachtal, 11 Tempel am Herrenbrünnchen, 12 *Horrea* — Getreidespeicher und späteres Kloster St. Irminen, 13 Asklepiostempel, 14 Circus — Pferderennbahn, 15 Palast des p. Victorinus und Doppelpalastanlage, 16 Töpfereigelände, 17 Südliches Brand- und Körpergräberfeld (St. Eucharius-St. Matthias), 18 Nördliches Brand- und Körpergräberfeld (St. Maximin-St. Paulin)

Das Amphitheater

Am östlichen Rand der sanft geneigten Talniederung und am Fuß des Petersberges wurde für die Bedürfnisse der Stadt- und Landbevölkerung um 100 n. Chr. ein Amphitheater errichtet. Unter geschickter Ausnutzung des Geländes wurde der Erdaushub der tiefer liegenden Arena-Kampffläche und der östlichen Böschung der Bergseite als Dammschüttung auf der Westseite aufgelagert. Zuvor waren alle festen Bauelemente wie Rückhaltemauern (Erddruckbögen gegen die Bergseite und die geplanten Dammschüttungen), vor allem aber die überwölbten Zufahrten und Zugänge errichtet worden. Die bis auf den gewachsenen Schiefer abgesenkte Arena mit leicht ovalem Grundriß (70 x 49 m) war mit Kies und Sand bedeckt. Aus spieltechnischen Gründen wurden im Laufe der Benutzungszeit (2. bis 4. Jahrhundert) Kellergänge mit Kammern in die Fläche eingetieft. Das Grund- und Regenwasser wurde über einen Kanal zum Altbachtal (im Bild oben) abgeleitet. Die geböschten Flächen trugen die Sitzränge aus großen Rotsandsteinquadern, die durch Treppenstufen in gleichmäßige *cunei* (Segmente) untergliedert waren. Etwa 20000 Besucher fanden hier Platz.

Das Amphitheater wurde zu Ende des 2. Jahrhunderts n. Chr. in die Stadtummauerung einbezogen (vgl. S. 156/57) und diente gleichzeitig als Torsperre und Bastion zur Verteidigung. Einarbeitungen in der felsigen Arenafläche las-

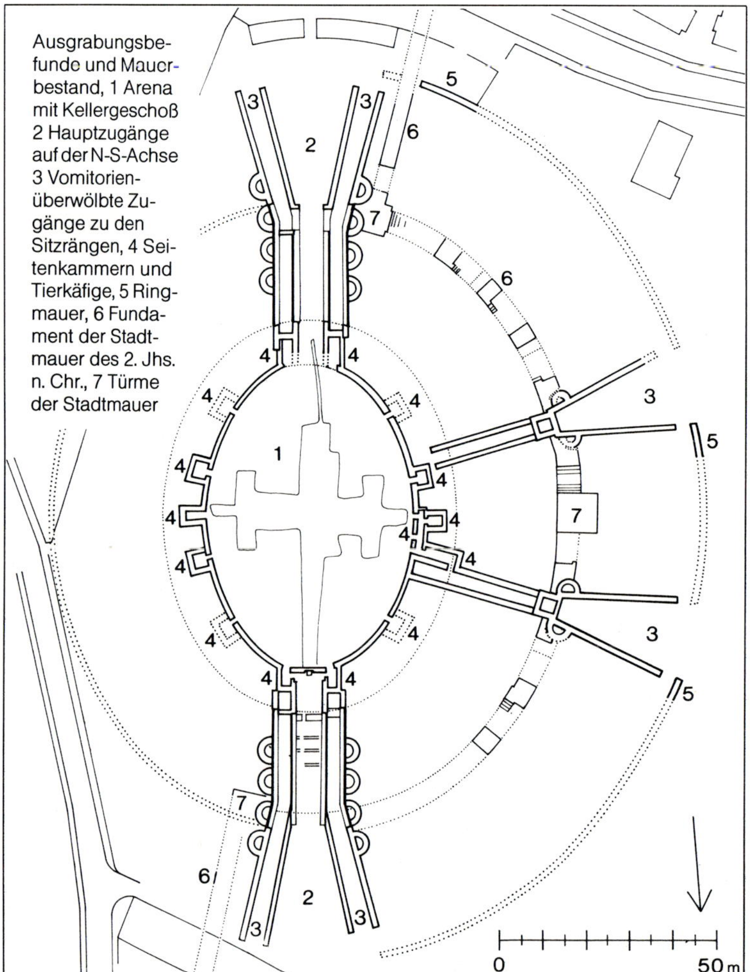

Ausgrabungsbefunde und Mauerbestand, 1 Arena mit Kellergeschoß 2 Hauptzugänge auf der N-S-Achse 3 Vomitorien-überwölbte Zugänge zu den Sitzrängen, 4 Seitenkammern und Tierkäfige, 5 Ringmauer, 6 Fundament der Stadtmauer des 2. Jhs. n. Chr., 7 Türme der Stadtmauer

sen erkennen, daß neben der hohen Ringmauer (zum Schutz der Zuschauer vor ausbrechenden wilden Tieren) und einem abgedeckten Ringkanal eine hölzerne Bohlenwand bestanden hat, wie sie heute noch in den Stierkampfarenen des Südens zu sehen ist. Die Hauptzugänge (Nord- und Südseite) waren als prachtvolle Torfassaden gebildet und mit Blendarkaden im Bereich der Erdanschüttungen verziert.

Alle Mauern (Gußmauerwerk in verlorener Schalung) sind sorgfältig mit kleinformatigen Kalksandsteinen und ausgezogenem und bemaltem Fugenstrich verblendet.

Im Jahre 406/7 flüchtete sich die Restbevölkerung der Stadt vor einem Alamanneneinfall in das Amphitheater. 1211 wurde die Ruine den Mönchen von Himmerod überlassen und als Steinbruch ausgebeutet. Danach als Wingert (Weinberg) genutzt, setzten 1816 erste Sondierungen ein, denen 1877, 1908-1914 und 1979 Ausgrabungen und Sicherung des Fundbestandes durch das Landesmuseum und das Landesamt für Denkmalpflege folgten.

Weiterführende Literatur:
Trier, Amphitheater. Landesamt für Denkmalpflege Rheinland Pfalz. Verwaltung der staatlichen Schlösser. Mainz 1978, Heft 9

↙ ↓ Trier. Amphitheater

Die Römerbrücke

Anläßlich der Mosel-Kanalisierung (1959-64) stieß man auf Überreste eines hölzernen Pfahlrostes einer älteren Brücke mit Pfählen aus der Zeit um 17 v. Chr. Diese Konstruktion wurde, vielleicht während des Bataveraufstandes 69/70 n. Chr., beschädigt und durch einen größeren Übergang ersetzt, dessen Kalksteinpfeiler auf einem Rost eichener Pfähle und einer Deckbalkenlage solide gegründet schienen (um 70 n. Chr.).
Aus uns nicht bekannten Gründen wurde um 140 n. Chr. nur wenige Meter flußaufwärts, aber immer noch im Bereich der schon in vorgeschichtlicher Zeit begangenen Furt, die heutige Römerbrücke errichtet. In das Flußbett ließ man hölzerne Spundwandkästen ein (als Doppelrahmen mit Tonfüllung im Zwischenraum zur zuverlässigen Wassersperre), um den lockeren Flußkies bis zum Felsgrund abgraben und die Pfeilerfundamente auf einem soliden Grund verlegen zu können. Bis zur Wasserlinie (Normalwasserstand und Oberkante der Spundwandkonstruktion) wurden die großformatigen Quader aus Basaltlava und Maaskohlenkalkstein (Pfeiler I und VI von Westen) mit zum Teil unregelmäßiger Kontur, aber geglätteten Lager- und Stoßflächen, aufgeschichtet. Oberhalb des Normalwasserstandes wurden die Pfeiler sorgfältig zugerichtet und gegen den Strom spitzwinklig, stromabwärts wegen einer besseren Wasserführung gerundet ausgeführt. An den Pfeilerlängsseiten sind vorkragende Konsolbänke als Auflager des Sprengwerkes der hölzernen Fahrbahnkonstruktion eingelassen. An den Stirn- und Rückseiten werden sie durch ausgreifende, profilierte Quader gegen Hochwasser und Eisgang abgeschirmt. Hatte die ältere Pfahlrostbrücke noch eine Länge von wenigstens 350 m, so wurde die Steinpfeilerbrücke mit ursprünglich neun Pfeilern wesentlich kürzer ausgeführt.
Durch Anschüttungen im östlichen, stadtseitigen Ufergelände ist sie schließlich auf sieben Pfeiler und die Widerlager (Uferpfeiler und Anfahrtsrampen) reduziert worden. Am westlichen Ufer errichtete man nachträglich eine Torsperre (gleichzeitig mit dem Ausbau der Stadtbefestigung zu Ende des 2. Jahrhunderts n. Chr.). Pylonartige Aufbauten auf Pfeiler III und V (von Westen) markierten offenbar die Hauptschiffahrtsrinne.

Erst unter Balduin von Luxemburg erfolgte 1343 die massive Einwölbung der Brücke. 1687 sprengten die Franzosen die Brückenbögen; dabei wurden die römischen Pfeiler nur leicht beschädigt, so daß sie die Neueinwölbung im Jahre 1719 wieder aufnehmen konnten. 1931 wurde die Fahrbahn verbreitert und schließlich die Kragkonstruktion der Bürgersteige aufgelegt.

↓ Trier. Römerbrücke

Der schnelle Vormarsch der Amerikaner im März 1945 verhinderte eine Sprengung der Brücke.

Im Bereich der Schiffahrtsrinne mußten die Pfeiler II, III und IV in den Fundamenten mit Beton stabilisiert und ummantelt werden. Für die Frachtschiffe wurden in Höhe der Wasserlinie Schrammborde angebracht. Diese Funktion hatten die hölzernen Spundwandkonstruktionen der Antike bereits erfüllt.

Nach Größe und erhaltenem Bestand ist die römische Brücke in Trier nicht nur ein technisches Meisterwerk antiker Wasserbau- und Ingenieurkunst, sondern erfüllt als einzige antike Brücke in Westeuropa unverändert ihre ursprüngliche Bestimmung und genügt selbst den Höchstbelastungen moderner Verkehrsmittel.

Weiterführende Literatur:
H. Cüppers, *Die Trierer Römerbrücken. Trierer Grabungen und Forschungen* 5, 1969

Die Barbarathermen

Nach umfangreichen Veränderungen im Uferbereich, der Vorverlegung der Siedlungsfläche, ausgedehnten Aufschüttungen und der Errichtung der jüngeren Steinpfeilerbrücke wurde ein die Stadt in besonderem Maße auszeichnendes öffentliches Gebäude nahe der Mosel errichtet: die Barbarathermen (benannt nach der Kirche einer Ufersiedlung des Mittelalters - St. Barbara vor der Stadtmauer).
Mit einer Seitenlänge von 170 x 250 m nimmt die Badeanlage eine Fläche von 42500 qm ein und überbaut vier *insulae* (Quadrate des Straßenrasters) des Stadtplanes, die zuvor mit privaten Wohnbauten teilweise besetzt waren. Nach stadtrömischem Vorbild gegliedert, schließt der symmetrisch im Grundriß angelegte Großbau an die *palaestra* (für Sportübungen dienende Freifläche) mit den Eingangsräumen und an die das Forum passierende Ost-West-Straße (*decumanus maximus*) an. Nach Süden folgt das eigentliche Badegebäude von 170 x 100 m, dessen mit Nischen gezierte Fassade den hohen gewölbten Hauptraum des *frigidariums* zur Freifläche der *palaestra* wirkungsvoll gliedert. Paarweise schließen die Räume des *tepidariums* und des *caldariums* an, dessen südliche Außenfront gleichfalls in der hochragenden Baumasse durch Nischen mit Bogen und Dreiecksgiebel reich entwickelt war. Parallel sind, etwas versetzt, noch zwei große Piscinen angeordnet, die - 13 m breit, 23 m lang und beheizt - im Sinne moderner

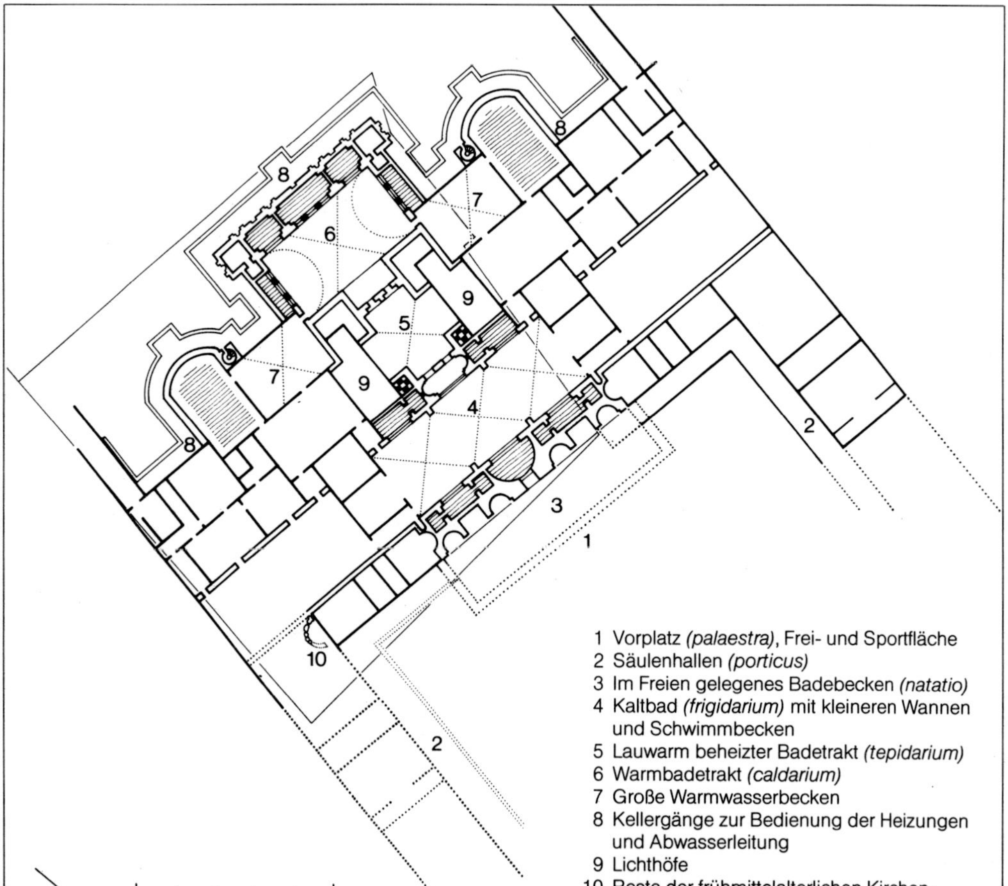

1 Vorplatz *(palaestra)*, Frei- und Sportfläche
2 Säulenhallen *(porticus)*
3 Im Freien gelegenes Badebecken *(natatio)*
4 Kaltbad *(frigidarium)* mit kleineren Wannen und Schwimmbecken
5 Lauwarm beheizter Badetrakt *(tepidarium)*
6 Warmbadetrakt *(caldarium)*
7 Große Warmwasserbecken
8 Kellergänge zur Bedienung der Heizungen und Abwasserleitung
9 Lichthöfe
10 Reste der frühmittelalterlichen Kirchenanlage
Wasserflächen schraffiert

Schwimmbäder auch sportliche Betätigung ermöglichten. Noch bis in das 17. Jahrhundert standen Teile der Anlage als hochragende Ruinen aufrecht, wurden dann aber als praktisch nicht mehr nutzbare Trümmer ausgebeutet. Das Material diente zum Bau des Jesuitenkollegs, andere Reste sind im Vorfeld der Stadtbefestigung 1673 gesprengt worden.
Von der ehemals prachtvollen Anlage, die trotz mancher Zerstörung immer wieder repariert und vom 2. bis in das Ende des 4. Jahrhunderts in Nutzung blieb, zeugen Meisterwerke antiker Bildhauerkunst (Kopie der Amazone des Phidias), Reste marmorner Wandverkleidung, farbige Marmor- und Granitsäulen und Boden- und Wannenbeläge. 1877 einsetzende Untersuchungen haben interessante Reste der technischen Installation zu Tage gefördert und erlaubten, den Gesamtgrundriß der Anlage wenigstens zeichnerisch zu rekonstruieren (Feuerungen der Hypokaustheizungen, Kanalisation, Bedienungsgänge).
Das Badegebäude ist zu einem Viertel seiner ursprünglichen Ausdehnung im Südosten freigelegt und begehbar.

Weiterführende Literatur:
D. Krencker – E. Krüger, *Die Trierer Kaiserthermen*, 1929

↙ ↓ Trier. Barbarathermen. Der südöstliche Teil des Badegebäudes von Nordost

Die Porta Nigra

Im letzten Viertel des 2. Jahrhunderts wurde Trier mit einer repräsentativen Stadtmauer von 6418 m Länge umgrenzt, die an den Haupt- und Ausfallstraßen mit prächtigen Torburgen gesperrt werden konnte. Während an der Ostseite des Stadtgebietes das Amphitheater als monumentale Zwingburg und Doppelsperre in den Mauerring einbezogen wurde, mußten im Süden, Westen (Römerbrücke) und Norden Toranlagen erstellt werden, die bis auf die Porta Nigra im Mittelalter abgebrochen und zerstört worden sind.

Aus großen Sandsteinquadern gefügt, die durch in Blei vergossene Eisenkrampen miteinander verbunden sind, ist die *Porta Nigra* Burg, Tor und Triumphbogen zugleich. Der zwei Geschosse hohe Mauersockel wird von zwei großen Toröffnungen unterbrochen, die an der Stadtseite von den risalitartig vorspringenden Türmen flankiert sind. Durch einen zwingerartigen Binnenhof gelangt man zu der äußeren Torsperre, deren Bogenöffnungen durch Fallgatter geschlossen werden konnten. Hier treten die flankierenden Türme im weiten Halbkreis vor den Tor- und Mittelbau.

Über dem massiven doppelten Sockel- und Torgeschoß folgen zwei Fenstergeschosse, während die flankierenden Türme ein drittes Fenstergeschoß zeigen, das ursprünglich zur Stadtseite von einem Giebel, zur Landseite von der halbkegelförmigen Dachkonstruktion überragt wurde.

Alle Flächen sind durch Halbsäulen mit Basen und Kapitellen gegliedert, die Fenster, Torgewände und Stirnflächen mit grob angedeuteten Profilleisten eingefaßt.

Insgesamt macht das Bauwerk einen unfertigen Eindruck, der dadurch verstärkt wird, daß Zierglieder wie Flächen an den Außenseiten unregelmäßig und nicht geglättet erscheinen, d. h. die Quader stehen noch in bruchfrischen Bossen. Die Stoß- und Lagerflächen der großformatigen Quader hingegen sind äußerst sorgfältig zugerichtet und geglättet. Im Innern bildeten Balken und Bohlenlagen, die auf vorkragenden Konsolbänken auflagerten, die Böden und Decken der verschiedenen Etagen und Zwischengeschosse.

→ Trier. Die stadtseitige Front der Porta Nigra. Links das Stiftsherrenkloster St. Simeon

HOTEL PORTA NIGRA
Dorint hotel

In den metallarmen Zeiten nach der Völkerwanderung wurden die eisernen Krampen und Bleivergüsse, soweit erreichbar, an den Quaderstößen gewaltsam ausgebrochen. Dieses Zerstörungswerk, über Jahrhunderte fortgeführt, endete mit der Ankunft eines heiligmäßigen Mannes, des Eremiten Simeon. Er hatte durch Unterstützung seines Freundes und Wohltäters, des Trierer Bischofs Poppo, die Porta als Eremitenklause bezogen und sich im Ostturm in luftiger Höhe einmauern lassen. Nach seinem Tode wurde 1038/39 die Porta Nigra in eine Kirche umgewandelt, deren große Anziehungskraft um 1150 einen verschönernden Um- und Erweiterungsbau verlangte. Diesem Umbau gehört die romanische Apsis mit der zierlichen Zwerggalerie an. Andere Zutaten wie Kapellen, das Untergeschoß verdeckende Krypten- und Treppenrampen sowie Gewölbe und Turmaufbauten wurden auf Verlangen Napoleons nach der Säkularisation des Simeonstiftes seit 1804 entfernt.

Weiterführende Literatur:

E. Gose, B. Meyer-Plath, J. Steinhausen, E. Zahn, *Die Porta Nigra in Trier. Trierer Grabungen und Forschungen* 4, 1969

H. Cüppers, *Die römische Stadtmauer und das nördliche Gräberfeld bei der Porta Nigra.* Trierer Zeitschr. 36, 1973, 133-222

H. Cüppers, *Trier-Porta Nigra.* Führer der Verwaltung der staatlichen Schlösser in Rheinland-Pfalz, Heft 10, Mainz 1978

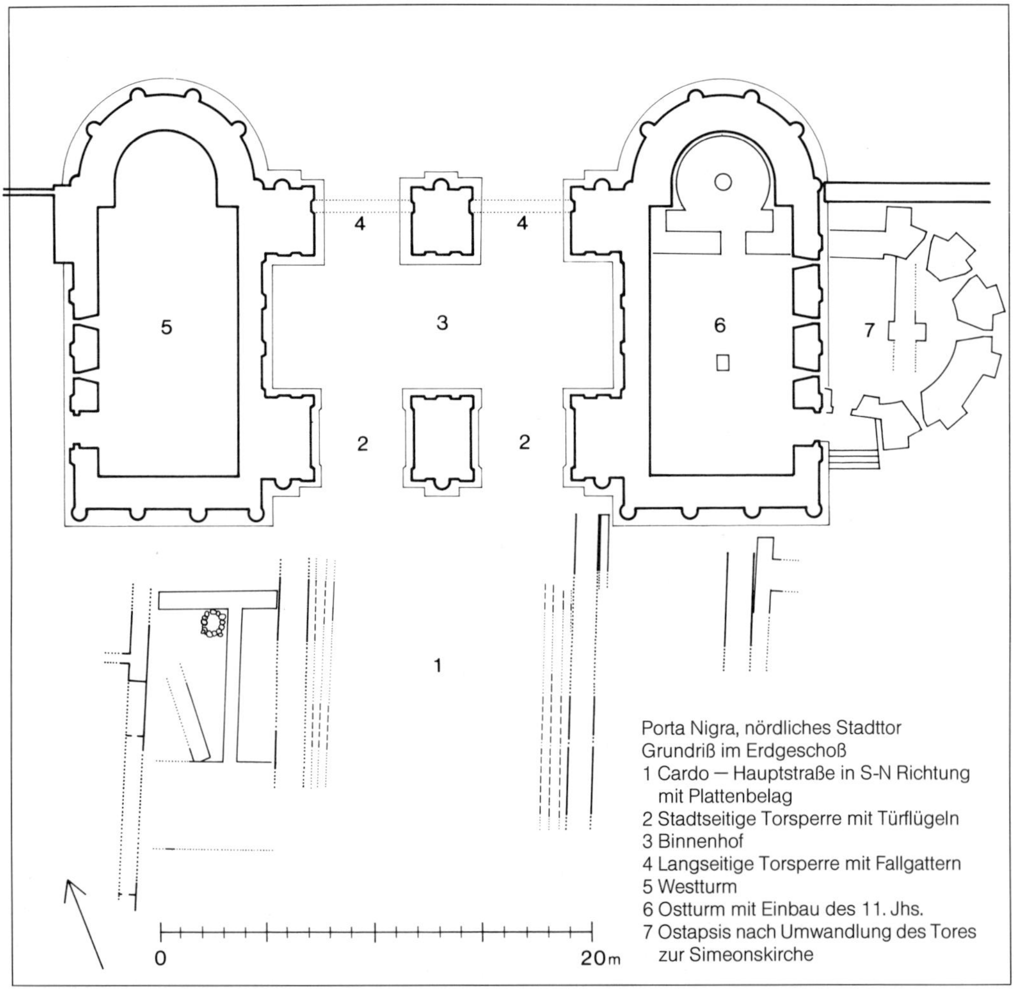

Porta Nigra, nördliches Stadttor
Grundriß im Erdgeschoß
1 Cardo – Hauptstraße in S-N Richtung mit Plattenbelag
2 Stadtseitige Torsperre mit Türflügeln
3 Binnenhof
4 Langseitige Torsperre mit Fallgattern
5 Westturm
6 Ostturm mit Einbau des 11. Jhs.
7 Ostapsis nach Umwandlung des Tores zur Simeonskirche

St. Matthias

An der römischen Reichsstraße Trier-Metz ist seit dem 4. Jahrhundert n. Chr. ein ausgedehntes Garten-, Feld- und Wingertgelände gelegen, das bis 1800 als Immunität und Besitz des Benediktinerklosters St. Eucharius – St. Matthias ausgewiesen ist.

Außerhalb des Stadtgebietes und des mit Gräberfeldern belegten Vorgeländes (durch einen Bachlauf begrenzt) befand sich hier eine suburbane Villa, deren Anfänge bis in das 2. Jahrhundert zurückreichen dürften. Im 3. Jahrhundert wurde von den Eigentümern eine Grabanlage errichtet, die unter der heute auf dem Friedhof gelegenen Quirinuskapelle des 12. Jahrhunderts (sechseckiger Zentralbau östlich der Kirche) noch erhalten ist und einen reliefierten und farbig gefaßten Bildersarg in dem Kryptengewölbe einer Grabbasilika bewahrt.

Hier sollen, der Überlieferung nach, die ersten Missionsbischöfe des Trierer Landes Unterkunft gefunden haben und auch bestattet worden sein, Ereignisse, die zwischen 260 und 320 n. Chr. stattfanden.

Um das Jahr 456 errichtete der Trierer Bischof Cyrillus eine kleine Kirche, im Terrain der heutigen Basilika gelegen, in die er die Gebeine der Bischöfe Eucharius und Valerius transferierte.

Auf dem Kirchenvorplatz und im umliegenden Garten- und Friedhofsgelände, aber auch innerhalb der romanischen Kirchenanlage selbst wurden Tausende christlicher Bestattungen, über 400 frühchristliche Grabinschriften sowie zahlreiche Mausoleen-Grabkammern freigelegt. Sie beweisen die besondere Anziehungskraft dieses Areals als Bestattungsstätte, die nicht nur der Existenz der Bischofsgräber, sondern vielleicht auch einer Verehrungsstätte des Apostels Matthias verdankt wird.

Weiterführende Literatur:
Die kirchlichen Denkmäler der Stadt Trier 204-282
Die Kunstdenkmäler der Rheinprovinz 13, 3, 1938
Führer zu vor- und frühgeschichtlichen Denkmälern 32, 1, 1977 *Trier* I, 226-237

↓ Trier. Ansicht von Süden mit Blick auf das Gelände der Villa suburbana, Friedhof und Klosteranlage von St. Matthias

Palastbasilika

Gleichzeitig mit dem Beschluß, die Augusta Treverorum zur Residenz eines Caesars (um 290 n. Chr.) zu erheben, wurde auch das Plankonzept des Palastberinges entworfen, das nach dem Willen der kaiserlichen Bauherren östlich des Cardo große Flächen des Stadtgebietes in Anspruch nehmen sollte. Die hier bis in das 1. Jahrhundert n. Chr. zurückreichende Bebauung war während der katastrophalen Alamanneninvasion von 275 offenbar so stark zerstört worden, daß auch die Grundstücks- und Hauseigentümer dem Vorhaben keinen Widerstand entgegensetzten. Die Überbauung der Straßen machte den Planern und Bauherren keine Schwierigkeiten, zumal im Bereich der Basilika schon eine große peristyle Anlage (Bau mit Säulenhof) um einen Versammlungsraum mit Konche erweitert worden war, indem die anschließende Nord-Süd-Straße kurzerhand überbaut wurde. Andererseits berücksichtigte die Planung verwertbare, noch bestehende Bauten der Vorgängerzeit, die in die Neuanlagen geschickt eingepaßt worden sind.

Nach Abschluß der Planierung wurde um 306 mit dem Bau der Basilika begonnen, die als mächtige, stützenlose Halle das Herzstück der Residenz bilden sollte.

Insgesamt 75 m lang, ist der rechteckige Hallenraum 60 x 27,20 m groß und öffnet sich nach Norden in eine Apsis mit 12,50 m Innenradius, die durch eine Triumphbogenwand optisch abgesetzt ist. Die Langhauswände, 2,70 m stark, reichen bis in eine Höhe von 33 m und sind an den Außenseiten, wie auch die Front und Apsismauer, durch vorspringende Lisenenpfeiler mit Bogenschluß gegliedert. Die tiefer liegenden Wandscheiben sind bis auf 8 m Höhe geschlossen, darüber folgen zwei Fenstergalerien. In den Ecken des Gebäudes finden sich gemauerte Wendeltreppen, die in Hö-

↓ → Trier. Basilika und bischöfliches Palais (heute Bezirksregierung)

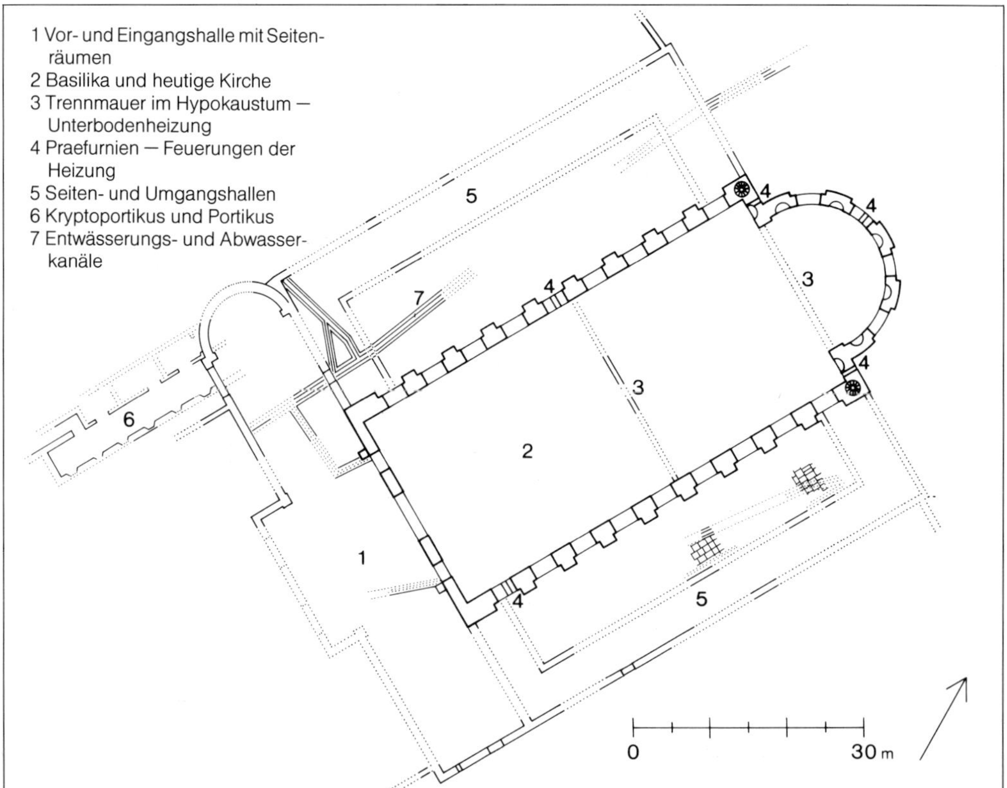

he der Fensteretagen Türausgänge zeigen und Zugang zu weit vorkragenden Galerien gewährten. Diese aus Holz konstruierten und verputzten Elemente wirkten wie Gesimse, die die enorme Baumasse gefällig gliederten, indem sie den Eindruck der in die Höhe strebenden Lisenen milderten und ein Gefühl gravitätischer Schwere und Breite aufkommen lassen. Diese Gesims-Umgänge hatten aber auch eine praktische Funktion, denn sie gestatteten die Reinigung der Fensterflächen und die Kontrolle der Heizungs-Kamine am Untergeschoß.

Ganz aus Ziegeln und dicken Mörtellagen errichtet, bot die mächtige Baumasse jedoch in der Antike einen wesentlich einheitlicheren Anblick, da alle Mauerflächen mit einem rötlich scheinenden Ziegelputz überzogen waren, aus dem die Gesimse und die farbig gefaßten Fenstergewände (mit ockerfarbener Malerei) sich hervorhoben. Für den Besucher wirkte das Bauwerk, das heute von der Apsis und westlichen Langseite her frei steht, um vieles eindrucksvoller, aber auch harmonischer, denn die Halle erhob sich nicht unvermittelt auf freier Fläche, sondern überragte hohe Seitenhallen und Bauten des Palastberinges. An der Front gleichermaßen eingebunden, wurde der Blick von der vorgelagerten Platzfläche zu den flankierenden Säulenhallen und Portiken hingelenkt, die zu einer höheren, breit vor der Front gelagerten Halle anstiegen, um in der quadratischen Vorhalle (mit lisenengegliedertem Doppeleingang und bis zur zweiten Fenstergalerie reichendem Giebel) zu dem Hauptbau überzuleiten, dem »Sitz der Gerechtigkeit, der bis zu den Sternen des Himmels hinanreicht«, wie es der Lobredner in bildreicher Sprache ausdrückte (Panegyrikus von 310).

Nicht minder eindrucksvoll mußte einst der Innenraum wirken, der heute, jeglichen Zierates beraubt, in seiner Rohbauform den Betrachter die Macht des Imperiums ahnen läßt. Neben der technisch ausgeklügelten Kombination von Fußboden- und Wandheizung, die in verschiedenen Raumkompartimenten von fünf einzelnen Feuerstellen her betrieben wurde, zierte ein prachtvoller Marmorbelag mit vielfarbigen geometrischen Elementen den Boden. Die Wandflächen waren bis zur zweiten Fensteretage mit Marmorplatten verkleidet, die ebenfalls vielfarbig, z. T. auch durch architektonische Gliederungselemente in Relief unterteilt waren. Das obere Geschoß war offenbar nur verputzt und bemalt. Nordwand und Apsidenwand zeigen große Nischen, die, architektonisch gerahmt, in den Flächen Goldranken auf weißem Grund trugen und in Mosaik ausgeführt waren.

Nach der Verlegung des kaiserlichen Hofes nach Mailand (um 400 n. Chr.) und den mehrfachen Zerstörungen der Stadt Trier im 5. Jahrhundert n. Chr., war die mächtige Ruine als Staatsbau dem fränkischen Königsgut zugefallen, und ein Gaugraf nahm seinen Sitz in dem Bering, der seit 902 n. Chr. als Schenkung an den Trierer Bischof gelangt war. An den Innenwänden wurden kleinere Bauten angelehnt, die Apsis zum Turm geschlossen, und auch die großen Fensteröffnungen wurden vermauert, so daß das Bauwerk zur uneinnehmbaren Festung und Trutzburg in Zeiten der Gefahr ward. Nach 1614 wurden Ost- und Südwand der Basilika niedergerissen, um, dem Geschmack der Zeit entsprechend, einem Schloß mit großem Innenhof Platz zu machen, ein Vorhaben, das unter Erzbischof Philipp von Walderdorff (1756-68) mit der Umwandlung des Palast-Südflügels in die heutige Rokokofassade zum Abschluß kam, aber unvollendet blieb.

In der Saekularisation wurde das Kirchengut profaniert, das Palais geplündert und zu Lazarett und Kaserne umgewandelt, die die preußische Verwaltung 1814 übernahm und bis 1918 weiter benutzte. Der preußische König Friedrich Wilhelm IV. förderte die stilgerechte Wiederherstellung der römischen Basilika, die künftig als protestantische Erlöserkirche genutzt werden sollte (1856 fertiggestellt).

1944 durch Brandbomben und Artilleriegranaten ausgebrannt und stark beschädigt, wurde nach dem Kriege der Wiederaufbau mit Mitteln des Bundes, des Landes Rheinland-Pfalz und der Kirchengemeinde eingeleitet und 1956 zu der heutigen Form geführt, die den Bau in monumentaler und eindrucksvoller Schlichtheit im Bestand gesichert uns erhalten hat.

Weiterführende Literatur:
Führer zu vor- und frühgeschichtlichen Denkmälern 32, 1, Mainz 1977, *Trier* I, 141-165

Die Kaiserthermen

Für die Bedürfnisse des kaiserlichen Hofstaates wurden östlich des Forums vier Wohninseln, die ehemals mit ausgedehnten privaten Stadtvillen bebaut waren, zusammengelegt und ein prachtvoller Badekomplex erstellt. Zum östlich ansteigenden Gelände des Stadtgebietes hin war die Fläche mit einer großen Terrassenmauer abgeschlossen, die in weitem Halbkreis (etwa dem Radius der Straßenunterführung entsprechend) ausgelegt wurde.

Auf eine Ost-West orientierte Achse bezogen, entwickelt sich die Anlage in strenger Symmetrie mit den einzelnen nach Breite und Höhe unterschiedlich ausgebildeten Bauteilen.

An der Westseite (unterer Bildteil) bildete eine Pfeilerhalle mit triumphbogenartigem Hauptportal die Eingangsfront, hinter der sich eine Folge ausgedehnter Räume und ein großes halbkreisförmiges Nymphäum (den Nymphen geweihtes Brunnenhaus) befanden.

Die weite Fläche der Palästra (Binnenhof), geeignet als Spiel- und Sportplatz, war ebenfalls von großen Laubengängen gesäumt, die an der Ostseite gegen die Halle des *frigidariums* (Kaltbadesaal) auslaufen.

Das Frigidarium zeigt nach Westen eine große, apsidenförmige Badepiscine, an die eine überwölbte langrechteckige Halle anschließt, die nach Norden und Süden von abgezonten, niedrigeren Nebenräumen begleitet wird.

Nach Osten folgt, auf der Mittelachse, ein der Westseite entsprechend gebildeter Apsidenraum, durch den man in einen kleineren Rundbau gelangte, das *tepidarium* (lauwarmes Bad), dem an der Nord- und Südseite Kleinwannen zugeordnet waren.

Den Ostabschluß des reich gegliederten Gefüges bildet das *caldarium,* der heiße Badetrakt. Dem weitläufigen, rechteckigen Hauptraum als Wandelhalle sind an den Schmalseiten hochragende Konchen vorgesetzt, während die östliche Breitseite, durch einen mächtigen Korbbogen geöffnet, in den Wannenraum der Apsis Durchgang gewährte. Dieser Großraum mit seinen drei, die Außenansicht bestimmenden Apsiden und Konchen war, auch im Bereich der Badebecken, beheizt. Die Präfurnien (Feuerstellen) wurden aus benachbarten Räumen und einem der Apsis vorgelagerten Umgang her beschickt.

Die im Mittelbereich gelegenen Anlagen des Tepidariums wurden von Lichthöfen und unterirdischen ›Kellergängen‹ her bedient, die gleichzeitig die technischen Installationen der Wasserzu- und -ableitung aufnahmen und über die Straßenkanalisation in die Mosel ableiteten.

Bedingt durch großflächige Veränderungen im Bereich der kaiserlichen Wohnpaläste (Gebiet des Domes), führte man um die Mitte des 4. Jahrhunderts n. Chr. die Thermenanlage einer neuen Nutzung zu.

Die Palästra wurde um die Fläche des Frigidariums vergrößert, und erster, die Platzfläche bestimmender Bau wurde das Tepidarium,

↓ Trier. Kaiserthermen, Modell

das als Rundbau mit Kuppel und kegelförmiger Dachdeckung repräsentativen Charakter hatte.
Nördlich vor Tepidarium und Caldarium entstand eine kleinere Badeanlage, die immerhin so viel beweist, daß die Bewohner und Nutzer im Umkreis der Thermen noch einen Sonderbedarf hatten, der nicht durch die weiter bestehenden öffentlichen Bäder an der Mosel abgedeckt war.
Die außerordentlich massiven Mauern sind sorgfältig mit zugerichteten Kalksteinen verblendet, hinter denen ein ›Gußbeton‹ aus einem Konglomerat von Steinschrotteln und Mörtel verfüllt ist. In gleichmäßigen Abständen von 3-7 Steinlagen sind als horizontale Ausgleichschicht Ziegel (2-3 übereinander) verlegt. Alle statisch wichtigen Elemente wie Bögen, Stützpfeiler und Öffnungen (Türen, Bögen der Fenster und Feuerstellen) sind ebenfalls in Ziegelmauerwerk ausgeführt. Die Gewölbe der weitläufigen Keller und Umgänge sind auf Lehren vergossen, die zum Teil noch die Abdrücke der Verschalungen erkennen lassen.
Von der ehemals prachtvollen Innenausstattung zeugen Architekturglieder (Säulen, Architrave) und Reste von marmornen Wand- und Bodenverkleidungen.
Zu Beginn des 5. Jahrhunderts aufgegeben, war eine praktische Nutzung und bautechnische Unterhaltung nicht mehr möglich. Die Anlage verfiel schnell und diente über Jahrhunderte als leicht erreichbarer Steinbruch der Gewinnung von Baumaterial.
Die mittelalterliche Stadtbefestigung des 12. Jahrhunderts, die nur ein Drittel der römischen Siedlungsfläche umschloß, bezog die Ruinen in den Mauerverlauf ein und nutzte die südliche Konche des Caldariums als Stadttor (Alderburg-Aaltor-Altpforte-*Porta alba*).
Erste Freilegungsarbeiten zur Erforschung der ebenso romantischen wie rätselhaften Ruine setzten bereits 1817 ein, doch glaubte man bis zu den Grabungen 1912-14, die Ruinen einer Kirche zuschreiben zu müssen.

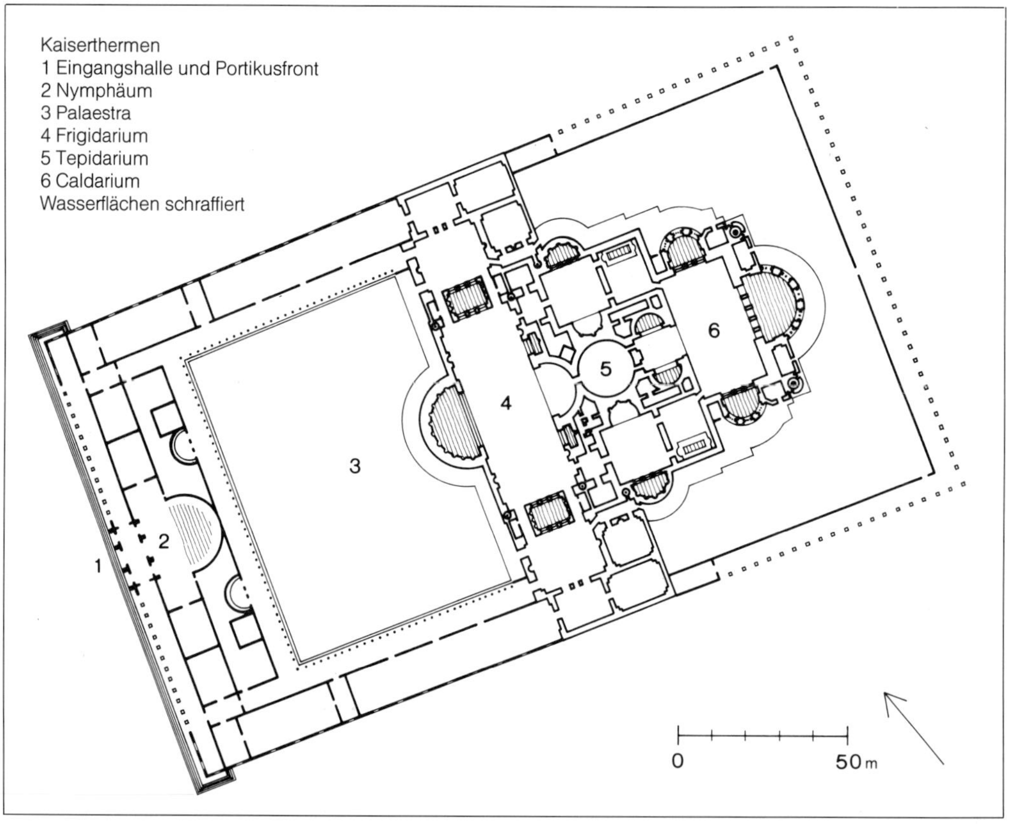

Ergänzende Untersuchungen sowie vollständige Freilegung des Palästraberinges wurden 1960-1974 durchgeführt und erlaubten auch, die Siedlungsreste der Vorthermenzeit großflächig freizulegen und z. T. unter der Erde zu konservieren.

Weiterführende Literatur:
D. Krencker – E. Krüger, *Die Trierer Kaiserthermen. Trierer Grabungen und Forschungen* 1, 1, 1929
Führer zu vor- und frühgeschichtlichen Denkmälern 32, 1, 1977 *Trier* I 1, 178-189

↓ Trier. Die Kaiserthermen von Südwesten. Im Vordergrund die freigelegten Teile der Palaestra

Dom, Liebfrauenkirche

Wie für die Kaiserthermen und Basilika wurden auch für die Privatpaläste des kaiserlichen Hofstaates ältere Wohnquartiere, die bis in das 2. Jahrhundert n. Chr. zurückreichen, einplaniert und neu bebaut. Soweit die bei Kanalgrabungen und Einzelsondierungen festgestellten Reste erkennen lassen, waren die einzelnen Bauten von relativ großem Zuschnitt, verblieben aber im Rasternetz der seit der Gründung der Stadt festgelegten Straßenzüge. Im Kern der Bischofskirche wurden bei den Untersuchungen nach dem Kriege und dem Wiederauf- und Umbau der Jahre 1959-74 die Mauerzüge eines Palastes freigelegt, der u. a. auch einen großen Saal umschloß, dessen Wände und herabgestürzte Decken buntfarbene Bemalung trugen. In jahrzehntelanger Arbeit wurden die Malereifragmente mit Tausenden von Stücken nicht nur geborgen, sondern auch zusammengesetzt und sind heute im Bischöflichen Museum ausgestellt. Quadratische und rechteckige Felder, in ornamentale Rahmen gefaßt, zeigen in wechselnder Folge eindrucksvolle Porträts der weiblichen Mitglieder der kaiserlichen Familie und Flügelgenien mit prachtvollen Geschenken aus edlem Metall. Dieses einzigartige Bildensemble zierte einst die Decke eines Festsaales und ist, in konstantinischer Zeit von hervorragenden Malern

→ Trier. Blick von Nordosten auf die Kirchengruppe von Dom und Liebfrauen

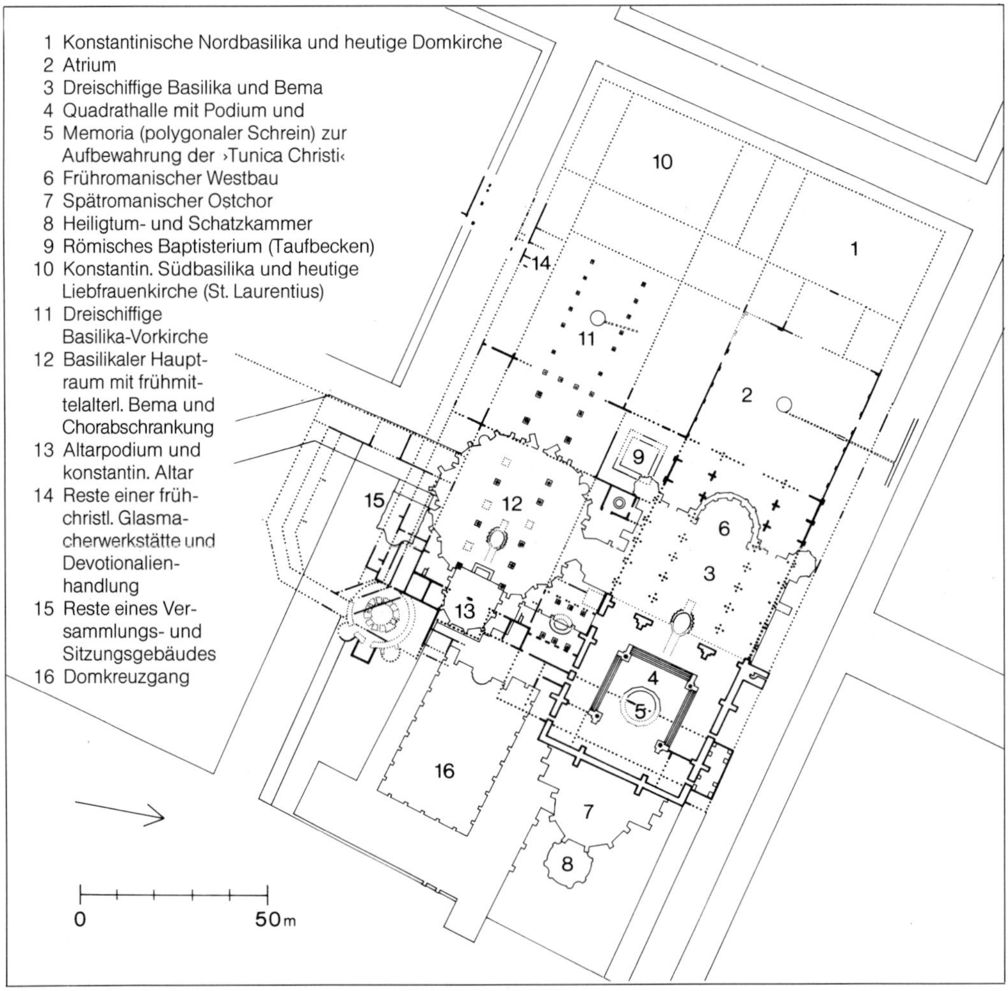

geschaffen, zu den bedeutendsten Kunstwerken der Spätantike zu rechnen.
Um 326 n. Chr. wurden die privaten Wohnpaläste in diesem Bereich niedergelegt, um einer Doppelkirchenanlage Platz zu machen, die nach ihrer Fertigstellung die konstantinischen Prachtbauten des Heiligen Landes, die Geburtskirche zu Bethlehem, die Grabeskirche zu Jerusalem, an Größe übertraf. Mit diesem Kirchenbau verbindet die Überlieferung die Mutter Konstantins, die Kaiserin Helena (*domus Helenae*), unter deren direktem Einfluß der Kirchenbau an dieser Stelle verwirklicht worden ist. Zwei basilikale Gebäude, jeweils 40 m breit und über 130 m lang, wurden errichtet und waren im Innern durch Säulenstellungen in je drei Schiffe gegliedert. Nach Westen reichten diese Kirchen über die heutige Bebauung, den Vorplatz und die Kurien hinaus bis fast an den Hauptmarkt.
Zwischen beiden Kirchenanlagen lag ein großes Baptisterium (Taufbecken), das der Erwachsenentaufe diente und in der Tat als tiefes Badebecken zum Eintauchen der Täuflinge in größerer Zahl geeignet war.
In der Südbasilika wurde der Mauersockel des Altares im östlichen Teil entdeckt. Der Altarraum war durch Schranken von dem Laienraum abgeteilt und lag auf einem hypokaustierten Podium erhöht zum Kirchenschiff. Wenigstens drei Chorschranken, die zahlreiche Ritzinschriften tragen, sind Nachweis für Veränderungen im Altarbereich.
Die Nordbasilika (der heutige Dom) war offenbar von Beginn an als Reliquienkirche bestimmt. Im Chorbereich wurde ein Ciborium, ein polygonaler Einbau entdeckt, dessen zierliche Säulen ein Kuppeldach trugen und eine Reliquie umschlossen, die der Überlieferung nach in der ›Tunica Christi‹ – dem ungenähten Leibrock – zu erkennen ist.
Dieser Bereich ist in der Zeit des Kaisers Gratian (375-383) monumental umgestaltet worden, indem über dem Verehrungsort der Reliquie eine 40 x 40 m große Halle errichtet worden ist, die ursprünglich mit sechs mächtigen Granitsäulen aus dem Odenwald, dann in einer zweiten Phase, als prächtiger Baldachin auf vier Säulen aufgestützt, an die nach Westen weiter bestehende Basilika anschloß.
Dieser Umbau ist heute noch als Kernbau des Domes (Quadrathalle) bis über die Wölbung und an den Querhauswänden bis über die zweite Fenstergalerie im römischen Mauerbestand erhalten. Das Innere war mit Marmor und Mosaik (Glasmosaik) verziert.
Nach den Zerstörungen der Völkerwanderungszeit hat Bischof Nicetius im 6. Jahrhundert den Kernbau mit der Herrenreliquie provisorisch wieder hergerichtet, während die Südbasilika, besser erhalten, den liturgischen Funktionen diente. Nach einem ottonischen basilikalen Bau im Anschluß an die Quadrathalle wurde die heutige Domkirche in den Proportionen dem römischen Bau angepaßt – wiederum als An- und Erweiterungsbau –, dem Kernbau unter Erzbischof Poppo (1016-1064) vorgesetzt, dem auch die so eindrucksvolle Westfront mit Apsis und mächtigen Türmen verdankt wird. Eine Erweiterung nach Osten erfolgte im 12. Jahrhundert (Ostchor). Diesem Baukörper wurde nach Einwölbung des großartigen Hallenbaues (12./13. Jahrhundert) zu Ende des 17. Jahrhunderts die feingliedrige Schatzkammer im Osten angefügt. 1235-1243 wurde auch die Südbasilika umgestaltet und durch das frühgotische Meisterwerk der Liebfrauenkirche ersetzt.
Dom, Liebfrauenkirche und die Kurien der Domkanoniker wurden, vielleicht in Nachfolge einer spätantiken Befestigung, im 10. Jahrhundert mit der sog. Helenamauer oder Ludolfschen Ringmauer und vorgelagertem Graben umgrenzt. Dieser Immunitätsbering war mit besonderen Rechten (Asylrecht) ausgestattet und hatte auch eigene Gerichtsbarkeit.
Der Immunitätsbering ist heute noch eine kaum gestörte Einheit, die sich aus dem Gesamtgrundriß der Stadt deutlich heraushebt und im Baubestand mit Resten der Wehrmauer, romanischen Kapellen und Häusern, den eindrucksvollen Kirchenanlagen auf engstem Raum nahezu alle Stilrichtungen abendländischer Baukunst repräsentiert.

H. C.

Weiterführende Literatur:
N. Irsch, *Der Dom zu Trier, Die Kunstdenkmäler der Rheinprovinz* 13, 1, 1931
Th. K. Kempf, *Grundrißentwicklung und Baugeschichte des Trierer Domes. Das Münster* 21, 1968, 1-32
Th. K. Kempf, W. Reusch u. a., *Frühchristliche Zeugnisse im Einzugsgebiet von Rhein und Mosel*, 1965

Schwarzenacker

Römische Zivilsiedlung (vicus)

Die römische Siedlung Schwarzenacker im Saarland liegt wenige Kilometer südlich von Homburg an einer Stelle, wo sich das Tal der Blies zwischen den Anhöhen im Westen und Osten stark verengt. Die Straßenverbindungen des Platzes waren im Altertum ausgezeichnet, man hatte Verbindungen nach Trier, Metz und Straßburg. – Hier kann man so gut wie sonst nirgendwo in Deutschland eine Vorstellung vom Aussehen und der Struktur einer kleineren römischen Zivilsiedlung bekommen, einer kleinstädtischen Mittelpunktsiedlung jener Art, welche die Römer *vicus* nannten.

Die Ausgrabungen im *vicus* Schwarzenacker begannen nach dem Zweiten Weltkrieg, zuerst vereinzelt, dann ab 1965 systematisch und mit großartigen Resultaten. Was man bisher auf einer Fläche von etwa 90 x 120 m untersuchen konnte, ist zwar nur ein kleiner Teil der vermutungsweise sehr viel größeren antiken Siedlung, bietet uns jedoch bereits eine Fülle von interessanten Informationen. Hauptsächlich erfährt man etwas über Typus und Bauweise von Häusern. Was in solchen *vici* zu erwarten ist, sind Häuser eines bestimmten kleinstädtischen Typs; dabei handelt es sich meistens um lange, rechteckige Bauten, die mit der Schmalseite zur Straße hin liegen. Sie stehen mit den Nebenhäusern entweder Wand an Wand oder sind durch einen schmalen Gang von ihnen getrennt. In Schwarzenacker bietet sich uns ein noch differenzierteres Bild. Nicht nur, daß wir zwei sich im rechten Winkel kreuzende Straßen vorfinden, was einen regelmäßigen, planmäßig ausgeführten Stadtgrundriß zumindest vermuten läßt; wir finden auch zwei unterschiedliche Haustypen: ein größeres Haus mit breiter Straßenfront und ein schmales, kleineres Haus.

Die größeren Häuser sind richtige Wohnhäuser, ihre Räume gruppieren sich um einen Innenhof oder um einen überdachten Wirtschaftsraum. Die kleineren Häuser stehen als Reihenhäuser mit der Schmalseite zur Straße hin, deren Gehsteig von einer Pfeilerhalle (*porticus*) vor Regen und Sonne geschützt war. Es sind typische Gewerbehäuser mit einem Keller und oft zusätzlich mit einer steinernen Kühltruhe oben im Verkaufsraum.

Sehr auffällig unter den Häusern und Funden ist das sogenannte Haus mit dem Säulenkeller (im Plan Nr. 3). Es handelt sich um ein größeres Haus mit einem Saal zu ebener Erde und einem durch Pfeiler und Säulen gegliederten großen Kellerraum. Zwei der Säulen im Keller tragen angearbeitete runde Tischplatten aus Stein, das Haus diente also zu irgendwelchen Versammlungen. Unter den Funden aus diesem Haus sind einige recht gute Bronzestatuetten inzwischen berühmt geworden; zu diesem Fundkomplex gehören z. B. ein sitzender und ein stehender Mercurius, eine Victoria, ein Apollo, ein Neptunus und ein Genius Populi Romani, ein Genius des römischen Volkes. – Die Ostwand des Saales im Erdgeschoß war bemalt. Leider haben sich nur geringe Reste erhalten, doch sind noch große Figuren aus der Thematik des Gottes Bacchus/Dionysos zu identifizieren. Es ist deshalb nicht ausgeschlossen, daß wir es mit einem Versammlungshaus von Anhängern der Bacchusmysterien zu tun haben. Diese Mysterien hatten mit ihrem Unsterblichkeitsinhalt eine beträchtliche Bedeutung in allen Teilen des römischen Reiches.

Der *vicus* Schwarzenacker hatte seine Blüte im 2. und 3. Jahrhundert n. Chr. Wahrscheinlich wurde er bei dem verheerenden Germaneneinbruch des Jahres 275 n. Chr. zerstört. Der Platz wurde nicht wiederaufgebaut. Man hat in Schwarzenacker nicht wie z. B. in Alzey im 4. Jahrhundert ein Kastell gebaut (s. S. 140). Für die mittlere Kaiserzeit, jene lange und fruchtbare Friedenszeit des römischen Reiches, belegt Schwarzenacker exemplarisch das hohe zivilisatorische Niveau einer kleinstädtischen, der umgebenden Landwirtschaftsregion als Mittelpunkt dienenden Zivilsiedlung.

E. Kü.

Weiterführende Literatur:

A. Kolling, *Die Bronzestatuetten aus dem Säulenkeller. Forschungen im römischen Schwarzenacker* 1, Einöd/Saar 1967

A. Kolling, *Grabungen im römischen Vicus Schwarzenacker. Ausgrabungen in Deutschland*, gefördert von der Deutschen Forschungsgemeinschaft 1950-1975, Teil 1, Mainz 1975, 434 ff (mit weiterer Literatur)

→ Schwarzenacker. Römische Siedlung *(vicus)*

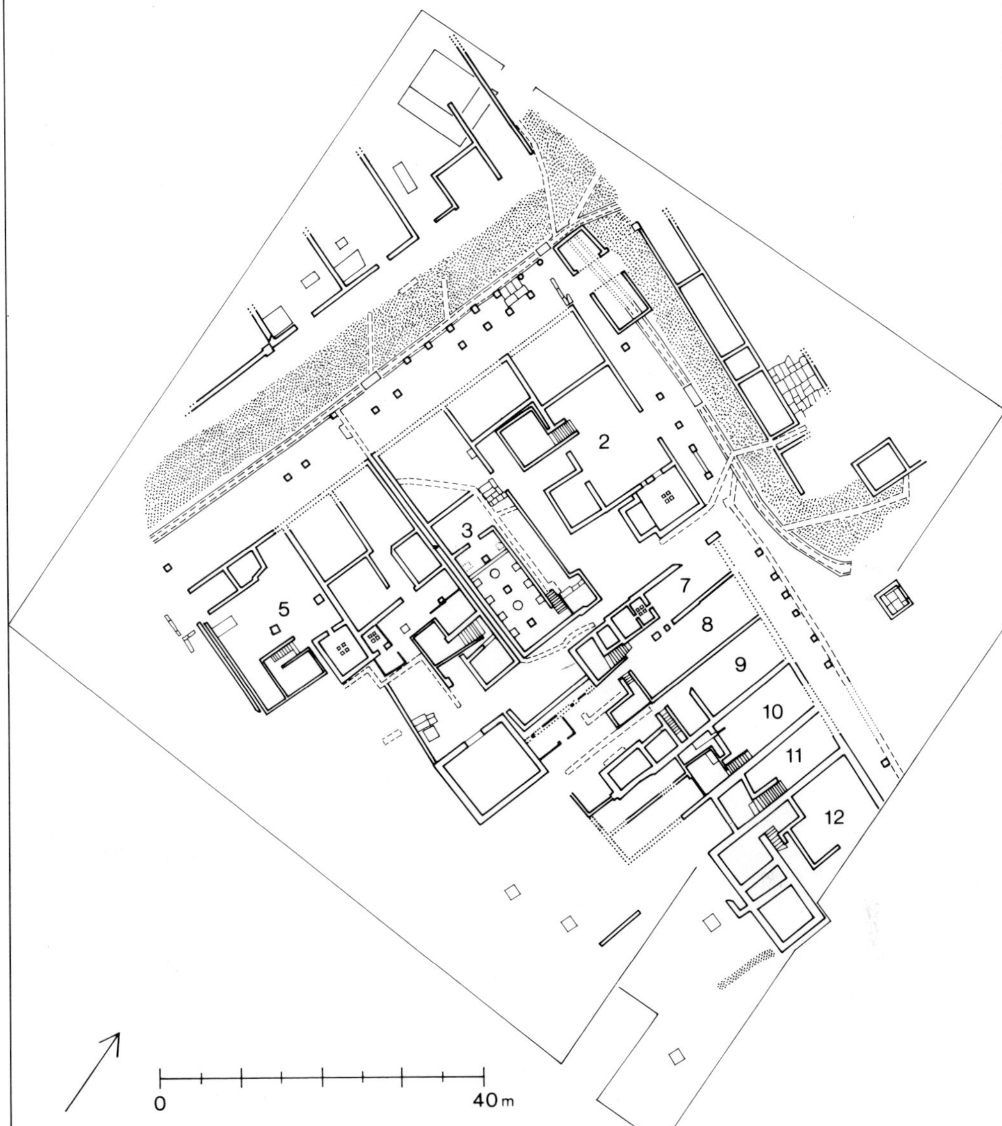

Schwarzenacker, *vicus*
2 Haus des Augenarztes
3 Haus mit dem Säulenkeller
5 großes Wohnhaus
7 – 12 gewerbliche Reihenhäuser

Konz / *Contionacum*

Erhöht über der Niederung des Talgrundes der Mosel erhebt sich im Bereich der alten Ortslage die moderne Pfarrkirche von 1959, die eine ältere Vorgängerkirche ersetzt. Zum Tal hin fällt der Geländerücken relativ steil ab und ist an der Südseite durch einen Geländeeinschnitt begrenzt. Kirchenvorplatz, Friedhof, Kirchenneubau und Pfarrhaus überbauen in ihrer gesamten Ausdehnung eine aufwendige spätrömische Villa des 4. Jahrhunderts n. Chr., die als kaiserliche Sommervilla durch die Daten und Absendeangaben verschiedener kaiserlicher Erlasse sicher bestimmt werden kann. Noch bis zum 17. Jahrhundert ragten die römischen Mauern des Bauwerkes in beträchtlicher Höhe empor, wurden dann aber bis auf einen noch verbliebenen Rest, der 1853 von der Gesellschaft für nützliche Forschungen in Trier erworben und damit erhalten werden konnte, niedergelegt.

Mit einer Fläche von 84 m x 38 m ist der Grundriß symmetrisch auf einen in der Mittelachse gelegenen Saal mit Apsis bezogen. Die längsrechteckige Villa hat zum Tal hin einen schmalen, gering vorspringenden Mittelrisalit

↓ Konz. Spätrömische Palastvilla

und vier an den Ecken weiter ausgreifende Risalite, die ihrerseits den langgestreckten Mitteltrakt mit gangartigen, als Säulenhalle gebildeten Portiken flankieren. Die Südwestecke fällt aus der Symmetrie heraus, da hier der Badetrakt mit Räumen gelegen ist, die durch Apsiden auch im Außenumriß erscheinen. Der Hauptzugang befindet sich an der Bergseite. Entgegen herkömmlicher Regel ist das Bauwerk mit Rücksicht auf die Geländegegebenheiten ostwest orientiert. So konnte die repräsentative Nordseite zum Tale hin mit der reizvollen Aussicht ins Moseltal, auf die Mündung der Saar und in Richtung Kaiserstadt entwikkelt werden.

Die vollständige Freilegung des Grundrisses anläßlich des Kirchenneubaues ergab, daß talseitig eine hohe Quadermauer nicht nur die nördliche Porticus trägt, sondern daß hier der Mittelrisalit verlängert einen terrassenförmigen Vorsprung bildet, der, wahrscheinlich pavillonartig mit Säulen verziert, freien Ausblick gewährte.

Hauptraum ist ein großer, rechteckiger Saal, den eine Apsis schließt. Eine kombinierte Hypokaust-Kanalheizung (Fußboden- und Warmluftheizung) war hier installiert und wurde von einem Kellergang, der durch einen flankierenden Hof begehbar war, bedient. Von den Hofflächen aus wurden jeweils zwei Raumpaare beheizt.

Um die Mitte des 4. Jahrhunderts n. Chr. erbaut, war die Villa bis gegen Ende des Jahrhunderts in Benutzung. Scherbenfunde erlauben den Schluß, daß nach Verlegung des kaiserlichen Hofes von Trier nach Mailand noch eine begrenzte Nutzung bis in das 5. Jahrhundert bestand.

Im Untergeschoß der Kirche sind Reste der Fundamentmauern und ein Kellergang mit Heizraum erhalten und begehbar. H. C.

Weiterführende Literatur:
Führer zu vor- und frühgeschichtlichen Denkmälern. Westlicher Hunsrück, Band 34, 260–68

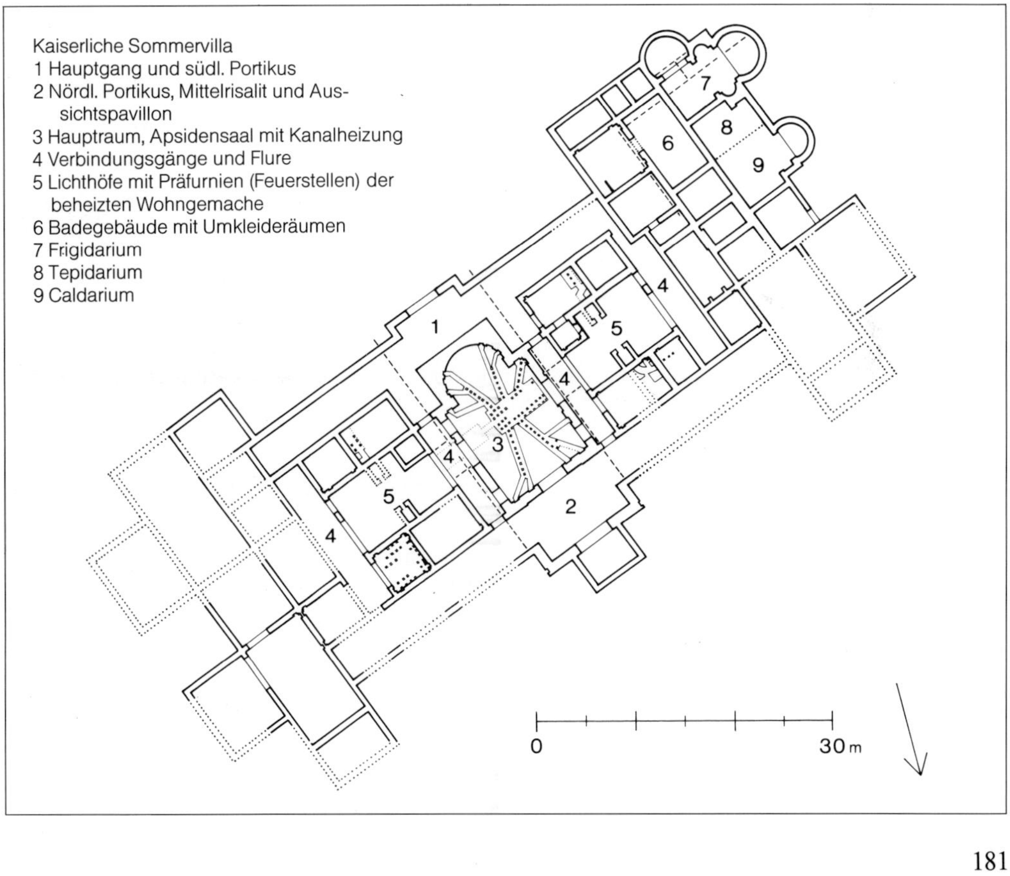

Igel
Grabmonument ›Igeler Säule‹

Nur 8 km südwestlich von Trier neben der Bundesstraße 49 (Römische Straße Reims-Trier) steht das Grabmonument der *Secundinier,* die sog. ›Igeler Säule‹. Die Secundinier, die wahrscheinlich in Trier ein Handelshaus für Textilien betrieben, besaßen zu Igel ausgedehnten Grundbesitz und einen Gutshof. Unweit der römischen Fernstraße Lyon und Reims-Trier lag der Familienfriedhof, der von diesem 24 m hohen Pfeilergrabmal überragt wurde. Auf allen Seiten mit Reliefs verziert, die in unterschiedlich großen Flächen in Etagen übereinander angeordnet sind, bildet ein geschwungenes Pyramidendach mit einem Pinienzapfen (Fruchtbarkeitssymbol) auf einem Kapitell den oberen Abschluß. Darüber ist der Adler des Jupiter, der den jungen Ganymed entführt, damit er den Göttern im Olymp den Wein kredenze, als Bekrönung aufgesetzt. Die Reliefs auf den Pfeilerflächen nehmen Bezug auf die Handelstätigkeit der Familie (Tuchprobe, Kontor mit Handelsszene, Tuchtransporte) und stellen Szenen aus dem Haushalt (Fries mit Zubereitung der Mahlzeiten in der Küche, Gastmahl, Naturalgaben bringende Bauern) sowie Szenen mythologischen Inhalts (Achilleslegende, Styxtaufe und Achill und Polyxena am Brunnen, Perseus Andromeda befreiend und mit dem Medusenhaupt) dar; auf der Rückseite: Apotheose des Herakles im Tierkreis. In den Giebeln Hylas und die Nymphe, Luna, Sol und Mars und Rhca Silvia. An der Straßen- und Hauptfront ist ein Familienbild über einer Inschrift, die die verstorbenen Ahnen und lebenden Mitglieder benennt und mit der häufig wiederkehrenden Anmerkung schließt, daß das Grabmal zu Lebzeiten errichtet worden ist, damit man es besitze und sich daran erfreue. Am Fuße des Berghügels, der heute von der 1759 über älteren Resten erneuerten Kirche mit romanischem Turm bekrönt wird, mußte in römischer Zeit die in leuchtenden Farben gefaßte Säule vor dem grünen Landschaftsprospekt als ein staunenswertes Denkmal den Passanten zum Verweilen und auch zum Nachdenken anregen.

Im Mittelalter noch als Grabmal der Helena, der Mutter des Konstantin, betrachtet (als Monument zur Erinnerung an die Hochzeit der Helena mit Constantius Chlorus gedeutet), wurde der Sinn des Denkmals erst in der aufkommenden Humanistenzeit des 16. Jahrhunderts erkannt. Willibald Pirkheimer aus Nürnberg beschrieb es erstmals 1512 und kopierte die Inschrift. Eine wissenschaftliche Bestandsaufnahme und ausführliche Publikation wurde 1907 eingeleitet und gleichzeitig eine originalgetreue Kopie des Monumentes gefertigt, die heute im Hof des Landesmuseums in Trier steht. H. C.

Weiterführende Literatur:
Dragendorff-Krüger, *Das Grabmal von Igel,* 1924
E. Zahn, *Die Igeler Säule bei Trier. Rhein. Kunststätten* 38, 1968

→ ›Igeler Säule‹. Blick von Südosten

Grutenhäuschen

Tempelförmiges Grabmal

An der Ortsausfahrt von Igel Richtung Luxemburger Grenze führt die Bundes- und Römerstraße vorbei an einer Felsbank aus rotem Buntsandstein (z. T. durch antiken Steinabbau und beim Bau der Eisenbahn abgeschrotet), an deren Auslauf der geologische Bruch zum Obermoseler Kalkstein folgt. In den rechts anschließenden Weinbergen liegt in halber Höhe oberhalb eines Weges das ›Grutenhäuschen‹, dessen Kellergewölbe und aufragende Mauern bis 1960 in ruinösem Zustand als Unterschlupf und Gerätekammer für den Weinbau diente. Daniel Krencker erkannte in dem Gemäuer ein römerzeitliches Mausoleum, das als Podientempel gebildet war. Das in den Felshang eingebaute Kellergewölbe war als eigentliche Grabkammer zur Aufnahme der Bestattungen in steinernen Kisten und Sarkophagen bestimmt und ist durch einen schmalen, ebenfalls gewölbten Gang begehbar. In das sanft abfallende Gelände ist über das Kellergeschoß das eigentliche Podium gebaut, an dessen Vorderseite vier Säulen Giebel und Dachaufbau der offenen Vorhalle trugen. Dahinter ragt mit weiter Bogenöffnung die Front der *cella* auf, deren Seiten, noch im Bestand erhalten, jeweils mit zwei Blendarkaden untergliedert sind. Dieser Raum, ursprünglich verputzt und bemalt, wurde zur Feier der Gedächtnismahle und Totenfeiern genutzt. Der Bautypus des tempelförmigen Grabmals ist im Trierer Lande mehrfach bezeugt: Minden a. d. Sauer, Heidenkeller bei Nehren als Doppelanlage, Trier-Irminenwingert und Gräberfelder von St. Matthias, St. Maximin und in Trier-West, die wie das Grutenhäuschen dem Ende des 3. und beginnenden 4. Jahrhunderts zuzuweisen sind.

Die zugehörige Siedlung der Grabinhaber ist unterhalb, im Bereich der Mühlensiedlung zu suchen, wo auch Mauerreste beobachtet worden sind. H. C.

Weiterführende Literatur:
D. Krencker, *Das Grutenhäuschen zu Igel*

↓ Römisches Grabmal ›Grutenhäuschen‹ bei Igel

Nennig

Römische Prachtvilla – Tumulus

Bei Feldarbeiten entdeckte ein Landwirt aus Nennig 1852 in seinem Garten ein Stück Mosaikboden aus bunten, leuchtenden Steinen mit der Darstellung eines Löwen. Von dem Fund benachrichtigt, erwarb die private Gesellschaft für nützliche Forschungen in Trier das Grundstück und veranlaßte die vollständige Freilegung des Mosaikbodens und die Errichtung eines Schutzhauses.

Später einsetzende Grabungen führten zur Untersuchung der gesamten Villa. Der Mittelbau hat eine Frontlänge von 140 m, an dessen Seiten jeweils weit vorspringende Risalitbauten den Eingangsbereich wirkungsvoll flankieren. Von den Seitenbauten führen 8,50 m breite gedeckte Portiken als offene Wandelgänge nach beiden Seiten auf 250 m Länge zu kleinen Rundpavillons in Nordost- und Südwest-Richtung. Nach Südwesten schließt noch ein gesondert liegendes Badegebäude von 32 x 29 m an, dessen Umriß durch fünf Apsiden bereichert wird. Der Mitteltrakt der symmetrisch gegliederten und auf ein weites, freies Vorgelände zur Mosel hin orientierten Anlage wird von einer 77,50 m langen Säulenhalle begleitet. Fast basilikal ragte der mittlere Hauptraum als Speisesaal, auch durch die Dachform mit Giebelfeld ausgezeichnet, zur Front hin hervor.

Dieser Raum ist mit einem fast vollständig erhaltenen Mosaikboden ausgelegt, in dessen Mitte ein mit Marmorplatten verzierter Brunnen gelegen ist. In ein ausgeklügelt vielgestaltiges Rahmenwerk von geometrischen Mustern, Rhomben, Sternen, Pflanzenblüten, tep-

→ Nennig. Mitteltrakt der Villa mit Schutzdach über dem mittleren Speisesaal

↓ Mosaik aus der Villa in Nennig

pichartigen Friesen und Flechtbändern sind quadratische und polygonale Bildfelder komponiert, die in programmatischer Steigerung die Darbietungen eines Amphitheaters (vielleicht der Anlage zu Trier) abhandeln. Neben einleitenden musikalischen Darbietungen (Wasserorgel und Tubabläser), erscheinen burleske Prügelszenen; der blutige Kampf eines Löwen, der einen Wildesel geschlagen hat; Panther, vom Geschoß eines Speerwerfers getroffen; Menschen, die mit langschwänzigen Peitschen einen Bär von einem gestürzten Kämpfer zu vertreiben suchen; in einem großen quadratischen Feld versucht ein Retiarius mit Dreizack, dem schwerbewaffneten Secutor im Beisein des Schiedsrichters den schützenden Schild zu entreißen.

Die einzelnen Bilder, in der farbigen Ausführung mit winzigen Steinchen und zarter Nuancierung fast einem Gemälde gleichend, sind nach Bewegungsmotiv und natürlicher Wiedergabe der Menschen und Tiere von hervorragender Qualität und verraten einen begabten Künstler und eine sehr harmonisch arbeitende Werkstätte. Das Mosaik von Nennig zählt zu den besten Leistungen römischer Mosaiksetzer. Nach den Beobachtungen, die sich anläßlich der Sicherung und Neuverlegung des Bodens 1960 durch das Landesmuseum Trier ergaben, ist das Mosaik zu Beginn des 3. Jahrhunderts n. Chr. verlegt worden.

↓ Nennig. Grundriß des Herrenhauses
1 Freitreppe und Hauptzugang, 2 Portikus, 3 Mittelsaal mit Mosaikfußboden, 4 Lichthof, 5 Wohnsuite, 6 Lichthof, Flure und Wohnzimmer, 7 Beheizter Wohntrakt, 8 Umgangshalle

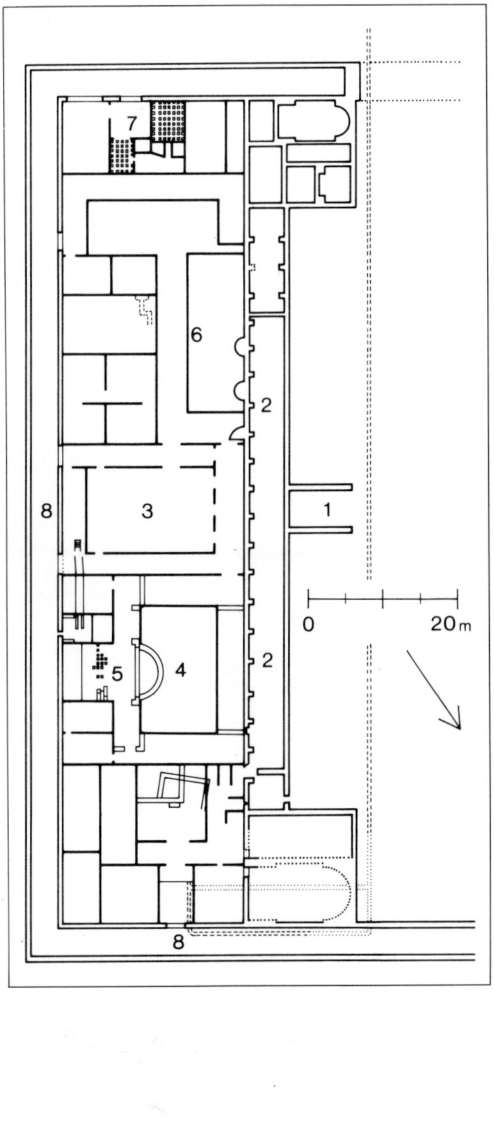

Weiterführende Literatur:
H. Mylius, *Die Rekonstruktion der römischen Villen von Nennig und Fliessem. Bonner Jahrb.* 129, 1924, 110-120
R. Schindler, *Restaurierung und Ausgrabungen am römischen Mosaik in Nennig. Bericht der Staatlichen Denkmalpflege im Saarland* 8, 1961, 66-72

Römischer Tumulus (Grabhügel)

Im südwestlichen Vorgelände der Prachtvilla, gleich neben der Bundesstraße 419 nach Sierck-Metz, liegt ein mächtiges Hügelgrab, das sicherlich die Bestattung eines der Villenbesitzer barg, jedoch schon in früherer Zeit vollkommen ausgeplündert worden ist. Die Sitte, die Toten unter mächtigen Hügeln zu bestatten, geht in vorrömische Zeit zurück und verschwindet zu Ende des 2. Jahrhunderts n. Chr. H. C.

→ Nennig. Römischer Grabhügel

Pfalzel / *Palatiolum*

Außerhalb der großen Residenzstadt Trier wurden zwei weitere Paläste als Residenzen gebaut: Konz (vgl. S. 180) und Pfalzel. In dem Ortsnamen hat sich die Verkleinerungsform *palatiolum* (›der kleine Palast‹) erhalten, im Gegensatz zu der großen Residenzanlage in Trier selbst.
Einen rechteckigen Hof von 26,50 m zu 18,30 m umfassen in massiver Steinbauweise vier 10,50 m breite Baukörper, die nach den freigelegten Zwischenmauern und Türen 28 Einzelräume umschlossen. Den Außenseiten sind in symmetrischer Anordnung je drei turm- oder risalitartige Vorbauten angelehnt, die an den vier Ecken jeweils rechtwinklig zueinander stehen. Hierdurch bot sich das Bauwerk von allen Seiten mit einer repräsentativ wirkenden Fassade dem Betrachter dar, die vor allem in den Obergeschossen durch eine reiche Gliederung noch betont wurde.
Während das Erdgeschoß nur an dem südwestlichen Mittelturm einen breiten Torzugang hatte und neben zwei kleinen Schlupfpforten an der Nord- und Ostseite sonst als massiver Mauersockel einen festungsartigen Charakter zeigte, war das erste Geschoß durch große Bogenfenster geöffnet und gegliedert, und das zweite Geschoß in den Zwischenturmteilen durch loggienartige Bögen und Säulenstellungen sehr opulent gestaltet. Die Räume waren zum Teil mit Mosaikböden ausgelegt, die Wände bemalt. Im Vorfeld der Stadt hatte die festungsartige Palastanlage an der Mosel und den wichtigen Römerstraßen von Limes und Rheingebiet her auch eine Sperrfunktion übernommen, die wahrscheinlich mit den Germaneneinfällen um die Mitte des 4. Jahrhunderts n. Chr. zusammenhängt.
Veränderungen der Innenausstattung sind der 2. Hälfte des 4. Jahrhunderts zuzuweisen. Die Mosaikböden wurden zum Teil gewaltsam zerstört, Bildfelder ausgebrochen und großflächige buntfarbene geometrische Marmorplatten verlegt. Die Wandbemalung wurde durch Glasmosaiken ersetzt, die, bis in das zweite Obergeschoß nachgewiesen, die luxuriöse Ausstattung dieser Anlage illustrieren. Gleichzeitig entstand westlich ein zweiter Bau, wahrscheinlich eine Kaserne, die eine Schutztruppe für den Palastinhaber aufzunehmen hatte.
In der Völkerwanderungszeit zerstört und aufgelassen, wurden die hochragenden Mauern mit dem zugehörigen Terrain fränkisches Königsgut, das durch Gütertausch in den Besitz der Irmina von Ören (*Horrea*-Getreidespeicher zu Trier) gelangt war, deren Enkelin Adula in der Anlage ein Damenstift einrichtete, das der Heilige Bonifatius 721 aufgesucht hat. Die Überlieferung berichtet, daß das Kloster »in castrum Julii Caesaris« - in der Hofburg des Kaisers Julian - gebaut worden sei.
Der Trierer Erzbischof, als geistlicher und weltlicher Schutzherr, reformierte im 11. Jahrhundert das Kloster und begründete ein Kanonikerstift, das in seiner weiteren Entwicklung den südöstlichen Teil des Palastes für Kirche, Kreuzgang und Nebengebäude bewahrte. Im 12. Jahrhundert entstand im westlichen Teil eine Burg, die ebenfalls zahlreiche Mauer- und Raumteile der römischen Anlage übernahm und bewahrte.
Als zeitweise benutzte Burg und Residenz der Bischöfe wurde Pfalzel mit Immunitäts- und Klosterbering zum Verwaltungszentrum des kurfürstlichen Oberstiftes (mit Amtshaus, Zehntscheune und Zollstelle). Bis zum 16. Jahrhundert mit großen Wall- und Festungsbauten umgeben, konnten von hier die Zufahrts- und Wirtschaftswege nach Trier kontrolliert und gesperrt werden, bis im 17. Jahrhundert Festung und Burg durch die französischen Truppen geschleift und um 1800 das kirchliche Besitztum zugunsten des französischen Staates verkauft wurde.
Nach Untersuchung des Baubestandes wurde die profanierte Kirche der Gemeinde zurückgegeben. 1944 durch Bombentreffer schwer beschädigt, wurde die Anlage 1963 mit einem Erweiterungsbau versehen, konserviert, restauriert und mit dem Patrozinium Sankt Marien-Sankt Martin als Pfarrkirche ihrer traditionsreichen Bestimmung wieder zugeführt.

H. C.

Weiterführende Literatur:
Kunstdenkmäler der Rheinprovinz 15, 2 Landkreis Trier, 1936, 274-317
Führer zu vor- und frühgeschichtlichen Denkmälern, 32, 1 *Trier* 278-290
F. J. Heyen, *Untersuchungen zur Geschichte des Benediktinerinnenklosters Pfalzel bei Trier. Studien zur Germania Sacra*, 1966

→ Pfalzel. Wallmauer, Bastionen, Kirche, Kloster und Burg

↓ Grundriß des Ortskernes mit römischen und mittelalterlichen Bauten
1 *Palatiolum* — der kleine Palast
2 Spätrömische Kasernenanlage
3 Stiftskirche
4 Erzbischöfliche Burganlage
5 Kreuzgang und Klosterimmunität mit Petrus- und Nikolauskapelle
6 Immunitätsbefestigung mit Wallanlage und Bastionen
7 Kurtrierisches Amtshaus
8 Gerichtshaus und Münze
9 Stiftskurie
10 Zehntscheune
11 Wohnturm und Toranlage zum Stiftsbering
12 Alte Martin-Pfarrkirche des Dorfes
13 Martinskirche (18. Jh.)
14 Zollturm und alte Schiffslände

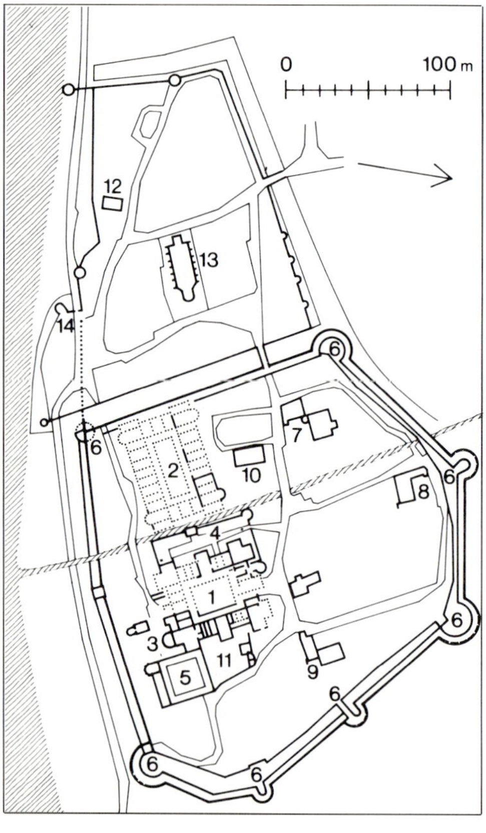

Otzenhausen

Ringwall

Am Südrand des Schwarzwälder Hunsrück bildet der Dolberg einen langgestreckten Quarzitrücken, der an der Westseite vom Primsbach und an der Ostseite vom Tal des Münzbaches begrenzt wird. Der etwas flacher anlaufende Berggrat mit leichter Einsattelung wurde an der Nordseite durch einen hohen Steinwall als Querwall und Riegel von 460 m Länge abgeschirmt (unterer Bildteil). Der Aufbau-Versturz beträgt heute noch bei 40 m Breite 10 m Höhe und hat ursprünglich etwa 15 m erreicht. Dem Hangrücken folgt eine Ringmauer mit einer Seitenlänge von 500 m zu 600 m. Ihr ist ein zweiter Wall als Vorburg vorgelagert. An der westlichen Langseite wurde bei den Grabungsuntersuchungen des Rheinischen Landesmuseums Trier 1936/37 die Pfostenstellung eines Doppeltores freigelegt, während etwas unterhalb eine Unterbrechung in den Steinwällen den Zugang zu der Vorburg erkennen läßt.

Im Mauerwinkel von Abschnittswall und Ringwall der Nordwest-Ecke sprudelt die lebensnotwendige Quelle. Die verschiedenen Grabungsuntersuchungen ergeben, daß die Wallanlage als ›*murus gallicus*‹ konstruiert ist, wie sie Caesar ausführlich beschreibt. Ohne die Kenntnis des Mörtels wurden in vorrömischer Zeit die zusammengetragenen Quarzit- und Steinbrocken - z. T. von erheblicher Größe - so mit Lehm und hölzernen Balken als Quer- und Längsriegel aufgeschichtet, daß sich durch die Balken eine die Stabilität fördernde Binder- und Rahmenkonstruktion ergab. Die horizontal liegenden Balkenköpfe traten an den Außenseiten der Mauern hervor, was zwar die Ansicht solcher Wallmauern belebte, aber auch dem Angreifer die Möglichkcit bot, durch das Anlegen von Feuer derartige Festungsmauern zum Einsturz zu bringen. Von den

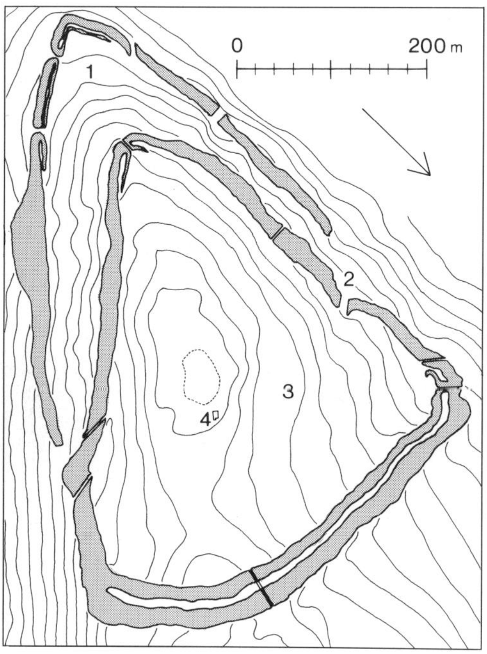

↑ Dolberg, späteisenzeitliches Oppidum
1 Vorburg
2 Torpassage
3 Hauptburg mit Ringwall und ausgedehntem Siedlungsplateau
4 Römerzeitliche Tempelanlage

Holzverbindungen sind lange Eisennägel innerhalb des Steinversturzes gefunden worden - als Nachweis für die Rahmen- und Holzkonstruktion, die längst vergangen ist.

In der Innenfläche freigelegte Pfostenlöcher sind als Standspuren der zu verschiedenen Zeiten angelegten Hausbauten gesichert und erweisen eine Belegung des Platzes anhand der Scherben und sonstiger Siedlungsfunde von der Steinzeit bis in die römische Spätzeit. Die Befestigung ist aus einfacheren Anfängen des 5./4. Jahrhunderts v. Chr. (Frühlatènezeit) entstanden, während die Hauptanlage als *oppidum* der Treverer des Umlandes in Zusammenhang mit germanischen Invasionen und den römischen Gegenzügen, dem 1. Jahrhundert v. Chr. zuzuweisen ist (Pfeil- und Lanzenspitzen, eiserne Gerätschaften, Schmuck).

Die Fundamentreste eines kleinen Vierecktempels, eine Bronzestatuette der Diana und Fragmente einer Steinskulptur lassen erkennen, daß in Erinnerung an die frühere Siedlung einheimische Bewohner hier eine Kultstätte (zu Ehren der Waldgötter Silvanus, Diana und Intarabus [?]) pflegten.

In Zeiten drohender Gefahr haben die Bewohner des Umlandes immer wieder die Anlage als Versteck und Schutz benutzt, so am Ende des 4. und im beginnenden 5. Jahrhundert, in der Merowingerzeit, und auch im 30jährigen Krieg (wie diverse Einzelfunde wahrscheinlich machen).

Die eindrucksvolle Anlage, deren Gesteinsmassen auf 228362 m^3 oder die Füllmenge von 20000 Eisenbahnwaggons berechnet wurde, ist von Otzenhausen aus zu erreichen.

H. C.

Weiterführende Literatur:
P. Steiner, *Vorzeitburgen des Hochwaldes*, 1932
Fundberichte in Trierer Zeitschr. 12, 1937, 35 und 277; 13, 1938, 238; 14, 1939, 230 und 16/17, 1941/42, 221
R. Schindler, *Der Ringwall von Otzenhausen*, Führungsblatt 4, Staatliches Konservatoramt Saarbrücken, 1965

↓ Der Ringwall von Otzenhausen

Echternach (Luxemburg)

Petersberg

Von der römischen Straße Reims–Trier führt von Arlon–Mersch ein Abzweig nach Echternach mit einer Verbindung nach Bitburg (vgl. S. 198), die dort auf die römische Reichsstraße Trier–Köln trifft. Bei Echternach bestand ein fester Brückenübergang über die Sauer. Dicht an diesem Flüßchen liegt ein Felskegel, auf dem im 4. Jahrhundert n. Chr. eine ungleichmäßige Ringbefestigung zum Schutz des Überganges angelegt worden ist. Dieser ›Burgus‹ besaß vier an die Mauer gelehnte turmartige Innenbauten und war über einen steil ansteigenden Weg zugänglich.

In fränkischer Zeit entstand aus diesem befestigten Bergkegel eine Andachtsstätte, die den Heiligen Petrus als Patron erhielt (Petersberg). Unterhalb der befestigten Bergkuppe schenkte 698 n. Chr. Irmina von Ören (die Begründerin des Trierer Klosters zu den *Horrea* = Getreidespeicher des 4. Jahrhunderts n. Chr.) aus ihrem Echternacher Besitz dem Heiligen Willibrord (Lehrer des Bonifatius) ein Klösterchen für schottische Wandermönche, aus dem das spätere Kloster mit seiner heute das reizvolle Echternach krönenden Basilika entstand.

H. C.

Weiterführende Literatur:

J. Meyers, *Echternach: Eglise Saint Pierre. Hémecht* 16, 1964, 179 und Plan

→ ↘ Echternach. Die Kirche innerhalb der spätrömischen Befestigung

↓ Echternach. Petersberg, Kloster und Sauertal

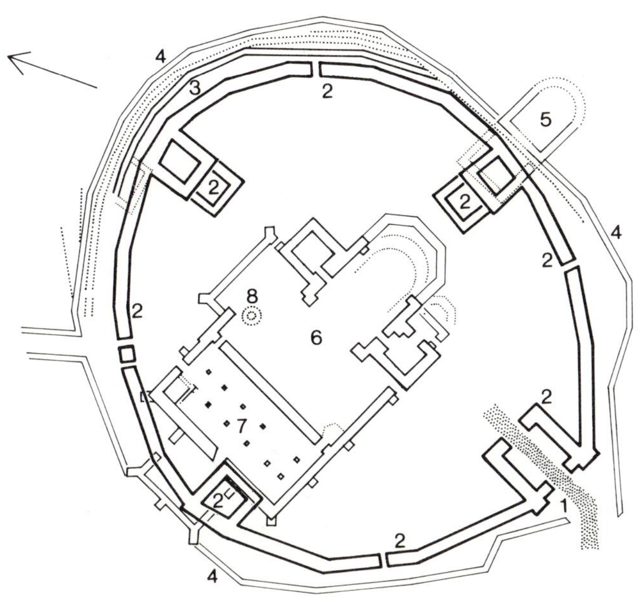

Pfarrhügel St. Peter
und spätrömischer Burgus
1 Zugang
2 Burgus mit Türmen und Ringmauer
3 Merowingische Mauer
4 Ringmauer 17. Jh. und modern
5 Gebeinhaus und Kapelle
6 Romanische und gotische Kirchenanlage
7 Kryptenanlage
8 Brunnen

Römische Villa

Dicht bei Echternach wurde bei Bauarbeiten in der Gemarkung ›In der Schwarzacht‹ eine große Risalitvilla freigelegt, die bereits im frühen 1. Jahrhundert n. Chr. errichtet, mit verschiedenen Umbauten bis in das 4. Jahrhundert n. Chr. bewohnt gewesen ist.
Die nach Osten weit vorspringenden Risalite werden von einer schmalen Porticus (Säulengang) gesäumt, die ein großes Zier- und Wasserbecken einfaßt. Auch der Rückfront des Hauptbaues ist ein Porticusgang vorgelagert, den beidseitig breite Risalite flankieren, deren symmetrische Anordnung an der Südwestecke durch den Einbau von Bädern verändert worden ist.

Ebenso wie auf dem Petersberg ist die Untersuchung und Freilegung dieser beachtlichen Villa von dem Luxemburgischen Staatsmuseum durchgeführt worden. Der Grabungsbefund soll erhalten und konserviert werden.

H. C.

Weiterführende Literatur:
J. Metzler, G. Thill, R. Weiller, J. Zimmer: *Ausgrabungen in der Römervilla von Echternach-Schwarzuecht* in: *Hémecht* 28, 1976, 491-513

Grundriß des Herrenhauses
1 Vorplatz mit großem Wasserbecken
2 Portikushalle
3 Mittelsaal und Wohnbereich
4 Badetrakt mit verschiedenen Wannenräumen
5 Östliches Seitenrisalit
6 Westliches Seitenrisalit und Vorratskeller
7 Südlicher Umgang

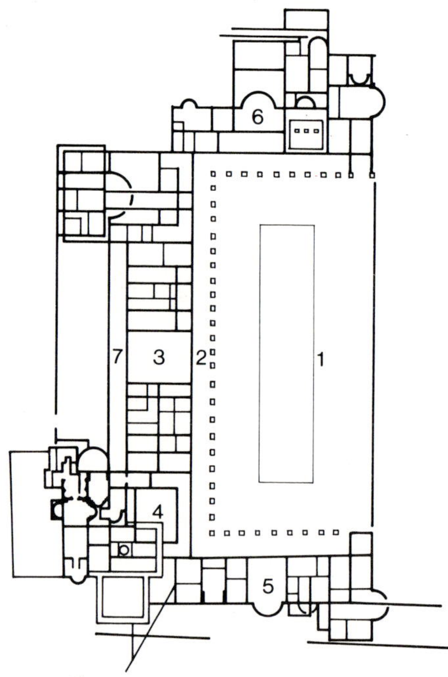

↓ → Echternach. Römische Villa

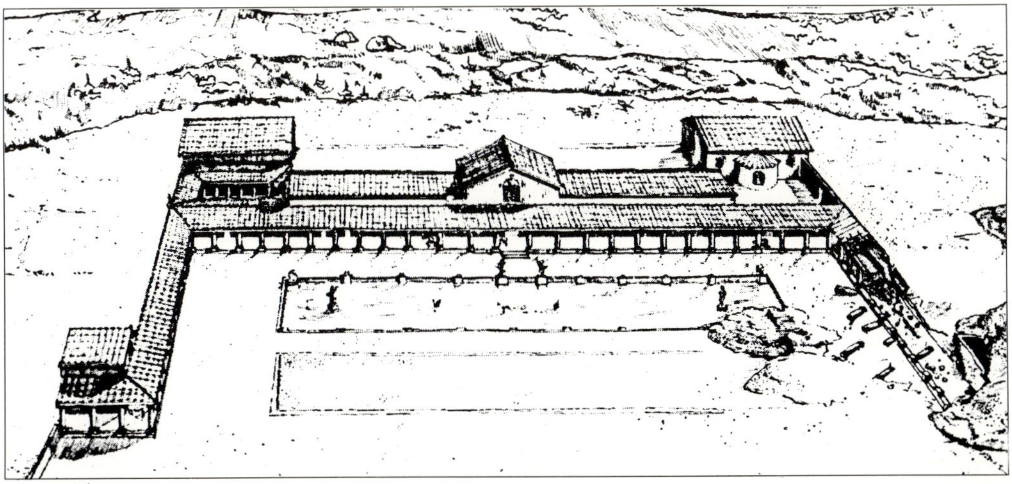

Bitburg / *Beda-vicus*

Das Luftbild zeigt nicht nur die schwache Modellierung des Geländes, dessen Kalkböden heute noch ebenso dem Getreidebau dienen wie in der Antike - sondern illustriert auch modellhaft, wie die nach Norden führende römische Reichsstraße Trier-Köln geradlinig Bitburg durchzieht. Diese schon in vorrömischer Zeit ausgebildete Wegeführung hat sich über die Jahrhunderte behauptet, und sie genügt heute sogar den modernen Bedürfnissen. Die römische Markt- und Straßensiedlung entstand auf einem natürlichen Hochplateau mit weitem Rundblick, der auch den Sicherheitsbedürfnissen genügte. An der römischen Reichsstraße gelegen, entstand eine dorfartige Siedlung, deren Einwohner als ›*vicani Bedenses*‹ inschriftlich genannt sind. Die Vorsteher (*Curatores vici*) verwalteten eine Stiftung, die, 198 n. Chr. eingerichtet, die Abhaltung von Spielen und die Unterhaltung einer Theaterbühne sowie der Ehrenplätze regulierte. Eine weitere Inschrift erwähnt eine Theaterbühne und Kolonnaden.
Bodenfunde machten die Existenz von Kult- und Tempelbauten wahrscheinlich, in denen

↓ Bitburg

Jupiter, Sol, Vulcanus, die Quellgötter Apollo-Grannus und Sirona sowie Mercurius Vassocaletes verehrt worden sind.
Die exponierte Lage mit der Sicherheits- und Schutzfunktion der Örtlichkeit wird durch eine Bauinschrift von 245 n. Chr. verdeutlicht, die die Errichtung eines Wach- und Signalisationsturmes erwähnt, den die *Iuniores* (Jungmänner) auf eigene Kosten erstellt haben.
Wie andere Straßenstationen des Rheinlandes wird Bitburg zu Beginn des 4. Jahrhunderts n. Chr. befestigt. Eine 3,30 m starke Gußmauer aus Kalksteinbrocken und Kalkmörtel mit sorgfältig gearbeiteter Verblendung umzog die Hügelkuppe in ovalem Umriß von ca. 170 m zu 140 m. In Abständen von ca. 25 m erhoben sich hochragende Türme von 9 - 10 m Durchmesser, von denen einer eine Ausfallpforte hatte.
Der Umfassungsmauer war im Abstand von 25 m ein 9 m breiter Graben als Annäherungshindernis vorgelagert. Im Ortskern (Bereich der befestigten Ummauerung) wurde die Römerstraße ›Fußgängerzone‹, während die Umgehungsstraße an der Außenseite der Ummauerung vorbeiführt. Hier sind zwei Rundtürme und Mauerteile der römischen Befestigung konserviert und restauriert. An der Nordseite (die Kreuzung im Luftbild) folgt man der Römerstraße bis Pützhöhe und wenig hinter der leichten Abwinklung nach Westen führt ein Weg nach Fließem mit dem römischen Gutshof Otrang (vgl. S. 200). H. C.

Weiterführende Literatur:
J. Steinhausen, *Ortskunde Trier-Mettendorf. Archäolog. Karte der Rheinprovinz*, Bonn 1932
Kunstdenkmäler der Rheinprovinz, Kreis Bitburg
Führer zu vor- und frühgeschichtlichen Denkmälern. Südwestl. Eifel, Bitburg. Prüm. Daun. Wittlich Band 33, Mainz 1977

↓ Bitburg. Spätantike befestigte Straßenstation
1 Römerstraße Trier–Bitburg–Köln
2 Ringmauer und Befestigung mit massiven Türmen

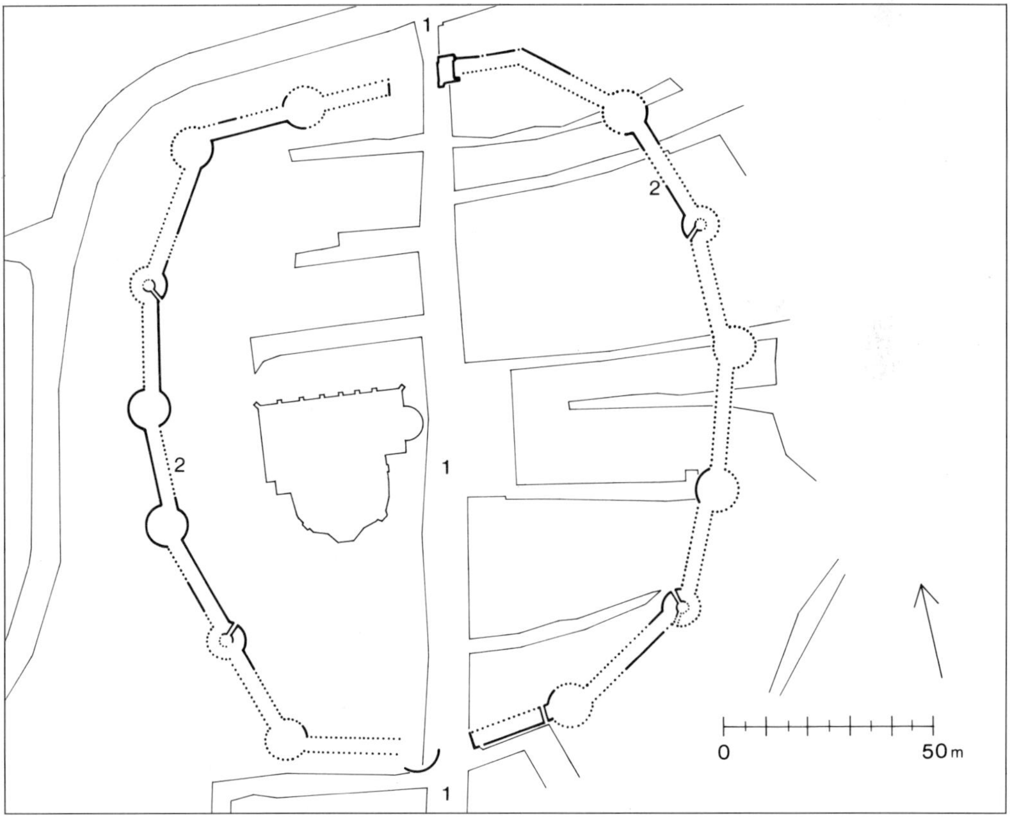

Otrang
Römischer Gutshof (villa rustica)

Fünf Kilometer nördlich der römischen Straßenstation Beda-vicus (Bitburg), wenig östlich der Reichsstraße Trier-Köln, liegt in einer sanft fallenden Quellmulde inmitten eines weiten Acker- und Wiesengeländes ein als Weilerbüsch benannter Trümmerplatz, auf dem 1825 bei Feldarbeiten zufällig ein Mosaikboden entdeckt worden ist. Die Gesellschaft für nützliche Forschungen in Trier konnte das Gelände erwerben, das 1838 durch Vermittlung des Kronprinzen und späteren preußischen Königs Friedrich Wilhelm IV. vom Staat übernommen wurde. Dieser veranlaßte die Errichtung von Schutzhäusern über den inzwischen freigelegten und noch gut erhaltenen Mosaiken und stellte einen Wärter zur Pflege und zum Schutz der Anlagen ein.
Größere Grabungen wurden 1843 und 1873/74 durchgeführt und erbrachten neben dem Haupt- und Herrenhaus den Grundriß der Wirtschaftsanlage, des von Mauern umgrenzten Hof- und Gartenbereiches mit zahlreichen Einzelgebäuden, Stallungen, Scheunen, Gesinde- und Wirtschaftsräumen. Jenseits des Bacheinschnitts wurden im Hanggelände ein gallo-römischer Umgangstempel und ein rechteckiger Tempel mit Vorhalle freigelegt, die nach Funden von Inschriften und Skulpturresten dem Gotte Lenus Mars und einer Göttin – vielleicht der Epona – geweiht waren.
Vorgeschichtliche Funde lassen vermuten, daß hier einheimische treverische Siedler, im Laufe der Zeit vollkommen romanisiert, durch die wirtschaftliche Entwicklung zu Wohlstand und Reichtum gekommen, den Ausbau des Betriebes aus kleinen Anfängen zu dem prachtvoll vergrößerten Gutshof bewirkt haben.
Der erste Bau war nach Westen und Osten im Mittel- und Wohntrakt von säulengeschmückten Portiken begleitet, die jeweils von den vorspringenden Risaliten flankiert wurden. Beidseitig waren hier vollständige Fassaden ausgebildet. Mit ziegel- und purpurfarbenen Putzflächen und den Ziegeldächern bot die Hausanlage im Grün der Landschaft einen gefälligen und auch harmonischen Anblick. Eine Erweiterungsmaßnahme verlängerte die hofseitigen Risalitbauten nach Westen und brachte die Installation eines großen Bades mit *caldarium, tepidarium* und *frigidarium*, die, mit ihren Bekken und Hypokausten z. T. ergänzt, noch erhalten sind.
Eine zweite Erweiterung brachte die Errichtung von Kryptoportikus (Kellergang) und Portikus an der Südseite mit flankierenden, pavillonartigen Seitenbauten, einer Apsis an der Nordostseite und eines weiteren Pavillons an der Nordwestecke des Baugefüges.
In dieser Benutzungsphase zählte das Herrenhaus insgesamt 66 Räume, von denen 14 mit Mosaikteppichen ausgelegt und, neben den Baderäumen, drei größere Räume mit Heizung ausgestattet waren.
Die Mosaikböden zeigen geometrische Gliederung quadratischer, rhombischer und polygonaler Felder, die mit reich variierten Blütensternen, Rosetten und Blattmustern gefüllt sind.
Nach den Münz- und Scherbenfunden ist die Anlage vom 1. bis ins 4. Jahrhundert bewohnt gewesen. Der Tempelbezirk wird zu Ende des 4. Jahrhunderts gewaltsam zerstört, während fränkische Gräber im Bereich des Herrenhauses eine fortdauernde Besiedlung in einzelnen Bauteilen wahrscheinlich machen.
Toskanische und korinthische Kapitelle sichern die Rekonstruktion der fassadengestaltenden Portiken und bestätigen die aus den Mosaiken ersichtliche Wohlhabenheit der Bewohner.
Dezember, Januar und montags geschlossen. Zufahrt über die Bundesstraße Bitburg-Ortsende, Kreisstraße nach Kyllburg, hinter Pützhöhe Abzweigung nach Fließem. Hinweisschild: römische Villa Otrang im Talgrund.

H. C.

Weiterführende Literatur:
H. Cüppers, *Römische Villa Otrang. Landesamt für Denkmalpflege Rheinland Pfalz, Verwaltung der staatlichen Schlösser Mainz* 1975, Führungsheft 5

→ Otrang-Fließem. Herrenhaus des Landgutes

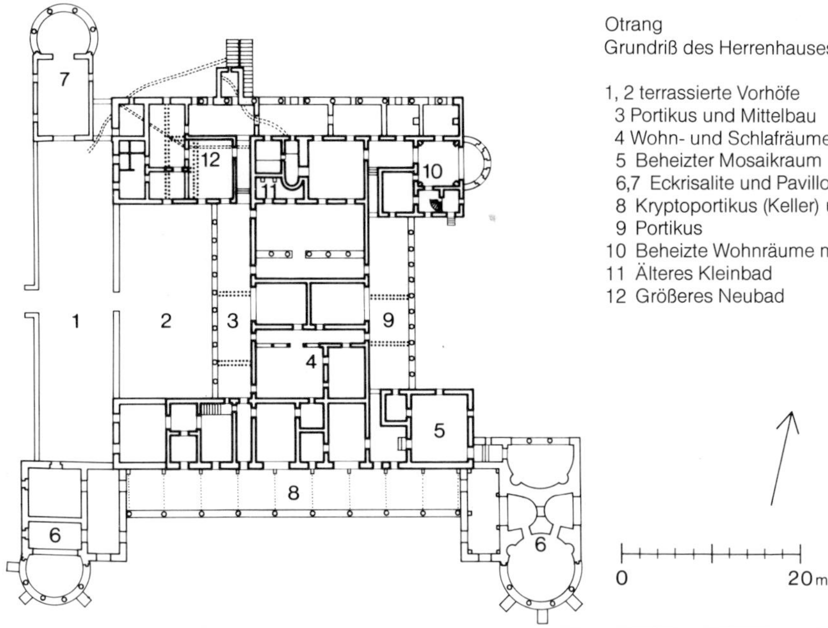

Otrang
Grundriß des Herrenhauses:

1, 2 terrassierte Vorhöfe
3 Portikus und Mittelbau
4 Wohn- und Schlafräume
5 Beheizter Mosaikraum
6,7 Eckrisalite und Pavillons
8 Kryptoportikus (Keller) und Portikus
9 Portikus
10 Beheizte Wohnräume mit Mosaik
11 Älteres Kleinbad
12 Größeres Neubad

Bollendorf

Römischer Gutshof (villa rustica)

Am Hang des Ferschweiler Plateaus mit Blick in das reizvolle Sauertal wurde bereits im 1. Jahrhundert n. Chr. diese *villa rustica* eines römischen Kleinbauern in der Nähe eines römischen Felsdenkmals (am Plateaurand, dem Sauertal Richtung Weilerbach folgend), das der Göttin Diana geweiht worden ist, errichtet.

Die aus dem Luftbild ablesbare Form des einfachen, ländlichen Bauernhauses vertritt den herkömmlichen Typ des kleinbäuerlichen Familienbetriebes und ist allgemein so in Gallien und der Provinz *Belgica* verbreitet.

Von dieser Bauform, die in älteren Holzpfosten- und Fachwerk-Konstruktionen nachgewiesen werden kann, werden auch aufwendigere Anlagen durch Vergrößerung der Proportionen abgeleitet, wie es für das Herrenhaus des Gutshofes von Otrang-Fließem typisch ist (vgl. S. 200).

Die Hausfläche von 26,50 m x 23,50 m ist in einen ursprünglich längsrechteckigen Haupt- und Wohnraum (mit gemauerter Herdstelle) gegliedert und hatte zur Talseite eine repräsentative Front. Diese bestand aus turmartigen Eckbauten in fester Steinbauweise und einem schmalen, gangartigen und unterkellerten Zwischenbau mit Säulen auf der Außenmauer, die ein leicht geneigtes Pultdach trugen.

Der Eigentümer hatte offensichtlich Anteil an dem allgemeinen wirtschaftlichen Aufschwung während der Wende vom 1. zum 2. Jahrhundert, denn er besaß die Mittel für einen Erweiterungs- und Umbau. An der Bergseite wurde ein Gang- oder Remisenbau aufgeführt; an der Westseite die ursprüngliche Außenfront z. T. abgetragen und unter Einbeziehung von Partien der Haupt- und Wohnhalle ein Bad nach römischem Vorbild eingerichtet. Einem beheizten, größeren Vorraum ist das *caldarium* (Heißbad) angelehnt; dahinter folgen *tepidarium* (lauwarmbeheiztes Bad) und *frigidarium* mit Kaltwasserwanne. Die Feuerstellen wurden vom Hauptraum, der Wohnhalle, her bedient.

Soweit die Funde erkennen lassen, ist die Anlage an der Wende vom 4. zum 5. Jahrhundert durch Brand zerstört worden. H. C.

Weiterführende Literatur:

Führer zu vor- und frühgesch. Denkmälern 33 *Südwestl, Eifel*

↓ *Villa rustica* bei Bollendorf

Germania Inferior

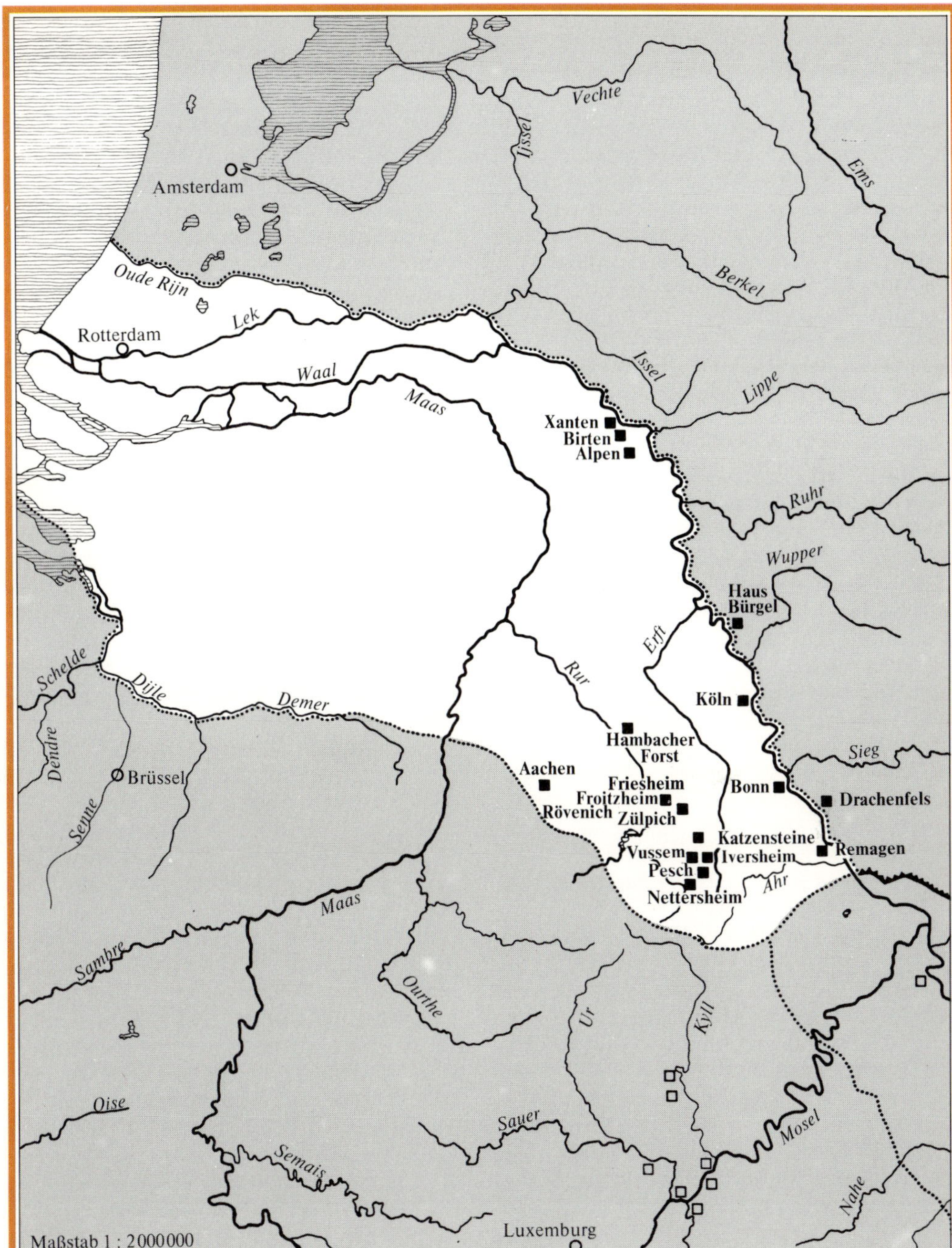

Obwohl der Rhein weder in sprachlicher noch in kultureller Hinsicht eine Trennungslinie war, sah schon Caesar ihn als endgültige Grenze an: »*populi Romani imperium Rhenum finire* – der Rhein begrenze den Herrschaftsbereich des römischen Volkes« (*Bell. Gall.* IV 16,3), läßt er rechtsrheinische Sugambrer zu den römischen Gesandten sagen. Diesseits des Niederrheins hatte Caesar mit den dort eingedrungenen germanischen Usipetern und Tenkterern gekämpft. 53 v. Chr. schlug er den Aufstand der Eburonen unter Ambiorix zwischen Rhein und Maas nieder, verwüstete das Land und vernichtete diesen keltischen Stamm.
Militärisch war in den Jahren 58-51 v. Chr. Gallien bis zum Rhein durch Caesar erobert worden. Bis die Romanisierung die Rheinzone erreichte, verging allerdings noch einige Zeit. Die Truppen blieben zunächst im Innern Galliens stationiert. Zweimal war M. Vipsanius Agrippa Statthalter Galliens und damit auch des Rheinlandes (39-37 und 19 v. Chr.); er erschloß die neue Provinz – ›*Gallia Comata*‹ – durch den Bau von Straßen, darunter auch der ersten Verbindungen zum Rhein. Wahrscheinlich während seiner ersten Statthalterschaft wanderten die Ubier aus ihren Wohnsitzen im Taunus und an der Lahn in das durch die Vernichtung der Eburonen freie Land links des Rheins und siedelten sich um Bonn, Köln und Neuss an. Ein anderer rechtsrheinischer Germanenstamm, etwa 40000 Sugambrer, wurde durch Tiberius um 8 v. Chr. auf dem linken Ufer zwischen Niederrhein und Maas angesiedelt, nunmehr Kugerner genannt.
Erst im vorletzten Jahrzehnt des 1. Jahrhunderts v. Chr. wurden die Truppen aus Innergallien an den Rhein verlegt. Nicht zuletzt die Niederlage des Statthalters M. Lollius Paulinus mit der 5. Legion gegen mehrere ins Innere Galliens vorgedrungene Germanenstämme (17/16 v. Chr.) gab Anlaß, die Grenze am Rhein zu sichern und als Basis für ostwärts gerichtete Offensiven einzurichten.
Die Offensiven begannen mit den Feldzügen des Drusus 12 v. Chr. Die Hauptstoßrichtung ging vom Niederrhein aus, vor allem aus der Gegend von Xanten, nach Osten; Zangenbewegungen erfolgten mehrmals von Mainz aus durch die Wetterau nach Norden und Nordosten sowie über das Meer in die Mündungen von Ems, Weser und Elbe. Mit einiger Sicherheit gehören von den bekannten Kastellen in diese frühe Zeit die Lager von Nijmegen, *Vetera*/Xanten, *Asciburgium*/Moers-Asberg, *Novaesium*/Neuss und *Mogontiacum*/Mainz; es müssen aber erheblich mehr gewesen sein. Entlang der Vormarschpiste nördlich des Mittelgebirges, etwa dem Lauf der Lippe folgend, wurden in regelmäßigen Abständen zeitweise belegte Kastelle angelegt, von denen bisher, vom westlichen Eckpfeiler *Vetera*/Xanten ausgehend, die Anlagen von Holsterhausen bei Dorsten, Haltern, Oberaden bei Lünen und Anreppen im Kreis Büren bekannt sind.
Augustus hatte bereits 15 v. Chr. die Verwaltung Galliens neu gegliedert: neben der alten Provinz Gallia Narbonensis gab es seitdem die drei neuen Provinzen der ›*tres Galliae*‹: Aquitania, Gallia Lugdunensis und Belgica. Wie er für Gallien in Lugdunum/Lyon einen religiös-politischen Mittelpunkt schuf, so auch für Germanien: die *Ara Ubiorum* (Altar der Ubier) wurde in Köln errichtet, ein Heiligtum der Roma und des Augustus. Nach der Niederlage des Varus im ›Teutoburger Wald‹ (9 n. Chr.) wurde das Rheinheer zunächst um zwei auf acht Legionen verstärkt und in zwei Heeresgruppen zu je vier Legionen unter je einem Legaten konsularischen Ranges geteilt. Obwohl das Rheinland noch einige Jahrzehnte formell zur Belgica gehörte, lag die tatsächliche Kompetenz auch in der zivilen Verwaltung und Rechtspflege bei den Oberbefehlshabern des obergermanischen und des niedergermanischen Heeres.
Noch einmal kam es am Niederrhein zu kriegerischen Auseinandersetzungen, nachdem Vitellius, der Oberbefehlshaber des niedergermanischen Heeres, am 1. Januar 69 n. Chr. in Köln zum Kaiser ausgerufen worden war. Um sich gegen Otho, der nach dem Selbstmord Neros und der Ermordung von dessen Nachfolger Galba Kaiser war, durchzusetzen, zog er mit dem Großteil der ihm unterstellten Truppen nach Italien. Die niederrheinischen, germanischen Bataver widersetzten sich unter Führung des Civilis weiteren Aushebungen; acht von Vitellius zurückgeschickte Bataver-Kohorten sowie die Kanninefaten und die Friesen schlossen sich der Meuterei an. Römische Kastelle wurden zerstört; man träumte schon von einem Großgallischen Reich. Als aber mit Vespasian seit Ende 69 das Reich einen neuen Kaiser hatte, der die Wirren des Vierkaiserjahres 68/69 beendete und unangefochten

herrschte, wurden bald wieder Truppen nach Germanien geschickt. Bei *Vetera*/Xanten kam es im Sommer des Jahres 70 zur entscheidenden Schlacht, in der der kaiserliche Feldherr Cerialis über die Aufständischen siegte; ein Verständigungsfrieden beendete den Bataver-Aufstand.

Fast zwei Jahrhunderte herrschte Frieden am Niederrhein, bis in der zweiten Hälfte des 3. Jahrhunderts die Einfälle der Franken begannen. In den achtziger Jahren des 1. Jahrhunderts wurde durch Domitian die de-facto-Selbständigkeit der beiden Militärbezirke am Rhein auch de iure durch Ausgliederung aus der Belgica und Einrichtung der Provinzen *Germania superior*/Obergermanien und *Germania inferior*/Niedergermanien festgelegt. Nur die Finanzverwaltung verblieb für beide Germanien und für die *Belgica* gemeinsam in Trier. Am Vinxtbach (wohl von ›*fines*‹ – Grenze) südlich von Bad Breisig grenzten Ober- und Niedergermanien aneinander. Niedergermanien wurde im Osten und Norden vom Rhein bzw. in den Niederlanden vom Oude Rijn begrenzt, zwischen den Mündungen von Rhein und Schelde vom Meer. Der weitere Verlauf der Grenze zur Maas und durch die Ardennen oder das Hohe Venn und die Eifel ist unbestimmt; jedenfalls war die Germania Inferior eine schmalere Provinz, die vor allem durch das in ihr stationierte Militär und ihre Randlage den wichtigen gallischen Provinzen Schutz bieten sollte. Die Rheinlinie wurde durch eine Kette von Kastellen ausgebaut (Niedergermanischer Limes), deren wichtigste bisher bekannte Remagen, Bonn, Wesseling, Dormagen, Neuss, Krefeld-Gellep, Moers-Asberg, Xanten, Alt-Kalkar, Vechten, Utrecht und Valkenburg waren. Diese ›Wacht am Rhein‹ umfaßte seit Trajan am Anfang des 2. Jahrhunderts die *Legio I Minervia* in *Bonna*/Bonn und die *Legio XXX Ulpia Victrix* in *Vetera II*/Xanten sowie Hilfstruppeneinheiten im Abstand von 12 bis 20 Kilometern, insgesamt etwa 25000 Soldaten. Der Rhein war keine starre Grenze; vom römischen Gebiet ins rechtsrheinische Germanien gab es regen Handelsverkehr, und die Römer selbst waren an manchen Stellen auch jenseits des Grenzflusses präsent (vgl. Bonn-Geislar S. 226).

Niedergermanien hatte als Provinz mit zwei Legionen einen gewesenen Konsul als Statthalter; dieser *Legatus Augusti pro praetore* residierte in Köln, das 50 n. Chr. durch Claudius zur *Colonia* erhoben worden war. Sein Verwaltungsstab war nicht sehr umfangreich, waren doch die lokale Verwaltung und Teile der Rechtspflege Sache der Gemeinden unter der Dienstaufsicht des Gouverneurs und das Finanzwesen Aufgabe des Drei-Provinzen-Prokurators in Trier. Als eine aus keltischen Traditionen übernommene Gebietskörperschaft, vergleichbar etwa einem Regierungsbezirk, wurde die *civitas* beibehalten.

Die Bevölkerung Niedergermaniens war bunt gemischt. Kelten und Germanen bildeten die Urbevölkerung. Die römischen Soldaten, Handwerker und Händler kamen aus verschiedenen Teilen des Reiches oder – vor allem Sklaven – auch aus Ländern außerhalb der römischen Welt. Kölner Grabinschriften nennen z. B. Menschen aus Gallien und Britannien, aber auch aus Italien und vom Balkan, aus Kleinasien, Ägypten und Nordafrika; hier spiegelt sich die ethnische Vielfalt der Völker im Römischen Reich. ›Römer am Rhein‹ meint also nicht Römer im ursprünglichen Sinn, sondern die nach ihrer Herkunft gemischte Bevölkerung, die in Sprache und Bildung, Zivilisation und Technik von Rom geprägt war, deshalb auch oft als ›Romanen‹ bezeichnet.

Die frühesten Siedlungen waren die Kastelle der Truppen und die zugehörigen Lagerdörfer mit den zivilen Handwerkern und Händlern, Kneipwirten, angesiedelten Veteranen und den Familienangehörigen der Soldaten. Das flache Land wurde etwas später erschlossen durch landwirtschaftliche Besiedlung in Landgütern und durch kleinstädtische *vici* (in Niedergermanien z. B. *Tolbiacum*/Zülpich und *Belgica* bei Euskirchen-Billig). Zwei Städte der Provinz erhielten den Status einer Colonia: Köln als *Colonia Claudia Ara Agrippinensium* (50 n. Chr.) und die *Colonia Ulpia Traiana* bei Xanten (um 100 n. Chr.). Vor allem diese Bürgerstädte, aber auch die *vici* und die Lager mit ihren Dörfern waren Zentren römischen Lebens und damit der Romanisierung Niedergermaniens.

Die Landwirtschaft bildete auch im Römischen Reich die Grundlage der Wirtschaft; vorherrschende ländliche Siedlungsform im Rheinland war die *villa rustica*, ein ummauerter Komplex aus Herrenhaus, Gesindewohnungen, Speichern, Scheunen, Schuppen und

Ställen. Zum Anbau einheimischer Pflanzen kamen neue Früchte wie z. B. die Kirsche und vor allem der Weinbau.
Die ersten römischen Handwerker waren mit den Truppen gekommen, bald folgten die zivilen Handwerker und Kaufleute. Das zweite und dritte Jahrhundert n. Chr. waren Zeiten wirtschaftlicher Blüte, begünstigt durch bessere Verkehrswege, weitreichende Handelsverbindungen, größere Sicherheit, gleiche rechtliche und finanzielle Grundlagen, geringe Zölle, gemeinsame Sprache, Ordnung in Maßen und Gewichten; zunehmender Wohlstand weiter Teile der Bevölkerung und höherer Lebensstandard steigerten die Nachfrage nach den unterschiedlichsten Gütern, nicht zuletzt auch nach Luxusgegenständen. Durch die Kartierung archäologischer Funde lassen sich Handelsverbindungen erschließen. Wichtige Erzeugnisse Niedergermaniens, auch für den Export, waren z. B. Gläser und Tonfigürchen aus Köln, Blei aus der Gegend von Mechernich, Messingprodukte aus dem Gebiet zwischen Aachen und Düren.
Aufgrund der religiösen Toleranz der Römer – allerdings auch der Unverbindlichkeit ihres Götterglaubens – wurden in den rheinischen Provinzen, wie anderswo, neben den römischen Gottheiten auch die der einheimischen Bevölkerung und zunehmend solche aus dem Orient verehrt. Schon in römischer Zeit gab es in der Rheinzone Christen.
Die friedliche Entwicklung Niedergermaniens wurde unterbrochen, als spätestens 257 die germanischen Franken, ein Bund mehrerer rechtsrheinischer Stämme, in römisches Gebiet einfielen. Im Herbst 259 errichtete Marcus Cassianius Latinius Postumus, vom Kaiser Gallienus mit dem Schutz Galliens und der Rheinzone betraut, ein Teilreich innerhalb des Römischen Reiches; von Köln, später von Trier aus regierten Postumus und seine Nachfolger Marius, Victorinus und Tetricus bis 274 das Rheinland, Gallien, Spanien und Britannien und kämpften erfolgreich gegen die Franken. Ein besonders schwerer Einfall erfolgte 276.
Als Diokletian 297 das Reich neu gliederte, kam Niedergermanien als *Germania secunda* zur Diözese *Galliae*. In der Folgezeit konnten mehrere tatkräftige Herrscher und Heerführer immer wieder vorübergehende Erfolge verbuchen; Kämpfe werden überliefert für die Jahre 310, 313, 341, 342 und 344. Konstantin d. Gr. baute den Rheinlimes weiter aus; zu seinen Sicherungsbauten gehören u. a. die Kastelle *Divitia*/Köln-Deutz und Haus Bürgel bei Monheim (vgl. S. 218ff und S. 221). Durch neuerliche Angriffe der Franken und Alamannen sowie die Rebellionen mehrerer Generäle war die Rheingrenze in ernster Gefahr, als Constantius II. seinen Vetter Flavius Claudius Julianus zum Oberbefehlshaber in Gallien ernannte. In jährlichen Feldzügen von 356 bis 360 (357: Sieg Julians über die Alamannen bei Straßburg!) konnte dieser die Gefahren vermindern, wenn auch nicht beseitigen.
Die letzten Jahrzehnte der Kämpfe, die zum Ende des römischen Germanien führten, sind für uns weitgehend dunkel. In dieser Zeit waren es teilweise Heerführer germanischer Herkunft wie der Franke Arbogast und der Vandale Stilicho, die das Reich verteidigten. Stilicho zog nach westgotischen Angriffen auf Italien (401) Truppen von den nördlichen Grenzen ab. Letzter römischer Feldherr in Gallien und Germanien war Flavius Aëtius; sein größter Erfolg – mit germanischer Hilfe! – war der Sieg über die Hunnen Attilas auf den Katalaunischen Feldern (451). In diesen Jahren, spätestens 456, wurden die römischen Städte an Rhein und Mosel endgültig fränkisch. 476 brach das Weströmische Reich zusammen. Nur im Nordwesten von Frankreich konnte der römische Statthalter Syagrius einen kleinen Teil des einstigen Weltreiches noch zehn Jahre über dessen Ende hinaus erhalten. 486 eroberte der fränkische König Chlodwig dieses römische Restgebiet und gewann in den folgenden Jahren die Macht über andere Frankenreiche. Franken hatten wie in weiten Teilen Galliens so auch im Gebiet der ›*Germania secunda*‹, der alten ›*Germania inferior*‹, die römische Herrschaft nach fast einem halben Jahrtausend ersetzt – die römische Zivilisation zerstörend, aber gleichzeitig manche ihrer Traditionen übernehmend und weiterführend.

W. H.

Weiterführende Literatur:
J. E. Bogaers und C. B. Rüger (Hrsg.), *Der Niedergermanische Limes – Materialien zu seiner Geschichte*, Köln 1974
Führer zu vor- und frühgeschichtlichen Denkmälern: Band 14 (*Linker Niederrhein*), Mainz 1969; Bände 25 und 26 (*Nordöstliches Eifelvorland*), Mainz 1974
H. v. Petrikovits, *Rheinische Geschichte* (hrsg. von F. Petri und G. Droege) Band 1, 1: *Altertum*, Düsseldorf 1978
C. B. Rüger, *Germania Inferior – Untersuchungen zur Territorial- und Verwaltungsgeschichte Niedergermaniens in der Prinzipatszeit*, Köln/Graz 1968

Köln / *Colonia Claudia Ara Agrippinensium*

Als Kaiser Claudius (41-54 n. Chr.) *Ara Ubiorum*, den Geburtsort seiner Frau Agrippina, im Jahre 50 n. Chr. in den Rang einer *colonia* erhob, waren bereits einige Grundprinzipien römischer Siedlungsplanung in der ubischen Gemeinde verwirklicht: abgesteckte Grundstücksparzellen, ein rechtwinkliges Straßennetz, öffentliche Kanalisation, ein Befestigungsring aus Erde und Holz. Für die Standortwahl war eine militärpolitische Entscheidung ausschlaggebend. Ein flachwelliger, ungefähr 1 km^2 großer Geländeschild lag hochwasserfrei vor einem schmalen Auenrand am Rhein. Die unmittelbare Nähe am Strom und der Talweg auf der Niederterrasse boten verkehrsgeographische und wirtschaftliche Vorteile.

Schon in den letzten Jahrzehnten v. Chr. waren hier rechtsrheinische Ubier in einem großzügig geplanten *oppidum* zwangsangesiedelt worden. Der Platz war als städtischer Kultmittelpunkt mit einem Altar für *Roma et Augustus* und als Hauptort einer geplanten *provincia Germania* ausersehen. Die Aufgabe der Eroberungen im rechtsrheinischen Germanien machten aber die Stadt zu einem strategischen Platz an der Grenze des Reiches.

Seit ihrer Rangerhöhung führt die Stadt den offiziellen Titel *Colonia Claudia Ara Agrippinensium* (*CCAA*). Auf der Trasse der alten Befestigungslinie folgt nun, auch als äußeres Zeichen der neuen Würde, der Bau einer Steinbefestigung in einer Länge von 3911 m mit 19 Türmen und 9 Toranlagen. Es ist das umfangreichste Einzelbauunternehmen in der Geschichte der römischen Kolonie. Ein Drittel der verfügbaren Baufläche von mehr als 70 *insulae* behalten sich Staat und Gemeinde für Tempel, Verwaltungsbauten und Versorgungseinrichtungen vor. Der Bedarf an Baumaterialien (Naturstein, Holz, Kalk) muß aus der Eifel, den Mittelrhein- und Moselgebieten eingeführt werden. Zwei Hauptstraßen, *cardo* und *decumanus maximus* teilen das Areal in vier ungleich große Stadtquartiere. Die lichte Weite der Hauptstraßen mißt ca. 32 m zwischen den Giebelfronten und ca. 22 m zwischen den Laubengängen. Die Nebenstraßen erreichen Breiten bis zu 23 m, die Fahrbahnen ca. 11-14 m. Die Straßendecken werden mehrfach neu mit Kies aufgeschottert, ein Großteil der Fahrbahnen seit dem 3. Jahrhundert mit Säulenbasalten gepflastert. Trotz der nahezu winkelrecht geführten Baufluchten erscheint das Straßenbild abwechslungsreich durch die unterschiedlich hohen Giebel und die den Häusern vorgelegten Portiken. Größere Privathäuser nehmen in den Grundrißentwürfen mit Atrium und Peristyl italische Vorbilder auf.

In den ersten einhundert Jahren als Kolonie erlebt die Stadt eine Baukonjunktur ohnegleichen. Ihre Geschichte ist jedoch zu Anfang nicht frei von Fährnissen. Im Jahre 58 n. Chr. greift ein Schadensbrand auf weite Viertel der Stadt über. In den politischen Reichswirren der Jahre 68/69 n. Chr. rufen Truppen der oberen und unteren Rheinarmee in Köln A. Vitellius als Kaiser aus. Eine ernste Bedrohung der Stadt folgt ein Jahr später im Bataveraufstand, doch kann eine Eroberung durch Verhandlungen noch abgewendet werden.

Seit dieser Zeit erscheint Köln nahezu zwei Jahrhunderte lang kaum mehr in den literarischen Quellen. Die Stadt an der Grenze des Reiches, Hauptstadt der *Germania inferior*, hat Teil an der *pax Romana* (römischer Friede) und erlebt eine wirtschaftliche Blüte. Nahezu 20000 Einwohner leben im 2./3. Jahrhundert in der Stadt. Landwirtschaft, Fernhandel und ein differenziertes Handwerksgewerbe bieten die Grundlage für den wirtschaftlichen Aufschwung. Feuergefährliche Betriebe (Töpfereien, Metallwerkstätten, Glashütten) liegen seit Mitte des 1. Jahrhunderts in einem Ring von ›Gewerbegebieten‹ vor den Toren. Einzelne Villen werden im Vorfeld der Stadtmauer errichtet, offenbar reicht der verfügbare Baugrund in der Innenstadt nicht mehr aus. Beiderseits der Fernstraßen nach Süden, Westen und Norden liegen die Friedhöfe mit einer vielgestaltigen Grabarchitektur: Grabhäuser, Grüfte, Stelen, Pfeilergrabmäler, Grabgärten und einfache Erdbestattungen.

Die Krise des römischen Reiches im 3. Jahrhundert hinterläßt auch Spuren in Köln. Wenige Jahre lang (seit 259 n. Chr.) wird die Stadt Residenz römischer Soldatenkaiser, in einer

→ Köln CCAA. Innenstadt mit überbautem römischen Kern, von Südwesten

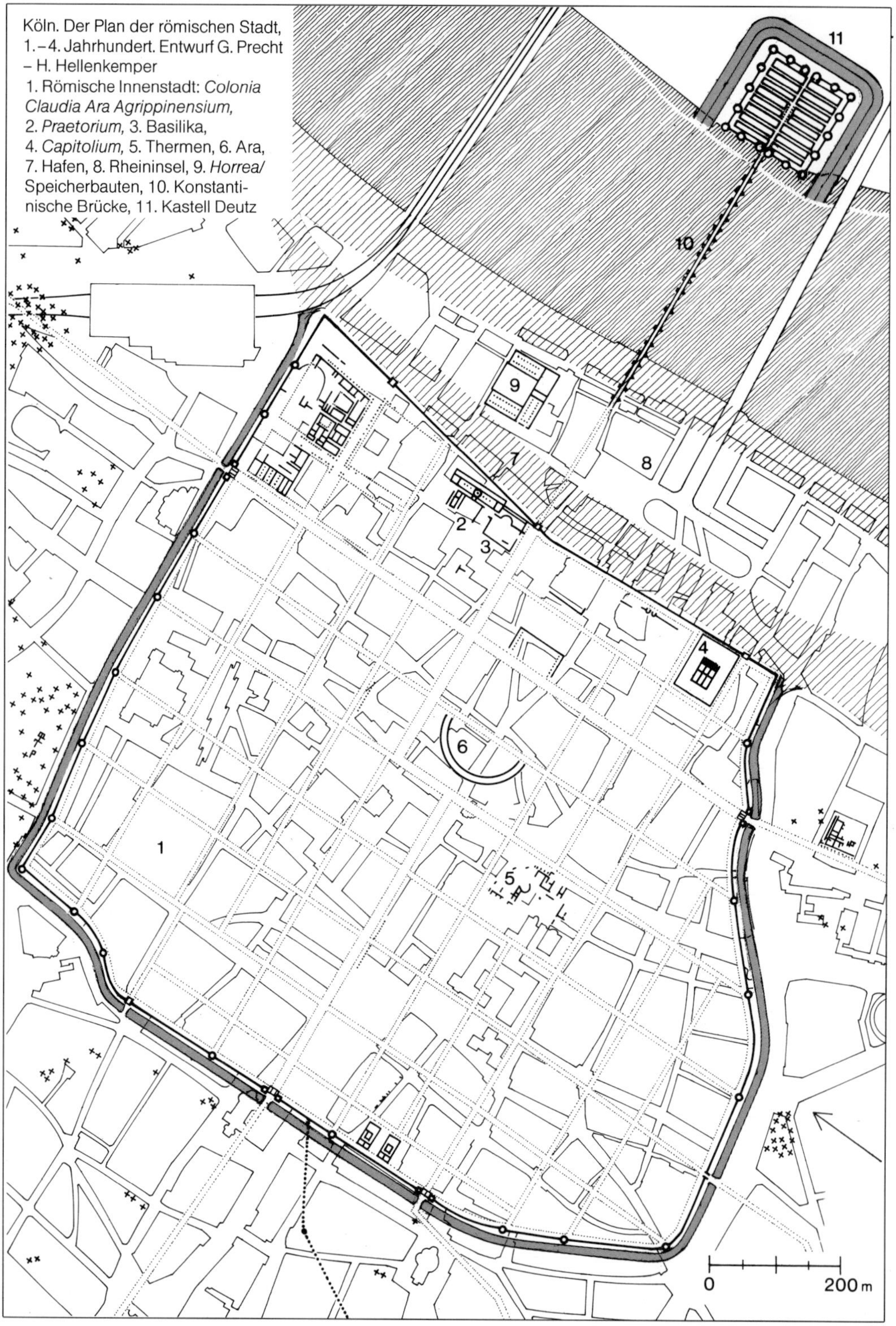

Köln. Der Plan der römischen Stadt, 1.–4. Jahrhundert. Entwurf G. Precht – H. Hellenkemper
1. Römische Innenstadt: *Colonia Claudia Ara Agrippinensium,* 2. *Praetorium,* 3. Basilika, 4. *Capitolium,* 5. Thermen, 6. Ara, 7. Hafen, 8. Rheininsel, 9. *Horrea/* Speicherbauten, 10. Konstantinische Brücke, 11. Kastell Deutz

Zeit, als erste fränkische Stammesgruppen in die gallischen Provinzen einbrechen. Erst unter Konstantin I. wird die Rheingrenze wieder gesichert, die beiden Rheinufer mit einer festen Brücke verbunden.
Im Dezember 355 n. Chr. fällt die Stadt zehn Monate lang in die Hand fränkischer Eroberer. Stattliche Häuser innerhalb der Mauern und vor den Toren gehen unter, Tempel und Verwaltungsbauten werden offenbar niedergebrannt. Große Münzvorräte einer öffentlichen Kasse, in Eile vor der drohenden Plünderung in der Nachbarschaft des Kapitols vergraben, werden nach der Notzeit nicht mehr gehoben; die Zeugen sind entweder umgekommen oder geflohen.
Diese Katastrophe bedeutete eine Zäsur in der Geschichte der Stadt. Die römische Kolonie hat sich nicht mehr von diesem Schlag erholt, wenn auch auf den Trümmern noch einmal eine umfangreiche Bautätigkeit begann. Es ist vor allem die öffentliche Hand, die neue Verwaltungs- und Versorgungsbauten errichten läßt, um den wichtigen strategischen Platz am unteren Rhein in der Provinz *Germania secunda* zu halten. Private Bautätigkeit reicht nur noch zu den notwendigsten Wiederherstellungen. Die Einwohnerzahl ist erheblich zurückgegangen. Nur ein halbes Jahrhundert noch währt die unmittelbare römische Präsenz, mehrfach von neuen fränkischen Beutezügen bedroht.
Äußere politische Ereignisse beschleunigen zu Anfang des 5. Jahrhunderts den inneren Auflösungsprozeß der Rheinzone. Im Jahre 407 n. Chr. werden hier stationierte Grenztruppen zur Verteidigung Italiens abkommandiert. Dies öffnet weiteren fränkischen Einwanderern das schutzlose linksrheinische Gebiet. Die politische Unsicherheit veranlaßt reiche romanische Pächter und Großgrundbesitzer, ihre Landgüter aufzugeben. Köln ist nur noch dem Namen und dem Rechtsanspruch nach eine römische Stadt.
Die Umwandlung der römischen in eine fränkische Stadt geschieht lautlos, ohne Brandschatzung. Köln »ist voll von Feinden«, beklagt der Mönch Salvian den Untergang der römischen Stadt. »Es langt nicht aus, um wohnen zu bleiben, und auch nicht, um wegzuziehen, weil einfach nichts mehr da ist, das Leben zu fristen oder die Flucht zu ermöglichen.«
Dennoch lebt das römische Erbe in vielfältiger Gestalt weiter. Die römischen Ruinen werden Bausteine für die glanzvolle Geschichte des mittelalterlichen Köln.

Weiterführende Literatur:
J. Klinkenberg, *Das römische Köln. Die Kunstdenkmäler der Stadt Köln I, 2* Düsseldorf 1906
H. Schmitz, *Colonia Claudia Ara Agrippinensium (CCAA), Veröffentlichungen des Kölner Geschichtsvereins* 18, Köln 1956
O. Doppelfeld, *Kölner Wirtschaft von den Anfängen bis zur Karolingerzeit*, in: H. Kellenbenz (Hrsg.), *Zwei Jahrtausende Kölner Wirtschaft*, Köln 1975, 13-86
H. Hellenkemper, *Architektur als Beitrag zur Geschichte der Colonia Claudia Ara Agrippinensium*, in: H. Temporini (Hrsg.), *Aufstieg und Niedergang der römischen Welt* II. Principat 4, Berlin 1975, 783-824
H. Hellenkemper - E. Meynen, *Deutscher Städteatlas*, Hrsg. von H. Stoob, Lieferg. II, 6: Köln, Dortmund 1979
Köln I-III. *Führer zu vor- und frühgeschichtlichen Denkmälern*, Bd. 37-39, Mainz 1980

Rheininsel, Hafen und *Praetorium*

Eine Insel, unmittelbar vor der Ostseite der römischen Stadt gelegen, teilte den Strom in zwei ungleich breite Arme. Die Ergebnisse großflächiger Rettungsgrabungen im Martinsviertel (seit 1973) haben gezeigt, wie weite Teile der Insel in römischer Zeit genutzt wurden.
Mitte des 1. Jahrhunderts begannen auf der Insel - parallel zum Stadtausbau - in der Achse des Praetoriums Bauarbeiten für eine mehr als 5000 m² große Sportanlage (*palaestra*) mit einem offenen Badebecken (*natatio*). Doch kaum zwei Generationen später wurde die Anlage vielleicht nach einem Hochwasser aufgegeben. In der Folge legt man das gefährdete Inselgelände mit Sand und Bauschutt höher. Auf einem über 7000 m² weiten Gelände entsteht Mitte des 2. Jahrhunderts ein Großbauprojekt für den Güterumschlag auf dem Rhein. Vier große Speicherbauten (*horrea*) gruppieren sich um einen Innenhof zu einem Versorgungszentrum. Zwischen Stadtmauer und Insel und am offenen Strom liegen die Ladeplätze der Rheinschiffe.
An der Hafenseite, hinter der Stadtmauer, lag das Praetorium, seit dem 1. Jahrhundert n. Chr. Amtssitz und Verwaltungsgebäude der Statthalter der Provinz *Germania inferior*. In der 2. Hälfte des 3. Jahrhunderts diente der Baukomplex wohl zeitweise als Residenz von Soldatenkaisern.

→ Köln. Ausgrabungen im Martinsviertel 1974 auf der ehemaligen römischen Rheininsel, von Osten

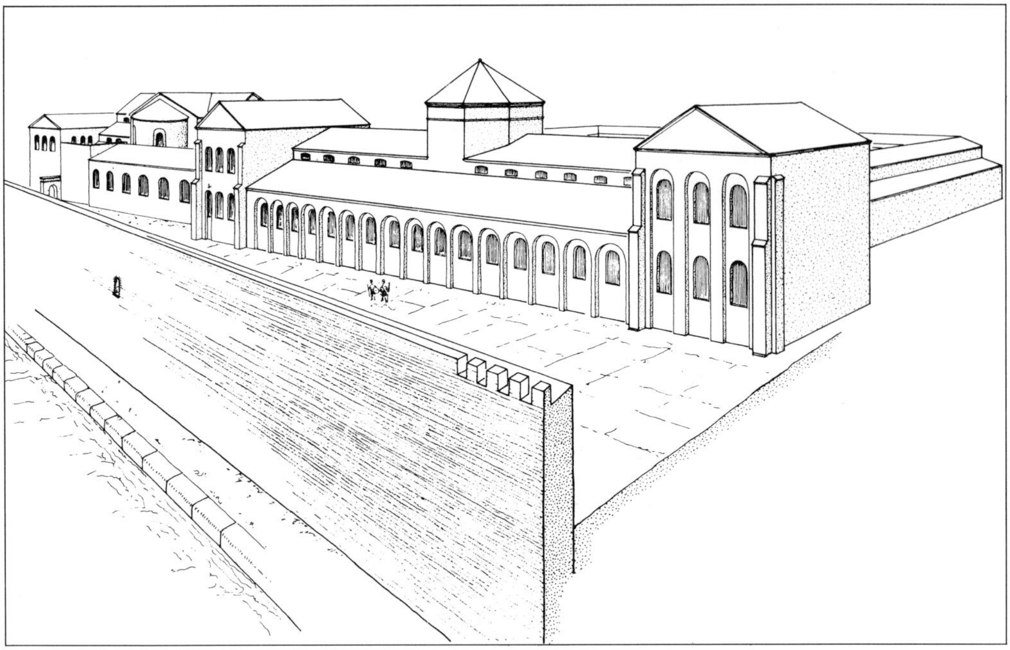

↑ Köln. Rheinseitige Fassadenrekonstruktion des *Praetoriums,* 4. Jahrhundert. Rekonstruktion von G. Precht

Während der Ausschachtungen für den Neubau der kriegszerstörten Rathausbauten (in der oberen Bildhälfte S. 212) entdeckte O. Doppelfeld 1953 die Fundamentmauern des Praetoriums mit Zeugnissen einer vierhundertjährigen Baugeschichte. Die drei ältesten Perioden (1.-3. Jahrhundert n. Chr.) sind weitgehend von der letzten, spätrömischen Ausbaustufe überschichtet. Nach der fränkischen Stadtzerstörung 355/356 n. Chr. wurde das Praetorium als Palastanlage vollständig neu gebaut. Hinter einer 90 m langen Baufassade im Osten lagen als repräsentative Kult- und Empfangsräume symmetrisch angeordnet zwei große Apsidensäle, zweischiffige Stützenhallen und als Mittelpunkt ein ehemals hoch aufragendes Oktogon, vielleicht für eine Kultstatue. Die mit Strebepfeilern und Pilastern gegliederte Fassade war rosafarben verputzt, die Pilasterecken mit pompejanisch-roter Farbe ausgemalt.
Bedeutende Teile der Fundamentmauern dieser Palastanlage sind heute noch in den Kellergeschossen des Rathauses sichtbar erhalten (Praetorium: Außenstelle des Römisch-Germanischen Museums, Eingang Kleine Budengasse, geöffnet 10-17 Uhr außer montags).

Weiterführende Literatur:
O. Doppelfeld, *Römische Großbauten unter dem Kölner Rathaus,* in: *Germania* 34, 1956, 83-99
G. Precht, *Baugeschichtliche Untersuchung zum römischen Praetorium in Köln, Rheinische Ausgrabungen* Bd. 14, Köln 1973
H. Hellenkemper, *Ausgrabungen im Kölner Martinsviertel. Die römischen Bauten,* in: *Archäologisches Korrespondenzblatt* 4, 1974, 245-249
H. Hellenkemper, *Der römische Rheinhafen und die ehemalige Rheininsel,* in: *Köln II, Führer zu vor- und frühgeschichtlichen Denkmälern* Bd. 38, Mainz 1980, 126–134

St. Maria im Kapitol

Im Südosten des römischen Stadtareals liegt seit dem Mittelalter die Basilika St. Maria, die seit altersher den Beinamen *in Capitolio* führt. Bei Bauuntersuchungen zu Anfang dieses Jahrhunderts zeigte sich, daß die Kirche Fundamente eines römischen Großbaues - ca. 33 m lang und 29,50 m breit - nutzt, dessen Reste sich zu einem nach Osten geöffneten Podiumstempel rekonstruieren lassen. Während der Wiederaufbauarbeiten gelang es 1956, Teile der inneren Fundamentgliederung aufzufinden. Die typische Grundrißbildung in drei unterteilte langrechteckige Räume ließen im Vergleich mit anderen gleichartigen Tempelgrundrissen im Westen des römischen Reiches den Schluß zu, daß die mittelalterliche Überlieferung die römische Tempelwidmung bewahrte. Im Südosten der Kolonie, abseits vom Forum, stand über dem Hafen seit der zweiten Hälfte des 1. Jahrhunderts der Tempel der kapitolinischen Trias - Jupiter, Juno und Minerva - in einem die ganze Bauinsel einfassenden heiligen Bezirk.

Weiterführende Literatur:

H. Rahtgens, *S. Maria im Kapitol zu Köln*, Düsseldorf 1913, 1-32

O. Doppelfeld, *St. Maria im Kapitol*, in: *Kölner Jahrbuch für Vor- und Frühgeschichte* 7, 1964, 67-71

E. Kühnemann - W. Binsfeld, *Die Grabungen im Kapitolbezirk*, in: *Kölner Jahrbuch für Vor- und Frühgeschichte* 8, 1965/1966, 46-53

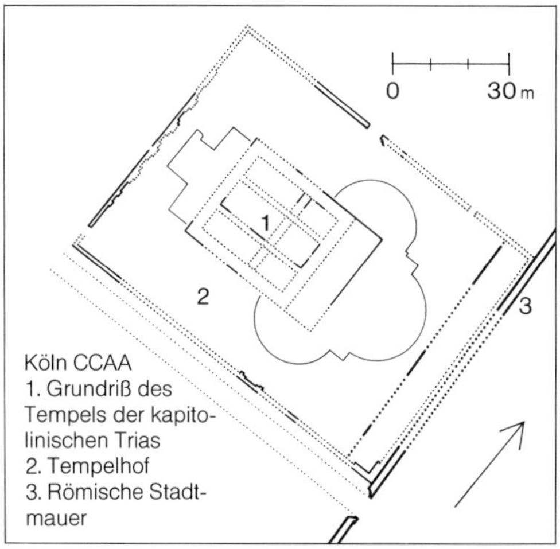

Köln CCAA
1. Grundriß des Tempels der kapitolinischen Trias
2. Tempelhof
3. Römische Stadtmauer

↓ Köln. Basilika St. Maria im Kapitol, von Südosten

St. Gereon

Nur wenige Spuren im heutigen Stadtbild erinnern noch an die weitläufige Immunität des Hochadelsstiftes St. Gereon abseits des mittelalterlichen Stadtkerns. Über Jahrhunderte hinweg bewahrte hier eine Tradition das Wissen um eine alte christliche Verehrungsstätte, deren Gründung man Helena, der Mutter Konstantins des Großen, zuschrieb.
Der Krieg fügte der hochberühmten Basilika schweren Schaden zu. Der Chor und das vierzig Meter hohe spätstaufische Dekagon brannten aus, der nordwestliche Dekagonpfeiler wurde bis zum Boden aufgerissen. Erst diese Zerstörung erlaubte genaue Bauaufnahmen und Ausgrabungen; sie erwiesen endgültig den römischen Ursprung des Baukörpers: A. v. Gerkan erschloß einen spätantiken, ost-west gerichteten Nischenzentralbau nahezu elliptischer Form. Die Achsmaße erreichen eine lichte Länge von 23,54 m, eine Breite von 18,71 m. An den Zentralraum binden im Norden und Süden je vier, im Grundriß hufeisenförmige Nischen ein, die im Osten eine 7 m weite Zentralkonche rahmen. Zwischen den Nischen nahmen massive Pfeiler zusammen mit vorgestellten Säulenpaaren die Last der senkrecht aufragenden Tambourzone auf. Gurtbögen verbanden die Pfeiler untereinander. Die neun hohen, ausschwingenden Nischen waren mit Halbkuppeln gedeckt und mit einem Außenestrich isoliert. Zur Entlastung des Gewölbedrucks mauerte man oberhalb der Widerlager dickbauchige Amphoren ein. Vielleicht erst zu Anfang des 13. Jahrhunderts mußte die Dachkonstruktion über dem Zentralraum weichen. Nach dem Vorbild spätrömischer Kuppelräume ist eine Steinkuppel in Leichtbauweise anzunehmen. Das Eingangsportal öffnete sich zu einer quergelagerten Vorhalle mit runden Apsiden an den Schmalseiten. Ein säulenumstandenes längsrechteckiges Atrium mit Wandelgängen schloß im Westen das streng geglie-

↓ Köln. Basilika St. Gereon, von Norden

derte Baugefüge ab. Die Innenausstattung hat nach den archäologischen Befunden und literarischen Zeugnissen bei der Bauausführung eine besondere Rolle gespielt. Zwei regelmäßige Reihen von Fensterhöhlen leiteten das Licht in die Nischen- und Tambourzone. Die Wände zierte eine kleinteilige, vielfarbige Marmorinkrustation. Kuppeln und Tambour trugen wahrscheinlich ornamentale und figürliche Mosaiken. Vielleicht war ein ganzer Bildzyklus auf goldfarbenem Grund für die obere Raumzone entworfen. Doch sind nur noch verstreute Reste der Marmorplatten und Mosaiksteine, teilweise mit Goldauflage, im Boden der Kirche gefunden worden. Die tragenden Pfeiler waren durch Säulenpaare aus Granit mit weißen Marmorkapitellen aus Kleinasien verdeckt. Auf ihnen lagen vermutlich reich skulptierte Kalksteingebälke.

Die Verbindung von Blendarchitektur, Marmorinkrustation und Mosaikschmuck muß bei den Zeitgenossen einen feierlichen Raumeindruck hinterlassen haben – so wie es bei Gregor von Tours um 590 n. Chr. noch anklingt, der berichtet, daß der Bau *Sancti Aurei* (Goldene Heilige) hieß.

Der Urbau von St. Gereon, in den Jahrzehnten nach 356 n. Chr. als *memoria* (Erinnerungsstätte) entstanden, zählt zu den bedeutendsten römischen Bauwerken in den nordwestlichen Provinzen. Der kühne Architekturentwurf und die prunkvolle Ausstattung rücken ihn in kaiserliche Nähe, der vermögende Auftraggeber bleibt freilich unbekannt. Mehr als sieben Jahrhunderte später krönte ein staufischer Baumeister mit dem Dekagon die alte ehrwürdige Architektur. H. H.

Weiterführende Literatur:

A. von Gerkan, *St. Gereon in Köln*, in: *Germania* 29, 1951, 215-218

O. Schwab, *St. Gereon*, in: *Frühchristliches Köln*, Hrsg. Römisch-Germanisches Museum Köln, Köln 1965, 34-37

G. Binding u. a., *Das spätrömische Atrium und mittelalterliche Stift von St. Gereon in Köln, Kölner Jahrbuch für Vor- und Frühgeschichte* 13, 1972/1973, 140-171

H. Hellenkemper, *St. Gereon*, in: *Köln II Exkursionen: Nördliche Innenstadt und Rheinufer, Führer zu vor- und frühgeschichtlichen Denkmälern* Bd. 38, Mainz 1980, 191–204 (mit Lit.)

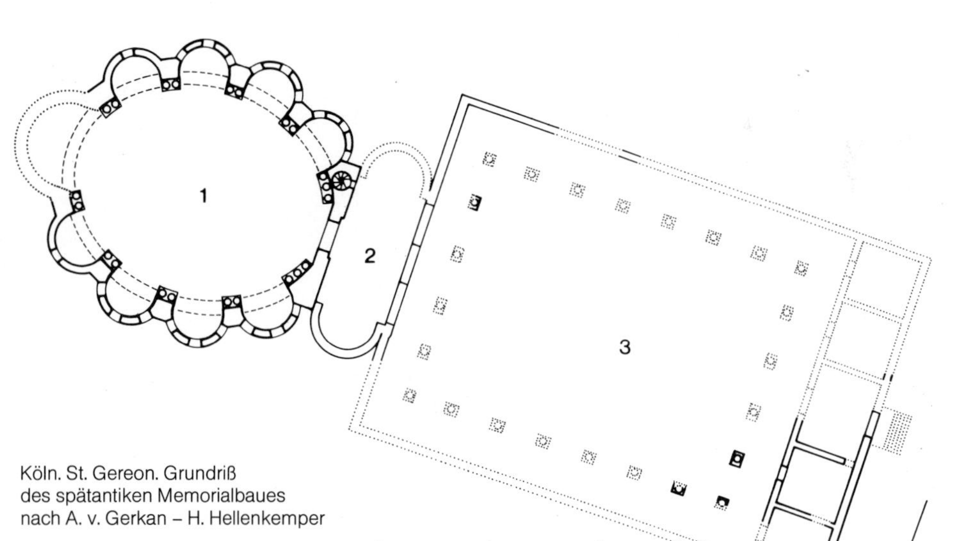

Köln. St. Gereon. Grundriß des spätantiken Memorialbaues nach A. v. Gerkan – H. Hellenkemper

1. Nischenzentralbau, 2. Vorhalle, 3. Atrium

Köln-Deutz / *Divitia*

Seit der zweiten Hälfte des 3. Jahrhunderts n. Chr. war die Rheingrenze unsicher geworden. Franken überschritten mehrfach den Rhein, zogen plündernd und brandschatzend durch die grenznahen Provinzen. Von nun an gehörte es zu den vordringlichen Aufgaben der römischen Kaiser, die Reichsgrenze am Rhein zu halten. Mehrere Sicherungsprogramme, so die Neuorganisation der Truppenverbände und der Ausbau der Verteidigungslinien, sorgten für eine zeitweilige Entlastung.

Konstantin I. (306-337) kannte aus eigener Anschauung die Grenzprobleme am Rhein. In den Jahren um 312 n. Chr. bauten auf seine Veranlassung Pioniereinheiten in der *Colonia Agrippina* - die als Hauptstadt der *Germania secunda* Sitz der Militärverwaltung war - eine feste Rheinbrücke. In der Achse des versetzten *decumanus maximus* der Stadt gelegen, führte die Brücke mit einer Länge von ca. 400 m über den Strom und gab wohl zugleich auch die Richtschnur für die Lage der Festung *Divitia* auf dem rechten Rheinufer.

Zum Schutz der Stadt und als Basis für militärische Operationen jenseits der Reichsgrenze lag das Militärlager am rechtsrheinischen Uferstreifen, der als traditionelles Wirtschaftsnutzland der Grenztruppen galt. Die Festung, durch Freilegungen im 19. Jahrhundert und Ausgrabungen 1927-1938 und 1967 in ihrem archäologischen Bestand erschlossen, zählt zu den bestbekannten spätantiken Befestigungsanlagen der römischen Grenzgebiete. Die quadratische Anlage mit einer Seitenlänge von 141,35 m ist streng geometrisch gegliedert und umschließt eine Innenfläche von ca. 1,81 ha. In die bis zu 3,35 m breiten Kurtinen sind 18 Rundtürme (Durchmesser 10,85/12,45 m) eingebunden, die in Abständen bis zu 22,50 m stehen. An der West- und Ostseite fassen je zwei Türme die ehemals rundbogigen, ca. 3,90 m weiten Toröffnungen ein, die vielleicht mit einem Fallgatter zusätzlich gesichert wurden. Die Höhe der Mauern und Türme kann ca. 10 m erreicht haben. In einem Abstand von ca. 18 m liegt an den drei Landseiten ein vermutlich doppelter Spitzgraben mit einer Gesamtbreite von ca. 27 m. Im Lagerinneren standen in zwei regelmäßigen Reihen 16 Ka-

→ Köln-Deutz (Vordergrund) und Innenstadt, von Osten

sernen, ca. 57,40 m lang und ca. 11,50 m breit, eingefaßt von schmalen geschotterten Straßen und Gassen.
Trotz der umfangreichen archäologischen Erschließung sind heute nur wenige Spuren des Kastellbaues sichtbar erhalten, so die Fundamente des Osttores (Bild) und ein Turmfundament (Turm XV) der Nordseite. Der Grundriß der Festung *Divitia* ist dennoch in seiner nahezu ›genormten‹ Regelhaftigkeit ein Musterbeispiel spätrömischer Militärarchitektur.
H. H.

Weiterführende Literatur:
G. Precht, *Die Ausgrabungen im Bereich des Castellum Divitia. Vorbericht über die Kastellgrabungen*, in: *Kölner Jahrbuch für Vor- und Frühgeschichte* 13, 1972/1973, 120-127
H. von Petrikovits, *Fortifications in the North-Western Roman Empire from the Third to the Fifth Centuries A. D.*, in: *Journal of Roman Studies* 61, 1971, 178-204 (Wiederabdruck in H. von Petrikovits, *Beiträge zur römischen Geschichte und Archäologie*, Bonn 1976, 546-597)

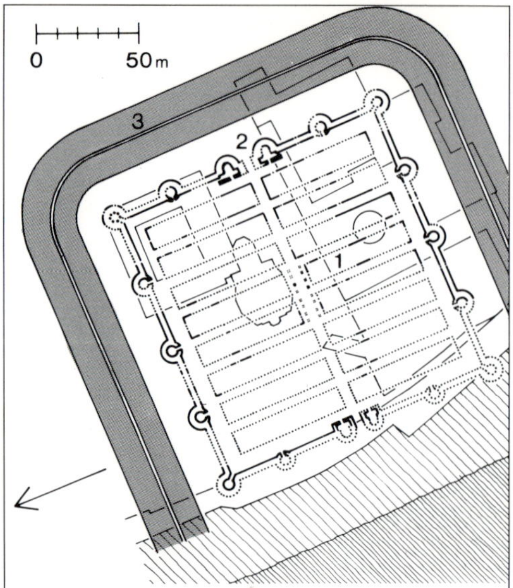

Grundriß des spätrömischen Grenzkastells nach G. Precht
1 Kasernen, 2 Osttor, 3 Doppelgraben

↓ Köln-Deutz *Divitia*. Osttor des spätrömischen Kastells, von Westen

Haus Bürgel

Spätrömisches Grenzkastell

Gegenüber von Zons liegt heute auf der rechten Rheinseite Haus Bürgel (Stadt Monheim), eine stattliche Hofanlage inmitten einer Rheinniederung. Seit römischer Zeit hat sich das Geländebild durch mehrfache Rheinbettverlagerungen entscheidend gewandelt. Wohl noch bis zum 14. Jahrhundert führte der Rhein in einer engen Schlinge östlich am *castrum Burgele* vorbei.

Unter den Überbauungen eines mittelalterlichen Herrensitzes und eines neuzeitlichen Gutsbetriebes verbergen sich die Mauer- und Turmfundamente eines spätrömischen Grenzkastells. Die nahezu quadratische Innenfläche (ca. 64 x 64 m) wird von einer ca. 1,90 m breiten Mauer umzogen, in die vielleicht 12 vorspringende Rundtürme eingebunden waren. Die Kenntnis der Befestigung beruht bislang auf äußeren Baubeobachtungen in den Scheunen und Stallungen; Ausgrabungsuntersuchungen fehlen noch.

Bautechnik und vereinzelte Funde erlauben, die spätrömische Befestigung in die Zeit Konstantins I. (306-337) zu setzen und sie als Teil eines umfassenden Grenzsicherungsprogramms am Rhein zu sehen. Das Kastell zeigt in der Anlage Parallelen zur spätantiken Festung *Divitia*/Köln-Deutz, erreicht jedoch mit 0,4 Hektar nur ein Viertel der Deutzer Lagerfläche. H. H.

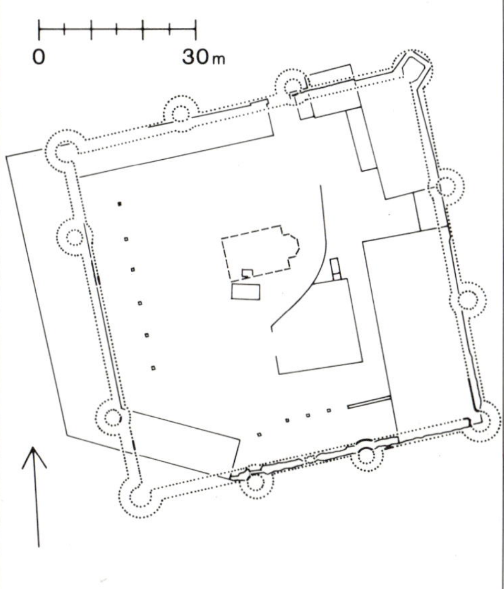

Haus Bürgel, Grundriß des spätrömischen Grenzkastells nach W. Haberey.

Weiterführende Literatur:
W. Haberey, *Kastell Haus Bürgel*, in: *Bonner Jahrbücher* 157, 1957, 294-304
H. G. Horn, *Monheim – Haus Bürgel*, in: *Der Niedergermanische Limes. Materialien zu seiner Geschichte*, hrsg. von J. E. Bogaers und C. B. Rüger, Köln 1974, 147-150 (mit Lit.)

↓ Haus Bürgel, spätrömisches Grenzkastell, von Süden

Remagen / *Rigomagus*

Im Gegensatz beispielsweise zu Boppard am Mittelrhein (s. S. 142) sieht man dem heutigen Remagen seine Entstehung aus einem römischen Kastell nicht mehr so deutlich an. Remagens Geschichte verlief auch etwas anders. Der Platz beherbergte zuerst vom 1. Jahrhundert n. Chr. an ein Hilfstruppenkastell. Den Namen *Rigomagus* kennen wir allerdings erst aus der Spätantike, wo wir ihn auf der sog. *Tabula Peutingeriana*, einer schematischen Straßenkarte, ebenso genannt finden wie in anderen spätantiken Quellen.

Im Nordwesten des heutigen Remagen, dort, wo sich das Gelände zwischen den Hügeln und dem Rheinstrom verengt, legten die Römer wohl in der Zeit des Kaisers Tiberius (14-37 n. Chr.) ein erstes, noch aus Holz und Erde konstruiertes Kastell an. Die Anlage wurde später in Steinbauweise umgebaut, je mehr sich die Militärgrenze am Rhein stabilisierte, ein auch sonst überall feststellbarer Vorgang. Die Truppenkörper wechselten öfters, wir kennen z. B. die Namen folgender Kohorten (Einheiten zu meist 480 Mann): *cohors I Thracum, cohors VIII Breucorum, cohors II Varcianorum, cohors I Flavia.* Das mittelkaiserzeitliche Steinkastell ging in den Wirren der siebziger Jahre des 3. Jahrhunderts n. Chr. unter, als am Niederrhein die Franken die römische Militärgrenze überrannten.

Die Lage des Platzes eignet sich für eine Kontrolle der linksrheinischen Talstraße ganz hervorragend. Das Kastell war dabei das südlichste des niedergermanischen Limes, des Limes in der Provinz *Germania inferior* (Niedergermanien), nur etwa 10 km nördlich von der Grenze zur Provinz *Germania superior* (Obergermanien), welche der Vinxtbach bildete. Es wird angesichts dieser wichtigen taktischen Lage auch nicht lange gedauert haben, bis man den Platz wieder in das von Kaiser Diokletian (284-305 n. Chr.) neuorganisierte spätrömische Verteidigungssystem am Rhein einbaute. Direkt bezeugt ist Remagen/*Rigomagus* wieder im Jahre 356 n. Chr. (der Historiker Ammianus Marcellinus berichtet es), als Julianus in mühsamen Kämpfen das linke Rheinufer von den Franken zurückeroberte. Noch in den Jahren 368-370 scheint das Kastell bestanden zu haben. Wann es genau unterging, weiß man nicht. Man hat eine starke Brandzerstörungsschicht gefunden, die aber nicht genau datiert werden kann.

In der Zivilsiedlung (*vicus*) im Süden und Südosten des Kastells fand man vor allem Töpferöfen des 1./2. Jahrhunderts; Funde aus den Gräbern sowie Inschriften und Ziegelstempel ergänzen unsere Kenntnisse Remagens.

Vom spätantiken Kastell sind noch Mauerreste erhalten. Einige Mauerzüge innerhalb der katholischen Pfarrkirche sieht man ebenfalls als spätrömisch an. E. Kü.

Weiterführende Literatur:
Dorothea Haupt, in: *Der Niedergermanische Limes*, Köln 1974, 208ff. s.v. Remagen-*Rigomagus* (mit ausführlicher Literaturliste)

→ Remagen. Kastelle. Blick etwa von Norden

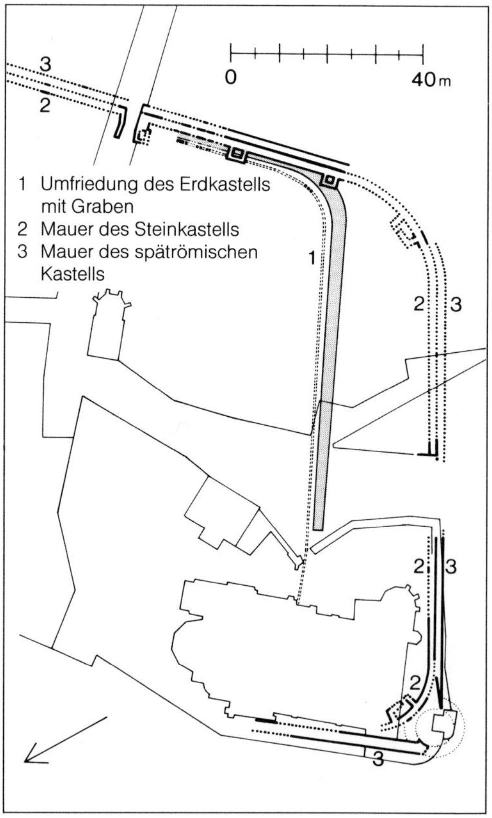

Drachenfels
Römisches Hafenbecken

»Für das Wohl des Kaisers Antoninus, des Frommen, Glücklichen, hat die Abteilung der Germanischen Flotte, der Treuen und Ergebenen, die für den Steintransport zum Bau des Forums der Colonia Ulpia Traiana eingesetzt ist, auf Befehl des Claudius Julianus, Kaiserlichen Legaten anstelle des Praetors, unter der Aufsicht des Kapitäns Gaius Sunicius Faustus das Gelübde gern und nach Verdienst erfüllt unter dem Konsulat von Bradua und Varus.« So lautet die Übersetzung der 1,88 m hohen Ehreninschrift aus Drachenfels-Trachyt von 160 n. Chr., die 1885 an der Nordwestseite des Bonner Münsters gefunden worden ist und seit der Bundesgartenschau 1979 den Rheinauenpark als Abguß Nr. 26 ziert. Die verhältnismäßig lange Inschrift aus dem gleichen Material wie der Drachenfels selbst sowie der Fundort legen nahe, daß die in Köln stationierte Rheinflotte den Baustoff Trachyt aus dem militärischen Vorfeld der Rhein- und Reichsgrenze nach Xanten transportiert hat.

In der Tat ist in den römischen Garnisonen und zivilen Siedlungen entlang des Stromes von Remagen bis Nijmegen der Drachenfels-Baustoff reichlich vermauert worden, und römische Steinbruch-Werkplätze konnten in vier verschiedenen Bereichen am Drachenfels nachgewiesen werden. Die größte Ausbeute erfolgte im oberen Drittel des Felsens mit über 400000 m³! Dort haben sich auch zwei eingemeißelte Felszeichen römischer Steinbrecher erhalten, die denen im römischen Steinbruch Kriemhildenstuhl bei Bad Dürkheim (vgl. S. 144) gleichen. Begonnen aber hat der Abbau wahrscheinlich tiefer unten in Ufer-

↓ Drachenfels mit römischem Hafenbecken (im Hintergrund Bonn)

nähe in den Felsenmeeren der abgerutschten Trachytblöcke im Drachenburg-Park und ›Rüdenet‹. Zahlreiche Arbeitsspuren der geglückten und mißglückten Trachytspaltungen mit Schalrinnen und Keillochreihen haben sich besonders im Rüdenet mit mehreren Werkplätzen erhalten.

Nur bei Niedrigwasser aber wird das sichelförmige Hafenbecken in seiner gesamten Ausdehnung aus der Luft sichtbar. Das abgebildete Luftbild zeigt eine Trennung in ein größeres Becken im Norden und ein kleineres südliches Becken, das durch die Buhne des vorigen Jahrhunderts geschnitten und im Befund heute verunklärt wird. Südlich dieser Buhne ist ein Einschnitt in dem sichelförmigen Begrenzungswall rheinwärts zu sehen, der die Hafenzufahrt für das kleinere Becken bedeutet. Der Durchlaß für das größere Becken war wahrscheinlich in der erkennbaren Einbuchtung des nördlichen Zwickels. Beobachtungen und Untersuchungen in den Hafenbecken während einer Trockenperiode haben gezeigt, daß in diesen natürlich ausgespülten Becken auch römische Steinbrecher die freigespülten Trachyt-Brocken als Rohstoff gespalten und ausgeräumt haben. Auch haben sich in Spuren die Anlege- und Verladestellen für beide Becken sowie die römische Ufermauer parallel zu der heutigen Basaltmauer erhalten.

Ein gleich großes Hafenbecken ebenfalls mit sichelförmiger Wall-Abgrenzung im Strom ist seltener und weniger prägnant auf der anderen Rheinseite an der Ostflanke des Bonner Legionslagers (s. S. 226 f) während des Fluges zu beobachten. W. S.

Weiterführende Literatur:

W. Hilgers, *Römische Straße – Rheinauenpark Bonn – Bundesgartenschau 1979*, Bonn 1979

J. Röder, *Römische Steinbruchtätigkeit am Drachenfels*, in: *Bonner Jahrbuch* 174, 1974; 509 ff

↓ Der römische Hafen am Drachenfels

Bonn und Beuel-Geislar

Legionslager ›Bonna‹ – Übungs- oder Marschlager

Die Stadt Bonn kann ihren Ursprung auf ein römisches Militärlager (*Bonna*) zurückführen, das im vierten Jahrzehnt des 1. Jahrhunderts gegründet wurde und bis zum Ende der römischen Epoche Truppenstandort blieb. Die *legio I Germanica*, nach 70 n. Chr. die *legio XXI Rapax* und seit 83 n. Chr. die *legio I Minervia* waren hier nacheinander stationiert.

Die quadratische Gestalt des Lagers (528 x 524 m) mit ihren sich im Zentrum kreuzenden Achsen ist im modernen Stadtplan am Rheinufer noch heute zu erkennen. Das Luftbild blickt von Westen her über das Areal. Deutlich erscheinen die Straßenzüge, die jetzt dort verlaufen, wo früher die Lagermauern und die Gräben waren (die Pfeile zeigen auf die Tore). Die Nord-Süd-Achse, die *via principalis*, hat noch ihre einstige Geradlinigkeit bewahrt; die Straße, die von Westen zum Rheinufer führt, ist dagegen mehrfach leicht geknickt, wohl weil sie auch ursprünglich keine durchgehende Flucht war.

Obwohl vor Erstellung der neuen Wohnblocks im Bereich des Römerlagers jeweils große Flächen archäologisch untersucht wurden, sind doch auch noch weite Flächen dazwischen unbekannt. Kaum ein Gebäude konnte vollständig ausgegraben werden, wie der Plan erweist. Man kennt immerhin den Verlauf der Mauern und der Gräben, die Lage der Tore, einen Teil des Straßennetzes und verschiedene Innenbauten.

Betrat man das Lager von Westen her durch die *porta decumana*, so erblickte man am Ende der von Wohn- und Wirtschaftsgebäuden gesäumten *via decumana* die vorspringende Halle des Fahnenheiligtumes an der Rückseite der *principia*, des Lagerforums. Den Forumsplatz umgaben eine *basilica* für Rechtsprechung und Repräsentation, Räume für den Stab, Büros, Archive, Waffenkammern usw. Die *principia* unterbrachen den (im Osten *via praetoria* genannten) Straßenzug zwischen den Toren und hatten ihren Eingang an der Kreuzung mit der *via principalis*. Nördlich neben dem Forum sah man das *valetudinarium* (Lazarett), einen vierflügeligen Bau mit großem Innenhof und in zwei Reihen angeordneten Krankenzimmern. Ganze Kasernen sind an der Nordwestecke und südlich der rheinseitigen *porta prae-*

↓ Bonn. Umriß des römischen Lagers im heutigen Stadtbild

toria ergraben, während unmittelbar vor diesem Tor, nördlich der Hauptstraße in verkehrsgünstiger Lage, zwei Speicher (*horrea*) standen. Viele Grundrißfragmente sind noch nicht genau zu interpretieren. Sie gehörten zu Wirtschafts- und Verwaltungsgebäuden, zu Werkstätten, Magazinen und Unterkünften für verschiedene Chargen. Das Luftbild zeigt in der vorderen rechten Lagerecke einen freien, inzwischen aber überbauten Platz; hier kam die Dietkirche (s. S. 229) zutage.

In der oberen linken Ecke des Bildes, auf der rechten Rheinseite also, ist ein Punkt eingetragen, der die Lage des Grabensystems Beuel-Geislar bezeichnet. Obwohl der Rhein die Grenze zwischen der römischen Provinz und dem freien Germanien war, besaß das Militär doch im Vorfeld des Stromes (ebenso wie auf seinem linken Ufer) Ländereien, die es wirtschaftlich nutzen konnte.

Bei Beuel-Geislar (vgl. S. 228) entdeckte die Luftbildforschung ein längliches Grabenviereck, das wie die Umwehrung eines kleineren Lagers aussieht. Archäologische Sondierungen erbrachten einen Spitzgraben; an jeder Seite war der Grabenzug einmal zu einem Eingang unterbrochen. Spuren einer Mauer oder eines Walles fanden sich ebensowenig wie Hinweise auf Innenbebauung. Geislar war entweder ein vorübergehend angelegtes, geschütztes Areal, das nicht besonders gefährdet war und daher keine bessere Umwehrung erforderte; oder es war ein sogenanntes Übungslager (s. S. 254f), ein Graben, der während einer Schanzübung ausgehoben wurde.

Weitere Zeugnisse für rechtsrheinische Gebiete, die der Truppe gehörten, sind zum Beispiel die Trachytsteinbrüche am Drachenfels mit ihrer Hafenanlage (s. S. 224); ein im Rhein-Sieg-Kreis gefundener Grenzstein aus dem 2. oder 3. Jahrhundert, der besagt, daß die Bonner Legion damals das dortige Weideland (*prata*) vergrößert hat; eine *tegularia transrhenana*, eine rechtsrheinische Ziegelei also, die durch Ziegelstempel für das letzte Drittel des 1. und das beginnende 2. Jahrhundert belegt ist; schließlich eine Textstelle bei Tacitus (*Annalen* 13,54), die berichtet, daß nach der Mitte des 1. Jahrhunderts germanische Stämme rechtsrheinisches Ackerland besetzt hätten, das dem Heer zur Nutzung vorbehalten war; und endlich ein erst neuerdings per Luftbild entdecktes, der Geislarer Anlage entsprechendes Grabensystem in der Nähe der Lippemündung. U. H.

Weiterführende Literatur:
J. E. Bogaers, C. B. Rüger, *Der Niedergermanische Limes*, 1974, 26. 196 Nr. 58 (Bonn). 193 Nr. 57 (Geislar)

→ Beuel-Geislar

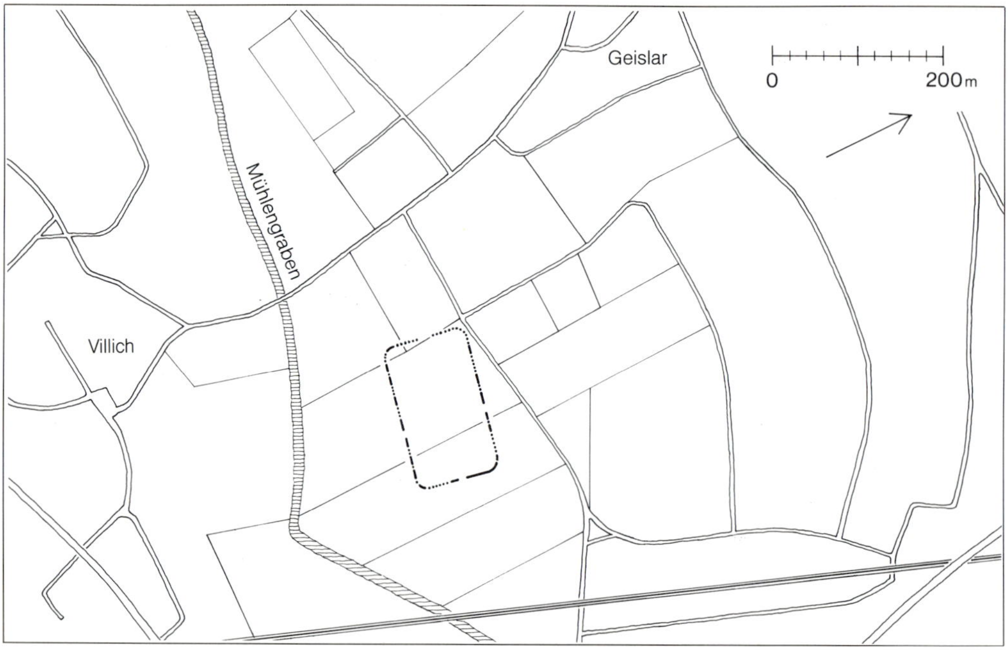
Geislar
0
200 m
Mühlengraben
Villich

Bonn / *Didinkirica* *Südwestecke des römischen Legionslagers ›Bonna‹*

Im Vergleich zu dem ›Archäologischen Park‹ in der *Colonia Ulpia Traiana* (S. 264f) bei Xanten ist der jüngste konservierte Befund auf Bonner Stadtgebiet allenfalls ein archäologischer Garten zwischen Wohnblocks, die 1978 fertiggestellt worden sind.

Einer mittelalterlichen Überlieferung aus dem 11. Jahrhundert entsprechend wurde dieses Wohnblock-Projekt Didinkirica genannt, was Dietkirchen bedeutet. Dietkirchen aber heißt Volkskirche; es ist die Bonner Urpfarrkirche St. Peter, aus der in der ersten Hälfte des 11. Jahrhunderts zunächst ein Kloster und später ein adeliges Damenstift entstand. Diese erste Bonner Pfarrkirche lag in der Südwestecke des römischen Legionslagers BONNA, heute im Winkel zwischen den Straßen Rosental und Rheindorfer Straße im Bonner Norden. Vor Beginn der Bauarbeiten für den Wohnblock wurde dieser Bereich ausgegraben, und mehrere Kasernen der römischen Festung mit ihren verschiedenen Umbau-Perioden, Straßen, Gassen und Kanälen wurden freigelegt. Innerhalb der eigentlichen Südwest-Umwehrung des römischen Lagers bilden vier Kasernen ein *scamnum* für eine Kohorte mit drei Manipel (taktische Einheit aus 2 Centurien). Die beiden mittleren Kasernen sind Doppelkasernen für je zwei Centurien mit den Offiziersköpfen an beiden Enden zwischen den Reihen der *Contubernien* (Kasernenräume). Schmale Centurien-Kasernen mit nur je einem Offizierskopf begrenzen das *scamnum* (Kohortenquadrat mit vier Kasernen). Die Lage dieser Kasernen und ihrer Gassen ist trotz etlicher Um- und Wiederaufbauten mit den Umrissen vom 1. bis zum 4. Jahrhundert n. Chr. unverändert geblieben, und die Befunde reichten zum Teil bis zu einer Tiefe von 5 m.

Das Besondere aber ist, daß exakt in die Mittelachse der nördlichen Doppelkaserne die Dietkirche hineingebaut worden ist, deren genaue Lage unbekannt war, weil die Kirche mit allen Nebengebäuden bereits im 17. Jahrhundert zur Anlage eines Festungsglacis abgerissen worden ist. Die älteste, 795 urkundlich zum ersten Mal erwähnte Kirche (»ad Bonnam castrum«) war eine einfache Saalkirche, etwa 10 x 20 m groß und über einem Pfahlrost errichtet, der die älteren römischen Mauern durchstößt. Der Legende nach soll sie der erste Kölner Bischof Maternus (313/314) geweiht haben, nach dem Grabungsbefund hat sie um 500 bereits bestanden. In karolingischer Zeit wurde sie zu einer kreuzförmigen Kirche vergrößert; im 11. Jahrhundert erfolgte dann ein Neubau mit westlichem Querhaus und der östlich vorgelagerten Außenkrypta mit separatem südlichen Eingang für die weiteren Pfarrgottesdienste. Diese dreischiffige Pfeilerkrypta enthielt in der Mittelachse dicht am Altar das Grab des Pfarrers Petrus Becker (15. Jahrhundert) und ist nach Westen durch einen Treppenzugang zu dem Polygonchor des 13./14. Jahrhunderts der Klosterkirche geöffnet. Wie die erste Dietkirche folgt auch der letzte Kirchenbau mit gotischem Chorabschluß der Mittelachse der römischen Kaserne. Der Grabungsbefund mußte den Baumaßnahmen weichen, wurde aber nach Fertigstellung der Tiefgarage auf die heutige Oberfläche projiziert und dokumentiert so diesen historisch wichtigen Platz, der nach Abzug der Römer nicht nur kirchlicher Mittelpunkt zur Missionierung der Umgebung, sondern auch Verkehrsmittelpunkt mit dem ältesten Bonner Markt sowie Gauvorort und Festung als ›Bonnburg‹ gewesen ist. Zahlreiche fränkische Funde in Nähe der Dietkirche, darunter Gräber mit kostbaren Beigaben sowie ein Töpferofen des 7. Jahrhunderts, verdeutlichen den historischen Schwerpunkt, der sich erst später, im 8. Jahrhundert beginnend und im 11. Jahrhundert abschließend, von dem ›*castrum Bonna*‹, wie die römische Legionsfestung noch in den fränkischen Urkunden genannt wird, in das heutige Bonn-Centrum um das Münster herum verlagert hat. W. S.

Weiterführende Literatur:

E. Ennen, Bonn; in J. Hoops, *Reallexikon der Germanischen Altertumskunde* Bd. 3, 1978, 229 ff. Dort weiterführende Literaturhinweise

W. Sölter, *Das Ende einer Ausgrabung. Die Ausgrabungen im römischen Legionslager Bonn*, in: *Rheinische Ausgrabungen '76*. Das Rheinische Landesmuseum Bonn, Sonderheft Januar 1977, 116 ff

→ Der archäologische Garten ›Didinkirica‹

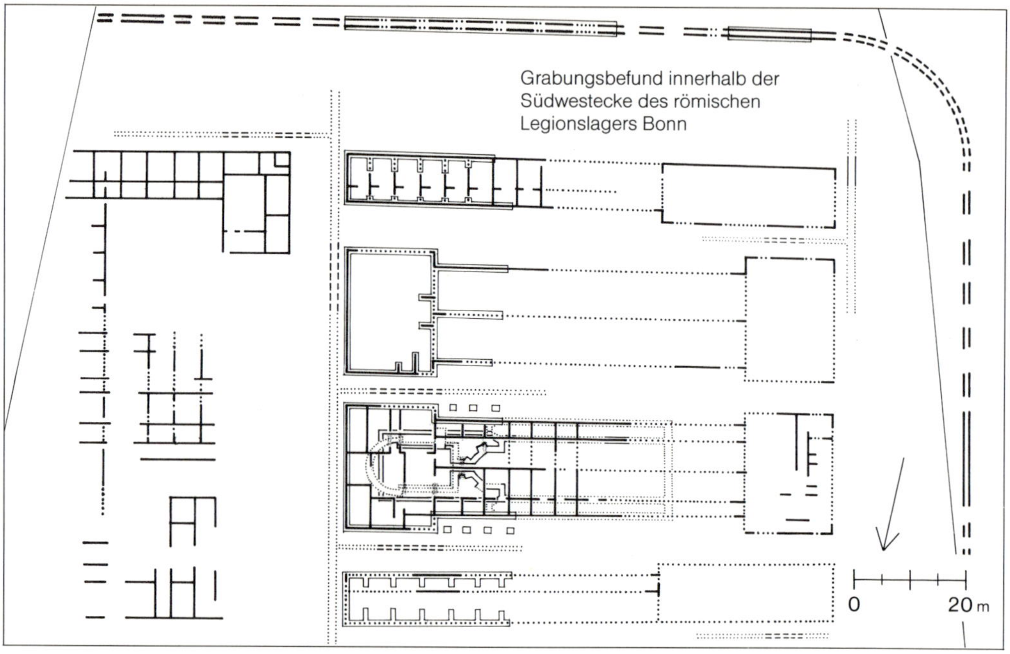
Grabungsbefund innerhalb der
Südwestecke des römischen
Legionslagers Bonn
0
20 m

Iversheim

Römische Kalkmanufaktur

Das kleine Straßenmuseum an der Bahnlinie Euskirchen-Münstereifel und an der B 51 (beschildert) überdeckt den konservierten Grabungsbefund und zeigt einen wiederaufgebauten römischen Kalkofen (im Luftbild links), in dem während der Ausgrabung nach römischer Art erneut Kalk gebrannt worden ist.

Der ausgegrabene Betrieb liegt in der Ostflanke der Sötenicher Kalkmulde. Hier steht Dolomit an, der in dem Hang hinter der Werkhalle gebrochen und hinab zu den Öfen geschleift werden konnte. Das Heizmaterial (Weiden und Pappeln) wurde weiter unten in der Erftniederung diesseits der Straße geschlagen.

Entlang der Kalkmuldenflanke sind vier Brennereien gesichert, weitere liegen wahrscheinlich noch versteckt im Boden. Die gefundenen Weihinschriften des 2. und 3. Jahrhunderts n. Chr. belegen überwiegend die in Xanten stationierte *Legio XXX Ulpia Victrix.* Tatsächlich ist durch chemische Analysen erwiesen, daß der in Iversheim gebrannte Kalk in römischer Zeit in Xanten vermauert worden ist. In der konservierten Kalkbrennerei sind drei verschiedene Bauperioden sichtbar geworden. Die besten Aufschlüsse über den Brennbetrieb ergaben sich aus der letzten Bauphase, die verhältnismäßig gut erhalten war. Zu ihr gehört der Teil der heute überbauten Werkhalle mit insgesamt sechs Öfen. Das entsprechende Arbeitslager fand sich auf der anderen Straßenseite. Vier der sechs Öfen standen auf Ofenresten der mittleren Periode, unter der Bauspuren des 1. Jahrhunderts n. Chr. nachgewiesen sind. Die zweite Periode reichte bis über die Mitte des 3. Jahrhunderts hinaus. Im Jahre 276 erfolgte der schwere Frankeneinfall in die römische Provinz; wahrscheinlich wurde hierdurch die Kalkbrennerei der zweiten Periode zerstört. Nach dem erweiterten Wiederaufbau war die Brennerei bis etwa 300 n. Chr. in Betrieb und wurde dann offenbar wieder plötzlich zerstört, wie aus einer fast fertig gebrannten Kalkfüllung geschlossen werden kann, die dem Ofen nicht mehr entnommen worden ist. Die Profile dieser Kalkfüllung mit dem darunter verlaufenden Ascheband ergaben guten Aufschluß über die Beschickungsart, die in dem wieder gezündeten Ofen nachvollzogen worden ist. Die Öfen sind durch eine umlaufende Bank in zwei Kammern, in die untere Feuerkammer und die obere Dolomit-Kammer, geteilt. Durch die Schnauze in halber Ofenhöhe erfolgte sowohl die Befeuerung als auch die Belüftung mit einer Geschwindigkeit bis zu 3 m/sec. bei brennendem Ofen. Die Gesamthöhe beträgt 4 m, der Grundriß ist birnenförmig, um den statischen Druck gegen die Ofenbrust besser abfangen zu können. Die Öfen

↓ Iversheim. Der wieder aufgebaute römische Kalkofen und Schutzbau über dem konservierten Grabungsfund. Blick nach Osten

wurden von oben, d. h. von der Werkhalle aus, beschickt und wieder entschickt. Es konnte also nur chargenweise gebrannt werden (kontinuierlichen Brand in Kalköfen gibt es erst seit dem 18. Jahrhundert). Dazu mußte zunächst aus größeren Dolomitbrocken über der Ofenbank der ›Himmel‹ als birnenförmige Kuppel über ein Lehrgerüst gesetzt werden. Darauf wurde der mit Hämmern zerkleinerte Dolomit bis zum Rand des Ofens geschüttet. Der Ofen wurde gezündet. Nach Beendigung des Brandes wurde der Ofen oben in der Schnauze verschlossen, damit der Kalk noch in sich schmoren konnte. Die Öfen sind aus unterdevonischer Grauwacke und tertiärem Ton – Vorkommen aus nächster Nähe – gemauert. In einem Ofen waren Reparaturspuren sogar noch mit den Handabdrücken des römischen Ofenflickers im festgebackenen Ton erhalten.

↓ Der Grabungsfund von Nordost mit Werkhalle, den sechs Kalköfen und dem älteren Arbeitslager links

Der Brennversuch in dem wiederaufgebauten Ofen hat unsere Fragen nicht nur zu dem Brennprozeß, sondern auch zu der Leistungskapazität der ausgegrabenen Brennerei beantwortet. Eine Ofenfüllung ließ sich in sechs bis sieben Tagen bewältigen. Innerhalb von zwei bis drei Tagen konnte der Ofen entleert und wieder beschickt werden. Während der zweiten Bauperiode der Anlage wurde mit vier Öfen gebrannt. Für die letzte Periode waren sechs Öfen vorgesehen; es konnten aber nur fünf in Betrieb genommen werden, weil ein Ofen während des Baues eingestürzt ist. Vier Öfen lieferten monatlich 125 t gebrannten Kalk, sechs hätten eine Leistung von 237,5 t ermöglicht. In den tatsächlich benutzten fünf Öfen konnten monatlich 200 t Baukalk gebrannt werden, sofern Beschickung, Brand und Entleerung in einem bestimmten Rhythmus erfolgten. Schon bei insgesamt zehn Betrieben im Iversheimer Kalkzentrum bedeutet das die beachtliche Produktion von 40 000 Zentnern Kalk im Monat.

W. S.

Weiterführende Literatur:
W. Sölter, *Römische Kalkbrenner im Rheinland*, Düsseldorf, 1970

↓ Das Grabungsmodell von oben mit den verschiedenen Beschickungsphasen in den Öfen

Darüber: Gesamtplan der Anlage

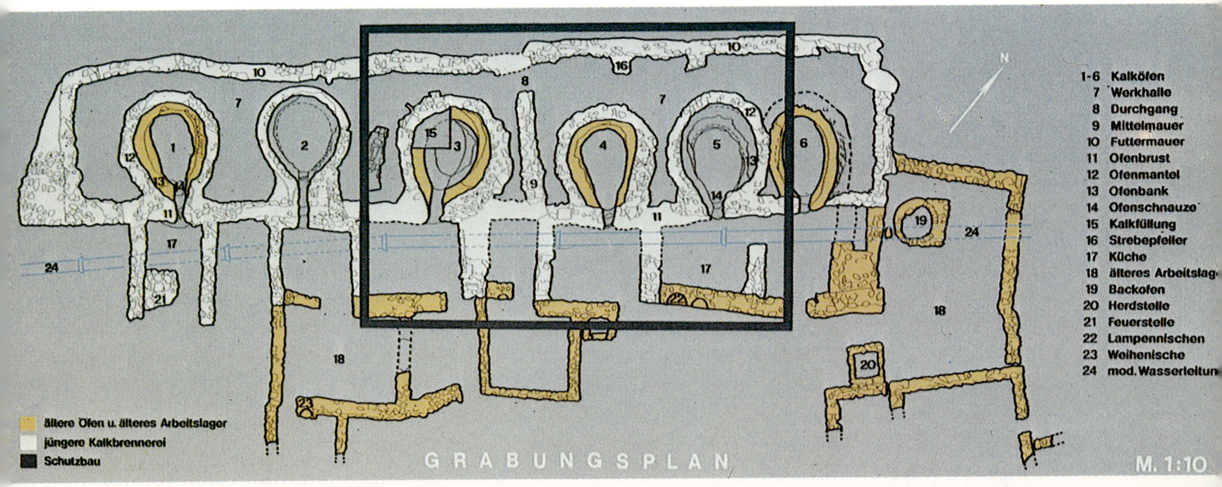

Katzensteine

Römischer Steinbruch

An den nördlichsten Höhen des Eifelrandes südlich von Euskirchen, dort wo ein kleines Trockental in den Veybach mündet, sind durch Verwitterung und menschliche Ausbeute in dem roten Trias-Buntsandstein katzenkopfähnliche Gebilde entstanden, die dem malerischen Kultur- und Naturdenkmal den Namen gaben. Im Gegensatz zu dem Kiefernbestand heute waren in römischer Zeit die roten Abbauköpfe von einem Buschwald überwiegend aus Eichen umgeben, wie die naturwissenschaftlichen Untersuchungen der Holzkohle, Kleinsäuger-Knochen und Mollusken-Schalen aus den Grabungsschnitten belegen. Die Felsüberhänge (Abris) sind bereits während der Steinzeit als Siedlungsplätze genutzt worden. Hundertzwanzig gefundene Artefakte aus dem Maasschotter nordwestlich Düren und dem Chalcedon aus Muffendorf bei Bonn, die während des Holozäns verschwemmt worden sind, beweisen die endpaläolithische Besiedlung an dieser Stelle.

Als römischer Steinbruch wurden die bis zu 15 m hohen Felsköpfe mit Sicherheit im 1. und 2. Jahrhundert n. Chr. und vielleicht noch im 3. Jahrhundert genutzt. In nachrömischer Zeit ist keine weitere Ausbeute mehr erfolgt. Auch ist in diesem Bruch nicht ständig, sondern nur zeitweise bei anfallendem Bedarf gearbeitet worden, wie aus den sich überschneidenden Schrotgräben an den Arbeitsplätzen abgelesen werden kann. Die gebrochenen Werkstücke waren verhältnismäßig klein: die Quader haben eine Kantenlänge von höchstens 1 m, die Sandsteinplatten mit ca. 2 m sind nicht stärker als 0,40 m. Insgesamt sind nicht mehr als 1000 bis 2000 m³ Blöcke gebrochen worden; ein verhältnismäßig geringes Volumen im Vergleich zu dem größten Trachyt-Bruch im Drachenfels (s. S. 224), der bis in das 19. Jahrhundert noch für den Kölner Dom genutzt worden ist. Mit den Sandstein-Felsen aus dem Trias (Wüstenklima vor etwa 200 Mio. Jahren) im Urfttal zwischen Gemünd und Kall sind die Katzensteine die einzigen freistehenden Felsköpfe in der Umgebung, an denen der Abbau für Werkstücke lohnt. Denn der unter der Erdkrume anstehende Buntsandstein ist völlig vermorscht, wie der nördlich der Katzensteine angelegte Bruch (im Luftbild oben links) deutlich zeigt – hier kann nur Sand gewonnen werden.

Aus den gelben bis roten Werkstücken der Katzensteine sind die Weihesteine der Iversheimer Kalkmanufaktur (s. S. 231f) gemeißelt worden. Bedarf bestand aber auch für den einige hundert Meter entfernten Diana-Tempel aus dem 1. Jahrhundert n. Chr. und wahrscheinlich für die römische Wasserleitung aus der Eifel nach Köln, die nur 200 m östlich der Katzensteine verläuft. W. S.

Weiterführende Literatur:

H. Löhr, *Ein römischer Steinbruch in den Katzensteinen bei Satzvey-Firmenich*, in: *Führer zu vor- und frühgeschichtlichen Denkmälern* Bd. 26, Mainz 1974, 134 ff

W. Sölter, *Die roten ›Katzenköpfe‹, ein römischer Steinbruch an den Katzensteinen bei Mechernich-Katzvey, Krs. Euskirchen.* In: *Rheinische Ausgrabungen* 76. Das rheinische Landesmuseum Bonn, Sonderheft Januar 1977, 114 ff

← Römischer Arbeiter (Legionär) im Steinbruch (2. Jh. n. Chr.). Diese Felsritzung wurde an der Wand eines Stolleneingangs in einem römischen Tuffsteinbruch bei Kruft, Kr. Mayen, gefunden (Abguß im Rheinischen Landesmuseum Bonn)

→ Die ›Katzensteine‹ am Veybach. Blick von Westen

6
4
5
5
3
2
1
2
1
1
nach Satzvey
0
50 m
Veybach
nach Mechernich
Katzensteine
1 Schrotwände
2 Schrotgräben
3 Einzelne Schrotspuren
4 Schürfgruben
5 Graben
6 Steinbruch

Pesch

Römischer Tempelbezirk

Halbwegs zwischen Bad Münstereifel und Zingsheim liegt nahe der Straße (archäologische Hinweistafeln!) der römische Tempelbezirk auf dem ›Addig‹, der als Matronenheiligtum von Pesch bekannt geworden ist. Die volkstümlich ›Heidentempel‹ oder ›Heidenpütz‹ genannte Anlage wurde durch Ausgrabungen des Rheinischen Provinzial-, später Landesmuseums Bonn 1913-1918 (H. Lehner) und 1962 (W. Sage) erforscht und in ihren wesentlichen Teilen konserviert.
Wie in den benachbarten Heiligtümern von Zingsheim und Nettersheim wurden in Pesch in erster Linie die einheimischen Muttergottheiten verehrt. Die *Matronae* begegnen uns im ganzen ehemals keltischen Gebiet des Römischen Reiches – also in Britannien, Gallien, Norditalien und Germanien; besonders intensiv war ihre Verehrung im Übergangsgebiet vom keltischen zum germanischen Bereich, wo sich – in der nördlichen Eifel und im Eifelvorland – germanische Beinamen häufen. Die Matronen wurden auf den Altären im Rheinland

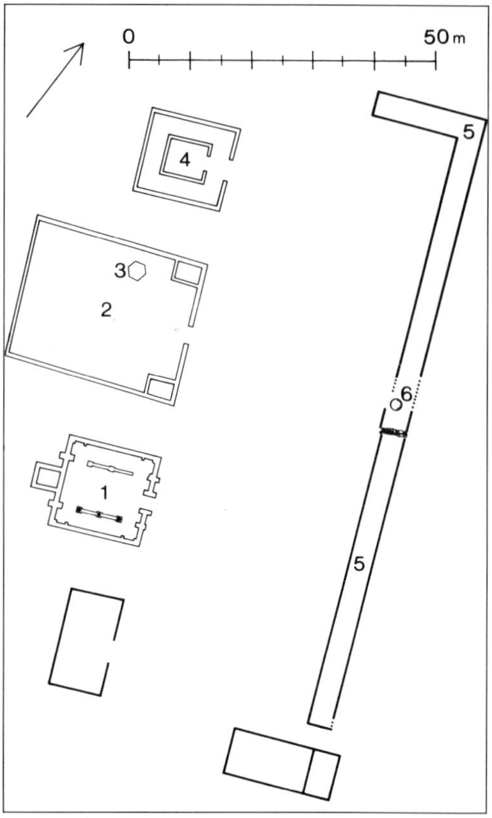

als Dreiergruppe mit Fruchtkörben oder -schalen auf den Knien dargestellt. Sie waren also zunächst Fruchtbarkeitsgottheiten; außerdem schützten sie Familien, Sippen und Stämme sowie deren Land.
Das Heiligtum von Pesch war den *Matronae Vacallinehae* geweiht; außerdem wurde nach Ausweis der Funde hier Jupiter, vielleicht auch die kleinasiatische Göttermutter Kybele verehrt. Die Ausgräber konnten drei Perioden unterscheiden: die erste erfaßte Anlage entstand um oder nach der Mitte des 1. Jahrhunderts n. Chr., die zweite in der zweiten Hälfte des 2. oder am Anfang des 3. Jahrhunderts. Die heute sichtbaren Mauerzüge gehören der dritten Periode aus dem zweiten Viertel des 4. Jahrhunderts an. Schon nach kurzer Zeit, um 400 n. Chr., erfolgte die gewaltsame Zerstörung durch brandschatzende Germanen oder fanatisierte Christen.
Das Foto zeigt die heute noch sichtbaren Teile des Tempelbezirks von Pesch aus südöstlicher Richtung. Links in gleicher Flucht und mit gleichem Abstand zueinander drei Kultgebäude. Zunächst ein fast quadratischer, durch zwei Säulenreihen in drei Schiffe unterteilter Bau unbekannter Bestimmung mit rechteckiger Apsis (1); vielleicht war dies eine Curia, der Versammlungsraum eines lokalen Männerbundes. Auf diesen basilikaartigen Bau folgt an der höchsten Stelle des Geländes ein offener Hof (2) mit kleinen Räumen in den Ecken

← Pesch. Tempelbezirk

↑ Modell des Matronenheiligtums von Pesch im Rheinischen Landesmuseum Bonn

der Eingangsseite. In diesem Hof wurden Weihungen aufgestellt; hier stand auch ein sechseckiges, offenes Tempelchen (3). Der nördlichste Bau (4), ein gallo-römischer Umgangstempel, zeichnet sich mit seinem Grundriß zweier konzentrischer Mauern deutlich ab. Dieses Kultgebäude bestand aus einer turmartigen Cella, die von einem breiten, als Säulenhalle überdachten Umgang umgeben war. Vor diesen Bauten liegt ein freier Platz von ca. 100 x 34 m. Er wurde auf der anderen Seite begrenzt durch eine etwa 100 m lange, leichtgebaute Halle (5) mit einem Winkel von 14 m nach Norden. Diese Halle, heute durch eine Hecke kenntlich gemacht, läßt sich in ihrer nördlichen Hälfte klar erkennen, ebenso – unmittelbar vor den Bäumen – der in diese Halle einbezogene Brunnen (6), der etwa ihre Mitte markiert.
Das Matronenheiligtum von Pesch gibt noch heute eine gute Vorstellung von einem sakralen Bezirk. Man muß sich die abgelegene Stille an bestimmten Tagen von den Prozessionen, Opfern und Gebeten festlich gekleideter Menschen belebt vorstellen. W. H.

Weiterführende Literatur:
H. G. Horn, in: *Führer zu vor- und frühgeschichtlichen Denkmälern* Band 26, Mainz 1974, 76 ff. (dort weitere Hinweise S. 86)
H. Lehner, in: *Bonner Jahrbücher* 125, 1919, 74 ff
W. Sage, in: *Bonner Jahrbücher* 164, 1964, 288 ff

Nettersheim – Zingsheim

Etwa 5 km südwestlich des Heiligtumes von Pesch (s. S. 236) liegt beim Ortsteil Zingsheim ein kleiner gallo-römischer Umgangstempel, der 1963 entdeckt wurde; und nochmals 3,5 km weiter, bei Nettersheim selbst, ein schon länger bekannter, größerer Tempelbezirk. Beide waren den Matronen geweiht, und beide sind in den letzten Jahren in ihren Grundmauern restauriert und für Besucher zugänglich gemacht worden.

Bei Zingsheim (S. 241) hat sich ein Tempelchen von 2,60 m x 3,40 m lichter Weite erhalten, das von einer 1,80 m breiten Porticus umgeben war. Der Eingang lag vermutlich im Südwesten. Die südöstliche Außenwand ist einmal verbreitert worden; es ist denkbar, daß damit eine Bank zur Aufstellung von Votivgaben geschaffen werden sollte.

Aus der näheren Umgebung sind noch andere Mauerreste bekannt; der kleine Tempel stand also nicht so vereinzelt da wie heute, sondern war vermutlich Teil einer ausgedehnteren Anlage, die noch zu erforschen bleibt.

Weihesteine mit Inschriften, die hier und in einem benachbarten fränkischen Gräberfeld zutage kamen – dort wurden sie als Grabplatten wiederverwendet – erweisen, daß das Heiligtum bei Zingsheim den *Matronae Fachineae* gewidmet war. Zwei Steine sind als Abgüsse wieder bei dem Denkmal aufgestellt.

Südlich der Gemeinde Nettersheim wurde bei Grabungen, die schon zu Anfang dieses Jahrhunderts auf einer Bergkuppe mit dem Flurnamen ›Görresburg‹ stattfanden, ein weiteres Heiligtum freigelegt (s. S. 239). Eine Temenosmauer (Abgrenzung des heiligen Bezirks) grenzt ein annähernd quadratisches Areal von rund 27 m Seitenlänge ab. Leicht in die Nordwestecke gerückt, stand der quadratische Haupttempel von gut 5 m innerer Weite. Der Eingang war wie der des Temenos nach Osten gerichtet.

In knapp 1 m Abstand umzog eine niedere, mit Sandsteinplatten abgedeckte Mauer das Gebäude. In die Sandsteinplatten hatte man Zapflöcher eingetieft, vielleicht für hölzerne Stützen, die das schmale Vordach – kaum Umgang zu nennen – getragen haben. Auf dieser Brüstung waren vermutlich die Weihesteine aufgestellt, von denen rings um den Tempel meh-

↓ Zingsheim. Matronentempel

rere vollständige Exemplare und viele Fragmente ans Licht kamen und deren Inschriften ergaben, daß hier die *aufanischen* Matronen – sie hatten ihr bedeutendstes Heiligtum in Bonn – verehrt wurden. Das kurze Mauerstück vor der Südostecke des Tempels könnte ebenfalls eine Basis für Votivgaben gewesen sein.

Südlich neben dem Tempel sind zwei kleine Kapellen zu sehen; die größere hat nicht ganz das Format der Cella von Zingsheim. Auch außerhalb des heiligen Bezirkes ist der Rest eines Gebäudes von bisher unbestimmter Funktion angetroffen worden; man hat es vorläufig als Schatzhaus oder Priesterwohnung angesprochen; es kann aber auch zu einem profanen Siedlungsplatz gehört haben.

Der besterhaltene Matronenstein dieses Heiligtumes (s. S. 240) aus dem ersten Viertel des 3. Jahrhunderts n. Chr. zeigt den für diese Darstellungen üblichen Typus: drei Göttinnen, die in einer Nische sitzen. Sie sind mit vorne gefibelten Mänteln bekleidet und halten Fruchtkörbe auf den Knien. Die beiden äußeren tragen einen matronalen, haubenartigen Kopfputz, der wohl zur ubischen – d. h. in der Umgebung von Köln getragenen – Tracht gehörte; die mittlere ist jugendlich gedacht.

Die Inschrift unter dem Bildfeld gibt Aufschluß über die näheren Umstände, die zur Aufstellung des Steines im Nettersheimer Heiligtum führten. Sie lautet:

Deabus Aufanis/pro salute invicti/Antonini Augusti/Marcus Aurelius Agripinus/beneficiarius consularis/votum solvit libens merito.

Ein *Marcus Aurelius Agripinus*, also wohl ein Kölner, der *beneficiarius consularis*, ein Soldat der Straßenüberwachung im Dienste des Statthalters war, hat den Stein aufgrund eines Gelübdes den aufanischen Göttinnen geweiht für das Wohlergehen des unbesiegten Kaisers Antoninus Augustus – Caracalla (211–217) oder Elagabalus (218–222) können gemeint sein.

Übrigens sind fast alle Matronensteine in Nettersheim von Benefiziariersoldaten gestiftet worden. In der Nähe muß demnach ein Wachtposten (*statio*) gelegen haben; er war für die Sicherheit eines Straßenzuges zuständig, der von der Köln-Trierer Römerstraße abzweigte und das Gebiet um Nettersheim erschloß. Seine Lage ist bisher allerdings noch nicht bekannt.

Am Fuße der Görresburg, im sumpfigen Gelände an der Mündung des Wellerbaches in die Urft, kann ein weiterer, sehr rätselhafter Fundplatz besucht werden, der den Flurnamen ›Steinrütsch‹ trägt (S. 241). Dort liegen meh-

↓ Nettersheim. Matronenheiligtum

rere große bearbeitete, aber nicht fertiggestellte Sandsteinblöcke umher, deren Zeitstellung und Bestimmung noch nicht geklärt werden konnten. Bei der kürzlich erfolgten Reinigung des Platzes und bei früheren Sondierungen kam außer zwei Bruchstücken eines Meilensteines aus der Zeit des Kaisers Decius (249–251) sehr viel spätrömisches Material zutage, darunter mehr als 700 Münzen (vor allem Nachprägungen von Münzen des Kaisers Konstantin, 306–337), außerdem Zeugnisse für Metallverarbeitung: Schlacken, zum Einschmelzen vorgesehene Bronzefragmente und dergleichen. Diese verschiedenartigen Funde lassen sich nicht leicht vereinbaren.
War die ›Steinrütsch‹ ein Werkplatz für Steinmetzen und/oder für Metallgießer? – Gleichzeitig oder in verschiedenen Epochen? – War sie Teil des Heiligtumes auf dem Berg, was der ungewöhnliche numismatische Befund nahezulegen scheint? – Oder gehörte sie zu der gesuchten Benefiziarierstation, worauf der Meilenstein deuten könnte?

Das Luftbild (S. 241) zeigt parallel zur Eisenbahn die Urft, in die im oberen Bildteil von rechts her der schmale Wellerbach mündet. Abgezäunt ist ein dreieckiges Areal mit einer Baumgruppe. In zwei Reihen sieht man die großen Sandsteinblöcke und oben vor der rechten einen aufrechtstehenden Stein, den ergänzten Abguß des Meilensteines.
Man erreicht Nettersheim von Euskirchen aus über Münstereifel, Nöthen, Pesch und Zingsheim. Mit Hilfe der Beschilderung der archäologischen Denkmäler sind die einzelnen Plätze leicht zu finden. Sehenswert ist bei Nettersheim außerdem der ›Grüne Pütz‹, ein ebenfalls wiederhergestellter und funktionierender Sammelstrang der römischen Wasserleitung nach Köln (s. S. 242). U. H.

Weiterführende Literatur:
H. Lehner, *Bonner Jahrb.* 119, 1910, 301
A. Jürgens, *Bonner Jahrb.* 178, 1978, 722
G. Alföldy, *Epigrafische Studien* 4, 1967, 34
W. Sage, *Bonner Jahrb.* 164, 1964, 297

← Weihestein an die Matronen

→ Steinrütsch

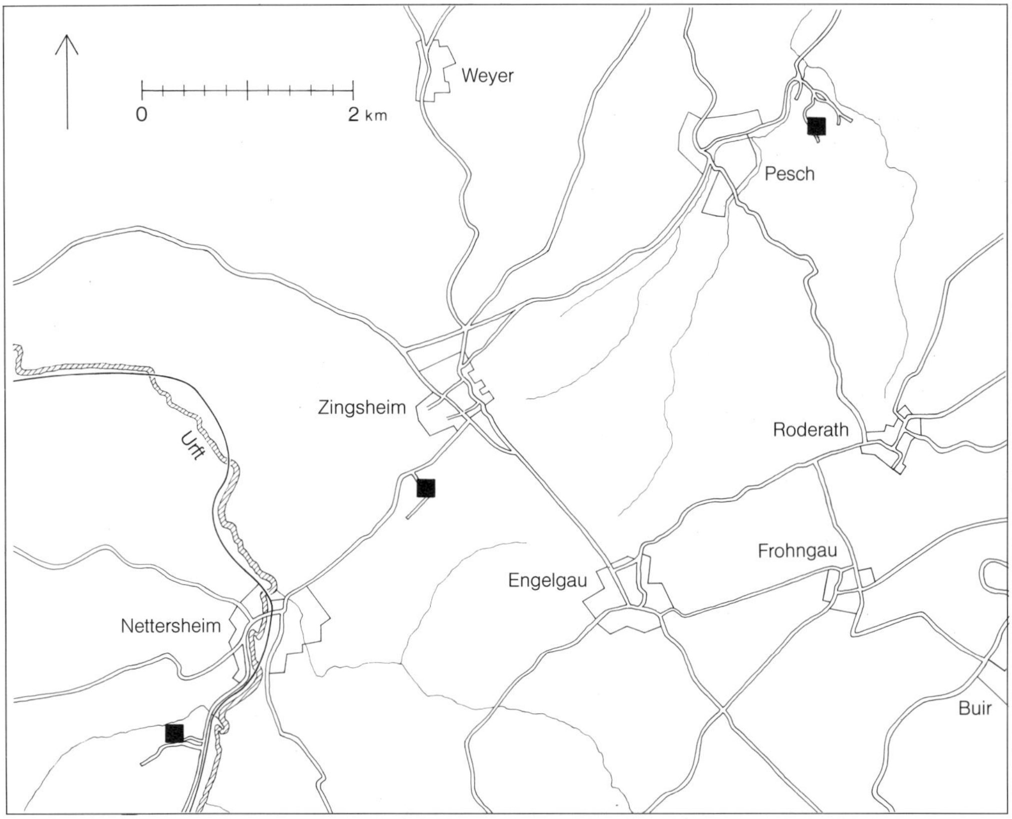
Weyer
0
2 km
Pesch
Zingsheim
Roderath
Urft
Frohngau
Engelgau
Nettersheim
Buir

Vussem

Aquädukt

Wenige Kilometer südlich von Mechernich passiert die B 477 den Ortsteil Vussem, an dessen Sportplatz (archäologische Hinweisschilder!) ein Aquädukt der römischen Eifelwasserleitung, der zwar schon immer bekannt gewesen war, aber erst 1957 näher erforscht wurde, seit 1961 in einer Teilrekonstruktion wieder aufgebaut ist.

Der Aquädukt von Vussem ist der am besten sichtbare Teil der mit ihren Zuleitungen knapp 100 Kilometer langen Wasserleitung, die das römische Köln mit täglich 10-20000 m³ guten Wassers aus der Sötenicher Kalkmulde in der nördlichen Eifel versorgte. Im 1. Jahrhundert n. Chr. waren zunächst vier Bäche im Vorgebirge, keine 10 km von Köln entfernt, durch einen unterirdischen Kanal in die Stadt geleitet worden. Die Eifelwasserleitung wurde vermutlich im 2. Jahrhundert gebaut; sie lieferte nun Wasser in größerer Menge und von besserer Qualität. Da das Wasser in solchen Leitungen nur durch das Gefälle fließt, mußte die Trassenführung sich nach dem Gelände richten und, in weiten Bögen ausschwingend, in langsamem Abstieg den Höhenlinien folgen. Fast in ihrem gesamten Verlauf ist die Wasserleitung frostfrei als unterirdischer, gemauerter und überwölbter Kanal von etwa 0,75 m lichter Weite verlegt. Täler wurden nach Möglichkeit talaufwärts in spitzen Kurven umgangen. Als Brücke mit mehreren Bögen ist in der Eifel bisher nur der Aquädukt von Vussem bekannt.

Von zehn Pfeilern des Aquädukts waren zumindest Fundamentreste erhalten, zwei weitere sind in den Lücken zwingend zu ergänzen; Zahl, Abstand und Grundfläche der Pfeiler waren also gegeben. Bekannt war auch die Höhe des Bauwerks bzw. der benetzten Sohle sowie das Gefälle durch die noch erhaltenen Teile der unterirdischen Leitung vor und hinter der Überquerung des Tales; weitere Befundbeobachtungen klärten andere Details und ermöglichten die teilweise Rekonstruktion. Zwölf Pfeiler aus Grauwacke führten den Kanal auf einer Länge von etwa 80 m in einer Höhe bis zu etwa 10 m mit einem Gefälle von 1:244 (ca. 0,4%) über das an dieser Stelle verengte Tälchen. Die Kanalrinne der Brücke war vermutlich mit breiten Steinplatten anstelle des im unterirdischen Verlauf üblichen Gewölbes abgedeckt.

Das Foto zeigt den wiederhergestellten Teil des Aquädukts von Vussem aus südsüdwestlicher Richtung. Die Leitung ist aus dem Abhang am linken Bildrand kommend zu denken; jenseits des asphaltierten Weges sind im gegenüberliegenden Hang die letzten beiden Bögen rekonstruiert. Hinter dem Aquädukt biegt sie, gut sichtbar, nach wenigen Metern aus der West-Ost-Richtung um nach Norden. Weiter hinten steht das Haus am Hang etwa dort, wo die Leitung wieder nach Nordosten schwenkte.

Weitere oberirdische Aquädukte sind im Eifelvorland, etwa zur Überquerung des Swisttales, anzunehmen, mit Sicherheit vor allem auch auf den letzten Kilometern vor Köln. W.H.

Weiterführende Literatur:

W. Haberey, in: *Führer zu vor- und frühgeschichtlichen Denkmälern* Band 25, Mainz 1974, 69 ff.

W. Haberey, *Die römischen Wasserleitungen nach Köln*, Düsseldorf 1971

→ Aquädukt Vussem. Teilrekonstruktion

↓ Vussem. Verlauf der römischen Wasserleitung nach Köln

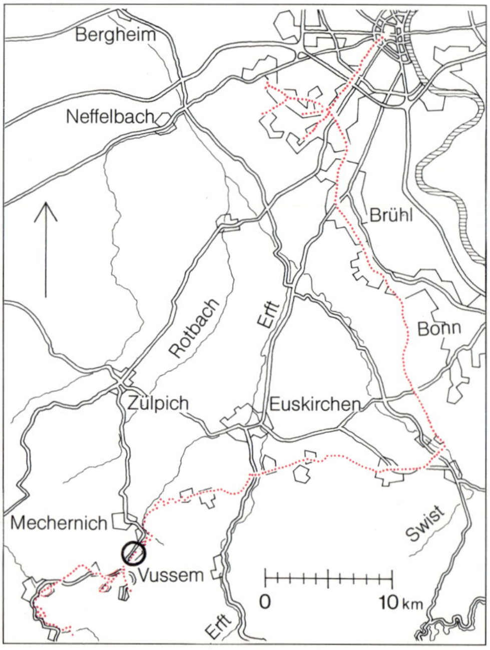

Zülpich / *Tolbiacum*

Zülpich liegt auf einer niederen Anhöhe inmitten der leicht hügeligen Landschaft der Zülpicher Börde. Weithin ist die eindrucksvolle Silhouette seines mittelalterlichen Stadtkernes sichtbar, die sich aus Türmen und Toren einer gut erhaltenen Mauer sowie aus Burg und Kirchtürmen zusammensetzt. Die Wurzeln dieses mittelalterlichen Städtchens reichen bis in römische Zeit zurück. An dem topographisch markanten Platz liefen mehrere Straßen von überregionaler Bedeutung zusammen, die noch heute im modernen Wegenetz zu erkennen sind.

Von Nordwesten kommt die Straße aus Köln, deren schnurgerader Verlauf mit der B 265 identisch ist. Ihre Trasse ist klar auf der oberen Hälfte des Luftbildes zu sehen, das in der Ansicht einem Stich von 1746 gleicht. Nach Südwesten und Süden zweigen Straßen nach Reims und Trier ab, gegen Norden gelangte man nach Neuss.

An diesem Knotenpunkt, eine Tagesreise von Köln entfernt, entstand etwa seit der Mitte des 1. Jahrhunderts eine Siedlung, die vom Verkehr auf diesen Straßen profitierte: der *vicus Tolbiacum. Vicus* ist die Bezeichnung für einen Ort ohne eigenes Stadtrecht, *Tolbiacum* gehörte zum Territorium und zur Verwaltung von Köln.

Reisende brauchten in geeigneten Abständen Raststationen: Unterkünfte zur Beherbergung, Pferdewechsel, Reparaturwerkstätten, Einkaufsmöglichkeiten: Gewerbe für Wirte, Kaufleute, Handwerker, Fuhrunternehmer und dergleichen, die sich in solchen sogenannten Verkehrssiedlungen niederließen. Oft kamen Militärposten hinzu, die über die Sicherheit der Straßen wachten.

Über Aussehen und Organisation des *vicus Tolbiacum* weiß man so gut wie nichts. Funde

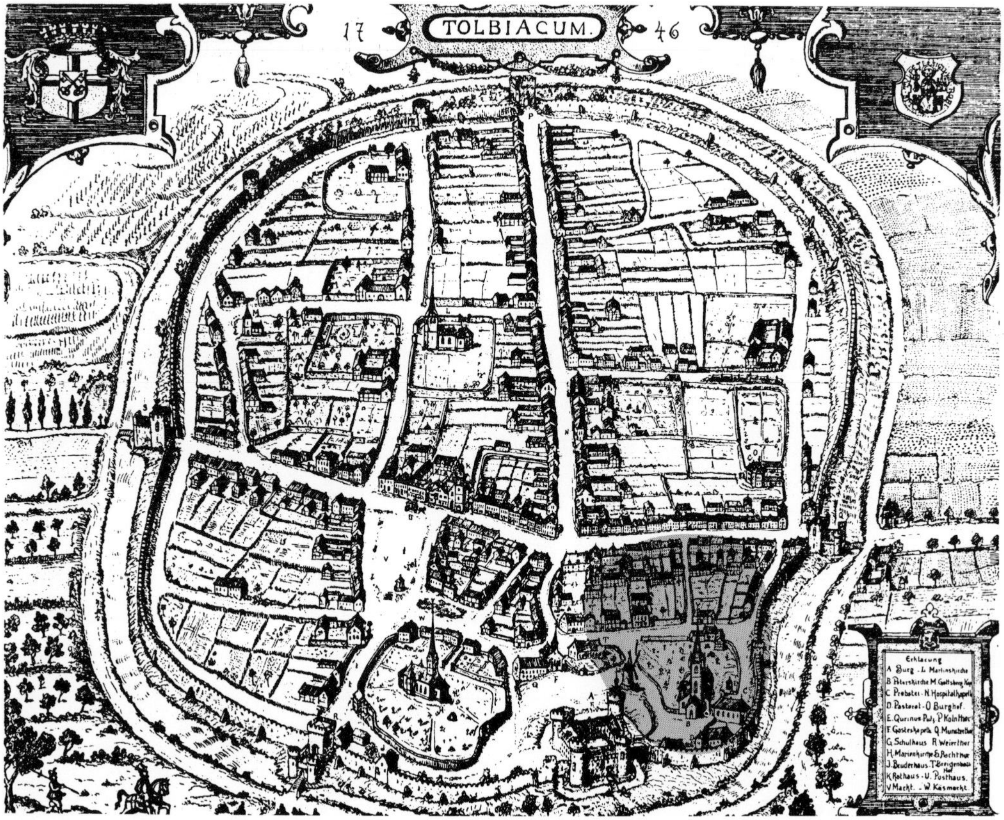

von vereinzelten Mauern, Hypokaustenresten, Siedlungsgruben und Gräbern umreißen lediglich seine Lage und Größe auf der höchsten Erhebung des Geländes, auf dem Mühlenberg, wo heute Peterskirche, Museum und Alte Burg stehen (vgl. die dunkel gerasterte Fläche auf Abb. S. 244).

Am Ende des 2. oder zu Beginn des 3. Jahrhunderts erhielt *Tolbiacum* ein Badegebäude, sicherlich als Stiftung eines reichen Einwohners. Dieses Bad – es liegt im Winkel zwischen Kirche und Museum (S. 246) – wurde schon in den dreißiger Jahren unseres Jahrhunderts ausgegraben und restauriert. Sein Grundriß ist auch im Pflaster des darüberliegenden Platzes nachgezeichnet. – Südöstlich schließt das Areal der neueren Untersuchungen an, die weitere Ergebnisse zur Bau- und Siedlungsgeschichte erbrachten.

Die ursprüngliche Badeflucht bestand aus drei Räumen: dem Kaltbad (*frigidarium*) mit breitem Becken, in dem man sich wohl auch auskleidete; man ging von da zunächst in den mittleren, beheizten Raum (*tepidarium*), um warm zu werden, und begab sich dann zum Waschen in das *caldarium* mit dem schmaleren Heißwasserbecken; schließlich kehrte man ins *frigidarium* zurück, um in kaltem Wasser zu baden.

Im Südosten vervollständigte ein etwa quadratischer, von Wandelgängen umgebener Hof die Anlage.

↓ Zülpich

Nach einiger Zeit wurden die Thermen vergrößert. Kalt- und Heißbad erhielten je ein weiteres Becken; an der Nordostseite wurde ein beheizbarer Raum angebaut und in *tepidarium* und *caldarium* mit Badewanne geteilt; endlich fügte man in der Ecke einen nicht ganz sicher als Schwitzbad (*laconicum*) interpretierten Raum hinzu, in dem man sich in trockener, heißer Luft aufgehalten hätte; zuletzt wurden die Becken des Heißbades zu Wannen verkleinert. Statt der Wandelgänge diente nun eine rechteckige Halle der Unterhaltung und dem gesellschaftlichen Zeitvertreib, die mit dem Leben in römischen Thermen untrennbar verbunden waren.

Als nach der Mitte des 3. Jahrhunderts Germanen immer häufiger die Rheingrenze überschritten und mit Plünderungszügen weit in römisches Gebiet hinein vorstießen, mußten starke Militärposten im Hinterland verteilt und wichtige Ortschaften befestigt werden. Im Rahmen eines weiträumigen Verteidigungssystemes erhielt auch Zülpich in der ersten Hälfte des 4. Jahrhunderts eine Wehrmauer, die die Siedlung auf dem Mühlenberg wahrscheinlich in polygonalem Zug umschloß und von der neuerdings Reste eines runden und eines eckigen Turmes sowie Spuren der Kurtinen ans Licht kamen. Mit dieser Befestigung wurde der bevorzugten Lage *Tolbiacums* an den Straßen nach Gallien Rechnung getragen, die man gleichzeitig mehrfach instandsetzte, wie Meilensteine berichten. Der Ort war damit seiner traditionellen Aufgabe als Straßenstation, Verkehrssiedlung und Militärposten auch unter den neuen Bedingungen gewachsen.

Das ›Römerbad‹, der eigentliche Thermenteil, kann besichtigt werden; es ist vom Museum aus zugänglich, in dem außerdem archäologische Funde aus der Umgebung zu sehen sind. U. H.

Weiterführende Literatur:
H. Oelmann, *Bonner Jahrb.* 140/1, 1936, 432
U. Heimberg in: *Das Rheinische Landesmuseum Bonn.* Sonderheft ›*Ausgrabungen 78*‹, 1979, 85

↓ Zülpich, Mühlenberg. Markierung des Römerbades im Pflaster

Rövenich - Froitzheim - Friesheim *Römische burgi*

Nach der Mitte des 3. Jahrhunderts leiteten Plünderungszüge beutehungriger Germanen - am Niederrhein der Stammesverband der Franken - die Periode der Völkerwanderungszeit ein. Die Franken überschritten die Rheingrenze immer häufiger und drangen entlang der Fernstraßen zum Teil bis weit nach Gallien hinein vor. Das lineare Verteidigungssystem des *limes* genügte allein nicht mehr. Im Landesinneren mußten stärkere Militäreinheiten verteilt, Städte und Siedlungen besser geschützt werden.
Zu den ersten militärischen Maßnahmen, mit denen die römische Seite auf die gegnerischen Einfälle reagierte, gehörten die *burgi*, kleine Verteidigungsanlagen mit vielseitigen Funktionen. Gerade im Kölner Gebiet, und hier vor allem in der Umgebung von Zülpich, gibt es zahlreiche *burgi*, deren Kenntnis fast ausschließlich der Luftbildforschung verdankt wird (S. 249). Ein *burgus* ist ein etwa quadratisches Areal von meist 40-50 m Seitenlänge, das von einem Graben umgeben und mit Palisade oder Wall befestigt war. Die Gräben sind im Bewuchs als dunkle Bänder besonders klar zu sehen. Alle drei Anlagen von Froitzheim (s. S. 249 links unten, C und D des Gesamtplanes) sind von zwei Gräben umgeben, die *burgi* bei Rövenich und Friesheim jeweils von einem. In Froitzheim B und in Rövenich wurde gegraben.
Der *burgus* von Rövenich, der nach Ausweis der Funde bald nach der Mitte des 3. Jahrhunderts anzusetzen ist, zeigt ein nicht ganz regelmäßiges Grabenviereck, dessen Rand von einer Pfostenreihe begleitet wird.
Über eine Brücke und durch ein breiteres Eingangsjoch in der Mitte der Nordseite gelangte man ins Innere der Befestigung, eine freie Fläche, auf der sich keinerlei Spuren von Bebauung oder Besiedlung fanden.
Bei dem nur vom Luftbild her bekannten *burgus* von Friesheim (s. S. 249 rechts) zeichnet sich in der Mitte deutlich ein Rechteck ab, das vielleicht ein weitläufiges Gebäude darstellt.
Die interessanteste Ausstattung weist der ergrabene *burgus* B von Froitzheim auf. Der Plan (S. 249) gibt die zweite Bauphase wieder, die im letzten Viertel des 3. Jahrhunderts entstand und damals eine seit dem dritten Jahrhundertviertel am selben Platz bestehende kleinere Anlage ablöste. Der Gesamtplan

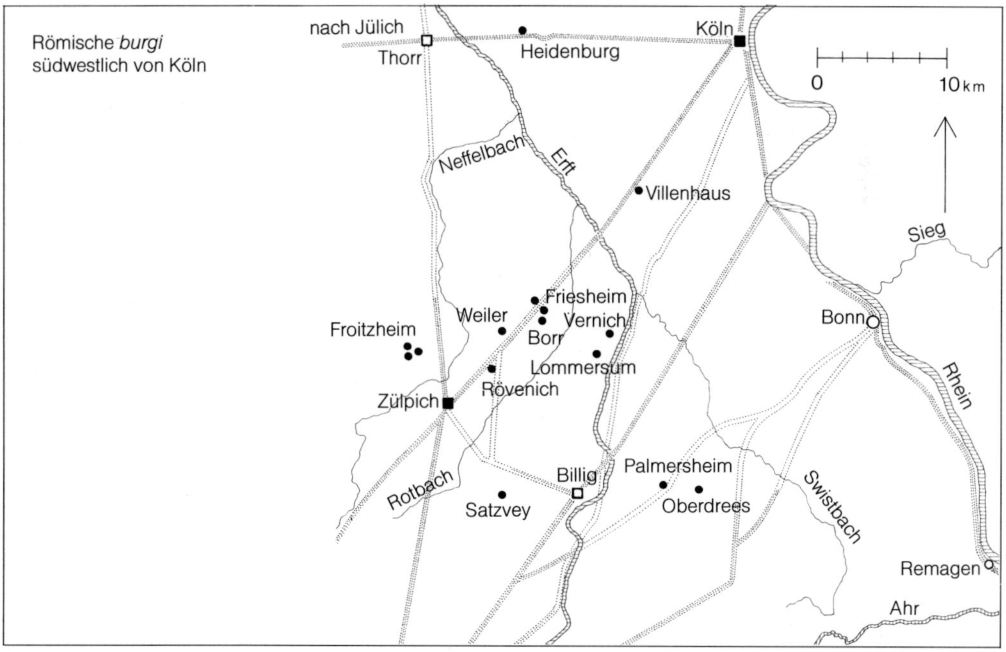

(s. S. 249) zeigt eine nord-südlich verlaufende Mauer, wohl die Grenzmauer des Villenkomplexes A. Der *burgus* B ist beiderseits dieser Grenzmauer angelegt worden, der Graben an den Schnittstellen mit ihr unterbrochen. In der Mitte des *burgus* stand etwas schrägwinklig ein Steinturm auf rechteckigen Pfeilerfundamenten. Vom Hofgelände her gelangte man wieder über eine Brücke in der Fortsetzung der Turmachse in die Wehranlage hinein, die von einer dichten Palisadenreihe umstellt war. Innerhalb der Palisade fanden sich zwei weitergestellte Pfostenvierecke, die zu Fachwerkgebäuden gehört haben mögen. Vor der Westseite war ein schmales Vordach angebracht. Waffen und Rüstungsgegenstände sprechen für eine militärische Besatzung, die hier ihre Unterkunft hatte. Sonst waren sie auch als Pferdeställe und Wagenremisen genützt, wie Geschirr- und Wagenteile unter den Funden erweisen.
Die meisten *burgi* waren mit Turmbauten versehen: in Straßennähe zu deren Schutz eingerichtete Wacht- und Signaltürme. Andere Türme und Innenbauten dienten wahrscheinlich als Speicher, die mit Graben und Palisade gesichert wurden. Turmförmige Getreidespeicher gab es schon in der mittleren Kaiserzeit. Seit dem 3. Jahrhundert wurden Getreide und andere Versorgungsgüter des römischen Heeres als Naturalsteuer (*annona militaris*) eingezogen. Es ist denkbar, daß in einigen der im fruchtbaren Zülpicher Raum verstreuten *burgi* die für die Heeresversorgung bestimmten Erträge der Landgüter gesammelt und gelagert wurden. U. H.

Weiterführende Literatur:

H. Barfield, *Rheinische Ausgrabungen* 3, 1968, 9
T. Bechert, *Antike Welt* 10/3, 1979, 17
U. Heimberg, *Bonner Jahrb.* 177, 1977, 580

→ Rövenich. Burgus
Froitzheim. Burgi C und D
Plan Froitzheim
Friesheim. Burgus

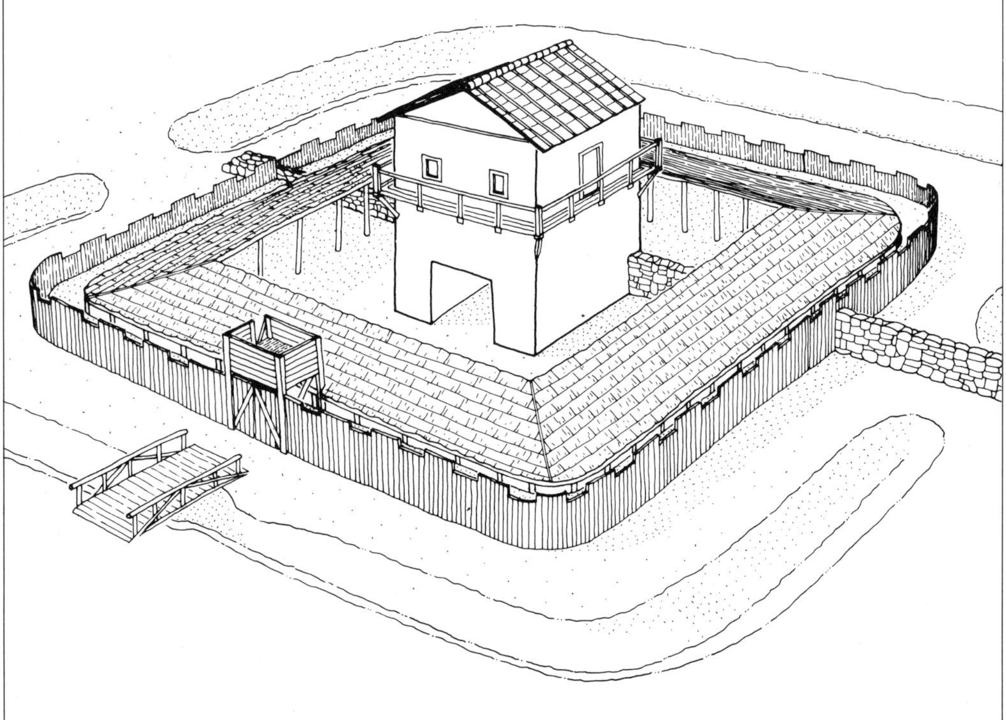
Rekonstruktion einer römischen Wehranlage

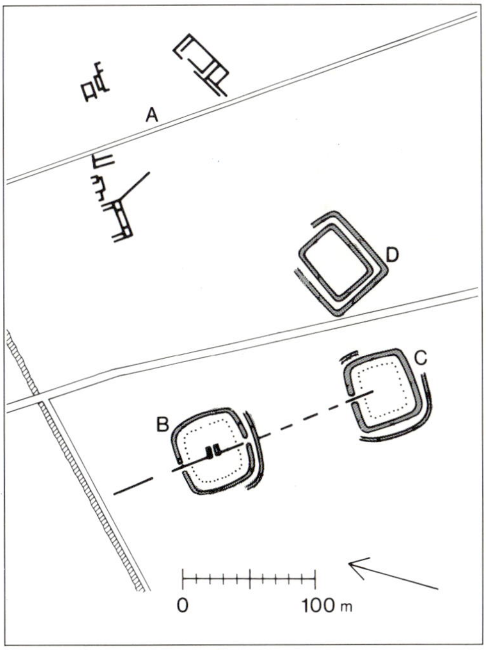
A
B
C
D
0
100 m

Hambacher Forst
Römische Villa

Der Hambacher Forst, zwischen Jülich, Düren und Bergheim gelegen, ist ein ausgedehntes Waldgebiet, das in den nächsten Jahren dem Braunkohlenabbau zum Opfer fällt. Während in den steinarmen, landwirtschaftlich genutzten Lößebenen des Rheinlandes die römischen Ruinen durch intensiven Steinraub und Bodenerosion oft bis zu den letzten Zentimetern der Fundamentgräben abgetragen sind, wurden sie dort im frühen Mittelalter von Wald überwachsen und daher gut konserviert. Der Schutt blieb liegen und schützte die Mauern, die keinem Pflug im Wege waren. Der Forst ist also von außerordentlicher archäologischer Bedeutung. Reste mehrerer römischer Villen und Gutshöfe, die in jener Zeit ja das Siedlungsbild des flachen Landes bestimmten, wurden bereits untersucht. Das Luftbild zeigt eine der größten. Es entstand während der Ausgrabung und enthält daher eine verwirrende Vielfalt von Schnitten, Profilstegen, Mauern und Schutt, kann aber wenigstens eine Vorstellung von der Ausdehnung der Anlage vermitteln. Erst mit Hilfe des Planes findet man sich zurecht.

Das seit der Mitte des 2. Jahrhunderts in mehreren Bauphasen errichtete Hauptgebäude erscheint hier im letzten Zustand. Eine Halle - oder ein Innenhof - wird teilweise von Zimmerfluchten gesäumt. Ein vorspringender Raum im Nordosten birgt hinter Pfeilern und einer Scherwand den Wirtschaftstrakt mit einer Feuerstelle. Nach Süden war die übliche Porticus mit Eckrisaliten vorgelegt, von denen der linke, ein Bad, erhalten blieb. Das mittlere Zimmer der Westseite war beheizbar; südlich schließt ein von der Halle her zugänglicher Keller an, der auch auf dem Luftbild zu erkennen ist und als Orientierungshilfe dienen kann. In seine Südwand sind zwei halbrunde Nischen eingelassen, im Westen sieht man den Ansatz eines schrägen Lichtschachtes.

Das Hofgelände im Süden, auf dem sich in geringer Entfernung ein Brunnen befand, wird im Osten von drei Nebengebäuden begrenzt, denen vielleicht eine westliche Reihe entsprach. Ein einfacher Rechteckbau - auf dem Foto noch nicht sichtbar - könnte als Remise oder Scheune gedeutet werden; bei dem mittleren Gebäude ist ein Teil durch Pfeiler in drei Schiffe geteilt: diesen sogenannten basilikalen Haustypus kannte man in römischer Zeit bisher nur aus Britannien; die Räume des dritten, nur angegrabenen Baues waren offenbar durch einen Mittelkorridor erschlossen.

Von sensationeller Bedeutung sind die Reste einer privaten Münzwerkstatt, die im Keller zutage kamen. Man stellte dort Nachprägungen offizieller Münzen des Tetricus (270-273 n. Chr.) her, eines Kaisers des gallischen Sonderreiches. Dünne Stangenbarren wurden in Scheiben zerlegt, diese zu Schrötlingen flachgehämmert und schließlich mit Stempel und Gegenstempel geprägt. Solche private Geldherstellung war nach der Mitte des 3. Jahrhunderts in vielen Teilen des römischen Reiches sehr verbreitet und galt auch nicht als Fälschung. Bis jetzt kannte man nur die fertigen Münzen; hier glückte einmal der Nachweis einer Werkstatt, die Auskunft über das handwerkliche Herstellungsverfahren gibt.

Die Villa dürfte gegen 280 n. Chr. verlassen worden sein. Sie ist inzwischen schon abgebaggert.

U. H.

Weiterführende Literatur:
M. Gechter und V. Zedelius in: *Das Rheinische Landesmuseum Bonn.* Sonderheft ›*Ausgrabungen 78*‹, 1979, 108 und 113

↗ Hambacher Forst. Grabungsplatz einer römischen Villa

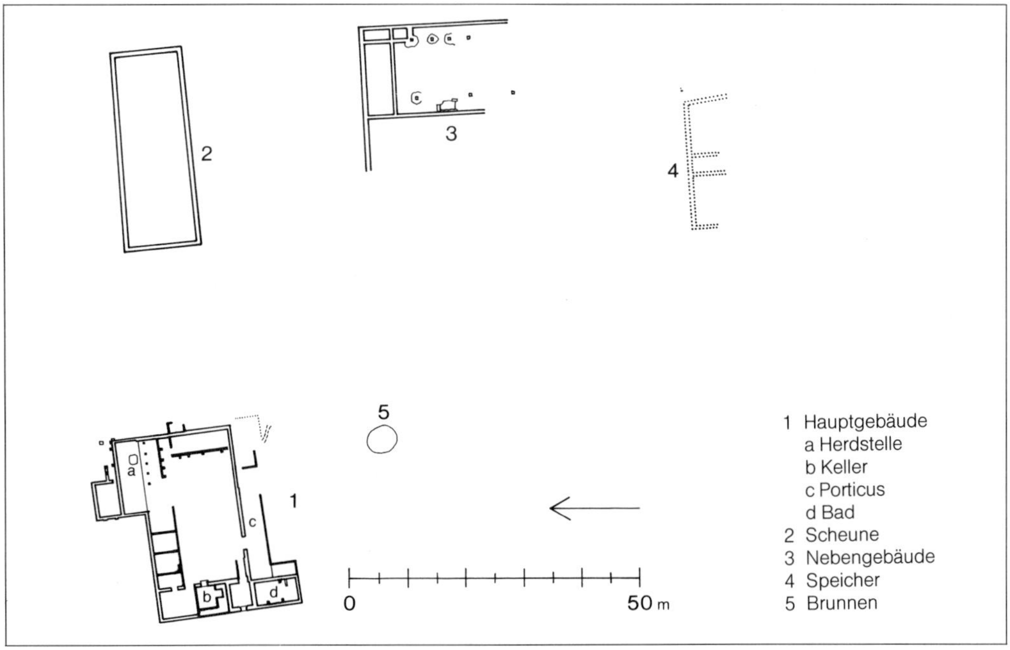

1
2
3
4
5
a
b
c
d
0
50 m
1 Hauptgebäude
a Herdstelle
b Keller
c Porticus
d Bad
2 Scheune
3 Nebengebäude
4 Speicher
5 Brunnen

Aachen / Aquae Granni

Von den wenigen Spuren des römischen Aachen zeigt das Luftbild einen Teil der wiederaufgebauten Säulenhalle (Original im Rheinischen Landesmuseum Bonn) in der Bildmitte hinter der Pfalzkapelle Karls des Großen, deren Polygonecken aus den Quadern (Namurer Blaustein = Maas-Kohlenkalk) eines römischen Großbaues gemauert worden sind.
Bereits in vorrömischer Zeit wurden die schwefelhaltigen Quellen, die mit Temperaturen bis zu 60° C zu den heißesten Quellen Europas zählen, genutzt. Nach Verlegung der römischen Legionen an den Rhein bauten Legionäre hier Heilbäder und nannten sie *Aquae Granni* (die Wasser des Grannus), nach dem keltischen Wassergott Grannus.
Der Hauptvorbruch, die ›Kaiserquelle‹, wurde in einen Brunnenschacht gezwungen, während man die kleineren Vorbrüche durch wasserfeste Mörtelplomben, Mauerwerk und eine weitflächige, wasserdichte Tonabdeckung verschloß.
In der schwach ausgeprägten Talmulde zwischen Markthügel und Elisengarten entstand eine Badeanlage, deren kleine Einzelwannen und große Becken durch den natürlichen Druck der benachbarten Quelle warm gespeist worden sind.
An der Nordseite des Badegebäudes hatte man an dem Überlauf- und Abwasserkanal von Quelle und Bad eine Latrine installiert, während nach Westen hin weitläufige Portiken (Säulengänge) angelegt worden waren. Hierzu wurde das ursprünglich von einzelnen Blausteinfelsen zerklüftete Gelände planiert und talwärts mit mehreren Hauseinheiten bebaut, deren Disposition eine Nutzung als Kurheime und Gästehäuser nahelegen.
Nahe der Kaiserquelle wurde ein Quellvorbruch (Quirinusquelle) in einem Kellergewölbe mit Treppe zugänglich erhalten. Zwei gallorömische Vierecktempel mit Umgang, die innerhalb der von Portiken gesäumten Hoffläche des Bades gelegen sind, erweisen einen Kult- und Tempelbezirk, dessen verehrte Götter (Apollo-Grannus, Merkur, Rosmerta) mit den Heilwassern in Verbindung gestanden haben müssen.
Zu Beginn des 2. Jahrhunderts n. Chr. wurde weiter westlich eine zweite Badeanlage errichtet, die ebenfalls der kurmäßigen Anwendung des heilkräftigen Heißwassers diente. Das Badegebäude mit kleinen Einzelwannen und drei großen Piscinen (rechteckige Wanne, runde Wanne und Becken mit Apsis) an der Südseite ist durch eine große Druckleitung aus dickwandigen Bleirohren ebenfalls von der Hauptquelle her gespeist worden. Am Markthügel lassen ausgedehnte und starke Mauern auf einen Großbau schließen, der im Aufgehenden wahrscheinlich polygonal gewesen ist. In den karolingischen Pfalzbauten (Aula und Pfalzkapelle) sind diese Mauer-Quader wiederverwendet worden. Eine monumentale Weihinschrift an Mercurius Susurrio aus dem gleichen Material und von gleichem Zuschnitt könnte auf einen polygonalen Merkurtempel, der den Markthügel beherrschend überragte, bezogen werden.
Im 4. Jahrhundert war die Siedlung in reduziertem Umfang befestigt (Reste einer Mauer und Turm am Markt). Die jüngere Badeanlage wurde aufgegeben, der Badebetrieb bestand nur noch in der älteren Anlage nahe der Hauptquelle. Diese Quelle ist auch der legendär ausgeschmückte Anlaß der fränkischen Wiederbesiedlung mit der Errichtung der karolingischen Pfalz über dem jüngeren römischen Bad.

H. C.

Weiterführende Literatur:
Clemen, *Die Kunstdenkmäler der Rheinprovinz,* Aachen, Band III
Karl der Große, Band III, 534 f

→ Aachen. Teilstück der Portikushalle (Bildmitte) mit Säulen, Kapitellen und Archivolten ›Am Hof‹ zwischen dem Aachener Münster und Kaiserbad

Alpen

Römische Übungslager

Südlich von *Vetera castra* auf dem Fürstenberg bei Birten liegt in einer Entfernung von ungefähr 5 km das größte, zusammenhängende uns bekannte römische Manövergebiet. Weit über 120 Objekte in verschiedenen Formationen und Größen sind durch Luftaufnahmen des Rheinischen Landesmuseums Bonn seit 1959 bekannt geworden.

Bei den Verfärbungen auf den Luftbildfotos handelt es sich um römische Spitzgräben. Mehr ist in den meisten Fällen von den Anlagen im Gelände nicht sichtbar und mehr auch nicht erhalten. Durch Nachgrabungen hier und an anderen Stellen wissen die Archäologen, daß es sich dabei um römische Übungslager handelt, also um Lager, deren Bau zum Training der Soldaten gehörte.

Die Römer haben ihre Militäranlagen nach einem bestimmten Schema gebaut, das über mehr als 1000 Jahre unverändert beibehalten worden ist. Auch für die Anlage von Städten benutzten sie es, vor allem auch deshalb, weil viele Stadtgründungen zunächst Verteidigungssiedlungen in eroberten und befriedeten Landstrichen waren. Wenn die römischen Soldaten in vorübergehenden Lagern außerhalb ihrer ständigen Quartiere übernachteten, haben sie – selbst für eine Nacht – dieses Prinzip beibehalten. Entsprechend der Größe der Einheit wurde das Lager bestimmt und die Größe mit den Eckpunkten festgelegt. Die Soldaten hoben einen etwa 4-6 m breiten spitzen Graben aus. Das Erdreich wurde zu einem Wall dahinter aufgeworfen. Darauf errichtete man wohl in den meisten Fällen eine Palisade. Wir wissen aus antiken Nachrichten, daß jeder römische Soldat neben Schanzzeug und der umfangreichen und schweren Ausrüstung, die z. B. Marschverpflegung für mindestens 8-10 Tage umfaßte, auch zwei Palisadenhölzer mitschleppen mußte. Die Ecken der Lager waren abgerundet, Toröffnungen blieben im Verlauf der Langseiten. Sie konnten durch ein *titulum*, einen Querriegel, im Abstand vor der Öffnung gelegen, oder eine *clavicula*, einen Graben, der an eine Seite der Toröffnung anschließt und wie ein ›Schlüssel‹ vorspringt, zusätzlich gesichert sein. Wachen wurden aufgestellt. Im Inneren schlugen die Soldaten ihre ledernen Zelte auf.

Bei der Ausgrabung eines Lagers bei Bonn konnte sogar festgestellt werden, daß die Soldaten vor ihrem Abrücken den Graben wieder verfüllt haben. Diese intentionell oder später durch natürlichen Einfluß verfüllten Gräben sind heute als einzige Relikte römischer Tätigkeit auf dem Übungsgelände südlich von *Vetera* sichtbar. Die sich teilweise überschneidenden Grabensysteme sind im Gelände natürlich mit bloßem Auge nicht zu erkennen. Wenn der Archäologe aber die Luftaufnahme kennt und auf dem Felde das aufwachsende Getreide daraufhin genau untersucht, wird er wegen des großen Feuchtigkeitsgehaltes über dem ehemaligen römischen Graben selbst heute noch beobachten können, daß das Getreide hier stärker und schneller wächst.

Der Bau eines Lagers auf dem Marsch mußte klappen. Er mußte daher geübt werden. Bei allen Lagern darf man daher derartige Übungsgebiete vermuten. Nur dieses im Gebiet von Menzelen und Alpen ist bislang durch die ›luftgeborene Archäologie‹ bekannt geworden.

Auf der Limesstraße, der schnellen Verbindung von der Nordsee über die Lager bis nach Mainz hinunter, marschierten die Römer aus dem Lager *Vetera* nach Süden. Die heutige Bundesstraße 57 markiert im Grunde noch die alte Trasse des Römerweges. Etwa nach 5 km kam man ins Übungsgelände. Man übte Schanzen. Auf den Luftaufnahmen erkennt man die Gleichmäßigkeit der meisten Anlagen. Einige sind aber aus der Form geraten. Hier hat offensichtlich die Schanzübung nicht richtig geklappt. Man kann sich das Schimpfen der Verantwortlichen beim römischen Militär vorstellen.

Wie aus der Karte hervorgeht, gliedert sich dieses römische Übungsgelände in drei Zentren, die alle auf dem Gemeindegebiet von Alpen liegen: Veen, Menzelen und Drüpt. D. S.

Weiterführende Literatur:

J. E. Bogaers / C. B. Rüger, *Der niedergermanische Limes*, Köln 1974

J. Scollar, *Archäologie aus der Luft*, Düsseldorf 1965

→ Zwei römische Übungslager

→→ Gebiet der römischen Übungslager

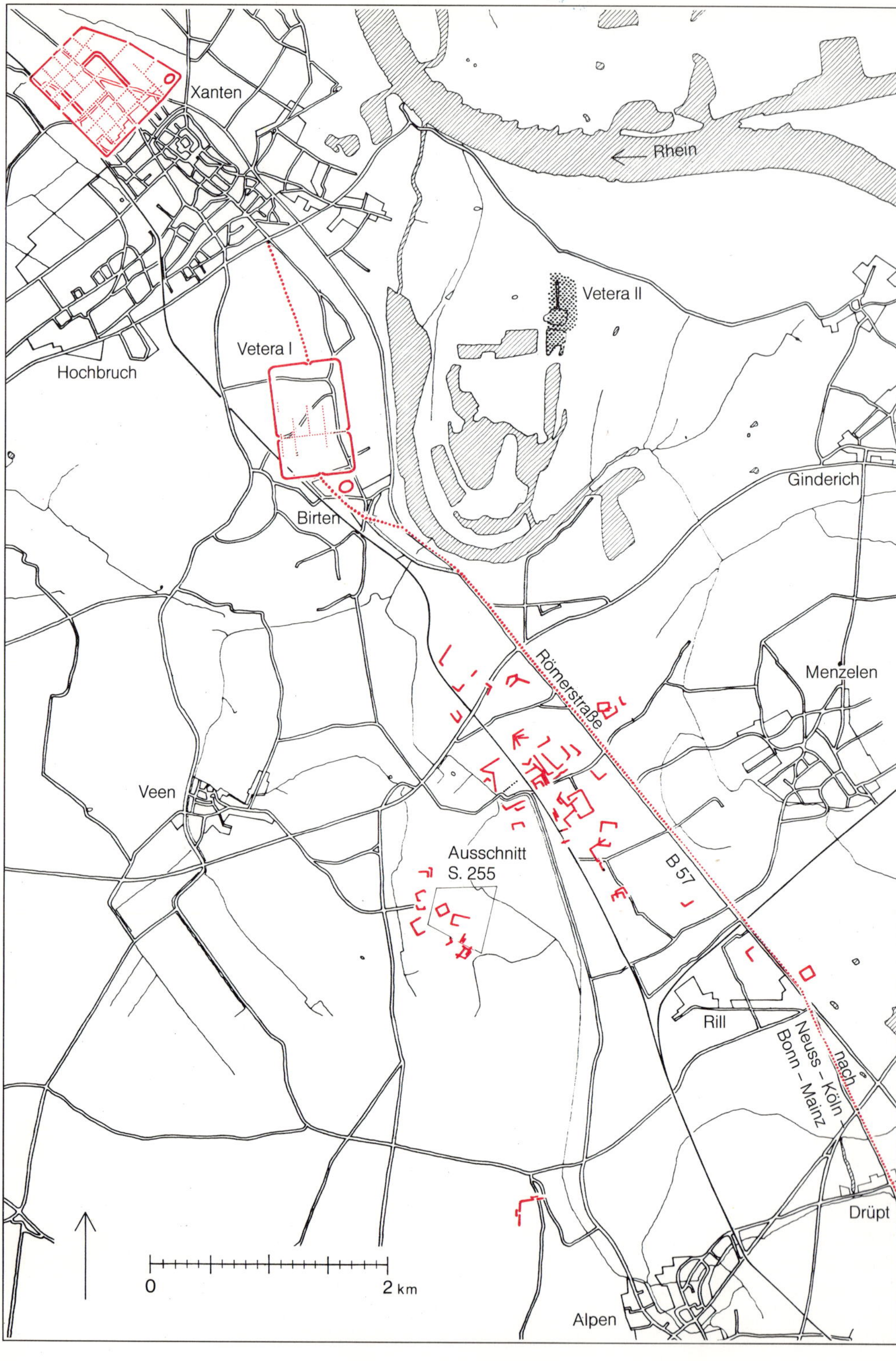
Xanten
Rhein
Vetera II
Vetera I
Hochbruch
Ginderich
Birten
Römerstraße
Menzelen
Veen
Ausschnitt
S. 255
B 57
Rill
Neuss – Köln
Bonn – Mainz
nach
Drüpt
0
2 km
Alpen

Birten / *Vetera castra*

Wichtigstes Bauwerk innerhalb eines römischen Lagers war die *principia* – das Stabsgebäude. Es handelt sich um ein Gebäude von 120 x 95 Metern, das an der Hauptstraße des Lagers, der *via principalis* lag. Im Zuge der systematischen Ausgrabungen auf dem Fürstenberg in dem Legionslager *Vetera I* seit 1904 wurde auch die *principia* archäologisch untersucht und später eine Rekonstruktion durch R. Schultze in den Bonner Jahrbüchern 1921 publiziert. Er schreibt: »Wie von dem ganzen stolzen Aufbau des *praetoriums* fast nur die Erdgräben übrig geblieben sind, so von seiner reichen Kalksteinarchitektur nur abgestoßene Brocken und jämmerliche Splitter, welche leicht übersehen werden könnten, deren getreue Aufsammlung und örtliche Fundbestimmung jedoch wertvolle Aufschlüsse nicht nur über diese großartige Bauanlage und ihre künstlerische Ausbildung im einzelnen, sondern auch über ein weites und noch wenig bekanntes Gebiet römischer Provinzialkunst zu geben vermochte.« Es ist schon erstaunlich, daß auch trotz und nach der Ausgrabung dieses Stabsgebäudes und obwohl alle freigelegten Gebäude wieder zugeschüttet wurden, in *Vetera castra* die Grundmauern und der genaue Grundriß dem Boden wieder aus der Luft abzulesen sind: die Außenmauern, die verschiedenen kleinen und größeren Räume sind mit allen Einzelheiten wie eine Zeichnung dem Luftbildfoto zu entnehmen. Hier wird die fotografische Aufnahme zu einer archäologischen Dokumentation. Soll man den Fotografen mehr loben als den Archäologen des zweiten Jahrzehnts unseres Jahrhunderts?

Über die Funktion der Räumlichkeiten innerhalb der Principia haben wir durch Nachrichten der Römer selbst und durch die Ausgrabungsergebnisse aus vielen Lagern recht genaue Kenntnis. Durch einen prächtigen Eingang (hier oben auf dem Foto allerdings nicht genau zu sehen) mit flankierenden Pilaster-Kapitellen gelangte man nach einem längeren Durchgang in einen großen Innenhof von etwa 4500 qm. Meist wird dieser Platz fälschlich auch als Exerzierplatz interpretiert. Er ist ein reiner Repräsentationshof. Hinter dem Hof lag das Hauptgebäude, die Basilika, ein dreischiffiger Bau. Der Mittelteil ist überhöht und bekam durch Seitenfenster Licht. Hier wurde Gericht gehalten, die Soldaten legten an der Statue des jeweils regierenden Kaisers ihren Eid ab. In gesonderten Räumen dahinter wurden die Adler, Fahnen und Standarten der zwei in diesem Lager stationierten Legionen verwahrt. Es gab eigene Räume für die Offiziere. In einem Keller wurde die wichtige Truppenkasse bewacht. In den Seitenflügeln um den Hof herum lagen die Schreibstuben (*tabularia*) und Waffenkammern (*armamentaria*).

Vetera castra, von vielen fälschlich immer vom Lateinischen *vetus* – alt – abgeleitet, obwohl es wahrscheinlicher vom ehemaligen Ortsnamen latinisiert gebildet und im heutigen Ortsnamen Birten erhalten ist, liegt nach langen Diskussionen, da alte Kenntnis nicht genau überliefert wurde, auf der Stauchmoräne des Fürstenbergs, und zwar im südlichen Teil. Tacitus, der römische Historiker, schildert die Lage der Festung so: »Ein Teil des Lagers zog sich an einem leicht aufsteigenden Hügel hinauf, der andere war auf ebenem Boden zugänglich.« Das klingt, als wenn er selber das Lager gesehen hätte.

Nach vielen provisorischen und vorübergehenden Lagern verschiedener Größe und Form (vor 9 n. Chr. war *Vetera* noch kein Zweilegionslager) wurde seit der Mitte des 1. Jahrhunderts n. Chr. das Doppellegionslager in Stein ausgebaut. Auf einer Fläche von 60 ha (920 x 640 Meter) lagen zwei Legionen, also rund 12000 Soldaten. Die Größe der Anlage auf dem Fürstenberg begreift man erst, wenn man, heute auf der alten Poststraße, entweder von Xanten in einem halbstündigen Fußmarsch oder vom Amphitheater her nach 900 Metern auf der höchsten Kuppe des ehemaligen Lagers steht. Auch für damalige Verhältnisse war diese Anlage schlecht überschaubar. Gegenüber der Lippemündung, einem Einfalls- wie Ausfalltor Germaniens, rechneten die Römer diesem Stützpunkt seit der Einrichtung des Rheins als Grenze unter Kaiser Tiberius 16 n. Chr. noch erhöhte Bedeutung bei.

Die neuesten Grabungen in der *Colonia Ulpia Traiana* legen nahe, daß das römische Militär

→ Birten. Principia

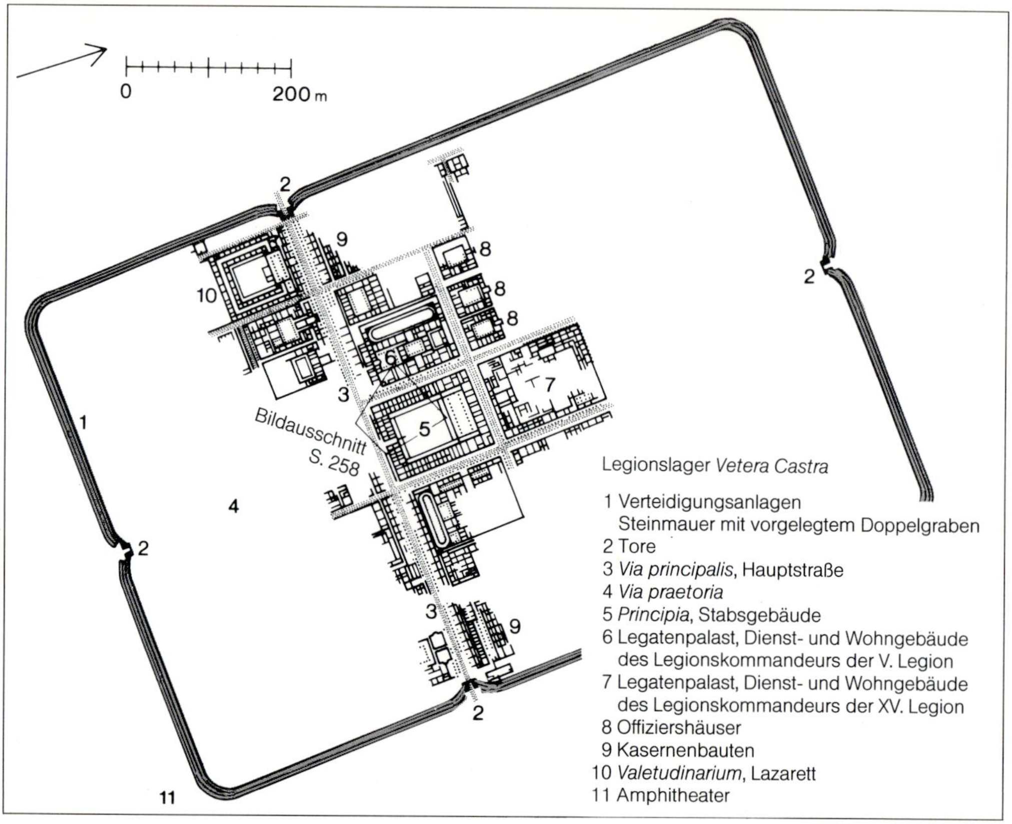

Legionslager *Vetera Castra*

1 Verteidigungsanlagen
Steinmauer mit vorgelegtem Doppelgraben
2 Tore
3 *Via principalis*, Hauptstraße
4 *Via praetoria*
5 *Principia*, Stabsgebäude
6 Legatenpalast, Dienst- und Wohngebäude des Legionskommandeurs der V. Legion
7 Legatenpalast, Dienst- und Wohngebäude des Legionskommandeurs der XV. Legion
8 Offiziershäuser
9 Kasernenbauten
10 *Valetudinarium*, Lazarett
11 Amphitheater

in der Spätphase der römischen Herrschaft am Rhein dem Platz der römischen Stadt den Vorzug gab. Eine durch breite Gräben gesicherte kleinere Festung innerhalb des römischen Stadtareals verweist darauf, daß das Militär nach Verlassen der Bevölkerung aus der zivilen Stadt hier die späte Verteidigungsstelle des 4. Jahrhunderts aufgebaut hat (vgl. S. 263).
Das steinerne Militärlager *Vetera castra* hat nicht lange bestanden. Es wurde gewaltsam während des Bataveraufstandes der Jahre 69/70 n. Chr. eingenommen und zerstört. Dieser Versuch der Befreiung von der Römerherrschaft durch die Bataver, die in der Gegend zwischen Nijmegen und Arnheim saßen und als geschätzte Reitersoldaten lange in römischen Diensten standen, war der einzige ernstzunehmende Aufstand während der langen Römerherrschaft in den ersten beiden Jahrhunderten.
Ein Fund aus Vetera beleuchtet schlagbildartig den Untergang des Lagers. Die Bronzekrone einer Statue, wohl die der Magna mater oder Kybele, wurde 1926 bei den Ausgrabungen im nördlichen Straßengraben der *via principalis*, südlich vom Legatenpalast gefunden. Bei der Plünderung des Lagers durch die Bataver mag sie einem mit Beute beladenen Germanen aus den Händen in den Graben gefallen sein.

Weiterführende Literatur:
D. Soechting, *Führer durch das Regionalmuseum Xanten*, Köln 1978
R. Schultze, *Das Prätorium von Vetera, Bonner Jahrbücher* 126, 1921, S. 1 ff
Der kleine Pauly, Lexikon der Antike
H. Cüppers, *Vetera* in Bd. V, 1232

Birten, Amphitheater

Ein Kranz von Bäumen zeichnet recht getreulich die Form des Amphitheaters von *Vetera castra* nach. Die alte römische Arena ist von hohen Bäumen bestanden und dient heute als romantische Kulisse für jährliche sommerliche Freilichtaufführungen. Das Amphitheater liegt südöstlich des Lagers, also nicht innerhalb der Verteidigungsanlage. Es handelt sich bei dem Amphitheater in Birten um eine Holz-Erde-Konstruktion, d. h. die Arena ist in den Boden eingetieft und das Erdreich dabei als Wall ringsum aufgeworfen worden. Auf diesen Erdwall war eine hölzerne Zuschauertribüne gesetzt, die den Soldaten zur Zeit des Lagers *Vetera castra* gedient hat. Ob dieses Amphitheater auch nach der Zerstörung von *Vetera castra*, nach 69 n. Chr., noch benutzt wurde, oder ob es ein neues beim Lager *Vetera II* im Bereich der heutigen Bislicher Halbinsel gegeben hat, wissen wir nicht. Dort sind nur bei Baggerarbeiten durch Tauchversuche Reste des nachfolgenden Lagers gefunden worden. Bei der unmittelbaren Nähe des neuen Lagers zum alten des 1. Jahrhunderts n. Chr. auf dem Fürstenberg und auch der Erhaltung durch die Jahrhunderte hindurch, ist eigentlich anzunehmen, daß es auch noch den Soldaten der neuen römischen Festung gedient hat. Ein Stückchen Geschichte dazu ist der Weihestein des Cessorinius Ammausius Ursarius, der sich im Regionalmuseum Xanten befindet. Der Stein ist dem Waldgott Silvanus gewidmet. Der Beiname des Stifters Ursarius sagt etwas über den Beruf des Ammausius aus. Er war Bärenfänger und -wärter bei der 30. Legion *Ulpia Victrix*, die seit 120 n. Chr. in Vetera lag. Ein Bär ist auch auf dem Stein neben dem Waldgott Silvanus dargestellt.
Die Erhaltung des Birtener Amphitheaters ist dem Umstand zu verdanken, daß es jahrhundertelang als Hinrichtungsstätte des legendären Märtyrers Viktor und seiner Gefährten galt. Deswegen war natürlich zu allen Zeiten das Abfahren von Sand untersagt. Heute dient das Amphitheater also als Freilichttheater in den Sommermonaten. Daher stehen in der ursprünglichen Arena Holzbänke, die auf dem Foto sichtbar sind. Die Baumkulisse stört manche Puristen, die immer wieder die alte ursprüngliche Herrichtung als römisches Amphitheater fordern. Natürlich bedingt die heutige Benutzung manchen Eingriff in das Erdreich, das archäologisch bis heute nicht untersucht ist. Vielleicht ergeben sich durch die Fertigstellung des übrigens annähernd gleich großen steinernen Amphitheaters innerhalb der *Colonia Ulpia Traiana* neue Möglichkeiten, die eine Entlastung der Birtener Anlage bedeuten können. Der schöne Baumbestand hier im Amphitheater sollte jedoch erhalten bleiben.
Der Besucher erreicht das Amphitheater in

Birten heute bequem, wenn er von der B 57 nach Birten auf der Höhe des Altrheins auf die Anhöhe abzweigt. Auf dem Parkplatz bei der Kirche, wo übrigens in römischer Zeit die Soldaten begraben wurden, steht eine Nachbildung des berühmten Caelius-Steines (vgl. Abb. S. 12). Hinweisschilder führen zum Amphitheater, dahinter liegt das große Areal von *Vetera castra* (S. 257). D. S.

Weiterführende Literatur:

J. E. Bogaers / C. B. Rüger, *Der niedergermanische Limes*, Köln 1974

J. von Elbe, *Die Römer in Deutschland*, Berlin-Stuttgart 1977

H. von Petrikovits, *Birten*, in *Beiträge zur römischen Geschichte und Archäologie*, Bonn 1976

H. von Petrikovits, *Vetera II*, in *Beiträge zur römischen Geschichte und Archäologie*, Bonn 1976

↓ Birten. Amphitheater

Xanten

1928 feierte Xanten das 700jährige Bestehen der Stadt, weil 1228 der Erzbischof von Köln, Heinrich der I. von Molenark, dem Ort die Rechte einer Stadt einräumte. In diesem Festjahr mußte man immer noch auf die Legende vertrauen, von der Gregor von Tours im späten 6. Jahrhundert berichtet. Bei der Erwähnung eines heiligen Mallosus, den man bei Birten (*bertunense oppidum*) gefunden haben soll, erwähnt er, daß sich der heilige Märtyrer Viktor dort (also nicht im heutigen Xanten) noch nicht offenbart habe. Sicher war dem Mittelalter Legende und Geschichte viel enger verwoben als uns. Wir haben es daher schwer, uns die ›Wahrheit‹ des frühen Mittelalters vorzustellen. Auch von kirchlicher Seite wurden schon Bedenken gegen diese Heilslehre der alten Überlieferung angemeldet.

Seit 1933 wurde der Xantener Dom restauriert. Dabei hatten Archäologen Gelegenheit, seine Geschichte durch Ausgrabungen zu klären und die Legende auf ihren Wahrheitsgehalt zu überprüfen. Das war zu jener Zeit gar nicht so selbstverständlich. Kirchengeschichte auch durch archäologische Untersuchungen zu schreiben, war neu.

Unter dem Chor des Xantener Domes fand sich ein Doppelgrab, das nach Münzen in die Zeit um 360 n. Chr. zu datieren ist. Zwei eines gewaltsamen Todes Gestorbene sind hier in einem gemeinsamen Grab auf dem römischen Friedhof der *Colonia Ulpia Traiana* beigesetzt. Über ihrem Grab wurde ein Steinbau als *cella memoriae* errichtet. Man vermutete, daß dieses das Grab Viktors und eines seiner Gefährten und die Ausgrabung eine Bestätigung der überlieferten Legende sei. Einige Tatsachen stimmen bedenklich. Es gab keine thebaïsche Legion am Niederrhein. Wieso wurden die Soldaten dieser legendären Einheit an allen bekannten Römerorten hingerichtet? Märtyrer dieses Namens gibt es an vielen Orten der Christenheit. Der lokale Zusatz ›ad sanctos‹, zu den Heiligen, woraus sich später der Ortsname entwickelte, erscheint erst relativ spät, seit der Mitte des 9. Jahrhunderts.

Was geschah mit den Gräbern und ihren Grabbauten im Verlauf der nächsten Jahrhunderte? Bis zum Baubeginn des gotischen Domes 1263 ist es ein langer Weg. Er erscheint nicht so lückenlos, wie es die Grabungsergebnisse vermuten lassen. So wissen wir zwar eine Menge über die einzelnen Daten vom jeweiligen zu erschließenden Baubeginn, aber überhaupt nichts über das Ende eines Gebäudes und seine eventuelle zwischenzeitliche Nutzung. Als Beispiel möge hier die sogenannte *cella memoriae III* dienen, deren Errichtung recht exakt um 450 datiert werden kann. Was geschieht aber mit einem derartigen Bau im Verlauf der nächsten Jahrhunderte: Anbauten, Umbauten, Erweiterungen? Umfangreiche Grabungen nach dem 2. Weltkrieg, als der Dom zu etwa 80% zerstört war, konnten erweisen, daß gerade dieser Bau über einen langen Zeitraum hinweg als Ruine bestanden hat. Erst seit der Mitte des 8. Jahrhunderts entsteht aus ihm unter Einbeziehung seiner Grundmauern die erste Kirche. Natürlich ist damit diese *cella* der Urbau der Kirche und war für die Ausrichtung der folgenden Bauten ausschlaggebend. Ob aber die Zeit zwischen 450 und 750 nicht einen ganz anderen Neubeginn beinhaltet, ist damit nicht geklärt. Religiöse Vorstellungen und Überlieferung lassen sich hier nur schwer mit den Ausgrabungsergebnissen und deren Interpretation in Übereinstimmung bringen.

Die erste urkundliche Erwähnung eines Viktor in Xanten und seiner Gebeine kennen wir erst aus dem Jahre 863. Die Normannen waren den Rhein hinaufgefahren, hatten vor Xanten geankert, die Stadt und die Kirche zerstört. Dem damaligen Probst gelang es – so die Nachricht –, die Gebeine Viktors nach Köln zu bringen. Die Ausgrabungen seit 1933 haben ergeben, daß man bereits um die Mitte des 8. Jahrhunderts nach den Märtyrern geforscht hat. Es fand sich ein Suchschacht oberhalb des Doppelgrabes.

Um 750 war die erste Kirche gebaut worden. Bald waren Erweiterungen, Umbauten und Neubauten notwendig. Aufgrund der Heiligen-Verehrung wurde der Ort berühmt. Leute vom gesamten Niederrhein ließen sich hier bestatten. Reiche Güterstiftungen vermehrten vor allem auch den Grundbesitz der Kirche.

Der Bereich des Stiftes hebt sich aus dem Stadtbild auch heute noch deutlich ab. Ursprünglich hatte sich die Kirche durch eine Mauer und die Außenmauern verschiedener

Gebäude geschützt. Dem war ein breiter Graben vorgelagert, der erst durch die steinerne Mauer um die Stadt im Verlauf des 15. Jahrhunderts überflüssig wurde. Der Kranz der kirchlichen Gebäude und der Kanonikerhäuser bildet noch heute eine abschirmende Kette um den gotischen St.-Viktor-Dom. Er wurde im Kriege sehr stark zerstört, ist aber in seiner alten Schönheit wieder aufgebaut worden. Einige hatten sich angesichts der Zerstörung sogar gegen den Wiederaufbau ausgesprochen. Die Stadt hat heute viel getan, um das alte Stadtbild von der modernen Bauentwicklung nach dem Kriege abzuheben. So ist das alte Aussehen durch den breiten ehemaligen Graben wieder ablesbar und verständlich geworden. Bei vielen Römerorten wie z. B. Köln ist es recht schwierig, die römische Vergangenheit mit ihren Hinterlassenschaften von den mittelalterlichen Bauten zu trennen. Die meisten Siedlungen bestehen seit Jahrhunderten oder gar Jahrtausenden auf dem gleichen Platz. In Xanten sind diese Siedlungsphasen ganz deutlich auch räumlich voneinander abgehoben. Das römische Militär siedelte auf dem Fürstenberg südlich der Stadt. Nordöstlich an einem ehemaligen Rheinseitenarm entwickelte sich die *Colonia Ulpia Traiana.* Die römische und die mittelalterliche Anlage überschneiden sich nicht, sondern verlaufen mit ihren Mauerzügen parallel nebeneinander. Den südlichen Mauerverlauf der *Colonia* erkennt man an der linken Seite als Rekonstruktion. Die Fortsetzung muß man sich durch den wiederaufgebauten Turm vergegenwärtigen. Das Haupttor der *Colonia* ist hier auf dem Foto nicht zu erkennen, es liegt weiter rechts in der Verlängerung der Straße, die aus Xanten am Punkt der heutigen Mühle herausführt. Das war die römische Limesstraße, die durch den Ostteil des Domes führt.

Natürlich hat der Rhein die Geschicke Xantens zu allen Zeiten bestimmt. Schon die römischen

↓ Xanten. Mittelalterliches Stadtbild

Soldaten hatten einen Anlegeplatz an einem Rheinarm. Dort saß eine einheimische Bevölkerung. Später bauten die Römer an dieser Stelle ihre Stadt. Auch das mittelalterliche Xanten lag am Rhein. Vor der Mitte des 12. Jahrhunderts wird Xanten in einer Urkunde schon als *oppidum* oder auch *municipium* bezeichnet, ist also schon vor der Verleihung der Stadtrechte 1228 ein bedeutender Handelsplatz. 1535 hat der Rhein sein Bett verlagert. Er fließt heute im Abstand von 3,5 km an Xanten vorbei. Xanten wurde zu einem bedeutungslosen Provinzort. Nur der St.-Viktor-Dom war noch angesehen. Diese zeitweilige Bedeutungslosigkeit ist aber für uns heute erfreulich. Hier ist nicht - wie in anderen Städten: Kleve, Wesel oder Moers - das alte Stadtbild durch die jeweilige Anpassung und moderne Entwicklung verändert worden. Zwar sind die alten Stadttore bis auf eins, die meisten gotischen Häuser, eine Vielzahl von Kirchen, Klöstern und anderen öffentlichen Gebäuden wie das alte Rathaus, im 19. Jahrhundert oder in den Kriegen vernichtet worden, aber die Liste der Baudenkmäler in Xanten umfaßt noch 133 Gebäude. D. S.

Weiterführende Literatur:

Studien zur Geschichte der Stadt Xanten 1228-1978, herausgegeben von der Stadt Xanten, Köln 1978

W. Bader, *Der Dom zu Xanten*, 1. Teil, *Xantener Domblätter Nr. 8, 1978,* Kevelaer 1978

H. Borger, *Beiträge zur Frühgeschichte des Xantener Viktorstiftes,* Köln 1961

H. Borger, *Die Entstehung der mittelalterlichen Stadt und der Alltag des Menschen im Mittelalter, in: Rhein und Maas, Kunst und Kultur 800-1400*, Teil 2, S. 129, Köln 173

D. Soechting, *Führer durch das Regionalmuseum Xanten*, Köln 1978

↓ Xanten. Der Dom St. Viktor über dem römischen Gräberfeld

Xanten / *Colonia Ulpia Traiana*

Unmittelbar nördlich der mittelalterlichen Stadt Xanten liegt, noch weitgehend unter Äckern und neuzeitlicher Bebauung verborgen, die *Colonia Ulpia Traiana.* Obwohl die nachrömische Siedlung sich nicht über den Resten der antiken Stadt entwickelt hat, sondern aus der Verehrungsstätte zweier Märtyrer (die Heiligen Mallosus und Viktor, Angehörige der legendären thebaïschen Legion, die auf dem Friedhof der *Colonia Ulpia Traiana* beerdigt worden sind) hervorging, verlor sich die Erinnerung an diese seit der Spätantike aufgegebene Stadt in der Vergangenheit nicht.

Bereits in der ersten Hälfte des 1. Jahrhunderts n. Chr. wurde von römischen Ingenieuren und Architekten für die vom rechten Rheinufer übergesiedelten Cugerner nördlich der Doppellegionenlager *Vetera* (s. S. 257ff) eine Zivilsiedlung angelegt, deren Größe in Nordsüdrichtung fast die der späteren Kolonie erreicht. Die Ostgrenze bildet, wie auch später bei der Colonia, ein schiffbarer Altrheinarm, dessen an die Siedlung grenzendes Flußufer als Hafen genutzt wurde. Die Westgrenze dieser bereits mit geradlinigen Straßenzügen erschlossenen Siedlung ist noch nicht erfaßt. Auch diese Zivilsiedlung scheint, wie jüngste Bodenfunde vermuten lassen, noch einen Vorgänger gehabt zu haben.

In den Jahren zwischen 98 und 104 n. Chr. hat sich die Siedlungsanlage grundlegend geändert. Der römische Kaiser Ulpius Traianus errichtete an dieser Stelle eine ca. 73 ha große Stadt, nach ihm *Colonia Ulpia Traiana* (*CUT*) genannt. Die neue Stadt wurde im sogenannten hippodamischen Schema römischer Planstädte angelegt und mit einem Befestigungssystem von Gräben und Mauern gesichert. Ihre Bewohner, möglicherweise Veteranen der nahen Militärfestung *Castra Vetera II*, waren in Pflichten und Rechten den Bewohnern der Hauptstadt Rom gleichgesetzt, ein rechtlicher Status, der das volle römische Bürgerrecht einschloß. Ihre Blütezeit erreichte die Kolonie im 2. und 3. Jahrhundert. Im letzten Drittel des 3. Jahrhunderts – in den beginnenden Invasionen der Völkerwanderung – wurde die Stadt offenbar zerstört und unter Konstantin d. Gr. als stark befestigte kleinere Anlage von 15 ha im Zentrum der alten Kolonie noch einmal neu errichtet, um dann nach 350 n. Chr. endgültig unterzugehen.

Bereits ein erster flüchtiger Blick auf den ›gerasterten‹ Stadtplan der Kolonie offenbart die Prinzipien römischer Stadtplanung. Ein rechtwinkliges Achsenkreuz mit der römischen Rheinstraße als Hauptlängsachse, dem *cardo maximus* und der zum Rhein führenden Querachse, dem *decumanus maximus*, geben das Grundgerüst des Straßennetzes ab.

Parallel zu den beiden Hauptstraßen wird das übrige Straßensystem angelegt, so daß etwa 100 x 100 m große, allseits von Straßen begrenzte Baublöcke, die sogenannten *insulae*, entstehen. Die Straßen sind mit Kies befestigt und 10 bis 12 m breit. Sie sind von ca. 4,50 m breiten Laubengängen (*porticus*) gesäumt. Unter den Straßen verlaufen große Kanäle, in denen das Abwasser eingeleitet und zum Altrhein weitergeführt wird. Das 73 ha große Stadtgebiet ist mit einer Stadtmauer und vorgelagerten Gräben vor feindlichen Angreifern gesichert. In regelmäßigen Abständen sind in die Stadtmauer Verteidigungstürme einbezogen. Drei große Torbauten liegen auf den Landseiten jeweils am *cardo maximus* und *decumanus maximus*, während auf der Ostseite kleine Tore den Zugang zum Hafen erschließen. Auf der Ostseite der Stadt ist auch die einzige Planabweichung vom sonst regelmäßigen Schema festzustellen. Wegen der vorgegebenen Lage des Altrheinarmes mußte die Stadtmauer nach Nordwesten verschwenkt werden. Dabei opferte man im nordöstlichen Stadtteil das strenge Achsensystem der Straßen, wohl um einen zu spitzen Winkelanschnitt des Neben-*decumanus* auf die parallel zur Stadtmauer verlaufende Wallstraße zu vermeiden. Möglicherweise hat man hier jedoch, wie auch an anderen Stellen im östlichen *Colonia*-Bereich beobachtet werden kann, ein älteres Straßensystem der Vorgängersiedlungen wieder aufgenommen.

Von der Bebauung im Innern hat sich über dem Erdboden nichts mehr erhalten.

Als die mittelalterliche Stadt aus der Verehrungsstätte der Märtyrer über dem römischen Gräberfeld und nicht über der antiken Stadt entsteht, liegt das alte römische Siedlungsgebiet im steinarmen Niederrheingebiet wie ein

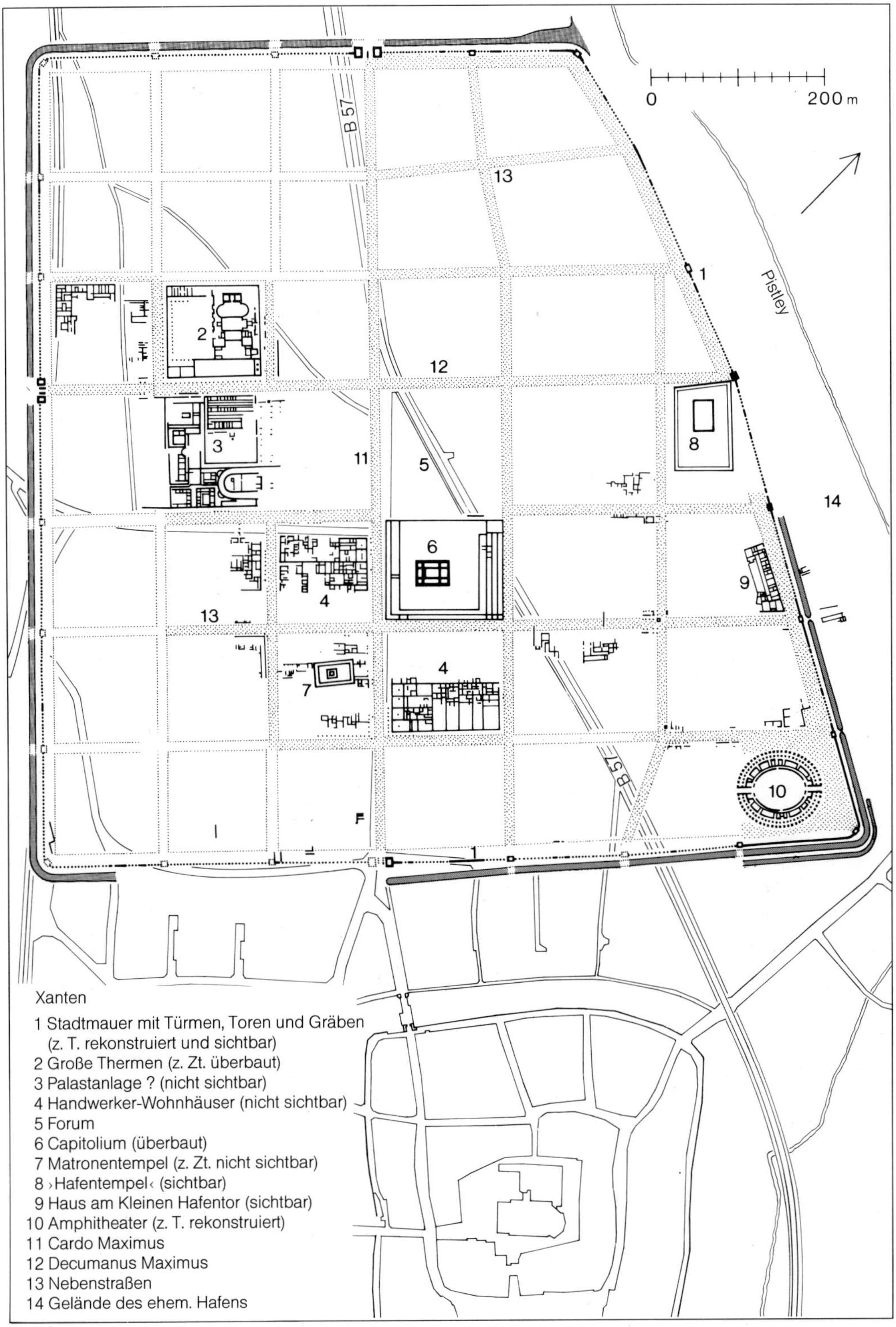

Xanten

1 Stadtmauer mit Türmen, Toren und Gräben (z. T. rekonstruiert und sichtbar)
2 Große Thermen (z. Zt. überbaut)
3 Palastanlage ? (nicht sichtbar)
4 Handwerker-Wohnhäuser (nicht sichtbar)
5 Forum
6 Capitolium (überbaut)
7 Matronentempel (z. Zt. nicht sichtbar)
8 ›Hafentempel‹ (sichtbar)
9 Haus am Kleinen Hafentor (sichtbar)
10 Amphitheater (z. T. rekonstruiert)
11 Cardo Maximus
12 Decumanus Maximus
13 Nebenstraßen
14 Gelände des ehem. Hafens

riesiger Steinbruch da, den man für die neuen Baumaßnahmen nutzt. Bis nach Friesland und Dänemark wird das Abbruchmaterial verkauft. Noch im 18. Jahrhundert wird von Abbruchanweisungen berichtet, bis auch die letzten Reste unter der Ackerkrume verschwinden.

Im 19. Jahrhundert, als die archäologische Forschung erstes Interesse an der Römerstadt zeigte – vor allem der Xantener Notar Ph. Houben sei hier erwähnt, der auf dem römischen Friedhof nach kostbaren Fundstücken suchte –, waren offenbar keine baulichen Überreste mehr vorhanden. Erst der niederrheinische Altertumsverein Xanten unter Leitung von R. Steiner unternahm am Ende des Jahrhunderts erste systematische Ausgrabungen, um Lage und Ausdehnung der antiken Stadt wieder festzustellen. Im Innern des Stadtgebietes wurden eine große Thermenanlage, verschiedene unzusammenhängende Mauerwerkreste und in der Südostecke bereits das Amphitheater entdeckt, doch die städtebauliche Struktur konnte nicht erschlossen werden.

Anfang der 30er Jahre dieses Jahrhunderts setzte das Rheinische Landesmuseum Bonn die Ausgrabungen in der Kolonie fort. Dabei wurde auf der Ostseite, an einem seit der Spätantike wohl verlandeten Rheinarm, ein hölzerner römischer Hafenkai, Reste einer älteren Siedlung und ein großer römischer Podiumsbau festgestellt. Gleichzeitig wurde das Amphitheater vollständig ausgegraben.

↓ Xanten. Amphitheater vor der Teilrekonstruktion

Aufschlüsse der städtischen Baustruktur erbrachten jedoch erst die Notgrabungen des Landesmuseums in den 50er und 60er Jahren, als das in unmittelbarer Nachbarschaft der Stadt Xanten brachliegende antike Areal bebaut werden sollte. So konnten die bereits von Steiner als öffentliches Bad erkannten Thermen mit ihrem Kaltbad (*frigidarium*), zwei Laubädern (*tepidarien*), dem Heißbad (*caldarium*) und zwei Schwitzbädern (*sudatorien*) untersucht werden. Diesen Baderäumen vorgelagert war eine 20 x 60 m große stützenlose Empfangshalle (*apodyterium*). Darüber hinaus war dem 110 x 110 m großen Badekomplex ein Gymnastikhof mit umlaufenden Hallen und medizinischen Versorgungsräumen zugeordnet. Die Thermen gehörten in der Kolonie wie auch in anderen Siedlungen des Imperiums zu den wichtigsten öffentlichen Einrichtungen und konnten von allen Bürgern benutzt werden. Da es in den städtischen Privathäusern nur selten Bäder gab, dienten die Thermen zugleich den hygienischen Bedürfnissen der Bevölkerung. Nach den Ausgrabungen wurde der gesamte Komplex mit einer Fertigbetonfabrik überbaut.

Südlich im Anschluß an die Thermen wurde ein großes, über zwei *insulae* reichendes öffentliches Gebäude, wahrscheinlich für überörtliche Verwaltungsfunktionen, freigelegt.

Im Zentrum der Stadt lagen an der Kreuzung

↓ Xanten. Amphitheater mit wiederaufgebautem Viertelsegment

des *cardo maximus* und *decumanus maximus* der öffentliche Platz, das *forum*, und im Süden daran anschließend das *capitolium*, der der kapitolinischen Trias Jupiter, Juno und Minerva geweihte Staatstempel. Beide im wesentlichen noch unerforschten *insulae* waren von hohen Mauern und Hallen umbaut.

Unmittelbar an diese öffentlichen Bauten schloß, soweit die Ausgrabungsergebnisse dies erkennen lassen, eine kleinteilig strukturierte Bebauung an, die Häuser von Gewerbetreibenden und Händlern. Sie waren, sieht man von Einzelheiten ab, nach dem gleichen Prinzip aufgebaut. Mit gemeinsamen Brandmauern bildeten sie eine Reihe schmaler, langgestreckter Bauten, wie sie ähnlich aus Ostia oder Herculaneum bekannt sind. Die Straßenfront öffnete sich zu den Laubengängen in Bögen oder Pfeilerstellung. Dahinter lag ein großer Raum, der als Werkstatt, Verkaufsraum oder Gaststätte gedient haben mag. Es folgten, häufig um einen Hof gruppiert, die eigentlichen Wohnbereiche.

Inmitten der Privatbebauung konnten bisweilen kleinere Heiligtümer liegen, wie der 1974 ausgegrabene gallo-römische Umgangstempel, der unmittelbar hinter einem Töpfereiladen am *cardo maximus* zum Vorschein kam. Er dürfte nach einem im Heiligtum gefundenen Inschriftenfragment den einheimischen, aufanischen Muttergottheiten geweiht gewesen sein.

Während diese im westlichen Stadtgebiet nur unter großem Zeitdruck vor der endgültigen Zerstörung ausgegrabenen Areale untersucht und zeichnerisch dokumentiert werden konnten, wird seit dem Jahre 1973 das östliche Stadtgebiet der *CUT* im Rahmen einer großen Freizeit- und Ferienerholungsanlage erhalten und zu einem *Archäologischen Park* gestaltet. Bereits heute ist es festumrissenes Planungsziel, später auch die in der Nachkriegszeit bebauten Gebiete der Kolonie, in dem auch die Thermen liegen, nach Auslagerung der gewerblichen Betriebe in den Archäologischen Park mit einzubeziehen, so daß schließlich die gesamte antike Stadt, ihre Gestaltungselemente, ihre Strukturen und Funktionen wieder erkennbar werden. Daneben bietet sich die einmalige Gelegenheit, eine zusammenhängende antike Siedlung von ihren Anfängen bis zu ihrer Aufgabe wissenschaftlich, ohne durch moderne Bauvorhaben bedrängt zu werden, zu erforschen. Seit der Einrichtung dieses Archäologischen Parks wird es in Xanten möglich sein, die ausgegrabenen Befunde nach der wissenschaftlichen Untersuchung und Dokumentation zu erhalten und für den Besucher zu erschließen.

Nur wird er hier, wenngleich man häufig die *Colonia Ulpia Traiana* als das ›Pompeji des Nordens‹ bezeichnet hat, keine mit Pompeji vergleichbaren Verhältnisse, vor allem nicht die Fülle der gut erhaltenen Bauwerke, erwarten dürfen (vgl. S. 266). Was sich unter dem Xantener Acker erhalten hat, sind beispielsweise die Fundamente der früheren Bauten und Anlagen.

Um dennoch eine römische Stadt in wesentlichen Teilen dem Besucher darstellen zu können, werden zur Veranschaulichung auf gesicherten Grabungsbefunden Rekonstruktionen von Bauwerken errichtet oder technische Einrichtungen wie das Kanalsystem wiederhergestellt.

Die Ergebnisse der jüngsten Untersuchungen spiegelt die Rekonstruktion der Südostecke der Stadtmauer mit Türmen und vorgelagertem Grabensystem wider. Sie gibt dem Besucher einen Einblick in die fortifikatorischen Fähigkeiten der Römer im 2. Jahrhundert und bildet mit der Teilrekonstruktion des Amphitheaters einen ersten Zentralpunkt des seit 1977 in diesem Teilbereich eröffneten Archäologischen Parks.

Das Amphitheater (s. S. 266f.) gehört zu den mittelgroßen Anlagen der damaligen Zeit und faßte etwa 10000 Besucher. Mit dem Bau wurde wahrscheinlich kurz nach Gründung der Stadt um 100 n. Chr. begonnen. Zwei rampenartige Zugänge in der Längsachse führten direkt in die Arena, den Schauplatz von Gladiatorenkämpfen und Tierhetzen. Hinter der schützenden Arenamauer lag ein Gang, von dem aus man die Aufenthaltsräume der Kämpfer sowie die Käfige der wilden Tiere erreichte. Die Zuschauerränge (*cavea*) waren zunächst aus Holz und wurden am Ende des 2. Jahrhunderts in Stein erneuert. Die äußere Pfeilerreihe begrenzte das in der Längsachse 99 m und in der Querachse 87,50 m große Oval des gewaltigen Bauwerks. Wie bei fast allen Amphitheatern, so hatte auch das Xantener inmitten der Arena einen Keller, in dem eine Hebebühne untergebracht war, mit deren Hilfe man während der Vorstellung Menschen,

Tiere oder Kulissen heben und wieder versenken konnte.
Im August 1977 begannen die Arbeiten zur Teilrekonstruktion eines Viertels dieses Bauwerks, das etwa 3500 Personen für die 1981 beginnenden Xantener Sommerspiele Platz bieten wird.
Bereits jetzt läßt sich, vor allem im Luftbild, das ›Raster‹ der römischen Straßen und der von ihnen eingefaßten, ursprünglich dicht bebauten *insulae* in der östlichen Stadthälfte erkennen. Sie sind mit gepflegten Rasenflächen eingegrünt und zu den Straßen hin mit Bäumen bepflanzt. Erst ganz wenige *insula*-Flächen wurden bisher eingehender untersucht. So wird seit einigen Jahren am sogenannten kleinen Hafentor ein großer Baukomplex, der sich zu einem schmalrechteckigen Hof mit einer Wandelhalle (*porticus*) öffnet, ausgegraben. Kleine um Korridore gruppierte Räume und eine möglicherweise zu diesem Baukomplex gehörende Badeanlage deuten auf eine Herberge - erste Unterkunft für die im Hafen ankommenden Reisenden und Händler. Hier wie an anderen Grabungsstellen kann der Besucher den Ausgräbern gleichsam über die Schulter schauen und erleben, wie Zug um Zug mit Spaten, Meßband und Zeichenstift eine römische Stadt untersucht wird.

Zu den spektakulärsten Ausgrabungen der letzten zwei Jahre gehört sicherlich die Freilegung des sogenannten Hafentempels am *decumanus maximus* und großen Hafentor. H. Stoll und H. von Petrikovits hatten schon Anfang der 30er Jahre Teile eines gewaltigen Fundamentes entdeckt, das H. von Petrikovits bereits als Tempelbau ansah. Die jüngste systematische Freilegung erbrachte nun eine 36 x 24 m große und noch über 2 m hoch erhaltene Fundamentplatte. Sie besteht aus einem Brockenbeton, in dem Basalt, Grauwacke und vereinzelt auch Tuffgestein vermörtelt sind, dem sog. *opus caementicium*. Die auf der Fundamentplatte noch heute sichtbaren Abdrücke großer Tuffquader geben einen sicheren Hinweis auf die ursprüngliche Gestalt des Tempels, der auf einem drei Meter hohen Unterbau (*podium*) errichtet war. Ein Säulenkranz mit je 6 Säulen auf der Front- und Rückseite sowie jeweils 8 Säulen auf den beiden Langseiten umschloß das Allerheiligste (*cella*). Der Altar lag vor dem südlichen Tempelaufgang. Von den aufgehenden Baugliedern, den fast 15 m hohen Säulen, Kapitellen und Basen, Gesims- und Gebälkteilen haben sich vor der vollständigen Vernichtung in den mittelalterlichen Kalkbrennöfen

↓ Xanten. Grabungsstätte ›Haus am Kleinen Hafentor‹

bisher nur faustgroße Brocken aus lothringischem Kalkstein erhalten. Von der kostbaren Ausstattung des eigentlichen Kultraumes, der *cella*, zeugen verschiedenfarbige Marmorplatten, die vormals Boden und Wände geschmückt haben dürften, ebenso wie der aufgefundene bemalte Wandputz und die Stukkaturen. Darüber hinaus fanden sich bildhauerisch bearbeitete Fragmente weißen Marmors, die man gern als dem Kultbild im Innern der *cella* zugehörig ansehen möchte. Welcher Gottheit der Tempel geweiht war, konnte bisher nicht geklärt werden. Der Tempel lag wie der Capitoltempel inmitten eines umhegten, vom lauten Getriebe der Stadt durch eine hohe Mauer geschützten heiligen Bezirks, dem sogenannten *temenos*.

Nach der Konservierung der Tempelbefunde unter einem podiumähnlichen Schutzbau wird ein Teil des Kultbaues in den nächsten Jahren wiederaufgebaut.

Der Archäologische Park soll kein ›Museumstempel‹, sondern von Leben erfüllt sein. Zunächst wird jeder Besucher im Park über die Arbeitsweisen der Archäologen, über wesentliche Einrichtungen der römischen Stadtkultur wie Zentralheizung, Wasserver- und -entsorgung, über den Lebensbereich der antiken Bewohner und vieles mehr anschaulich informiert. An antiken Gerätschaften kann der Besucher Arbeitsweisen der Römer selbst nachvollziehen und z. B. erfahren, wie arbeitsintensiv und mühevoll es sein konnte, schweres Baumaterial mit einem antiken Kran auf die Gerüste zu heben oder Mehl für das tägliche Brot mit einer Kornmühle zu mahlen. Soweit der Besucher das Verlangen hat, sich den Genüssen des römischen Lebens hinzugeben, kann er schon jetzt nach den Rezepten des römischen Senators und Lebemanns Marcus Gavius Apicius speisen. G. Pr.

Weiterführende Literatur:

H. Hinz, *Xanten zur Römerzeit*, Xanten 1973

Ph. Houben, F. Fiedler, *Römisches Antiquarium etc. Denkmäler von Castra Vetera und Colonia Traiana* in: *Ph. Houbens Antiquarium zu Xanten*, Xanten 1839

H. v. Petrikovits, *Die Ausgrabungen in der Colonia Traiana bei Xanten*, in: *Bonner Jahrbücher* 152, 1952, 41 ff

G. Precht, mit Beiträgen von D. Haupt, J. S. Kühlborn, O. Schwab in: *Colonia Ulpia Traiana* – 1. und 2. sowie 3. Arbeitsgericht zu den Grabungen und Rekonstruktionen, Köln 1978

Ch. B. Rüger, *Die spätrömische Großfestung in der Colonia Ulpia Traiana*, mit Beiträgen von G. Binas, M. Gechter und V. Zedelius in: *Bonner Jahrbücher* 179, 1979, S. 499 ff

P. Steiner, *Xanten* (Kataloge West- und Süddeutscher Altertumssammlungen I, Frankfurt a. M. 1911) mit älterer Literatur

↓ Xanten. Archäologischer Park. Gesamtansicht

Detmold

Hermannsdenkmal

Nur bedingt gehört das Hermannsdenkmal im Teutoburger Wald bei Detmold in die Reihe der Plätze, die in der Römerzeit Geschichte schrieben. Das von Ernst von Bandel auf eigene Kosten in den Jahren 1838-1875 auf der höchsten Kuppe des Teutoburger Waldes errichtete Monument hält am lebendigsten die Erinnerung an eine der bedeutsamsten Schlachten der germanischen-deutschen Geschichte wach. Die kolossale Gestalt des Cheruskerführers entspricht in ihrer Darstellung dem Wunsche der damaligen Zeit nach übermenschlicher Größe. So wurde das Bild des Arminius, den man in der deutschen Übersetzung des Namens als Hermann bezeichnet, durch die Zeit verunklärt. Im Jahre 9 n. Chr. wurden - wie die römischen Geschichtsschreiber Florus, Tacitus und Cassius Dio ausführlich berichten - drei Legionen, die auf dem Marsch in ihre Winterquartiere in *Vetera castra* waren, auf dem Marsch zu einem vorgetäuschten Aufstand, unter ihrem Feldherrn Varus im von Tacitus *teutoburgiensis saltus* genannten Teutoburger Wald vernichtend geschlagen. Die germanischen Stämme wurden von Arminius, der lange bei den Römern Militärdienst geleistet hatte und sogar in den Ritterstand aufgestiegen war, geführt. Seit dem 17. Jahrhundert wurde Arminius mit Hermann gleichgesetzt und als Freiheitsheld (z. B. in Dichtungen von Klopstock, Kleist und Grabbe) gefeiert. Ebenfalls seit dem 17. Jahrhundert wurde das Gelände zwischen mittlerer Weser und dem Rhein (das bis dahin als Osning oder Lippischer Wald bezeichnet wurde) in der Annahme, hier habe die Varusschlacht stattgefunden, nach Tacitus Teutoburger Wald genannt.

Seit Jahrhunderten beschäftigt Wissenschaftler, Militärs und Heimatforscher das Problem des antiken Schlachtortes. Die Schilderungen von Florus, Tacitus und Cassius Dio sind zwar recht ausführlich, aber doch kursorisch. Zudem waren sie alle drei nicht Zeitgenossen des Geschehens, sondern benutzten ältere Berichte. Das hat um so stärker die Fantasie der Schlachtortsucher angeregt. Weit über 700 mögliche Schlachtorte sind schon gefunden worden. Überall aber fehlen Funde. Sehr häufig wurde auch der berühmte Hildesheimer Silberschatz zur Deutung herangezogen. Er enthielt eine Fülle von Silbergefäßen, die gern als das Tafelgeschirr des Varus interpretiert worden sind. Der Fund gilt als der reichste Silberschatzfund auf deutschem Boden, beinhaltet jedoch auch Stücke, die erst nach 9 n. Chr. entstanden sein dürften. Neben den zahllosen, bisweilen unkritischen und von wenig Sachkenntnis getrübten Hypothesen schälen sich heutzutage vier verschiedene Gebiete als in Frage kommende Schlachtorte heraus. Dabei ist es schon eine beachtliche Tatsache, daß es auch der modernen archäologischen Forschung mit ihren Möglichkeiten, etwa der Luftbildarchäologie oder der Widerstandsmessung im Boden, noch nicht gelungen ist, den Ort aufzuspüren, auf dem nach den antiken Berichten 15000 römische Soldaten gefallen sind.

Die Niederlage des Varus mit drei Legionen bedeutete das Ende der Expansionswünsche der Römer unter dem damaligen Kaiser Augustus, das Reich bis an die Elbe auszudehnen. Zwar gab es in der Folgezeit einige sogenannte Rachefeldzüge gegen die Germanen, aber der Niederrhein wurde wie zu Caesars Zeiten wieder Grenze und militärisch ausgebaut. So muß heute noch das Denkmal des 19. Jahrhunderts im Teutoburger Wald an den bedeutsamen und folgenreichen Befreiungskampf des Arminius-Hermann erinnern. D. S.

Weiterführende Literatur:

J. von Elbe, *Die Römer in Deutschland*, Berlin - Stuttgart 1977

H. von Petrikovits, *Arminius*, Bonner Jahrbücher 166, 1966, S. 175 ff

R. Pörtner, *Mit dem Fahrstuhl in die Römerzeit*, Düsseldorf 1959

→ Detmold. Hermannsdenkmal

Archäologie und Industriearchäologie

Archäologie ist nicht nur auf die Antike und den Zeitraum der römischen Geschichte beschränkt. Seit den 50er Jahren hat auch die Mittelalter-Archäologie mit bedeutenden Kirchengrabungen und Ausgrabungen zur mittelalterlichen Wehr- und Siedlungsgeschichte zunehmend an Bedeutung gewonnen. Durch das Auffinden von Wölbäckern und Gräberfeldern, der Dokumentation von mittelalterlichen Wüstungen und Motten (wasserumwehrte Befestigungen) erbrachte das Flugzeug als historisches Werkzeug auch für diesen archäologischen Zweig neue Quellen und Belege ebenso wie für die älteren Zeiträume bis zurück in die Steinzeit.
Würde man Däniken glauben, wäre der ›Eiserne Mann‹ im Vorgebirge bei Bonn nicht nur eines der ältesten Denkmäler, sondern auch ein Denkmal ganz besonderer Art: »Auch Mitteleuropa kann ein Ziel für Götterbesuche gewesen sein, und dann würde der Eiserne Mann schon einen Sinn bekommen ... « Denn dieser Eiserne Mann soll angeblich nicht rosten, 28 m tief in der Erde stecken und weitere Geheimnisse verbergen. Statt dessen ist er – wie eine Ausgrabung belegt hat – nur 2,20 m lang, rostet sehr gut und wurde als Eisenbarren mit T-förmigem Ende im Boden zur Markierung einer Grenze 1625 gesetzt und etwa 100 Jahre später an seinen heutigen Standort zur Vermarkung einer Planungshauptlinie auf der verlängerten Achse des Parks von Schloß Augustusburg in Brühl zum Ausbau eines Systems aus Waldschneisen für die Parforce-Jagd des Kurfürsten Clemens August gesetzt.
Dieses Beispiel verdeutlicht den Sinn der Archäologie mit der praktischen Tätigkeit des Ausgrabens auch noch für das 17. und 18. Jahrhundert. Verwunderlich ist nur, daß nicht auch die Schloßpark-Bepflanzung beiderseits der Schloßachse mit den verschlungenen Ornamenten als ein Zeichen der »Götter von den fernen Sternen« gedeutet worden ist. Denn dieses grünende und blühende teppichartige Muster entfaltet erst von oben seine wirkliche Pracht.
Allmählich tastet sich die Archäologie in noch jüngere Bereiche. ›Industriearchäologie‹ ist

Brühl. Schloß Augustusburg

›Eiserner Mann‹ im Kottenforst

↑ Essen-Byfang. VICTORIA-Schornstein

der neueste Begriff. Seit Beginn der ›elektronischen Revolution‹ wächst zunehmend das Interesse an der ›industriellen Revolution‹ und dieser neue Zweig der Geschichtsforschung entwickelt sich mehr und mehr. Der Begriff ›Industriearchäologie‹ ist noch verunklärt und bezeichnet sowohl denkmalpflegerische Maßnahmen und Forschungen an Objekten der Technikgeschichte und aus der Zeit der Industrialisierung als auch die Ergebnisse der praktischen Wirtschaftsarchäologie aus Antike und Mittelalter. Inzwischen ist aber abzusehen, daß sich die Industriegeschichte archäologischer Methoden bedienen muß und auch wird, weshalb in den Ballungsgebieten der Industrialisierung wie dem Ruhrgebiet auch Ausgrabungen und Luftbilddokumentationen an Denkmalen des 19. Jahrhunderts unausbleiblich werden. Das erste Grabungsbeispiel liegt vor und wurde im Herzen des Ruhrgebietes durchgeführt, an einem kleinen quadratischen Turm, der durch das Zeichen ›Schlägel und Eisen‹ als ein Bauwerk des Bergbaues ausgewiesen ist, sonst aber mehr der Ruine eines mittelalterlichen Turmes gleicht und vor Beginn der Untersuchung mehrere Fragen aufwarf. Dieser freistehende Industrie-Schornstein, dessen Sockelrest ursprünglich die bekannte Röhre aus Radialziegeln getragen hat, wurde im gleichen Jahr gebaut, in dem A. Rieppel mit den Entwürfen für den Bau der ältesten Flußstahlbrücke in Deutsch-

↑ Müngstener Brücke

land, der Eisenbahnbrücke Müngsten bei Wuppertal, begann. Das war im Jahre 1890. Aber weder das Luftbild der Müngstener Brükke noch das des VICTORIA-Schornsteinsokkels, noch die erst in letzter Zeit während des Fluges fotografierten Arbeitersiedlungen, Industriebauten, Förderhäuser, Fördertürme, Malakowtürme, Fabrikherren-Villen, Schleusenanlagen usw. im Ruhrgebiet sind die ersten ›industriearchäologischen Luftbilder‹. Das erste Luftbild dieser Art machte bereits vor Jahren der belgische Kollege und Luftbild-Archäologe C. Léva über Hornu (s. S. 276–277), dem zwischen 1820 bis 1835 entstandenen Kohlebergwerk. Die Faszination eines Luftbild-Archäologen gerade an diesem neuzeitlichen Denkmal-Komplex überrascht keineswegs, gleicht doch der ellipsenförmige Binnenhof dieser Anlage einem Amphitheater der Antike.

W. S.

Weiterführende Literatur:

K. Grewe, *Der Eiserne Mann im Kottenforst,* Bonn, 1978

W. Sölter, *Industriearchäologie. Der Victoria-Schornstein in Essen-Byfang.* In: *Rheinische Ausgrabungen '79.* Bonn, 1980

Léva und Hus, *Recent discoveries in Belgium.* In: *Aerial reconnaissance for archaeology,* 1975, S. 96.

→ Le Grand Hornu